A QUEDA DE BAGDÁ

ABRIL/2005

OBJETIVA

A QUEDA DE BAGDÁ

JON LEE ANDERSON

JORNALISMO DE GUERRA

Tradução
Alda Porto

OBJETIVA

EDITORA OBJETIVA LTDA. Rua Cosme Velho, 103
Rio de Janeiro – RJ – CEP: 22241-090
Tel.: (21) 2556-7824 – Fax: (21) 2556-3322
www.objetiva.com.br

Capa e projeto da coleção
Raul Loureiro
Claudia Warrak

Coordenação editorial
Isa Pessôa
Fernanda Abreu

Consultores da coleção
Leão Serva
Sérgio Dávila

Foto de capa
Magnum Photos / Paolo Pellegrin
Civis iraquianos em protesto contra a invasão americana, em 19/4/2003

Revisão
Ana Kronemberger
Taís Monteiro
Umberto Figueiredo Pinto

Editoração Eletrônica
Abreu's System Ltda.

A547q

Anderson, Jon Lee
A queda de Bagdá / Jon Lee Anderson. Tradução de Alda Porto. – Rio de Janeiro : Objetiva, 2004

387 p. ISBN 85-7302-650-2

Tradução de: *The fall of Baghdad*

1. Iraque – Guerra – 2003 – Relato jornalístico. 2. Bagdá (Iraque) – Invasão – 2003. I. Título

CDD 956.7

Para Erica, Bella, Rosie e Máximo

APRESENTAÇÃO

Jon Lee Anderson é um dos homens mais cosmopolitas que conheci. Cosmopolita no sentido de cidadão do mundo, alguém que se interessa pela vida e pelos homens nos quatro cantos deste sofrido planeta. Inclusive, na nossa Cidade Maravilhosa, onde desfrutamos de uma tarde memorável, na companhia de Zuenir Ventura e do urbanista Manoel Ribeiro, ouvindo jongo num alegre casebre ao pé do Morro da Serrinha, em 1997. Jon nasceu nos Estados Unidos, mas tem uma sensibilidade européia; o que pode explicar o peculiar fato de que, apesar da repulsa e do fascínio que marcam a relação entre Cuba e Estados Unidos, foi ele, um norte-americano, quem escreveu o mais completo e revelador relato da vida de Che Guevara.

Para escrever a biografia do líder revolucionário, Jon se mudou para Cuba onde viveu durante três anos, construindo um profundo conhecimento do país e do povo, fazendo amizades duradouras e conquistando a confiança das fontes que lhe permitiram construir o relato definitivo sobre El Che.

Jon teve humildade para entender que, se o objetivo era de fato desvendar aquela história mítica, era necessário mergulhar no mundo do seu personagem e buscar uma compreensão genuína, intuitiva, que só o tempo traz. A este compromisso absoluto com seu trabalho, Jon trouxe uma sensibilidade apurada para captar a dimensão humana de cada protagonista e o talento de um grande contador de histórias. O resultado desta soma de qualidades é *Che — uma Biografia*, livro magistral, que o jornal londrino *Sunday Times* chamou de "monumento à altura do sonhador utópico, heróico, porém tragicamente frustrado".

Este mesmo comprometimento integral, a mesma sensibilidade e talento, aliados à vasta experiência que acumulou cobrindo conflitos na América Central, Oriente Médio, África e Ásia, Jon trouxe para *A Queda de Bagdá*. Para escrever este livro, passou 21 meses na capital iraquiana. Tornou-se amigo e confidente de um intrigante e diverso grupo de iraquianos. Jon os conheceu quando viviam atemorizados sob o jugo de Saddam, acompanhou-os nas semanas que antecederam a invasão até a tomada do poder pelos americanos e o caos que se seguiu. Ao contar esta tragédia de dimensões épicas, como a definiu seu editor americano, através do seu próprio cotidiano e dos personagens que conheceu, Jon trouxe para um dos acontecimentos mais politizados do nosso tempo uma autenticidade e clareza moral arrebatadoras.

A Queda de Bagdá é um exemplo lapidar de uma vertente da melhor literatura de guerra, na qual o repórter é testemunha dos efeitos do conflito sobre a população civil; testemunha da injustiça e do medo, da destruição da vida cotidiana de milhares de pessoas.

Ao longo do relato de Jon pressentimos que, tal como os melhores correspondentes de guerra, ele é movido por um certo sentido de sua responsabilidade como jornalista. Que parte do seu trabalho é estar lá, acompanhando os amigos e contatos iraquianos, sabendo que ele está vendo algo que não poderíamos ver e que sua tarefa é nos trazer este mundo e fazê-lo conhecido.

Uma das ferramentas que utiliza para construir sua narrativa de intensidade visceral é a impressionante capacidade de perceber o detalhe revelador — os passos no intricado minueto executado por jornalistas e funcionários do governo, à medida que a guerra se aproximava, a forma camuflada como os iraquianos olhavam para os palácios bombardeados de Saddam nos primeiros dias do conflito, o que as pessoas comiam, o que as afligia.

O relato de Jon também é marcado por uma delicada ironia. Seu refinado humor nos deixa levemente desconfortáveis, em suspenso. Neste sentido, nos remete à melhor cobertura, à guerra do Vietnã. Como aconteceu em Saigon, os jornalistas em Bagdá tentavam, diante da intensa propaganda, decifrar que guerra era aquela e o que significava. Como o proverbial cego tateando um imenso paquiderme.

A Queda de Bagdá inaugura a coleção *Jornalismo de Guerra*, na qual a Objetiva contará com a curadoria de Leão Serva, experiente repórter que cobriu conflitos na Iugoslávia, Kuwait, Angola, Somália e Moçambique, e do jornalista Sérgio Dávila, que, com o fotógrafo Juca Varela, foi o único repórter brasileiro a cobrir a guerra do Iraque de Bagdá.

Como escreveu James Tobin, milhares de jornalistas já trabalharam em zonas de guerra — alguns, no entanto, foram além, e conseguiram criar, a partir de sua experiência única, obras notáveis, inaugurando uma tradição, um gênero. Livros nos quais o testemunho pessoal se mistura à discussão de questões vitais como a censura, a propaganda e a relação do repórter com o poder. A coleção *Jornalismo de Guerra* buscará o melhor destes relatos.

Ela trará também descrições de combates, reportagens que refletem o fascínio milenar que a guerra exerce sobre o homem, parte do contexto no qual o jornalismo de guerra é criado, pois, na sua essência, a guerra expressa a natureza humana nos seus limites extremos.

O genial Malcolme Browne, que trabalhou no Vietnã para a Associated Press, a rede de TV ABC e o *New York Times*, escreveu: "há o horror, não há dúvida sobre isto. Há a tensão de não saber se você vai ser morto no próximo ataque. Mas existe também uma sensação muito estranha de ter a sua vida em jogo — de saber que você pode ser morto, mas, de alguma maneira, está sobrevivendo. E quando você sai de uma batalha e vê que está razoavelmente ileso, há uma tremenda, uma extraordinária euforia. A guerra é de uma dramaticidade única. A não ser, evidentemente, que você sofra uma perda pessoal. É uma experiência mais intensa do que qualquer coisa que você possa encontrar na dramaturgia, na ópera ou nas tragédias gregas. Além do horror indescritível, a guerra também inclui todas estas coisas."

Finalmente, os livros da coleção *Jornalismo de Guerra* vão demonstrar com eloqüência que existe um sentido mais profundo para o trabalho do correspondente. Que nas sociedades democráticas, as pessoas têm o direito vital de saber como as guerras são travadas em seu nome, especialmente se seus filhos são enviados para o combate. Que mesmo nos conflitos mais distantes, é importante saber como as pessoas estão morrendo. Que a violência não pode permanecer secreta, oculta. Que o trabalho do correspondente é vital para definir responsabilidades.

O repórter Chris Hedges, que cobriu a maioria dos conflitos das últimas décadas, afirma: "no final, todos os correspondentes de guerra têm de enfrentar o horror da guerra, ainda que não consigam recriá-lo com total crueza. Por mais que tenham um dia acreditado no mito da guerra, se são verdadeiros correspondentes, acabam compreendendo que o mito é vazio. No final, tornam-se grandes repórteres, porque vêem a guerra como ela é e lutam para nos comunicar isto, em meio às muitas restrições que lhes são impostas, inclusive as emocionais. Eles ascendem acima dos demais e se tornam luzes para nós todos. É por isto que jornalistas como eu olhamos para eles e os reverenciamos, e lutamos para alcançar o que eles, em última instância, alcançaram."

Os próximos livros a serem lançados são: *A Face da Guerra*, de Martha Gellhorn, a rebelde passional cuja ambição foi revelar todo o terror da guerra para as populações civis; *Despachos*, de Michael Herr, cronista astuto do confronto entre o poderio bélico e tecnológico norte-americano e uma milenar cultura oriental e autor de um clássico sobre a tragédia do Vietnã; e *O Inverno da Guerra*, de Joel Silveira, o correspondente brasileiro que nos relata, com seu texto emocionado e impecável, o cotidiano dos soldados brasileiros na linha de frente na Itália, de 1944 até o final da Segunda Guerra Mundial.

Como editor, e como repórter que fui, cobrindo conflitos nas décadas de 70 e 80, espero que os livros desta coleção formem um retrato vívido e revelador, leitura essencial para todos os que buscam entender a natureza do homem e da guerra.

Roberto Feith

PREFÁCIO

Fui pela primeira vez ao Iraque por causa do fenômeno Saddam Hussein. Em certo sentido, Saddam habitava um reino mitológico, como um retrocesso à época de Herodes, quando reis guerreiros reinavam como seres semidivinos, malévolos e pródigos ao mesmo tempo, capazes das maiores crueldades e dos mais extravagantes gestos de apadrinhamento. Lá estava Saddam, no despontar do século XXI, um chefe de Estado que era um inquestionável criminoso de guerra, um fugitivo internacional que levava uma vida clandestina em seu próprio país, e que sobrevivia no poder graças ao — e não apesar do — terror que inspirava em seu povo. Qualquer coisa que se pudesse dizer sobre Saddam tornara-se, de algum modo, crível.

Eu queria testemunhar a tirania de Saddam e compreender o que a fazia funcionar. Também fui atraído pela sensação da certeza de que haveria inevitavelmente uma nova guerra entre os Estados Unidos e o Iraque. Era algo que fora preordenado, eu sentia, desde a Guerra do Golfo, quando o exército iraquiano fora derrotado mas mesmo assim se permitira que Saddam continuasse no poder. Quando George W. Bush foi empossado no cargo, em janeiro de 2001, ficou claro que o regime de sanções das Nações Unidas que mantivera Saddam sob controle durante a última década estava esgotado, e era preciso encontrar um novo meio de lidar com ele. Como agora sabemos, Bush já havia decidido que a melhor coisa a se fazer era partir para a guerra e livrar-se de Saddam Hussein.

Este livro é a minha versão dessa guerra, do que levou a ela, e do que aconteceu no Iraque desde que ela ocorreu. A história do Iraque ainda continua se desenrolando, é claro, e agora também se transformou numa história americana. Ao invadir e ocupar o país, os Estados Unidos fundiram seu destino ao do Iraque até onde se pode prever. Que forma assumirá esse relacionamento e quanto tempo vai durar é algo que nenhum de nós ainda pode saber, mas até o momento tem sido um encontro infeliz.

Acima de tudo, este livro é sobre um punhado de pessoas que conheci na antiga cidade de Bagdá durante um dos mais tumultuosos e decisivos períodos de sua longa história. Quando as conheci, elas eram habitantes do Iraque de Saddam, e a maioria sobrevivera colaborando de um modo ou de outro com o regime. A perversa beleza do tipo especial de tirania exercido por Saddam foi que os iraquianos eram obrigados a participar do próprio sistema que os oprimia. A maioria aliviava a consciência dizendo a si mesmos que não lhes restara nenhuma outra alternativa, pois tinham famílias para sustentar e proteger, e a única outra opção era a prisão, o exílio, ou talvez a morte. Alguns dos iraquianos que conheci escolheram este último caminho. Para todos eles, as drásticas mudanças provocadas pela guerra e a queda de Saddam significaram um fim brusco para as vidas que haviam levado até então. Para alguns, isso representou um novo começo, mas para outros foi o fim do caminho. Suas histórias estão aqui. Do trauma contínuo do Iraque pós-Saddam está surgindo um novo país, e cada dia traz consigo novos fins e novos começos, não apenas para os iraquianos, mas também para os americanos.

UM

Nasser al-Sadoun morava numa retirada mansão de calcário nas imediações da capital jordaniana de Amã, com a mulher Tamara, dois pastores alemães e uma empregada doméstica do Sri Lanka chamada Daphne. A oeste da casa, apreciava-se uma imensa vista panorâmica de colinas pedregosas e ondulantes, pontilhadas de pinheiros e oliveiras. Logo além do último desses morros, a terra desaparece na profunda fossa africana do vale Rift, onde o rio Jordão e o mar Morto se espraiam pela atual fronteira com Israel. Quando o visitei pela primeira vez, alguns meses antes da eclosão da Guerra do Iraque, no início de novembro de 2002, Nasser me mostrou orgulhoso sua sala de estar decorada com antigos mosquetes, espadas, machados de batalha e outras relíquias de família. Apontou dois de seus bens mais valiosos: um par de capacetes de bronze pontiagudos datando das guerras islâmicas do século VIII, que se seguiram à proclamação do nascimento do islã pelo profeta Maomé, em 610 d.C. Num aparador lateral havia uma fotografia pessoal do malfadado último rei do Iraque, Faiçal II, sem camisa, sorrindo, sobre esquis aquáticos, feita não muito antes de ele ser assassinado junto com quase toda a família na revolução de 1958. Das paredes pendiam retratos emoldurados de outros antepassados ilustres — xeques, paxás e comandantes da guarda real, todos barbudos, todos vestindo suntuosas túnicas com adagas — de fins do século XIX e início do XX, quando o Iraque ainda era chamado de Mesopotâmia.

Nasser, homem bonito, grisalho, de sessenta e tantos anos, descende de um lendário clã muçulmano sunita outrora dono de seu próprio xecado, chamado Muntafiq, que governara a maior parte do sul do Iraque durante quatro séculos. Um de seus tios-avôs servira como primeiro-ministro do

Iraque quatro vezes no início do século XX, e o bisavô, nascido no Daguestão, fora comandante do exército do rei. Nasser também é descendente direto — trigésimo sexto em linha direta — do profeta Maomé. Ele observou, brincando, que o falecido rei Hussein da Jordânia, parente distante seu, "era apenas o quadragésimo terceiro". Sadoun transmitia uma espécie de pesaroso bom humor sobre o declínio e a queda de sua família, atribuindo-os a uma tendência funesta a fazer más escolhas:

— Governávamos uma área no sul do Iraque do tamanho dos Emirados Árabes Unidos, maior do que a Inglaterra e o País de Gales juntos... mas cometemos um erro, que foi tomar o partido dos turcos contra os ingleses, e assim perdemos nossa terra, nossos poderes, e nossa terra foi distribuída para outras tribos... Um dos meus avôs ocupou o Kuwait, ficou lá alguns dias e tornou a ir embora: "Não vale a pena ficar aqui." Isso foi poucos anos antes de descobrirem petróleo. — Nasser riu e ergueu as mãos de uma maneira fatalista, sem nenhum traço de ressentimento.

Durante a ascensão ao poder de Saddam Hussein, no início da década de 1970, Nasser e a mulher, Tamara Daghestani, que também é sua prima em primeiro grau, se mudaram para a Jordânia a convite do príncipe herdeiro Hassan, e nunca mais voltaram. Tamara engravidou e deu à luz um filho, e Nasser, engenheiro que em Bagdá ajudara a dirigir a central de energia elétrica al-Doura, conseguiu emprego no conselho da diretoria da companhia de eletricidade da Jordânia, e mais tarde como conselheiro da Companhia Árabe de Derivados de Potássio, onde trabalhou até se aposentar, alguns anos antes de eu conhecê-lo. Continuava ativo, porém, trabalhando no conselho de diretores da companhia jordaniana, e ainda dirigia uma Mercedes da empresa. Embora não fosse rico, vivia com conforto, e parecia bastante satisfeito com sua vida. Uma vez por ano, ele e Tamara visitavam Londres para rever amigos e parentes que moram lá, e ele se entretinha comprando livros antigos e esgotados sobre o Iraque nos sebos londrinos.

Eu acabara de voltar de uma viagem ao Iraque, e falei-lhe de minha visita. Tinha coberto o chamado "Referendo de Lealdade" a Saddam, em que milhões de iraquianos haviam afluído às seções eleitorais de todo o país para assinar sim ou não nas cédulas que confirmavam o presidente para mais um mandato de sete anos no cargo. Eu passara o dia da votação na cidade natal de Saddam, Tikrit, onde vira grupos de homens dançando e cantando "Sim, Sim, Sim a Saddam!" e depois cortando os polegares com lâminas de barbear a fim de imprimir com sangue seus votos de "sim".

Perguntei a um dos funcionários da mesa eleitoral qual, na opinião dele, seria a porcentagem de "sim".

— Total — respondeu ele, confiante.

— Por quê? — perguntei-lhe.

— Porque o povo está apaixonado por Saddam Hussein — explicou. — Saddam Hussein é nosso espírito, nossos corações e o ar que respiramos. Se o ar se for, todos nós morreremos.

Naquela mesma noite, os resultados da votação foram extaticamente anunciados pelo ministro da Informação de Saddam: o ditador recebera retumbantes 100% de votos "sim". Um ou dois dias mais tarde, Saddam expressou sua gratidão ao povo iraquiano por sua lealdade ordenando a imediata soltura de todos os prisioneiros mantidos em cadeias do país, exceto os acusados de espionar para os Estados Unidos ou a "entidade sionista", Israel. Fui correndo para Abu Ghraib, a maior e mais notória prisão do Iraque, perto da cidade de Faluja, e vi milhares de prisioneiros desorientados, alguns encarcerados havia muitos anos, saindo correndo daquele lugar horrível numa confusão de gritaria, tropeços, pessoas chorando em frenética procura pelos parentes.

Quando cheguei, as portas da prisão continuavam fechadas e alguns policiais carcerários estavam diante do prédio, aparentemente ainda sem saber o que deveriam fazer. Uma enorme pintura de Saddam Hussein sério, usando um *fedora* e disparando um fuzil com uma das mãos, decorava um quadro grande de concreto para afixar cartazes na entrada principal. Em poucos minutos, no entanto, um grande número de civis iraquianos, parentes dos prisioneiros, começou a se reunir na rua diante da entrada. Uma hora depois, havia várias centenas deles. A maioria gritava, emocionada, saltando e entoando louvores a Saddam Hussein. Uma mulher de cabelos brancos explicou em inglês fluente que o marido estava lá dentro. Cumprira seis meses de uma sentença de trinta anos, disse ela, mas se recusou a dizer do que ele fora acusado. Quais eram seus sentimentos em relação a Saddam?

— Nós o amamos, porque ele sabe perdoar os erros de seu povo — respondeu ela, e afastou-se parecendo preocupada. Atrás dela, a multidão entoava: "Saddam, Saddam, damos nossas vidas e sangue por você", com os punhos socando o ar. Alguns homens batiam ritmadamente em tambores. Enquanto eu observava, um enorme caminhão de carroceria aberta e chata passava devagar pela multidão na rua. Na carroceria ia um longo tubo cilíndrico pintado de verde militar, mais ou menos do tamanho de um míssil Scud. Ninguém pareceu notar. Um homem surgiu de um prédio administrativo e apresentou-se aos repórteres como juiz, presidente "do comitê de libertação dos prisioneiros". Alguém perguntou sobre a ameaça à sociedade representada por um número tão grande de criminosos soltos, e ele respondeu:

— O Estado é como um pai, e vai cuidar desse problema. — Ali perto, um homem vestindo a longa túnica chamada *dishdasha* começou a disparar um Kalashnikov repetidas vezes no ar.

Então a multidão de parentes dominou os guardas da prisão que vinham tentando manter o controle nos portões e avançou, entrando em Abu Ghraib. Fui levado junto pela força da multidão. Lá dentro, vi os blocos de celas ao longe, a várias centenas de metros do outro lado de um imenso espaço vazio de deserto, cheio de montes de terra e buracos. Os parentes precipitaram-se a toda velocidade por esse espaço, em diferentes direções, todos gritando e cantando. Gaivotas sobrevoavam em círculos no céu. Um fedor repulsivo pairava no ar. Juntei-me ao grupo que se encaminhava para um prédio bem na frente dos portões principais da prisão. À medida que me aproximava, o fedor ia ficando mais intenso. Aqui e ali viam-se prisioneiros com aparência macilenta vestindo *dishdashas* e carregando trouxas de roupa, arrastando-se para os portões. Alguns vinham acompanhados por pessoas de aparência saudável, que deviam ser seus parentes, muitas das quais choravam, beijando-os e abraçando-os. Um homem passou por mim carregando um rapaz de aparência extenuada, talvez seu irmão, que parecia à beira da morte. Dois velhos passaram parecendo totalmente perdidos e desorientados, arrastando no chão seus pertences presos a cordas.

No fim do grande espaço de terra, a multidão na qual eu me incluía chegou a um grande paredão com uma entrada para automóveis arqueada em forma de túnel, que atravessamos até o outro lado. Vi-me num retângulo de deserto imundo cercado por paredes e pelas entradas gradeadas que levavam a blocos de celas em todos os lados. Num dos lados, encontrei a origem do fedor. Era um gigantesco monte de lixo. Calculei que tivesse mais ou menos o tamanho da casa de uma família muito grande, e parecia que o lixo vinha sendo empilhado ali havia anos. O mau cheiro que exalava era de embrulhar o estômago.

O cenário interior era de completa anarquia. Homens e meninos atravessavam o pátio correndo, escalavam os telhados dos blocos de celas, afastavam espirais de arame farpado de pontas cortantes para ganhar acesso, e o tempo inteiro gritavam a plenos pulmões. Grupos confusos de homens e mulheres lançavam-se de um lado para outro, e alguns guardas também corriam acenando e berrando em árabe. Era difícil saber se os homens nos telhados eram prisioneiros ou parentes. Captei vislumbres de alguns prisioneiros olhando fixamente para fora pelas grades dos andares superiores dos blocos de celas. Merda humana grudava-se como lama endurecida ao arame farpado entrelaçado diante de suas janelas gradeadas. Enquanto eu observava, Giovanna Botteri, uma atraente repórter loura do canal de televisão italiano RAI 3, veio até mim. Vestia uma calça *jeans* branca Armani muito justa e uma camisa também branca. Seu câmera estava preso na multidão, disse ela, e ela estava sendo bolinada pelos homens. Pediu-me que a ajudasse. Uma espécie de agente iraquiano à paisana aproximou-se, claramente perturbado com a presença dela, e disse-me para tirá-la dali. Grupos de rapazes haviam-se juntado rapidamente à nossa volta, como lobos, comentando, rindo e apontando para Giovanna, excitados. Ela enganchou uma das mãos no meu cinto, na parte de trás da calça, e começamos a avançar por entre a turba, com o agente a nos proteger e abrir caminho para nós, apontando as aberturas na multidão e gritando para os homens em volta. De vez em quando, alguns dos homens chegavam perto, e eu sentia Giovanna recuar ou gritar quando a agarravam. A certa altura, ela gracejou:

— Acho que não foi um bom dia para usar Armani.

Vimo-nos novamente próximos da abertura tipo túnel no muro. Ela fora obstruída por um bando de homens. O útil agente à paisana desaparecera. Havia alguns guardas ali, afastando homens a pancadas para desobstruir a entrada de automóveis, e eles começaram a se dispersar. Quando nos aproximamos, um dos guardas começou a me empurrar. Eu revidei o empurrão e gritei para ele, que me empurrou outra vez. Um caminhão de transporte surgiu com dois soldados na parte traseira e eu subi nele à força, com Giovanna ainda presa a mim. O caminhão acelerava e freava loucamente no túnel. Do outro lado do muro, um dos soldados nos obrigou a sair. Passados um ou dois minutos, depois de mais tumulto, emergimos da turba e voltamos ao grande espaço aberto, onde centenas de prisioneiros se dirigiam para os portões escancarados da entrada. Nós nos juntamos a eles.

Dois dias depois, em Bagdá, um grupo de iraquianos que afirmara ser de parentes de prisioneiros desaparecidos aglomerava-se diante do Ministério da Informação, onde ficava o escritório de imprensa estrangeira. Haviam percorrido as ruas de Bagdá, gritando louvores a Saddam, mas quando chegaram ao alcance do ouvido dos jornalistas, deixaram claro que estavam transtornados porque seus parentes não haviam aparecido quando outros foram libertados. Tal protesto era um fato sem precedentes no Iraque de Saddam. Antes que os jornalistas pudessem entrevistar qualquer um deles, contudo, os funcionários no ministério mobilizaram guardas armados para dispersar o grupo. No dia seguinte, guardas foram postados em volta do ministério, e os oficiais superiores do ministério achavam-se de péssimo humor. Estavam especificamente furiosos com a CNN, que fizera uma transmissão ao vivo do protesto. Dias depois, a chefe do escritório da rede, Jane Arraf, recebeu ordem para deixar o país.

Uma ou duas noites depois, numa entrevista com o vice-primeiro-ministro de Saddam, Tariq Aziz, questionei a sensatez de soltar, assim de repente, nas ruas do Iraque tantos prisioneiros, incluindo milhares de criminosos comuns. Entre baforadas de um charuto cubano, Aziz respondeu tranqüilamente:

— As famílias desses prisioneiros demonstraram sua lealdade ao presidente, entende, e por isso tínhamos de retribuir sua lealdade. O presidente pediu que as famílias corrigissem esses homens, e tenho certeza de que muitos o apoiarão e lutarão por ele. Um presidente como Saddam Hussein não libertaria dezenas de milhares de prisioneiros caso se sentisse ameaçado por eles. Se temêssemos os prisioneiros, poderíamos cercar a prisão com tanques e massacrar todos. Mas não fizemos isso. Acreditamos em Deus. Somos como Jesus Cristo, que perdoou aqueles que o crucificaram.

Esses dramas encenados ocorriam no Iraque enquanto os preparativos dos americanos e britânicos para a guerra ganhavam velocidade; eu deixara Bagdá para visitar Nasser al-Sadoun, perguntando-me que interpretação dar àquilo tudo. Depois de ouvir meus relatos, ele riu e disse que nada daquilo deveria me deixar perplexo. Os episódios que eu testemunhara, acrescentou, não passavam dos mais recentes de vários atos semelhantes de encenação política executados por Saddam para demonstrar ao mundo que ele era um líder popular, ao mesmo tempo em que reforçavam seu controle em casa; só isso. Quanto ao que os iraquianos achavam de verdade daquelas coisas, disse, era impossível saber enquanto Saddam permanecesse no poder. Todo mundo tinha simplesmente medo demais para dizer o que pensava.

Nasser previu que uma guerra liderada pelos americanos no Iraque era inevitável, e que Saddam perderia, mas advertiu:

— Os próprios americanos não devem assumir o controle, sabe, porque os iraquianos não toleram estrangeiros. Uma coisa que é preciso saber sobre os iraquianos é que se pode conquistá-los rápido, mas também perdê-los com a mesma rapidez. Individualmente, são pessoas muito agradáveis, mas como grupo é impossível saber o que farão. Se os americanos vierem, não devem ficar e tentar governar os iraquianos e decidir as coisas por eles. Devem instalar qualquer governo que puderem encontrar, e depois ir embora.

Nasser contou a história de seu próprio tio-avô, Abdul Mohsen al-Sadoun, que fora um dos primeiros-ministros do Iraque e se suicidara em 1929 pela incapacidade de conseguir mais completa soberania dos ingleses, que haviam conservado poderes de tratados neocoloniais no Iraque mesmo após haverem concedido a Independência, em 1920.

— Ele recebera a promessa de independência total da Grã-Bretanha — disse Nasser —, mas quando isso não aconteceu foi acusado de traição no Parlamento. Então foi para casa e se matou. Entenda, os iraquianos são muito orgulhosos de suas responsabilidades, mas se alguma outra pessoa for responsável, não ligam para nada. Por isso, ponham os iraquianos no comando.

Ao longo dos meses seguintes, as palavras de advertência de Nasser al-Sadoun me acompanharam, concretizando-se como a profecia de um vidente. A guerra, na verdade, passara a parecer cada vez mais inevitável e, a julgar pelas observações que vinham sendo feitas por autoridades dos EUA, o mesmo valia para algum tipo de ocupação militar do Iraque no pós-guerra. Como um americano que chegou à maioridade durante os traumáticos anos da Guerra do Vietnã e a psicologia do "nunca mais" que se seguiu, a perspectiva de uma força militar dos EUA invadir e posteriormente ocupar um país estrangeiro sem ser convidada era extremamente aflitiva para mim.

Como qualquer outro que visitara o Iraque na era de Saddam Hussein, eu sabia que se tratava de uma casa de horrores. O regime de Saddam era sem a menor dúvida a mais assustadora tirania que eu vira de perto. As únicas provas reais que eu tinha de seus crimes eram as que lera em livros, relatos de jornal e relatórios de direitos humanos; mas também havia o eloqüentemente mortal manto de silêncio que eu encontrara no Iraque, onde ninguém jamais ousava dizer nada contra Saddam. Tanto silêncio, compreendi, só podia vir de um extraordinário grau de medo. Num punhado de ocasiões, eu tivera vislumbres fugazes dos verdadeiros sentimentos das pessoas.

Certa vez, seguindo a pé sozinho pelo bazar dos ladrões de Bagdá, onde vendiam-se raridades, moedas antigas e CDs contrabandeados, um jovem vendedor de seus vinte e poucos anos me chamou para dentro de sua minúscula loja e me convidou para sentar e tomar chá com ele. Depois de afastar com um aceno vários espectadores curiosos, perguntou-me de onde eu era, e quando eu disse que era dos Estados Unidos ele se animou e fez-me um sinal com o polegar erguido.

— A América é boa! — disse. Então, notando que eu usava um relógio de pulso com o rosto de Che Guevara no mostrador, perguntou, curioso: — Che Guevara esteve em conflito com os Estados Unidos, não? Usar isto aí não lhe cria problemas com as autoridades americanas? — Respondi ao lojista que nos Estados Unidos esse tipo de coisa não era um crime. Se eu quisesse, falei, poderia circular dizendo que Saddam era bom e que Clinton era mau, e a polícia não poderia fazer nada comigo. Ele arregalou os olhos, surpreso, e então, com um largo sorriso, gracejou: — Então, o sistema americano é igual ao do Iraque! — Contorceu as sobrancelhas teatralmente. — Aqui no Iraque... — Calou-se, estendendo os braços diante de si, com os pulsos juntos, como se estivesse algemado, e sacudiu então um dos braços num violento movimento de surra. Curvando-se e pondo a boca perto da minha orelha, silvou: — Mukhabarat — referindo-se à polícia secreta onipresente do serviço de inteligência do Iraque, e tornou a recostar-se na cadeira. Meio sem convicção, eu disse:

— *Inshallah*, se Deus quiser, as coisas vão mudar.

— Não — respondeu ele em voz baixa. — Talvez na América as coisas mudem, mas no Oriente Médio, não. Nada nunca muda no Oriente Médio.

Eu não tinha como discutir com o cinismo do jovem vendedor. Em seu tempo de vida, nada mudara, pelo menos não no Iraque. Apesar da altiva tradição milenar do Iraque como "o berço da civilização humana", e apesar de — alguns diriam devido a — sua imensa riqueza petrolífera e posição estratégica como o último Estado-tampão do Oriente Médio, seu povo jamais conhecera a democracia. Em 1932, quando os britânicos coloniais se retiraram do território refratário capturado 16 anos antes dos turcos otomanos, que o haviam governado durante os quatro séculos precedentes, deixaram para trás uma monarquia hachemita escolhida a dedo para tratar de seus interesses, que incluíam um papel controlador na inexperiente indústria petrolífera iraquiana. Mas em 1958 a família real do Iraque foi massacrada numa revolução antiocidental liderada por oficiais nacionalistas iraquianos. Em 1968, o regime por eles instalado foi, por sua vez, violentamente derrubado pelo Partido Socialista Árabe Baath, rebento iraquiano do ultranacionalista Partido Baath Pan-arabista, fundado na Síria na década de 1930. Saddam Hussein al-Tikriti, aos 31 anos, veterano conspirador baathista com uma malograda tentativa magnicida a seu crédito, tornou-se vice-presidente do Iraque, servindo sob o primo Hassan al-Bakr. Mas Saddam logo se transformou no verdadeiro homem forte do Iraque, e em 1979 dispensou completamente o primo e assumiu ele próprio o poder. Logo depois, lançou um sangrento expurgo de seus inimigos potenciais no Partido Baath, e desde então manteve um firme controle do poder, revelando-se um dos mais implacáveis e argutos sobreviventes políticos do mundo. Naquela época, Saddam também remodelou o Iraque para servir a seus próprios caprichos, e os resultados foram simplesmente embasbacantes.

Bagdá é uma cidade quase toda cor de terra, as apagadas vistas quebradas apenas pelas ocasionais abóbadas azul-pavão e douradas das mesquitas, que brilham lindamente ao sol, e pelas empoeiradas fileiras de eucaliptos e tamareiras que parecem crescer por toda parte, suavizando a linha do horizonte com uma borda cinza-esverdeada e entrecortada por flechas emplumadas. Fora isso, há poucos contornos suaves em Bagdá; a maioria é de uma dura geometria modernista de quadrados e retângulos marrons e setas de concreto. Durante as décadas de 1970 e 1980, numa campanha de modernização que lembra a de Ceausescu na Romênia, Saddam mandou derrubar alguns dos mais antigos bairros da cidade — construções seculares de pedra e barro, com portas e janelas de madeira arqueadas e sacadas suspensas — e substituí-los por blocos uniformes de prédios num estilo descrito em Bagdá como "Novo Islâmico". Trata-se de uma forma de arquitetura caracterizada pela predominância de arcadas, colunas e minaretes estilizados, todos talhados em lajes de concreto aparente, sem pintura, ou então, com um resultado mais feliz, revestidos com acabamentos de calcário cor de marfim.

Correndo por entre margens reforçadas com concreto, as águas cinza-esverdeadas do rio Tigre fluem para o sul, cortando o centro de Bagdá numa grande curva serpeante. Na margem esquerda do rio fica o núcleo comercial da cidade, com seus frenéticos *souks* e bazares, enquanto à direita estende-se um vasto complexo de parques, edifícios do governo, palácios presidenciais e vários dos grandes monumentos públicos erguidos por Saddam ao longo dos anos. São lugares construídos em escala épica, quase faraônica, e muitos têm um espírito vingativo, quase necromântico, pois a maioria consagra a morte de uma forma ou de outra. Na primeira vez em que vi Bagdá, ocorreu-me a idéia de que se Saddam de algum modo reencarnasse como americano e tivesse sinal verde para intervir na arquitetura de Washington, as sepulturas do cemitério de Arlington teriam na certa sido exumadas e transplantadas para o centro da cidade, e as árvores ali seriam derrubadas a fim de abrir espaços para novas e largas avenidas que comportassem paradas militares; depois se isolaria com cercas de segurança um trecho de 5 quilômetros do rio Potomac, digamos de Foggy Bottom a Georgetown, que seria guardado por homens armados com ordens para disparar em todos os intrusos à vista. Por fim, o monumento a George Washington seria rebatizado como "A Gloriosa Vitória sobre o Vietnã", e o solo em seu sopé engenhosamente coberto com milhares de chapéus de bronze representando os trabalhadores braçais asiáticos não-qualificados, que os visitantes pisoteariam.

O Túmulo do Soldado Desconhecido de Saddam era um outeiro artificial de concreto esculpido, encimado por uma tampa semi-aberta que parecia um disco voador, mas planejado para assemelhar-se ao capacete de um soldado. À noite, iluminado por centenas de faixas de lâmpadas fluorescentes nas cores branca, vermelha e verde da bandeira nacional do Iraque, o túmulo era visível à distância por quilômetros em volta. Pendendo suspensos de uma câmara sob o grande capacete ficava um caixão com o corpo de um militar anônimo iraquiano e uma galeria subterrânea, onde os visitantes podiam ver uniformes de soldados mortos e um arsenal de armas usadas por guerreiros iraquianos ao longo dos séculos, variando das maças e espadas usadas pelos cruzados islâmicos do século VIII ao par de armas automáticas disparadas por Saddam Hussein em sua fracassada tentativa de matar o primeiro-ministro Abdul Karim Qassem, em 1959.

Em frente ao túmulo, depois de uma extensão de gramado, via-se o chamado Pavilhão Mãos da Vitória de Saddam, um terreno de parada de 1,5 quilômetro de comprimento, guardado nas duas pontas por conjuntos idênticos de gigantescos braços humanos de bronze baseados num molde feito dos braços do próprio Saddam. Os braços empunhavam espadas cruzadas acima formando arcos do triunfo. De cada um desses enormes braços pendiam grandes redes cheias de centenas de capacetes autênticos de soldados iranianos, vários deles perfurados por balas. Outros haviam sido cimentados na superfície da própria rua, brilhantes bojos de metal que cintilavam à luz do sol, feitos para que os veículos passassem por cima deles e para que as pessoas os pisassem.

Uma das mais recentes criações de Saddam, concluída após a Guerra do Golfo, era o Museu do Líder do Triunfo. O museu ficava debaixo da nova torre do relógio de Bagdá, uma construção em forma de samovar que se erguia na vertical no parque público perto das Mãos da Vitória. Dentro da torre oca do relógio, um pêndulo, decorado inexplicavelmente com quatro Kalashnikovs dourados, balançava devagar de um lado para outro sobre uma superfície de mármore decorado. Em torno da base da câmara, sete grandes galerias alojavam a eclética coleção dos presentes recebidos por Saddam de amigos, admiradores e chefes de Estado estrangeiros ao longo dos anos. Quando visitei o museu pela primeira vez, em 2000, a exposição incluía um par de esporas de equitação decorativas que, segundo as etiquetas do museu, tinham sido presenteadas por Ronald Reagan em 1986; uma coleção de camisas *guaybera* dadas por Fidel Castro; duas presas de elefante de marfim maciço do ex-ditador chadiano Hissène Habré; um relógio Patek Philippe de ouro, incrustado com diamantes e rubis, do sultão de Bahrein; espadas cerimoniais de Jacques Chirac e Vladimir Jirinovski. Havia também duas granadas banhadas em ouro e uma pistola automática calibre 45 combinando, presente de Muammar Qaddafi; e uma magnífica espingarda de cano duplo e mira telescópica de franco-atirador, oferecida pelo chefe do serviço secreto da Rússia.

Uma atração especial, indicada pelo animado curador, era uma antiquada espingarda de pederneira, de cano longo, que ele me disse ter sido usada para matar "o famoso espião britânico Leachman". O coronel Gerard Leachman era um oficial britânico do serviço de informação, colega de T. E. Lawrence e Gertrude Bell, que foi atingido por um disparo nas costas e morto pelo filho de um xeque durante a revolta anticolonial de membros tribais iraquianos, em 1920. A família do assassino guardara a arma do crime por muitos anos, disse-me o curador, mas a dera de presente a Saddam pouco tempo antes. A julgar pelo tom reverente do curador, imaginei que a arma ocupasse um certo lugar de honra na coleção dos presentes de Saddam. Meu preferido, no entanto, era um elefante de porcelana chorando, daqueles que a gente vê em lojas de presente da zona rural americana. Ao seu lado havia um bilhete escrito à mão em inglês para Saddam, datado de 1997 e assinado por uma certa Ruth Lee Roy, que dizia: "Este é um elefante chorando, mas queremos que o senhor seja feliz."

Na galeria batizada de "Um al-Marik" (Mãe de Todas as Batalhas) — apelido de Saddam para a Guerra do Golfo — pendia da parede um mapa eletrônico do Oriente Médio. Quando era aceso, *flashes* vermelhos marcavam todos os lugares atingidos por mísseis Scud do Iraque durante a Guerra do Golfo, e a contagem era registrada embaixo. Como me indicou amavelmente o curador, de acordo com a contagem de Saddam, cinqüenta mísseis haviam caído sobre forças aliadas na Arábia Saudita, e outros 43 em Israel. Próximo dele, num armário de vidro, exibiam-se diversas cartas de lealdade de iraquianos a Saddam. Todas haviam sido escritas com o sangue dos próprios autores. Em letras de folha de ouro, gravadas na parede de mármore da última galeria, chamada al-Abid — nome de um dos mísseis balísticos do Iraque —, traduzira-se para o inglês uma citação de Saddam. "O relógio bate sempre para manter o registro de homens e mulheres, alguns deixando para trás a marca de almas grandes e elevadas, enquanto outros nada deixam além dos restos de ossos comidos por vermes... Quanto aos mártires, estão vivos nos Céus, sempre imortais na presença de Deus. Nenhuma herança é mais digna ou sublime que a sua."

Fora assim que Saddam construíra seu legado, muito literalmente com tijolos e alvenaria. Isso já vinha ocorrendo havia muitos anos, mas desde a Guerra do Golfo ele entrara numa obsessão de construir palácios de proporções verdadeiramente gigantescas. Durante a década de 1990, construíra dezenas deles em todo o país. Sem a menor dúvida, esses palácios eram o aspecto mais surrealista da vida no Iraque, pois embora se erguessem por toda parte, e fossem invariavelmente enormes, as pessoas não os reconheciam. Como se exigia de todos os jornalistas estrangeiros, quando cheguei a Bagdá em 2000 o Ministério da Informação designou-me um "guia" e intérprete, que a partir de então me acompanhou a quase todos os lugares a que eu ia. Meu guia era um curdo de 30 anos, Salaar Mustafa, homem magro, inteligente, fumante inveterado, com um diploma de língua inglesa da Universidade de Bagdá. Salaar era loquaz sobre a maioria das coisas, mas sempre se calava quando passávamos de carro por um dos palácios de Saddam, o que ocorria com freqüência, e muitas vezes fingia ser surdo quando eu lhe perguntava o que eram aqueles prédios. Se eu insistisse, respondia sucintamente: "Uma hospedaria."

Os iraquianos respeitavam cuidadosamente um conjunto de regras relativas ao que se podia ou não dizer sobre o presidente e sua família. Algumas das regras eram auto-impostas, mas outras eram oficiais. Insultos verbais ao presidente, por exemplo, eram um crime que acarretava a pena de morte. Esse tipo de punição, como era de se esperar, tinha um efeito restritivo na discussão sobre quase todos os assuntos relacionados com Saddam, e seus palácios eram unanimemente compreendidos como sendo um assunto tabu. Na prática, o que isso significou foi que os palácios se tornaram, como na velha fábula sobre as roupas novas do imperador, lugares que as pessoas viam mas não admitiam ver, e dos quais com certeza não falavam, pelo menos em voz alta, nem àqueles em quem não tivessem total confiança.

Os exteriores dos palácios de Saddam são imensos e intimidadores, e, como seus monumentos, têm o efeito de fazer os mortais comuns parecerem formigas em sua insignificância. A maioria era protegida por altos muros de cimento, feitos com placas idênticas gravadas com as iniciais de Saddam em escrita árabe, e protegidos de intrusão por soldados com metralhadoras em nichos rodeados de sacos de areia, enormes guaritas e entradas bloqueadas. Um dos palácios de Bagdá era coroado com uma imensa abóbada de calcário, sob a qual parapeitos de pedra se projetavam num desenho de estrela horizontal. Pousados nas pontas de cada estrela havia enormes e idênticos bustos de bronze dourado do próprio Saddam, atento e vigilante, olhando a cidade de cima, e usando o que pareciam ser capacetes alados, mas que na verdade, fiquei sabendo, eram representações da mesquita do Domo da Rocha de Jerusalém. No principal complexo republicano do palácio, onde havia vários outros palácios, éramos da mesma forma vigiados por diversos bustos suspensos de Saddam, mas essas efígies tinham a frente voltada para dentro, e as costas viradas para o mundo exterior.

Certo dia, quando eu era o único cliente de um restaurante de peixes na margem leste do Tigre, do outro lado do complexo do Palácio Republicano, o proprietário fez-me sinal em silêncio para que eu fosse até a porta dos fundos de seu estabelecimento. Escancarando-a, apontou para uma cerca alta de corrente que se estendia logo atrás da casa, separando-a da borda da margem do rio. Apontou através da cerca para o outro lado do rio, onde distingui os minaretes e as cúpulas de vários dos grandes palácios.

— Tudo isso é de Saddam — explicou ele com um amplo gesto que abarcava o rio e suas duas margens. Informou-me que o complexo presidencial se estendia por muitos quilômetros, e que ninguém tinha permissão para se aproximar do rio dos dois lados. Notei que seu quintal parecia abandonado, além de invadido pelo mato, e perguntei se algum dia ele transpusera o perímetro da cerca, que ficava a uns 6 metros de distância. Ele ergueu as sobrancelhas num olhar de descrença e exclamou: — Não! Nunca!

Numa pantomima rápida e improvisada, representou uma cena em que ajoelhava à força um homem a seus pés e depois disparava-lhe um tiro na nuca. Em seguida, numa encenação teatral, virou-se, bateu a porta que dava para o quintal e conduziu-me de volta para a frente do restaurante. Mais tarde, avançando de carro ao longo da pista à beira do rio, vi, na verdade, que por quase 3 quilômetros a faixa do parque que ficava entre a estrada e o rio do outro lado da propriedade de Saddam estava abandonada e deserta. Em certo ponto, uma escultura pública que mostrava donzelas dançando num círculo quase fora engolida por um matagal de altas ervas daninhas amarelas. Várias das donzelas haviam perdido os braços e uma delas fora decapitada.

Em outro dia, quando eu visitava uma galeria de arte do outro lado da cidade com meu guia, Salaar, notei vários enormes guindastes de construção despontando no céu próximo, dispostos em torno de uma gigantesca estrutura de concreto inacabada, com várias abóbadas. Reconheci-a como um dos locais das novas mesquitas de Saddam. Ele estava construindo duas mesquitas, que juntas iriam representar seu mais magnífico projeto de construção até então. A maior das duas deveria transformar-se, depois de pronta, na segunda maior do Oriente Médio, perdendo apenas para a Grande Mesquita de Meca, enquanto a outra seria a maior do Iraque. O prédio que eu olhava, o menor dos dois, erguia-se no local da pista de corrida do antigo hipódromo de Bagdá, que Saddam arrasara poucos anos antes. Quando perguntei a Salaar se podia tirar uma foto do local, ele disse que não. Era contra as normas. Ninguém, acrescentou ele, podia fotografar a mesquita antes de ela ser concluída — nem sequer falar dela, aliás.

— Por favor, não insista — pediu. Incrédulo, perguntei:

— Quer dizer que você e eu podemos vê-la, mas temos de fingir que ela não está aí?

Salaar assentiu com um vigoroso movimento de cabeça, e pela expressão tensa em seu rosto vi que estava falando muito sério.

Uma década depois da derrota do Iraque na Guerra do Golfo, no período chamado oficialmente de "Era de Saddam Hussein", o próprio Saddam tornara-se invisível como figura pública, visto por seu povo apenas à noite na televisão, onde aparecia em reuniões com os membros de seu Conselho do Comando Revolucionário em aposentos anônimos, sem janelas, ou cumprimentando simpatizantes em um de seus palácios. Não fazia quase nenhuma aparição pública, e quando as fazia, elas nunca eram anunciadas com antecedência. Ele simplesmente surgia e tornava a desaparecer — como a visitação de uma divindade. Ao mesmo tempo, Saddam estava, literalmente, por toda parte. Na avenida que leva a Bagdá saindo do aeroporto internacional Saddam, uma placa saudava os visitantes: "Bem-vindo à Capital Árabe de Saddam". Havia rio Saddam, represa Saddam e uma cidade de Saddam. Seu rosto decorava os mostradores de relógios de pulso, aparelhos de rádio e relógios de parede. Nas fachadas de cada edifício público, dentro de toda loja e toda casa que visitei, vi retratos do presidente pendurados. Por todo o país, havia milhares de reproduções de Saddam em tamanho maior que o natural, pintadas em enormes painéis para fixar cartazes, em imensas telas a óleo, embutidas em azulejos de mosaicos vitrificados e acomodadas em chapas de concreto, esculpidas em granito, bronze, e estátuas e bustos dourados. Ele era visto em pé, braço direito estendido em comando; rezando com devoção; montado, espada erguida, em garanhões rampantes. Sorrindo, reprovando, disparando armas, fumando charutos, com casacão de couro preto e chapéu de feltro combinando; em uniformes militares e em longas túnicas árabes, em ternos ocidentais de três peças — até, muito estranhamente, em traje alpino de escalada. Em algumas representações, era magro, ou imponentemente musculoso, enquanto em outras era obeso, de rosto inchado e queixo duplo. Era visto usando as togas da justiça e equilibrando os pratos da balança nas mãos, presidindo o tribunal como um patriarca bíblico, enquanto homens, mulheres e crianças desfaleciam em sua presença; em jalecos brancos de médico; balançando afetuosamente criancinhas no joelho; erguido com uma espada coberta de sangue sobre uma serpente mutilada, a cauda transformada num míssil Cruise americano. Em um dos prédios, havia oito Saddams idênticos sorrindo juntos, numa repetição *cult* não diferente do *Díptico de Marilyn Monroe* pintado por Andy Warhol.

O czar da arte do Iraque chamava-se Mokhaled Mukhtar, homem de meia-idade com uma cabeleira revolta à Einstein que me disse em 2000, orgulhoso, que trabalhava 12 horas por dia como diretor do Centro de Artes Saddam, um grande edifício de concreto cinzento feito no novo estilo islâmico que fazia parte de um enorme complexo de prédios semelhantes erigidos no coração da antiga Bagdá. Contei seis diferentes retratos de Saddam no escritório espaçoso e cheio de quadros de Mukhtar. Ele me informou que sua atividade, como patrono oficial de artistas iraquianos, era um trabalho de verdadeiro amor, e que em sua tarefa ele gozava do total apoio do presidente Saddam Hussein.

— Quando assumiu o poder, o presidente disse que os artistas são como os políticos; ajudam a alimentar e promover a sociedade — disse Mukhtar. — Se uma sociedade não tem artistas, não pode ter políticos sábios. Portanto, a arte no Iraque floresceu por causa do patrocínio direto do presidente. — Quando lhe perguntei sobre o excesso de arte pública dedicada a Saddam, Mukhtar explicou que os artistas do Iraque gostavam de pintar o presidente, porque ele era "o símbolo nacional". Na infância, explicou Mukhtar, ele havia pintado retratos de outros heróis de sua imaginação — citou Burt Lancaster e Clark Gable —, mas agora Saddam os substituíra. — Hoje, esse mesmo amor e imaginação se expandiram a ponto de nos permitirem expressar nosso amor pelo presidente.

Mukhtar começou a relacionar algumas das realizações de Saddam, que ele parecia julgar quase miraculosas. Por exemplo, disse-me ele, quando era menino, criado na província nortista de Nínive, havia apenas duas escolas de ensino médio, mas agora eram duas centenas. Naquela época, continuou, a população do Iraque era pequena, de apenas 7 milhões de pessoas.

— Mas agora somos 22 milhões, mesmo após vinte anos de matança! Como é possível alguém explicar isso? Há uma pessoa que simbolize tudo isso? — Mukhtar apontou para uma tela perto de sua mesa. Nela, via-se uma pintura do rosto de Saddam com um complexo pano de fundo de antigos símbolos cuneiformes sumérios. Era, disse-me, uma de suas próprias pinturas. — Se tivesse vindo aqui antes da revolução, você ficaria tão orgulhoso de Saddam quanto sou agora.

Algumas noites depois, visitei a casa de um pintor iraquiano, Kassim Mussin Hassan. A sala de visitas era decorada com seus próprios quadros, sobretudo óleos de garanhões árabes corcoveando e mulheres de lenço na cabeça carregando vasos de água de cerâmica ou remando barcos nos pântanos do sul. Ele explicou que seu estilo era da "escola realista" da arte iraquiana. Hassan mostrou-me uma resma de fotografias de seus outros trabalhos, entre eles uma grande tela de Saddam gordo, de túnica. Era a sua obra de maiores dimensões. Disse que tinha 6 metros de comprimento por 3 de largura, e que lhe fora encomendada para a sede do Partido Baath numa cidade ocidental do Iraque. Ele levara três semanas para terminar. Pintara no telhado plano de sua casa, e depois de pronto o quadro fora içado do telhado por um guindaste até um caminhão. Reparando numa fotografia emoldurada de Hassan com Saddam, sorrindo radiante e com a mão em seu ombro, perguntei-lhe sobre o encontro. Ele me explicou que fora convocado para conhecer Saddam depois de lhe enviar um de seus quadros — de uma mulher cortando juncos no pântano com um garanhão ao fundo — pelo aniversário de 59 anos do presidente, em 1996.

— Saddam chamou-me pelo meu nome — disse Hassan. — E contou-me que vinha acompanhando minha carreira. Eu fiquei cara a cara com ele, e tive o impulso de abraçá-lo, mas não podia fazer isso. Ele tem olhos muito fortes. A gente sente que há muitos iraquianos naqueles olhos, que guardam neles a luta pela pátria árabe, e que ele vê longe, e pode ler o que pensamos. Transpira autoconfiança, e isso nos faz nos sentir fortes também, como ele.

Para a maioria dos iraquianos, Saddam era a eminência todo-poderosa que tudo via e tudo sabia, que vivia no meio deles, mas existia além de seu alcance. Como os súditos de um deus irado, eles lhe prestavam homenagem para invocar sua atenção, compaixão e misericórdia. Um escritor do Iraque, escolhendo as palavras com todo cuidado, aconselhou-me a examinar a antiga Mesopotâmia como um meio de compreender o culto a Saddam.

— As pessoas que vêm do Ocidente, onde a realidade é hoje e amanhã, e o passado é irrelevante ou mal existente, erram ao ver o Iraque pela mesma ótica. Aqui, o passado criou o presente e continua sendo parte dele. Aqui se criaram os primeiros deuses com caras humanas. Havia deuses da água, da agricultura, e assim por diante. Eu penso neles como ministros de Saddam. Havia uma ligação entre o céu e a terra nesses deuses, e eles iniciaram a tradição de tratar reis como deuses. A divindade encontra-se na interligação do céu e da terra. Talvez essa seja uma forma de explicar o que você está vendo no Iraque.

O Iraque tem uma cultura de fato muito antiga, e uma história arqueológica que remonta a 10 mil anos. Como testemunham as ruínas de Ur, Nínive e Babilônia, o Iraque foi a sede das dinastias suméria, assíria e abássida, e, muito antes de todas elas, das primeiras colônias da espécie humana. Os antigos iraquianos foram os criadores da roda, da caligrafia mais antiga de que se tem conhecimento do mundo — do alfabeto cuneiforme —, do primeiro épico escrito, *Gilgamesh*, e do primeiro código de leis registrado, em que se estabeleceu para a eternidade o conceito "olho por olho" de Hamurabi. Alexandre, o Grande morreu no Iraque, assim como o genro do profeta Maomé, o imã Ali, da seita xiita, e ali foi o berço dos reis Nabucodonosor I e II, de Saladino, o Conquistador, e do patriarca judeu bíblico Abraão. Parecia uma cruel ironia que, depois de uma história assim, os iraquianos terminassem com Saddam Hussein.

Somente os mais confiantes membros do aparato político de Saddam ousavam falar abertamente do presidente, e mesmo eles achavam difícil negar em termos categóricos a brutalidade do ditador. Falavam de maneira eufemística sobre como ele era "durão" ou "forte", ao mesmo tempo em que endossavam sua tirania de maneira aduladora como a forma ideal do regime de Amor Violento exigido pelos iraquianos.

— O Iraque precisa de um governante forte — disse-me certa vez meu acompanhante Salaar. — Este país é como um cavalo selvagem, e necessita de um treinador durão. Mesmo que ele tenha cometido alguns erros, é melhor ter alguém forte como Saddam do que um fraco.

Eu logo aprendi que o comentário de Salaar era um aforismo aprovado entre os bajuladores do regime.

— O povo iraquiano ama Saddam Hussein — assegurou-me Tariq Aziz numa entrevista em minha primeira visita. — Saddam Hussein é duro quando é preciso ser duro, e bondoso quando é preciso ser bondoso. Ele graceja, escuta a gente, isso é importante para um líder. — Aziz compartilhou o que, segundo ele, eram os segredos da sobrevivência de Saddam no poder. — O povo iraquiano, desde a Babilônia, derrubou os líderes de que não gostava, e o fez ainda neste século. Saddam Hussein é o líder do Iraque há 32 anos e as pessoas o conhecem. Elas suportam todas as circunstâncias difíceis porque amam e apóiam seu líder. Algumas dizem que é porque ele tem uma Guarda Republicana e uma Mukhabarat, mas a história nos diz que seriam essas mesmas pessoas que o derrubariam.

Aziz contornou a delicada questão dos freqüentes expurgos de Saddam de suas forças de segurança e serviços de inteligência, assim como o fato de que todos os cargos superiores mais sensíveis eram ocupados por seus parentes de sangue, mas em seguida enumerou, com bastante entusiasmo, uma litania das conspirações, assassinatos e golpes de Estado militares vindos de dentro do governo na história do Iraque. Ao concluir, perguntou-me, petulante:

— Então, como é possível esse homem manter tudo intacto se não tiver o apoio de seus guardas e de seu exército? Porque ele não fica encaixotado no poder, ele viaja, ele preside o governo, e as pessoas o amam por isso. Sabe, mais da metade dos iraquianos é muçulmana xiita, e durante anos o Irã dizia-lhes que deveriam derrubar Saddam, e eles encaravam isso como um insulto. Eu tenho certeza de que se sentem da mesma maneira em relação aos americanos dizendo aos iraquianos que derrubem seu presidente. Saddam também é popular como líder árabe para os muçulmanos e as pessoas em todo o Terceiro Mundo; não importa que não seja popular em Chicago e na Côte d'Azur! Você sabia que centenas de nigerianos deram o nome dele a seus filhos, e não sabem nem o que significa? — Aziz fez uma pausa teatral e curvou-se para mim. — Eu lhe digo, significa "heroísmo".

Mais tarde, por curiosidade, consultei eu mesmo o significado da palavra "Saddam". Segundo a maioria das referências que examinei, o nome é traduzido como: "Aquele que confronta". Bastante justo.

Outros iraquianos ofereceram relatos pessoais para ilustrar a capacidade de misericórdia de Saddam. Fui presenteado com um desses por Behjet Shakir, que fora secretário-geral do Partido Baath do Iraque em fins da década de 1950, quando Saddam ainda era apenas um jovem militante do partido. Homem de cabelos brancos e 72 anos, Shakir vivia em tranqüila aposentadoria quando me encontrei com ele em agosto de 2000. Morava com a família num apartamento em Mansour, um bairro agradável de Bagdá, mas era claro que vivia com pouco dinheiro. Além de escassamente mobiliado, as paredes de seu apartamento estavam sem pintura e sujas. Via-se uma velha televisão preto-e-branco num canto. Perguntei a Shakir como era Saddam nos velhos tempos. Ele respondeu dizendo-me que, além "de sua bravura e determinação", ele era um leitor ávido dos livros de história e de política.

— Queria sempre expandir seus conhecimentos — acrescentou Shakir. Lembrou uma ocasião em que ele e Tariq Aziz estavam reunidos discutindo psicologia, e Saddam, que estivera escutando, pediu-lhes que lhe recomendassem alguns livros sobre o assunto. Shakir emprestara-lhe alguns livros sobre psicologia de massa. — Alguns dias depois — continuou ele num tom maravilhado —, Saddam conversava conosco como se fosse um professor de psicologia! — Perguntei se ele achava que Saddam tinha mudado desde aqueles primeiros dias. Ele respondeu que não tinha mudado nada, a não ser talvez que agora era "ainda mais sábio". E acrescentou: — É importante mencionar que ele é muito rigoroso e duro quando quer aplicar a justiça. Mas, quando o faz, vejo uma lágrima em seu olho, por causa do drama humano.

Perguntei a Shakir o que queria dizer com aquilo e ele continuou, contando-me uma história comprida sobre como, anos antes, durante um dos expurgos de Saddam, um amigo seu, julgado suspeito de traição, refugiara-se em sua casa, e que isso tinha sido levado ao conhecimento da Mukhabarat, a polícia secreta. O fato lhe criou um terrível dilema, lembrou Shakir, porque ele não queria trair o amigo, em cuja inocência acreditava, obrigando-o a sair de sua casa, mas tampouco queria que sua posição no Partido

Baath ou o seu patriotismo fossem postos em perigo. Assim, foi procurar Saddam, e falou de sua difícil situação. Após ouvir Shakir, Saddam o tranqüilizou, dizendo que enquanto o amigo dele optasse por permanecer em sua casa, não mandaria a Mukhabarat capturá-lo. Mas, se ele se entregasse, Saddam prometeu que não seria torturado. Por fim, disse Shakir, o amigo saíra "voluntariamente" de sua casa e se entregara, e mais tarde, depois que ficou provada sua inocência, fora libertado. O episódio terminou bem, e para Shakir representou a prova contundente da humanidade de Saddam.

Após conversar com dezenas de iraquianos ao longo de várias semanas em minha primeira viagem ao Iraque, em 2000, acabei concluindo que, se havia um denominador comum a todos, era que pareciam sentir pavor total de Saddam Hussein e do terrível destino que poderia se abater sobre eles caso falassem fora de hora. Um iraquiano que ocupava uma alta posição no círculo de Saddam, contatado em meu nome por um intermediário, refletiu durante várias horas sobre a idéia de conversar comigo. Mas acabou declinando, e pediu para me informarem que decidira não conversar, pois temia "cair alguns degraus". Fui embora sem quaisquer dúvidas sobre o despotismo megalomaníaco de Saddam, ou sobre sua grande crueldade.

Como a maioria das pessoas, eu também acreditava que Saddam na certa ainda possuía algumas armas químicas e biológicas escondidas, e que, caso se sentisse ameaçado, seria perfeitamente capaz de usá-las, assim como fizera no passado. Eu sabia ainda que o regime de sanções da ONU, imposto ao Iraque depois da Guerra do Golfo, se desintegrara em termos significativos, e que, sem meios eficazes da comunidade internacional para contê-lo no futuro, era provável que ele tentasse se reafirmar militarmente. Na entrevista que tive com Tariq Aziz em 2000, o vice-primeiro-ministro me disse sem arrependimento que não achava que a invasão do Kuwait pelo Iraque tivesse sido um erro, e insinuou que poderia voltar a acontecer.

— Deveríamos ter feito isso na década de 1970 ou 1980 — brincou. — Teria sido mais fácil. — Ele riu. — Não somos idiotas, sabe. Não queríamos nos apoderar do Kuwait, queríamos criar uma situação que fosse melhor para nós e para eles... Não queríamos o petróleo dos kuwaitianos; temos tanto petróleo que estamos fartos dele! Queríamos mais litoral. — Aziz admitia que o Iraque reconhecera formalmente a soberania do Kuwait depois da Guerra do Golfo, sob coerção, mas não via isso como uma situação permanente. — Honraremos o compromisso que fizemos quando assinamos a resolução de cessar-fogo da ONU, que nos foi imposta, mas a geração seguinte pode anulá-la. Foi um grande erro do Kuwait fazer isso. Mas honraremos nossos compromissos, se eles também o fizerem.

Quanto às diferenças do Iraque com os Estados Unidos, Aziz transmitiu uma presunçosa autoconfiança.

— Estamos dispostos a iniciar um diálogo substancial para melhorar nossas relações com os Estados Unidos — disse. — Mas os Estados Unidos temem começar um diálogo substancial conosco. Porque se eles argumentarem que temos armas de destruição em massa, temos provas para mostrar que isso é exagero. — Aziz fez uma pausa para sorrir, enquanto eu pensava no uso da palavra *exagero*, em vez de *inverdade*. Ele parecia insinuar que o Iraque ainda tinha esconderijos de armas perigosas. — Nós somos uma ameaça? — continuou ele, em termos retóricos. — Isso também pode ser solucionado sentando-se e resolvendo as questões com diálogo e pondo tudo em pratos limpos. — Era hora, disse Aziz, de os Estados Unidos voltarem à mesa de conversações e restaurarem suas relações com o Iraque. Todos os demais já o haviam feito. A situação havia mudado nos últimos dez anos, e agora eram os Estados Unidos, não o Iraque, que estavam isolados. — As sanções — concluiu ele, triunfante — vêm desmoronando aos poucos.

Era esse o tipo de superioridade arrogante que se via em Bagdá antes dos ataques de 11 de setembro. Depois de começada a Guerra ao Terror dos EUA, e com ela a renovada pressão para que o Iraque dissesse a verdade sobre suas armas de destruição em massa, o tom de Tariq Aziz mudou. Ele e todas as outras figuras importantes do governo do Iraque passaram a negar veementemente ter qualquer armamento desse tipo, e repudiavam com desdém todas as alegações em contrário. Mas, fosse qual fosse a verdade sobre as armas ilegais de Saddam, eu não estava convencido pelos argumentos recém-descobertos pelo governo Bush de que Saddam mantinha algum tipo de ligação com a rede Al Qaeda, ou que uma ação militar urgente contra seu regime se justificasse como parte da Guerra ao Terror. Eu também achava que o capital moral para uma ação do Ocidente contra Saddam havia sido desperdiçado muito tempo antes. Ainda me lembrava do profundo sentimento de vergonha que tivera, como americano, quando, após a derrota do Iraque na Guerra do Golfo, em 1991, o primeiro presidente Bush nada fizera para deter a chacina de dezenas de milhares de xiitas perpetrada por Saddam em represália a sua sublevação popular contra ele. Se houvera um momento em que a intervenção humanitária no Iraque se justificara, fora esse. Ou, aliás, dois anos antes, quando se soube que Saddam envenenava os curdos com gases.

Nos anos que separaram minha primeira visita dos ataques de 11 de setembro, a política americana com relação ao Iraque havia se transformado em uma política de contenção agressiva, com saídas diárias de aviões militares americanos e britânicos que sobrevoavam, e às vezes bombardeavam, alvos nas duas "zonas interditadas ao vôo" no norte e no sul do país. Durante todo esse tempo, não houve praticamente nenhuma influência ocidental benigna no Iraque, e o vácuo fora preenchido pela implacável máquina de propaganda de Saddam. Em 8 de agosto de 2000, por exemplo, décimo segundo aniversário do fim da Guerra Irã-Iraque, ele apareceu na televisão iraquiana para lembrar a seus súditos sua "grande vitória" sobre "aqueles que desejaram doença ao nosso povo e dano à nossa nação, apoiados pelo sionismo internacional, pelo imperialismo e pelos judeus maus na terra ocupada". Saddam então voltou sua ira para a Arábia Saudita e os outros Estados do Golfo que fornecem bases aos aviões militares americanos e britânicos para patrulharem as zonas interditadas ao vôo. "Os aviões dos agressores decolam de suas terras e águas territoriais para bombardear a cidadela dos árabes e o berço de Abraão, e para destruir a propriedade dos iraquianos e matá-los todos, homens, mulheres e crianças? Há outra maneira além desta de descrever traição e desonra? Que o mal se abata sobre eles, pois os atos que cometem são realmente maus!"

Como eu havia aprendido, os pronunciamentos de Saddam transformavam-se no mesmo instante em doutrina oficial, e eram repetidos em todos os níveis da sociedade pelos ideólogos do Partido Baath. Uma dessas ideólogas era Nasra al-Sadoun. Com cerca de 50 anos e cabelos curtos, ela era editora-chefe do jornal de língua inglesa dirigido pelo Estado *Iraq Daily*, um trapo mal traduzido com um pequeno *box* no título contendo palavras de sabedoria de Saddam. Um dos aforismos mais populares, que vi ser reimpresso muitas vezes no período que antecedeu à guerra, era algo que Saddam dissera em 8 de agosto de 2000. "Não provoque uma serpente antes de tomar a decisão e reunir a capacidade de cortar-lhe a cabeça. De nada valerá dizer que não foi você quem começou o ataque se ela o atacar de surpresa. Faça os preparativos necessários em cada caso individual e confie em Deus."

Quando visitei Nasra al-Sadoun em minha primeira viagem ao Iraque, ela me sujeitou a uma diatribe de quarenta minutos sobre os efeitos das sanções da ONU, pelas quais responsabilizava os Estados Unidos e a Grã-Bretanha.

— Um milhão de crianças iraquianas morreram! — gritou ela. — Que espécie de pessoas são os americanos? Somos peles-vermelhas para sermos massacrados? Isto é genocídio! Nem Hitler fez isso! Acho que deve ser porque não somos considerados seres humanos. Tenho certeza de que se um milhão de gatos ou cachorros morrerem nos EUA, isso causará uma enorme comoção, mas ninguém se importa conosco porque somos iraquianos! É simplesmente um crime, um genocídio, um genocídio americano. — E concluiu, ressentida: — Sabe, eu aprendi a odiar a palavra "democracia", porque o que os Estados Unidos dizem que estão fazendo quando bombardeiam e matam nossas crianças é nos trazer democracia e direitos humanos. Se esta é a idéia deles de democracia, não a queremos! Os americanos podem ter mais aviões e mísseis que nós, mas somos um povo mais avançado. Na verdade, somos um povo mais civilizado que os americanos.

Escutar a arenga de Nasra al-Sadoun era desanimador, pois me fazia perceber que uma geração inteira de jovens iraquianos não sabia quase nada sobre o Ocidente além do que ouvia dos ideólogos como ela ou do próprio Saddam, ou daquilo que aprendiam na escola — o que era tudo a mesma coisa. Na véspera do referendo de lealdade a Saddam, visitei uma das escolas de ensino médio mais refinadas de Bagdá, a Escola Preparatória para Meninos al-Mansour, onde fui recebido com muita amabilidade pelo diretor, o Sr. Jawad. Ele me levou ao seu escritório, que tinha uma enorme foto de Saddam cobrindo toda a parede atrás de sua mesa. O efeito era totalmente orwelliano. Depois que o Sr. Jawad chamou dois dos professores que falavam bem inglês, perguntei-lhes sobre o ensino de história moderna na escola. Um deles, o professor Shamzedin, reagiu defensivamente ao meu tipo de pergunta, dizendo:

— Jamais pense que ensinamos nossos alunos a desprezarem o Ocidente — começou. — Sabemos que as pessoas dos países ocidentais são humanas, e tentamos ensinar nossos alunos a serem humanos também. — Pedi que ele me explicasse como ensinava a história da Guerra do Golfo, a Mãe de Todas as Batalhas, como era chamada oficialmente no Iraque, e do relacionamento do Iraque com os Estados Unidos. Shamzedin ficou nervoso. Disse:

— Isso não está incluído em nossos livros didáticos, que só são mudados a cada trinta anos. Mas ensinamos, sim, esses assuntos no sexto e no último ano do ensino médio. Começa quando o Kuwait e outros países do Golfo passaram a tentar controlar nosso petróleo por meio de diversas conspirações, e o nosso Líder os advertiu para que não fizessem isso, mas as autoridades kuwaitianas continuaram em seu planejamento agressivo, e você sabe o que aconteceu depois. Nós explicamos os fatos. — O professor

Shamzedin lançou um olhar ao seu colega, o professor Marouf, pedindo ajuda. Este último tomou a palavra dizendo:

— Todos sabemos que... isso está claro para todas as pessoas... que a administração americana é contra os povos árabes em geral e o Iraque em particular. Todos sabemos que, por causa do embargo da ONU, um milhão de crianças iraquianas morreram. Não julgamos necessário lembrar ao nosso povo os fatos. Todos sabemos dessas coisas. Todos sabemos que o povo americano não tem competência alguma para mudar o que sua administração faz. É por isso que não odiamos o povo americano. Todos odiamos guerras. Os iraquianos não gostam de guerra. Mas se a América ataca o Iraque, o que o povo iraquiano deveria fazer? Decididamente, vamos nos defender.

Quaisquer que fossem seus verdadeiros sentimentos, os professores haviam dado a versão adequada da história, a do Partido Baath, e naquelas circunstâncias eu não esperava deles nada diferente disso. Também entendi que essa era a história que as crianças em idade escolar do Iraque aprendiam havia anos, sem muito recurso a uma versão alternativa. Pareceu-me, no mínimo, que os Estados Unidos tinham um grande trabalho de relações públicas a fazer com os iraquianos se quisessem ocupar seu país e escapar impunes. Mesmo afastado dos lacaios de Saddam, o mais predominante sentimento que constatei entre os iraquianos era um cansado cinismo em relação aos Estados Unidos e à vida em geral.

Dias depois da anistia dos prisioneiros de Saddam, consegui permissão para viajar até Basra, no sul do Iraque. Basra fica ao sul da zona interditada ao vôo, a 50 quilômetros da fronteira com o Kuwait, e sua atmosfera lembrava a de uma cidade na linha de frente de batalha. Aviões militares britânicos e americanos haviam bombardeado as instalações de radar do aeroporto de Basra alguns dias antes de minha chegada, e na minha primeira manhã na cidade soara uma sirene de ataque aéreo, que ecoou ritmadamente por toda a cidade durante vários minutos. A sirene, contudo, foi ignorada por todos, e não surgiu nenhum jato no céu. Meu acompanhante e intérprete oficial para essa viagem, Ahmed, explicou que as sirenes disparavam sempre que o espaço aéreo iraquiano era penetrado. Viajávamos com um agente da Mukhabarat que fora designado para nos escoltar onde quer que fôssemos. Era um beduíno de pele escura, musculoso, que me pediu, em suas poucas palavras de inglês, para chamá-lo de Leão. Havíamos encontrado um motorista local que falava inglês, homem magro, de olhos afiados, chamado

Abu Hikmet, que havia trabalhado para uma empresa austríaca com escritório em Basra mas agora ganhava a vida dirigindo um táxi.

Eu pedira permissão para visitar vários lugares em torno de Basra, mas, quando partimos no carro de Abu Hikmet, Ahmed me informou que iríamos primeiro ver um hospital local. Eu já passara por esse ritual uma vez antes, em Bagdá, e não criei caso. As visitas a hospitais para ver crianças morrendo de câncer e leucemia e receber sermões dos médicos que atribuíam essas doenças à radiação de mísseis e projéteis de tanque com a ponta revestida de urânio, usados pelas forças armadas dos Estados Unidos na Guerra do Golfo, haviam se tornado obrigatórias para jornalistas em visita ao Iraque. No Hospital Universitário Saddam, tinindo de limpo, fomos recebidos pelo diretor, o Dr. Jawad el-Ali, um homem pequeno, de voz baixa, que falava inglês fluente com sotaque britânico. Explicou que estudara oncologia durante quatro anos no Reino Unido, no hospital de Charing Cross e no Royal Northern. Tornara-se membro do Royal College of Physicians de Londres, Glasgow e Edimburgo, e retornara a Basra em 1984. Como eu previra, o Dr. Jawad falou-me sobre o aumento na incidência de câncer entre seus pacientes no hospital.

— Vivemos uma situação ruim — começou ele baixinho. — Temos uma incidência muito maior de câncer. Comparamos os anos antes e depois da Agressão — disse, usando a palavra oficial para a Guerra do Golfo. — Em 1988, tínhamos 116 pacientes com câncer neste hospital, e em 1998 eram 428. — O Dr. Jawad atribuía o aumento do câncer às 140 mil toneladas de explosivos que, segundo ele, haviam sido lançadas na área pelos americanos e seus aliados na Guerra do Golfo. Eu o contestei perguntando se parte do aumento não poderia ter vindo do uso militar de armas químicas pelo Iraque durante sua guerra contra o Irã. Ele me disparou um olhar penetrante, e respondeu calmamente: — Não sei nada sobre isso. Acredito que houve uma agressão americana contra um sítio de armas químicas iraquianas, e que acho que foi intencional, embora eles dissessem que a lamentavam. Em todo caso, a maioria dos cânceres, embora alguns possam ter sido causados por produtos químicos, mostra fontes de radiação, indicando urânio esgotado.

Não havia nenhum tom perceptível de triunfo na voz do médico. Ele continuou, explicando que agora via muitos casos raros de câncer, como pacientes com cânceres múltiplos, e famílias com diversos membros enfermos com cânceres de diferentes tipos. Uma coisa assim, disse, era anormal, e simplesmente não ocorria antes da Guerra do Golfo.

— Moro em Basra há mais de trinta anos — continuou o Dr. Jawad. — Era bastante raro ter pacientes com câncer. Agora, cada médico aqui tem no mínimo um paciente com câncer em sua lista de operações. — Ele observara uma taxa mais alta de câncer entre os camponeses que viviam no oeste da cidade, perto da fronteira com o Kuwait, onde muito material de guerra contaminado permanecera abandonado. Especulou que isso talvez se devesse ao fato de que os camponeses haviam inalado gases ou tido contato com as granadas de pontas revestidas de urânio. Por que o governo não fez uma limpeza geral?, perguntei-lhe. O Dr. Jawad sorriu.

— Nem o exército do Estados Unidos poderia fazer isso. Teriam de retirar os 50 centímetros da superfície do solo numa extensão de mil metros quadrados e enterrá-los embaixo de uma centena de metros de solo. Isso consumiria o orçamento de cem anos do governo do Iraque. Toda a área está contaminada pela radiação. — O que ele descrevia, observei, era um tipo de guerra nuclear de baixo nível; era essa a sua opinião do que os Estados Unidos haviam feito no Iraque? — Sim — respondeu ele em voz baixa. — E a contaminação vai continuar durante bilhões de anos.

Mais tarde, saímos da cidade para inspecionar a área que o Dr. Jawad dissera apresentar os níveis mais altos de radiação. Meia hora de carro a oeste de Basra levou-nos à pequena aldeia de Safwan, tomada pelo mato, a travessia fechada da fronteira iraquiana com o Kuwait. Ao nos aproximarmos, passamos por um posto de observação da ONU fortemente protegido com sacos de areia à beira da estrada, e Leão me disse que dali em diante, até a fronteira, nenhum militar iraquiano tinha permissão de portar armas. Na entrada de Safwan havia um cartaz pintado com escrita árabe e letras em inglês que diziam: A BALESTINA [*sic*] É ÁRABE DESDE O ATERRO MARÍTIMO [*sic*] O OCEANO, e outro com um grande retrato de Saddam. Os edifícios de Safwan estavam abandonados e em muitos ainda havia os furos de balas e os buracos da guerra. Leão mandou Abu Hikmet avançar com o carro uns 100 metros cidade adentro, mas quando uma fileira de barricadas de concreto se tornou visível na estrada, mandou-o dar meia-volta e retornar.

Voltamos para a estrada, passando mais uma vez pelo posto da ONU, e tomamos uma trilha que levava a uma área plana, com carcaças de veículos avariados — carros, tanques e transportes blindados de pessoal —, a maioria mutilada e retorcida. Saltamos e caminhamos por ali, com Leão vigilantemente encabeçando o séqüito e nos dizendo para não pisar fora da trilha, pois havia material bélico não explodido por toda parte. Aqueles cascos enegrecidos eram tudo que restara das várias centenas de veículos cheios de soldados iraquianos em fuga que haviam sido massacrados pelas forças armadas americanas em 1991, no incidente lembrado como a Rodovia da Morte. Moscas zumbiam sem parar à nossa volta. Ignorando o conselho de Leão, Abu Hikmet parou e pegou uma ogiva de míssil caída no chão na nossa frente. Leão grunhiu para ele, que a largou. Apontou alguns metros adiante para uma granada não detonada que se encontrava no chão ao lado de um jipe retorcido.

— Urânio — disse em inglês, sorrindo, um lembrete da conversa que havíamos tido com o Dr. Jawad. Ele disse mais alguma coisa em árabe, que Ahmed traduziu.

— Ele disse que o nível de radiação neste tanque está mil vezes acima do normal.

Leão caminhou em volta, olhando os destroços, balançando a cabeça e assobiando de vez em quando, fascinado, mas expressou decepção em meu nome com a escassez de detritos de guerra. Por intermédio de Ahmed, explicou que havia muitos, muitos mais veículos antes, mas as pessoas haviam remexido em busca de sucata, e quase tudo fora levado de carroça. Não era perigoso, perguntei, em vista da suposta contaminação de urânio? Leão e Ahmed assentiram e deram de ombros.

Na volta pela rodovia de Basra, paramos numa pequena barraca de madeira à beira da estrada, onde alguns homens de túnica vendiam Pepsis geladas. Um deles era um camponês local chamado Behlul Salman. Ele me disse que tinha 49 anos, era de Basra e se mudara para ali depois da Guerra do Golfo, por causa das boas oportunidades de cultivo.

— Eu gosto daqui. A terra é barata, e cultivamos montes de tomate, cebola e melancia. — Isso me deixou chocado. E a contaminação por urânio na área?, perguntei. Ahmed deu de ombros, e Leão sorriu, parecendo sem graça. E as minas?, continuei.

— Não, não tem minas — respondeu Salman. E quanto ao perigo do ar, americanos metralhando ou bombardeando?

— Não, não tem problemas — disse Salman.

— Nenhum dos seus filhos está doente?

— Não — disse Salman. — Todas as crianças são saudáveis.

Voltei-me para Ahmed e disse que parecia haver alguma discrepância entre a propaganda oficial e a realidade. De acordo com tudo que eu ouvira, aquela fora uma área sob constante investida de aviões militares britânicos e americanos; pesadamente minada, cheia dos milhões de toneladas de detritos de guerra irradiados, e todo mundo tinha câncer. Qual era a verdade? Remexendo-se incomodado, Ahmed traduziu. Um soldado que estava próximo escutando nossa conversa interveio. Apontou uma colina alta ao longe, atrás da fronteira kuwaitiana.

— Há muito urânio lá — disse — naquela colina — e acrescentou, tentando ser útil, que ouvira cientistas dizerem que os tomates cultivados naquela área eram "cheios de radiação".

Ao ouvir isto, virei-me de volta para o camponês Salman e perguntei:

— Então, o que está fazendo aqui?

Ele respondeu alguma coisa, e Abu Hikmet, que falava um pouco de inglês, entrou na conversa para traduzir.

— Ele disse que mesmo que os filhos morram vai continuar aqui. Gosta daqui.

— Mas diga a ele que está cultivando veneno! — falei, exasperado.

Abu Hikmet traduziu. Todos assentiram com a cabeça. Salman respondeu:

— Bem, o que é que podemos fazer? Temos de comer. E vamos comer e morrer. Os iraquianos gostam de morrer!

Todos riram da piada de Salman, que não era na verdade nenhuma piada, mas orgulho obstinado de um pobre homem. Balancei a cabeça, sentindo raiva. Abu Hikmet deu-me um tapinha no ombro e disse, piscando o olho, cínico:

— Não se preocupe, senhor. Ele vai continuar cultivando tomates porque precisa do dinheiro. E depois vai morrer e esquecer de tudo isso.

Voltamos de carro para Basra. Toda a terra em volta tinha um aspecto devastado. Por todos os lados viam-se grandes montes de terra parecendo inúteis, pilhas de detritos, pequenas fazendas áridas, e os ocasionais acampamentos militares. Acima, embora o céu fosse imenso e azul, grandes áreas eram escuras, arroxeadas como hematomas, causadas pelos canos de queima de petróleo que surgiam em todo o horizonte, lançando bolas de fogo alaranjadas e enormes nuvens de fumaça preta.

Após meu encontro na Jordânia com Nasser al-Sadoun, em novembro de 2002, retornei à Inglaterra, onde o noticiário pululava com matérias assustadoras sobre esconderijos de armas químicas e biológicas de Saddam, e as catastróficas conseqüências se ele decidisse usá-las. Especialistas previam que Saddam na certa empregaria tais armas numa guerra, se achasse que salvariam seu regime. Alguns apresentavam sombrios cenários tipo Juízo

Final, em que Saddam, sitiado, usaria gás venenoso num ato final de rancor, matando-se mas levando consigo o máximo de soldados americanos possível. Em Amã, um ex-oficial do alto escalão da inteligência jordaniana, que conhecia Saddam pessoalmente, dissera-se atormentado com a possibilidade de que ele talvez recorresse ao terrorismo internacional com armas bacteriológicas.

— Vírus usados como armas por agentes iraquianos em diferentes partes do mundo: esse é meu grande medo — disse-me ele. — Será que ele vai usá-los antes que haja um ataque contra ele, ou quando souber que o jogo acabou? Não sabemos.

Stein Undheim, *chargé d'affaires* da Noruega em Bagdá, veterano observador do Iraque e um dos poucos diplomatas ocidentais ainda no país, dissera-me ter certeza de que Saddam ainda guardava armas químicas, e faria tudo ao seu alcance para evitar entregá-las.

— Muitos oficiais militares iraquianos — disse ele — estão convencidos de que o único motivo de os americanos não terem entrado em Bagdá na Guerra do Golfo foi porque os iraquianos possuíam armas químicas. Acreditam que foi isso que os salvou então, e também o que os salvou antes, na guerra contra o Irã. E talvez acreditem que possa salvá-los mais uma vez.

Undheim confidenciou que se preparara para todas as eventualidades. Num quarto seguro subterrâneo na embaixada, estocara equipamentos contra guerra química, máscaras de gás e uma grande quantidade de remédios, comida e água para ele e vários outros membros de sua equipe de funcionários, que lhes possibilitariam sobreviver durante muitos meses.

Em seu livro, *The Threatening Storm: The Case for Invading Iraq* (A Tempestade Ameaçadora: Em Defesa da Invasão do Iraque), publicado com muita badalação publicitária em setembro de 2002, Kenneth Pollack, ex-analista da CIA, chegou a comparar a ameaça representada por Saddam com a de Adolf Hitler na década de 1940, e escreveu: "Uma invasão do Iraque pode não ser isenta de custos, mas é provável que seja horrenda, além de ser o único curso de ação sensato que nos restou. Seria bom que nos lembrássemos da observação de John Stuart Mill de que a 'guerra é uma coisa horrível, mas não a mais horrível de todas'. Em nosso caso, a mais horrível seria esconder a cabeça na areia enquanto Saddam Hussein adquire a capacidade de matar milhões de pessoas e segurar a economia do mundo na palma de sua mão cruel."

O livro de Pollack ecoava o pensamento dos planejadores da guerra em Washington e Westminster, e sua publicação coincidiu claramente com uma intensa campanha de acusações dos governos Bush e Blair a Saddam. Enquanto isso, grupos antibélicos e organizações de direitos humanos na Europa e nos Estados Unidos haviam passado a fazer previsões pavorosas sobre o enorme número de civis — algumas estimativas falavam até em 100 mil — que poderia morrer caso a guerra fosse levada adiante. Mas o grande impulso para a guerra já havia começado, e era óbvio que quase ninguém poderia fazer nada para detê-la. Uma autoridade britânica de ajuda humanitária me disse que o governo do Irã esperava uma inundação de até 700 mil refugiados do Iraque por suas fronteiras, e estava instalando acampamentos de emergência para recebê-los. Tendo ao fundo os horrores de 11 de setembro, a guerra do Iraque começara a adquirir as dimensões psicológicas de um iminente apocalipse em que tudo parecia possível.

Aos jornalistas que planejavam cobrir o conflito, parecia sensato estar preparado para qualquer contingência. As agências de notícias começaram a comprar estoques de equipamentos protetores para seus correspondentes e despachá-los para cursos sobre "ambientes hostis". A revista *The New Yorker* enviou-me um conjunto de roupas protetoras de guerra química e biológica, uma máscara de gás, ampolas de atropina, seringas, mais capacetes à prova de balas e colete com placas à prova de balas na frente e nas costas. Imaginando que fosse obter um visto iraquiano, resolvi me arriscar e aguardar os acontecimentos em Bagdá, em vez de ser enviado para trabalhar acompanhando tropas militares dos EUA. Em fins de novembro, junto com outra dezena de repórteres que trabalhavam para os principais grupos de mídia americanos e britânicos, participei de um seminário de um dia chamado "Treinamento de Conscientização sobre Guerra Química e Biológica" em Heckfield Place, um majestoso solar situado numa propriedade arborizada e frondosa em Hampshire County, a cerca de uma hora de carro de Londres. O solar era usado por uma firma de consultoria de segurança chamada Centurion Risk Assessment Services, que dava cursos de preparação para guerra a jornalistas, diplomatas e pessoas que trabalhavam com ajuda humanitária. Nossa sala de aula ficava num antigo estábulo no terreno da propriedade.

Um ex-membro das forças especiais de elite britânicas, com sotaque *cockney* londrino, deu-nos a descrição básica de tudo, desde guerra química e biológica ao vírus Ebola e peste bubônica. Depois de nos mostrar um curto videoclipe de um campo de batalha anônimo da Guerra Irã-Iraque, com imagens dos corpos contorcidos de soldados iranianos que sucumbiram ao gás venenoso de Saddam, o instrutor disse animadamente:

— A guerra química existe desde os dias dos cavaleiros de armadura; ela apenas ficou pior. — Enquanto o homem da Centurion tagarelava, eu ruminava a ironia do fato de que ele usara imagens da guerra iraniana como ajuda visual, e no entanto nada tinha a nos dizer sobre o que realmente acontecera lá. Apesar de toda a prolongada conversa no Ocidente sobre as armas ilegais de destruição em massa de Saddam, nenhum povo sofrera mais com aquelas armas do que os iranianos durante a guerra de 1980-1988. Muito antes do infame uso do gás venenoso por Saddam na cidade curda de Halabja, em 1988, quando 5 mil civis foram mortos num único dia, seus comandantes haviam empregado armas químicas dezenas de vezes contra as tropas iranianas, matando e mutilando incontáveis milhares de soldados. Porém, naqueles dias, quase todos os crimes de guerra de Saddam haviam sido ignorados pelas potências ocidentais, que temiam a disseminação da influência de Khomeini na região, e a maioria, incluindo a Grã-Bretanha e os Estados Unidos, havia na verdade abastecido Saddam com o arsenal de armas, inteligência e *know-how* de que ele dependia para travar a guerra.

Minhas anotações dos avisos do homem da Centurion sobre o gás dos nervos diziam: "Sintomas perigosos: náusea, vômito, mijar nas calças, defecação, parada respiratória. Você está morto, basicamente." Ele passou em volta um frasco de tintura de amêndoa amarga e nos disse para aspirá-lo com o nariz. Tinha cheiro de marzipã. Explicou que tinha o mesmo cheiro de um "agente sangüíneo" que poderia ser usado na guerra do Iraque.

— Se você sentir esse cheiro, tem nove segundos para pôr o equipamento. Se for exposto, os sintomas são tonteira, desmaio, palpitações cardíacas e falta de ar. — Passou para "os agentes sufocantes", explicando que podiam ter vários cheiros diferentes, entre eles de feno recém-ceifado, alho, peixe e gerânio. Fez circular entre o grupo um frasco de pasta de peixe tailandesa, outro de tempero de alho amassado, e um produto de aromaterapia da loja Body Shop à base de gerânio que todos cheiramos, obedientes. Perguntei ao homem da Centurion como, numa situação de guerra, teríamos condições de saber a diferença entre o perfume exalado por um campo de feno recém-ceifado de verdade e o mesmo cheiro de uma arma química. Ele parou e me encarou, como se pensasse numa resposta. Então, com um encolher de ombros, disse: — Não teriam.

Depois da aula, ele nos deu conjuntos de roupa protetora, botas, luvas e máscaras contra gás, mostrou-nos como pô-los e tirá-los rapidamente, e depois nos mandou dar uma corridinha pela floresta em volta do solar. Era um dia frio de inverno, e chuviscava, mas dentro daquele equipamento fazia um calor bestial, e todos retornamos à sala de aula com as máscaras de gás embaçadas e a roupa encharcada de cima a baixo com nosso próprio suor. No final do dia, poucos de nós tínhamos qualquer confiança de que seríamos capazes de sobreviver ao que o homem da Centurion se referia como um "ambiente químico", e ele deixou razoavelmente claro que também não achava que tivéssemos, mas todos nós recebemos diplomas declarando que havíamos passado no curso.

DOIS

No correr dos séculos, o destino do Iraque esteve inextricavelmente ligado ao da Pérsia — o Irã da época moderna —, seu vizinho muito maior ao leste. A fronteira entre os dois países foi demarcada ao longo das antigas linhas da história, e é um limite territorial, cultural e político muito mais encharcado de sangue que a maioria. Não se trata apenas da fronteira final entre os mundos de língua persa e árabe, mas de uma linha divisória dentro do próprio islã, que separa muçulmanos xiitas uns dos outros. Os xiitas são a população majoritária dos dois países, mas no Iraque foram governados pelo sunitas, seus antigos rivais pela supremacia islâmica, durante quase todos os últimos quatrocentos anos.

Todo o tempo de Saddam no governo foi caracterizado por sua obsessão assassina com o ameaçador "inimigo persa" em casa e logo ao lado. Ele lançou uma guerra contra o Irã para impedir que o contágio de sua revolução deitasse raízes entre a maioria xiita do Iraque. Além dos curdos, nenhuma comunidade iraquiana foi tão escolhida por Saddam para violenta repressão quanto os xiitas. Se, como agora parecia provável, os Estados Unidos fossem invadir o Iraque, expulsar Saddam e restaurar a democracia no país, haveria uma forte possibilidade de que o xiitas assumissem o poder. Fiquei curioso para saber mais sobre os xiitas do Iraque, quem eram seus líderes e o que queriam para o futuro. Dentro do Iraque, foi impossível descobrir. Para algumas respostas, viajei ao Irã, onde cerca de meio milhão de iraquianos xiitas viviam como refugiados. Cheguei lá no primeiro dia de 2003.

Passei o mês de janeiro entrevistando exilados iraquianos e iranianos sobre a guerra iminente. Entre os iraquianos com quem falei, muitos dos quais viviam no Irã havia vinte anos ou mais, constatei um otimismo cauteloso de que a longa ditadura de Saddam Hussein pudesse finalmente estar prestes a terminar. Mas a maioria também suspeitava dos motivos dos EUA, e temia um acordo de última hora entre Washington e Saddam que pudesse deixá-lo, a ele ou a um de seus asseclas do Partido Baath, no poder.

Entre a maioria dos iranianos com quem me encontrei, havia uma suposição generalizada de que a invasão do Iraque planejada por Bush montaria o palco para uma eventual guerra dos EUA contra o Irã. Na época, essa era uma dedução bastante justa; desde o discurso do presidente Bush à nação em 2002, em que o Irã foi citado junto com o Iraque e a Coréia do Norte como parte do que ele chamou de eixo do mal, os responsáveis por decisões políticas governamentais e a mídia americanos haviam discutido abertamente as perspectivas de uma "mudança de regime" no Irã.

Amir Mohebian, editor-chefe do jornal oficial iraniano *Resalat*, informou-me que ele foi um dos teóricos da conspiração. Ex-guarda revolucionário e veterano de guerra, o próprio Mohebian é um dos mais importantes intelectuais religiosos do Irã, e seu jornal é considerado um porta-voz do líder supremo do Irã, o aiatolá Ali Khameini. Depois de um pedido formal meu, por intermédio do Ministério de Cultura e Orientação Islâmica do Irã, que supervisiona as atividades de jornalistas estrangeiros, Mohebian concordou em conversar comigo. Recebeu-me em uma sala de conferência da redação do *Resalat*. Usava terno e falava um inglês esplêndido. Sem rodeios, lançou-se num monólogo acerbo.

— Por uma série de motivos, bons ou ruins, os Estados Unidos e o Irã vêm se enfrentando há 24 anos — disse. — Os dois lados estão naturalmente muito preocupados com as ações um do outro na região. Achamos que os americanos têm um complô universal, e acho que o coração desse complô está no Oriente Médio. Os recursos de energia têm papel significativo no futuro do mundo, e o Oriente Médio e a Ásia Central têm recursos significativos, por isso os EUA vêem essa região como a chave de seus interesses. O Irã é o corredor entre essas duas regiões: o Oriente Médio e a Ásia Central... O principal interesse dos responsáveis pelas decisões políticas governamentais americanas é prover segurança econômica aos Estados Unidos. Portanto, vemos o ataque dos EUA ao Afeganistão como um meio de obter gás e petróleo; Osama bin Laden e o Talibã foram apenas uma desculpa para o ataque ao Afeganistão. Em relação ao provável ataque dos EUA ao Iraque, acreditamos que ele visa a dominar um país que pode ser uma fonte de energia barata. Os EUA estão aboletados em cima da região, com os dedões no Afeganistão e o calcanhar no Iraque, e nós estamos em algum lugar no meio, no arco do pé, e esperamos que eles apliquem pressão sobre nós a qualquer momento. Não acreditamos realmente em tudo que os Estados Unidos dizem sobre democracia e combate ao terror.

"Acreditamos que um regime democrático no Iraque seja uma coisa boa, e também condizente com nossos próprios interesses nacionais. Mas achamos que um regime democrático no Iraque baseado na vontade da maioria não é o que os Estados Unidos de fato querem. Acima de tudo, porque 60% da população são xiitas, e assim tal governo deveria ter o apoio dos xiitas." Mohebian explicou que lera na mídia ocidental sobre os receios americanos de que um Iraque democrático pós-Saddam fosse governado "por mulás" e, portanto, não era desejável.

— Creio que um político pragmático sempre age segundo um cálculo de custo e benefício — continuou ele. — Assim, seria razoável pensar que os Estados Unidos querem mudar o regime atual no Iraque para uma democracia, que terá, por causa de sua maioria xiita, muitas das mesmas características que o Irã?

— Qual Irã? — perguntei a Mohebian de maneira desafiadora. — O Irã de 1980, de 1995, ou o de agora? A revolução islâmica do Irã mudou e continua mudando hoje. Qual Irã será o modelo deles?

— O que você diz é verdade — admitiu Mohebian, despreocupado. — Não podemos prever como eles vão escolher seu caminho. Talvez, ao contrário do Irã, nunca deixem os políticos seculares fazerem parte de seu governo religioso, não pavimentando desse modo o caminho para eventuais reformas, como tivemos aqui; ou talvez sejam menos fundamentalistas... — Mohebian encolheu os ombros, como para dizer que a questão que eu levantara não era, em todo caso, a mais importante.

— Olhe — disse ele —, Saddam sempre foi um perigoso inimigo nosso. Portanto, a eliminação dele seria em nosso favor. Mas a presença dos EUA na região não está nos nossos interesses. Assim, o melhor é que os americanos derrubem Saddam Hussein, mas paguem um preço alto por isso, pois acho que quem paga um preço alto para dar um passo vai pensar com cuidado antes de dar outro. Os EUA pagaram um preço realmente muito alto no Afeganistão, por isso é que demoraram mais a ir ao Iraque... Mas os EUA não pensaram muito no que virá depois de Saddam Hussein, e derrubá-lo não é apenas uma questão de destituir uma pessoa, e tampouco um sistema. Muitos iraquianos estão ligados ao sistema, por isso também têm de ser derrubados; e seu número é considerável. Acho que essas pessoas se opõem ao povo iraquiano e percebem que, se Saddam Hussein se for, elas morrerão. Além dos curdos, os 40% da população sunita temem a ascensão de um Estado xiita. Assim, Saddam confia no medo de algumas pessoas de um Estado xiita e no medo de outras da morte, e esses dois grupos lhe dão um apoio muito forte. Desse modo, mesmo que ele concorde com a demissão, estarão lançadas as bases para uma guerra civil. — Mohebian lançou-me um sorriso triunfante. Era óbvio que se deliciava com o cenário que acabara de descrever.

Quando me levantei para sair, ele fez uma observação final.

— Há um provérbio de Maquiavel: "Um sistema democrático pode ser facilmente dominado, mas é difícil mantê-lo; é difícil se apoderar de uma ditadura, porém mais fácil controlá-la." Se eu fosse um político americano, poria um outro ditador no lugar de Saddam Hussein, e não mudaria o sistema como um todo. Mas espero que os EUA não tenham um conselheiro como eu! — Ele riu, sem humor.

As preocupações de Amir Mohebian com a presença dos americanos bem ao lado eram compreensíveis. Depois de mais de duas décadas no poder, os herdeiros políticos do aiatolá Khomeini haviam começado, com razão, a sentir-se cada vez mais vulneráveis e inseguros sobre seu futuro. Khomeini, o primeiro imã, ou líder supremo, da Revolução Islâmica do Irã, foi substituído por ocasião de sua morte em 1989 pelo aiatolá Ali Khameini. Embora austero, barbudo e usando óculos, é um homem de aparência de algum modo meio semelhante à de Woody Allen, cujo rosto ubíquo, junto com o de Khomeini, podia ser visto em retratos nas paredes de cada loja e estabelecimento público. O imã Khameini, é claro, representava a linha-dura, a facção clerical não eleita do governo do Irã, que tinha poder de veto sobre a maioria das leis apresentadas pelo presidente democrático eleito do Irã, o aiatolá Muhammad Khatami. Este, que venceu duas eleições presidenciais, primeiro em 1997, e depois em 2001, ambas com vitórias esmagadoras, representa a coalizão dos chamados reformadores, que tentam diminuir a influência repressora dos conservadores religiosos sobre o poder de Estado e vários outros aspectos da vida cotidiana dos iranianos. Até agora, contudo, os conservadores, liderados pelo líder supremo Khameini, obstruíram a maioria das iniciativas de reforma.

A contínua luta pelo poder criou um sistema político e uma sociedade decididamente esquizóide. Durante várias semanas, em fins de 2002, Teerã foi cenário de furiosos protestos e conflitos estudantis com a polícia, depois que se proferiu uma sentença de morte a um professor de sociologia. Seu crime foi ter feito uma pesquisa de opinião que revelou que a maioria dos iranianos era a favor do estabelecimento de relações diplomáticas com os Estados Unidos, oficialmente vilipendiado pelos conservadores como "o Grande Satanás". Depois de forte repressão policial, em que muitos dos estudantes que protestavam foram presos, todos os protestos já haviam quase se extinguido na época em que cheguei a Teerã, quando o destino do professor condenado ainda pairava no limbo. Então, no início de janeiro, as leis que permitiam como punição o apedrejamento de mulheres adúlteras foram abolidas pelo Parlamento do Irã, o Majlis. A essa notícia seguiu-se, alguns dias depois, o pronunciamento de que seria permitido dali em diante às mulheres servirem como agentes da polícia. Os dois fatos pareciam ser importantes aberturas para os reformadores. No entanto, apenas uma semana depois, dois dos últimos jornais independentes remanescentes do país foram fechados pelos clérigos, após um deles publicar uma caricatura que, segundo se alegou, parecia depreciar o falecido aiatolá Khomeini. Centenas de estudantes religiosos na cidade santa de Qom reuniram-se numa furiosa manifestação depois da publicação da caricatura.

A população iraniana praticamente dobrara desde 1979, quando Khomeini assumiu o poder. Cerca da metade dos setenta e tantos milhões de pessoas tinha menos de 30 anos, e a maioria não conseguia encontrar trabalho. A taxa de desemprego do Irã situava-se em torno de 30%. Não era de surpreender que os jovens iranianos, com permissão para votar aos 16 anos, estivessem descontentes com o *status quo*, e se incluíssem entre os mais fortes partidários do presidente Khatami. A maioria dos jovens com quem me encontrei em Teerã falava nos linhas-duras religiosos com uma mistura de medo, ódio e desdém. Concedera-se a alguns dos principais clérigos e seus parentes o livre controle sobre as várias *bonyads*, ou fundações islâmicas, envolvidas com diversas empresas comerciais lucrativas e inteiramente não-regulamentadas, suscitando disseminadas acusações de corrupção oficial. Fazendo sinal com as mãos para um ponto em algum lugar dos tornozelos e ao mesmo tempo rindo, ressentido, Ali, um engenheiro mecânico desempregado de vinte e poucos anos, me disse:

— Os mulás têm bolsos fundos, bolsos muito fundos. Mas o povo não tem nada. Não há empregos, nenhum futuro no Irã, e para os jovens, nenhuma diversão. Ouvir música, dançar, beber, nada. Sou muçulmano, mas por que não posso dançar e beber e ser também muçulmano? Espero que depois do Iraque Bush venha para o Irã e leve os mulás embora.

Sob a xariá (lei canônica islâmica) do Irã, álcool era proibido; mulheres não tinham permissão de cantar em voz alta fora de casa, andar de bicicleta, mostrar os cabelos nem ficar de mãos dadas com homens em público, e a dança entre pessoas de sexo diferente era estritamente proibida, junto com a exibição de quase todos os filmes importados. Mesmo assim, essas atividades ocorriam a portas fechadas, sobretudo entre iranianos de classe média e alta, que gostavam de dançar e de festas regadas a bebidas alcoólicas contrabandeadas; muitos também tinham receptores clandestinos de televisão via satélite e assistiam aos filmes mais recentes de Hollywood em DVDs pirateados. Enquanto isso, calculava-se que 2 milhões de iranianos fossem dependentes de ópio ou heroína. Tratava-se de um problema epidêmico que, junto com um enorme aumento dos casos de AIDS, a maioria resultante do uso de drogas injetáveis, era possível graças ao fornecimento barato e acessível de narcóticos pelo vizinho Afeganistão, que competia com a Birmânia como o maior produtor de ópio e heroína do mundo.

Certo dia, num bairro de classe alta de Teerã, Ali e eu paramos para almoçar num restaurante chamado Boof (que significa "coruja" na língua farsi), uma franquia de lanchonetes ao estilo ocidental, com decoração moderna, que servia *pizzas* e hambúrgueres e cujo proprietário, segundo me disseram, era filho de uma das principais figuras religiosas do Irã. Enquanto comíamos, uma moça atraente de vinte e tantos anos chegou cambaleando e sentou-se em uma cadeira perto de nós. Ela estava de *hijab* — o lenço de cabeça obrigatório — mas, como muitas moças, sobretudo nas partes mais ricas de Teerã, usava-o repuxado para trás, de modo a expor parte dos cabelos — no seu caso, louros oxigenados e cortados curtos — e, sob o casacão preto (um casaco três quartos tipo túnica também é obrigatório, como o *hijab*, e destinado a esconder as curvas do corpo da mulher), usava *jeans* e tênis vermelhos da última tendência.

Enquanto Ali e eu a olhávamos, a jovem balançou a cabeça e saiu do ar, com os olhos vidrados. De vez em quando tornava a despertar, mas continuava num estado parecido com um transe. Às vezes arranhava o rosto, em movimentos obsessivos e lentos. Logo os garçons do restaurante a perceberam e se aproximaram, observando-a e sussurrando entre si. E nós também. Ali sacudiu sua cabeça, lamentando, e sussurrou:

— Heroína. — Depois de uns 15 minutos, a moça acordou de repente e se levantou, saindo aos tropeços para a rua. Saímos logo depois e a vimos parar, oscilando precariamente, junto ao meio-fio de uma movimentada pista de tráfego. Preocupado com sua segurança, perguntei a Ali o que ia lhe acontecer; seria presa se fosse vista pela polícia? Afinal, falei, aquela era a República Islâmica do Irã. Ele zombou disso, e disse que os policiais a prenderiam, sim, mas a soltariam se ela lhes pagasse. Meio sem graça, começou então a tentar me explicar que a moça na certa vendia o corpo para comprar drogas. Duvidei, mas, enquanto Ali falava, um carro dirigido por um rapaz parou ao lado dela, que logo entrou. O homem deu meia-volta ali mesmo e saiu a toda pela rua na direção contrária.

— Viu? — comentou Ali, com um olhar resignado. Naquela noite, quando falei com outro amigo iraniano sobre a cena que testemunhara, ele brincou, cínico:

— Bem-vindo à República Islâmica do Irã.

A enorme capital do Irã, Teerã, se espraia pelos flancos mais baixos de uma cadeia de montanhas recortadas, encimada por neve no inverno, que forma uma barreira natural entre a metrópole e o mar Cáspio. De seus bairros residenciais montanhosos ao norte, Teerã cai desordenamente para o sul e acaba sumindo aos poucos nas bordas de uma imensa planície deserta cor de chocolate. Em geral, o nível de opulência de Teerã vai diminuindo conforme se passa de norte a sul. Os ricos da cidade vivem mais no alto, mais perto das montanhas, no que eram bairros elegantes com mansões de extensos jardins cercados por muros, mas que estão desaparecendo rapidamente num frenesi desenvolvimentista que as vem substituindo por luxuosos e altos prédios de apartamentos de vários andares. As ruas comerciais do norte são ladeadas por butiques de estilistas, conjuntos de vistosas lanchonetes e lojas de relógios e presentes; nos subúrbios do sul, onde aglomeram-se fábricas, depósitos e oficinas, as casas são baixas e sombrias, a maioria datando de meados do século XX. As cores de Teerã, em geral, são cinza e branco em vários matizes.

Graças a vários milhares de carros e à gasolina barata, subsidiada pelo governo, Teerã também tem um *smog* inacreditavelmente denso, que na maioria dos dias não permite ver as montanhas. Não há quase nenhum controle de tráfego, e os motoristas da cidade costumam circular pelas vias expressas em alta velocidade, passando por cima das faixas e até dos acostamentos; em geral há cinco carros emparelhados em três pistas. Os sinais vermelhos são ignorados, e quase ninguém usa cintos de segurança. Nos cruzamentos difíceis e nervosos, as pessoas atravessam correndo perigo, segurando lenços diante dos rostos ou usando máscaras antipoluição sobre as bocas e narizes. Meninos se enfiam no meio do caos para vender jornais e buquês recém-colhidos de angélicas, narcisos e rosas vermelhas.

Os iranianos parecem gostar muito de flores. Por toda a capital, em cartazes pintados e nas laterais dos prédios de apartamento sem janelas, vêem-se grandes murais pintados mostrando mártires proeminentes da Guerra Irã-Iraque, ou então o falecido aiatolá Ruhollah Khomeini, com a aparência divina e sinistra de sempre; e há quase sempre flores, em geral tulipas, adornando as telas; lindas imagens de bulbos individuais flutuando soltos nos paraísos celestiais, e também coloridos desenhos em forma de buquês. Um cartaz mostra um garoto de uns 14 anos, a faixa preta na cabeça identificando-o como um *basij*, um das dezenas de milhares de jovens voluntários suicidas iranianos que correram ao encontro da morte nos campos de batalha intensamente minados do *front*, durante a guerra 1980-1988 contra o Iraque (na qual 600 mil iranianos e, no mínimo, 250 mil iraquianos foram mortos). O menino é mostrado ajoelhado, a cabeça apoiada no fuzil, do qual pende um pequeno retrato de Khomeini. A expressão em seu rosto é pura, beatífica; na boca um leve sorriso. Em volta dele estende-se um infindável campo de belas flores; é uma eterna primavera.

Muitos dos *basiji* mortos do Irã — hoje mártires, ou *shaheed* — estão enterrados no imenso cemitério de Behesht-e-Zahra (que significa "Paraíso de Zahra", nome de uma das filhas do profeta Maomé), que se estende pela planície na periferia sul de Teerã. Não muito afastado, dentro de seu próprio santuário de múltiplas abóbadas, ergue-se o mausoléu do aiatolá Khomeini. Dias depois de chegar a Teerã, fui ao cemitério e perambulei entre as fileiras de pequenas sepulturas e altares erguidos pelas famílias dos mártires, ornamentadas com suas fotografias, flores de plástico e pequenas lembranças dentro de caixas com frente de vidro apoiadas em pedestais sobre as sepulturas. Alguns grupos de famílias, mas sobretudo mulheres, faziam um piquenique em silêncio perto dos túmulos; outras enchiam jarros com água em torneiras para lavar as sepulturas de pais, filhos e irmãos mortos. Versos emotivamente entoados por um muezim flutuavam no ar, amplificados por megafone. Mulheres de xador preto paravam os transeuntes para oferecer doces ou bolinhos em caixas de papelão em honra do Décimo Segundo Imã, ou Mahdi, herdeiro infante do Décimo Primeiro Imã, morto em 873 a.D. O Décimo Segundo Imã morreu, mas a maioria dos muçulmanos do Irã, de predominância xiita, acredita que ele está escondido. Eles aguardam seu ressurgimento. O Imã Escondido é esperado numa sexta-feira, junto com o outro profeta reverenciado, Jesus Cristo, quando se acredita que juntos salvarão a humanidade. O dia de minha visita era uma quinta-feira, véspera do dia potencialmente profético, e essa oferta de doces e bolos era um velho costume xiita.

Aproximei-me de um homem idoso, em pé sobre um túmulo com um jarro de água, curvando-se para limpá-lo. Ele me disse que se chamava Ahmed. Tinha 70 anos e era técnico da General Electric. Perguntei-lhe se o túmulo pertencia a um filho dele. Ele sorriu e assentiu. Era do seu segundo filho, que fora guarda revolucionário e morrera aos 21 anos na guerra contra o Iraque. Perguntei-lhe o que achava que o filho estaria fazendo se fosse vivo hoje. Ele empertigou-se e, orgulhoso, mas com os olhos marejados, disse:

— Se fosse vivo hoje e houvesse necessidade de defender a pátria, ele estaria lá, e eu o incentivaria. — Perguntei-lhe o que ele achava da perspectiva de uma nova guerra contra o Iraque, agora liderada pelo meu país, os Estados Unidos. — Se a guerra vai ser apenas entre os Estados Unidos e o Iraque, que assim seja — respondeu ele. — Lamento pelas pessoas comuns, só isso. Ninguém gosta de guerra.

Uma das partes do Irã mais devastadas pela guerra foi o Cuzistão. Essa província do sudoeste iraniano, rica em petróleo, faz fronteira com o Iraque a oeste, e mais ao sul com o Golfo Pérsico. Sua população recebeu a influência da proximidade com o mundo árabe; 65% dos habitantes eram de etnia árabe. A província também foi o "*front* sul" do Irã durante a guerra de oito anos contra o Iraque, e ainda suportou o impacto da investida militar inicial de Saddam no Irã: a cidade portuária de Korramshahr, em frente à cidade de Basra do outro lado do canal de Shatt al Arab, foi ocupada durante um ano e meio pela força da invasão de Saddam. Depois que as tropas de Saddam foram desalojadas, o Iraque bombardeou repetidas vezes cidades do Cuzistão com mísseis de médio alcance por cima da fronteira. Então, após a cruel repressão de Saddam à intifada (ou insurreição) iraquiana de 1991, dezenas de milhares de refugiados iraquianos afluíram pela fronteira, onde muitos ainda permaneciam, na época da minha visita, vivendo em acampamentos de refugiados administrados pelo governo iraniano.

Acompanhado por vários homens da segurança iraniana, recebi permissão para duas visitas a acampamentos de refugiados iraquianos na antiga cidade de Dezful, a uns 80 quilômetros da fronteira. Chegando lá, uma cidade de alvenaria de tijolos amarelos, de aparência adormecida, meus acompanhantes explicaram que a cidade fora atingida por 280 mísseis durante a guerra contra o Iraque, sobretudo em ataques noturnos, matando centenas de civis iranianos. Embora não restassem quaisquer sinais visíveis dos danos de guerra, um monumento na periferia comemorava o sofrimento da cidade. Consistia de um enorme punho de homem, feito de bronze, que se erguia da terra e esmagava um míssil pintado com camuflagem verde. O míssil, onde estava escrito "EUA", parecia muito real. Comentei isso, e pedi que meus acompanhantes iranianos explicassem o significado do "EUA" no míssil. Os homens no carro pareceram sem graça com minha pergunta direta, sem saber o que dizer. Meu tradutor, um professor iraniano de sociologia chamado Mehrdad, explicou que a maioria de iranianos culpava os Estados Unidos pelo apoio a Saddam durante a longa guerra.

— Sabe, muitos iranianos se referem a essa guerra como a Guerra Americana — acrescentou, sem nenhum rancor na voz. Os outros homens no carro assentiram silenciosamente diante dessa explicação.

Num acampamento logo na saída de Dezful chamado Ansar, onde viviam cerca de 6 mil iraquianos, conversei com vários refugiados de Basra. Entre eles, um homem jovial e rechonchudo que coxeava ao andar. Disse-me que se chamava Ali Nuri e tinha 39 anos. Era operador de guindaste em Basra antes de ser recrutado obrigatoriamente para o exército de Saddam durante a Guerra Irã-Iraque. Foi quando perdera uma das pernas — apontou debaixo da mesa — para uma mina terrestre. Após a guerra, tivera de aposentar-se do trabalho de condutor de guindaste, mas participara da rebelião xiita contra o regime de Saddam depois da Guerra do Golfo. Fora uma coisa necessária, explicou.

— Como éramos xiitas, sempre nos culpavam de ser pró-iranianos, e não podíamos tolerar isso por muito mais tempo — explicou Ali Nuri. — Talvez você tenha ouvido dizer coisas sobre outros partidos políticos, mas o Partido Baath é outra história. Tínhamos de nos filiar a ele; se eu não tivesse me filiado, minha pensão seria cortada. Durante a Guerra Irã-Iraque, os que tinham idade suficiente para combater receberam notificações para ir à guerra; se não fossem, seriam executados. Eu tinha um primo que foi executado porque não foi. Depois, os militares foram à casa da família dele e cobraram o preço da bala que lhe haviam disparado. Não se permitiam cerimônias fúnebres, nem que as mulheres usassem preto pelo luto. Então participamos da revolução porque éramos xiitas e não nos haviam concedido nossos direitos e, em conseqüência, tivemos de protestar contra isso... Quando os iraquianos se retiraram do Kuwait, largaram as armas e simplesmente fugiram, nós pensamos que os americanos estivessem nos apoiando, era o que pensávamos, sim: "É isso aí!" As pessoas começaram a comemorar e passaram a matar membros da Mukhabarat, e durante 18 dias fomos mais ou menos livres. Aí chegaram os aviões e helicópteros de Saddam. Eles usaram uma espécie de ponte flutuante e trouxeram seus tanques até a cidade de Basra, e tivemos de fugir. Os iranianos tentaram nos impedir de cruzar a fronteira, mas éramos muitos, e eles acabaram nos deixando passar.

Perguntei a Ali Nuri o que ele achava da maneira como os americanos haviam se comportado. Ele balançou a cabeça e disse:

— Durante a guerra com o Kuwait, vimos os americanos realmente abatendo aviões iraquianos, e por isso achamos que teríamos ao menos essa proteção, mas depois as aeronaves de Saddam vieram e ninguém as deteve. Quando vimos os americanos entrarem no território iraquiano, achamos que eles fossem nos ajudar, mas isso não aconteceu. De repente, tinham ido embora. Só esperamos que não aconteça o mesmo desta vez, porque vivemos aqui como refugiados há 12 anos. — Ele não tinha nenhuma expressão reprovadora no rosto, mas perguntou: — Alguém pode nos dar alguma garantia de que os americanos virão desta vez? Porque, se eles vierem, nós vamos ajudá-los. — Ele me olhou, esperando minha resposta. Respondi que não podia lhe dar nenhuma garantia. — *Inshallah* [queira Deus]. — Ele riu, afável.

Perguntei a Ali Nuri se ele estava falando sério sobre participar da guerra. Ele sorriu:

— Bem, seria simpático se os americanos a fizessem por nós desta vez. Eu já lutei uma vez, e veja o que aconteceu. — Gesticulou para sua perna artificial.

Mais tarde, no acampamento de refugiados vizinho de Ashrafi Isfahani, um conjunto habitacional com aspecto de favela, com cerca de 1.300 iraquianos, conversei com um homem de fala tranqüila, na faixa dos 40 anos, ex-queijeiro em Basra. Ele me convidou à sua modesta casa de dois cômodos. Ficava ao lado de um esgoto a céu aberto, e o mau cheiro lá dentro era insuportável. Tomando chá, o ex-queijeiro me disse que acompanhava com grande interesse as notícias da última crise do Iraque. Apontando para um aparelho de rádio de ondas curtas, um de seus poucos bens visíveis, explicou que toda manhã se levantava muito cedo e girava o *dial*, escutando transmissões sobre o Iraque. Perguntei-lhe o que achava de Saddam Hussein.

— É um criminoso, um assassino. Uma pessoa que não respeita os direitos dos outros — respondeu. Mas acrescentou que isso não significava necessariamente que ele fosse a favor de uma guerra. — Se os Estados Unidos e a Grã-Bretanha planejam derrubar Saddam Hussein e instalar uma democracia, então ótimo, estamos com eles. Se vierem para ficar e dominar, e se for por causa do petróleo, então somos contra. — Antes de eu me despedir, ele me disse que queria acrescentar uma última coisa. — Sabemos pela mídia que outros governantes do mundo se importam com seu povo. Mas Saddam Hussein não é assim. Há 5 milhões de pessoas fora do Iraque como refugiados, milhares na prisão, e centenas de milhares foram mortas ou executadas. Se ele se importasse com os iraquianos, diria a seu povo: "Façam sua escolha, devo ficar ou sair?" Mas ele não faz isso. Como iraquiano, quero que todas as organizações e indivíduos do mundo pressionem Saddam Hussein para que o regime mude sem guerra. Já tivemos derramamento de sangue demais. Queremos apenas que ele e seu sistema mudem. Enquanto Saddam Hussein continuar lá, esta é nossa única esperança. Queremos que as organizações estrangeiras deitem as bases para permitir que o povo iraquiano participe do seu futuro. Sabemos que no Iraque não se pode fazer isso pela força.

Após minha viagem ao Cuzistão, encontrei-me com um grupo de iraquianas num centro comunitário em Dawlat Abad, um subúrbio de operários imigrantes do Iraque no sul de Teerã. Eles faziam parte das centenas de milhares dos chamados "iraquianos persas" que Saddam deportou à força do Iraque depois do início da Guerra Irã-Iraque. Inúmeros outros haviam sido secretamente executados e enterrados em sepulturas coletivas. Um episódio que passara quase despercebido no Ocidente, mas deve ter sido uma das maiores "limpezas étnicas" ocorridas no mundo em muitos anos. Como Saddam ainda continuava no poder, contudo, toda a extensão de seu expurgo permanecia desconhecida. Eu levara um jovem iraquiano comigo para ser meu intérprete.

Quando chegamos, numa noite de janeiro extraordinariamente fria, encontramo-nos com um grupo de seis mulheres de xador preto, sentadas lado a lado em cadeiras da grande sala de reunião do centro comunitário. Um fogão a gás fora aceso para aquecer o aposento, que não tinha qualquer decoração a não ser os retratos dos dois líderes supremos iranianos. Meu tradutor e eu sentamo-nos em cadeiras em frente às mulheres. O cenário era muito formal e constrangedor, e percebi que meu tradutor ficou nervoso, e não olhava diretamente para elas, que também pareciam muito tímidas. Só duas retribuíram meu olhar, e uma delas escondeu todo o rosto de mim dentro do capuz de seu xador. Uma das mulheres, no entanto, que parecia ter quarenta e poucos anos, com olhos afetuosos, inteligentes, parecia não ter receio algum de mim, e quando falei, apresentando-me e tentando deixá-las à vontade, ficou claro que compreendia o que eu dizia antes que fosse traduzido para o árabe. Apresentou-se, em árabe, como Um Asil ("Mãe de Asil") e explicou que era uma curda *faily*, um grupo de minoria xiita na comunidade curda de predominância sunita.

— Meu pai era iraquiano — disse ela com a voz calma, clara. — Mas o pai dele nasceu no Irã. Éramos seis meninas e cinco meninos.

Um Asil continuou, contando sua história. Em 1980, logo depois do início da guerra contra o Irã, explicou, o regime de Saddam prendera a ela e a toda a sua família. Após vários dias detidos, os homens da família haviam sido separados à força de suas irmãs, esposas e filhos, e levados embora. Apenas um de seus cinco irmãos escapara da batida policial, porque estava nos Estados Unidos na época. Mas todos os outros quatro haviam sido levados, um deles com a mulher e o filho de poucos meses. Haviam lhes roubado todo o dinheiro e as jóias.

— Meu marido e os maridos de todas as minhas irmãs também foram detidos — acrescentou Um Asil. — Nós morávamos na Inglaterra, onde meu marido, que era médico, estudava medicina. — O marido freqüentara o Royal College of Medicine de Londres, disse, dando o nome do hospital em inglês, onde ela fora se encontrar com ele e passara três anos. Eles acabavam de retornar a Bagdá. Ela sorriu, deixando claro que a lembrança dessa época lhe era muito querida.

— O marido de uma de minhas irmãs, advogado, era de origem kuwaitiana. Ele e a mulher também foram detidos, e ela estava grávida. Fomos acusados de ser iranianos, e sugeriram que, por viajarmos muito, tirávamos dinheiro do país para ajudar a sustentar a revolução iraniana.

Um Asil, as irmãs, cunhadas e filhos, inclusive seu próprio filho de 4 anos e a filha de 9, haviam sido levados para um centro de detenção, onde ficaram encarcerados durante quatro meses. As condições foram obviamente humilhantes para ela.

— Eles traziam prostitutas de outras partes da prisão e punham na mesma cela conosco — disse, erguendo um pouco as sobrancelhas. Então, certa noite, foram retiradas da cela e colocadas num ônibus por soldados e levadas para a fronteira com o Irã. Quando o ônibus afinal parou, era muito tarde da noite, e os guardas mandaram que descessem e começassem a andar para a terra de ninguém entre os dois países.

— Éramos um grupo grande, de cerca de seiscentas pessoas — lembrou Um Asil, balançando a cabeça. — Eles até mandaram alguns doentes mentais conosco, que haviam retirado do hospício, e uma mulher com graves queimaduras que estivera no hospital. Fomos obrigados a caminhar durante mais ou menos três dias até chegar a um lugar seguro. Uma mulher pisou numa mina. Teve o pé arrancado e sangrou até morrer. E certa noite uma quadrilha nos atacou e estuprou algumas das moças. Algumas foram levadas e nada mais se soube delas. Tivemos de deixar os sapatos para trás no deserto. Finalmente, uns veículos militares iranianos nos pegaram. Nos deram água. Chegamos a um lugar onde cuidaram das crianças e nos alimentaram, e depois nos levaram para um acampamento de refugiados. Dois meses depois disso, fomos soltos. Àquela altura, vários outros parentes nossos haviam chegado, então voltamos a ficar juntos.

Vinte e três anos haviam-se passado desde então, mas tive a impressão de que era a primeira vez que Um Asil contava sua história a um forasteiro. As de suas amigas, as outras mulheres que estavam com ela, eram relatos igualmente trágicos. Para a maioria, transpor a fronteira fora sobretudo dilacerante. Parece que os bandidos que haviam atacado o grupo de Um Asil agiram com impunidade por algum tempo ao longo da fronteira. Uma das outras mulheres fazia parte de um grupo que fora atacado repetidas vezes pela mesma quadrilha, durante vários dias. Em seu caso, haviam estuprado e assassinado várias moças. As sobreviventes acharam os corpos, jogados mais adiante ao longo das trilhas que tomaram para chegar ao Irã.

Depois que todas as mulheres contaram suas histórias, voltei-me para Um Asil e perguntei se ela ou as amigas acreditavam que algum dos homens da família continuava vivo.

— Não tivemos nenhuma notícia de nossos maridos ou irmãos durante todo esse tempo — disse ela em voz baixa. — Não soubemos nada deles. — De repente, parecendo muito cansada, acrescentou: — Quando pensamos em Saddam, e em como ele age, perdemos qualquer esperança de que estejam vivos, mas ainda mantemos nossa fé em Deus. — Parecia uma resposta mecânica, na qual estava claro que nem ela mesma acreditava inteiramente, mas apesar disso todas as outras mulheres assentiram com a cabeça.

O cansaço de guerra dos refugiados iraquianos era palpável também entre os políticos. Um dos mais influentes líderes da comunidade do Irã no exílio iraquiano era Muhammad Bakr al-Hakim, um aiatolá xiita de sessenta e poucos anos que chefiava uma organização chamada Conselho Supremo para a Revolução Islâmica no Iraque (SCIRI, da sigla em inglês). Era descendente de uma das mais antigas e respeitadas famílias clericais do Iraque: seu pai, o falecido grande aiatolá Mohsen al-Hakim, fora a autoridade religiosa xiita mais importante do mundo em sua época. Em 1980, durante a primeira repressão sangrenta de Saddam aos xiitas islâmicos radicais que começavam a se opor a ele, Hakim fugiu para o Irã, onde fundou o Conselho Supremo sob a tutela da recém-instalada revolução islâmica de Khomeini. Desde então, parentes de Hakim que moravam no Iraque pagaram um alto preço de sangue por sua oposição a Saddam; mais de cinqüenta foram assassinados ou morreram de doenças após serem trancafiados em prisões iraquianas. No Iraque, um silêncio mortal cercava a terrível história da família de Hakim, e até mencionar seu nome era tabu.

Localizada numa rua principal no centro de Teerã, em frente ao Ministério de Comércio do Irã, a sede do SCIRI ocupava um discreto prédio de concreto de quatro andares, onde placas de aço inclinadas e perfuradas protegiam cada uma de suas janelas. Entrar no edifício era como cruzar repentinamente uma ponte entre os mundos persa e árabe. Na área da recepção falava-se árabe, não farsi, e vários homens uniformizados e armados estavam de guarda. Ao olho não acostumado, pareciam soldados iranianos, mas eram na verdade *mujahadin* iraquianos membros da Brigada de Badr, a ala militar do movimento de Hakim, liderada por seu irmão mais moço, Abdulaziz al-Hakim. A Brigada de Badr lutara ao lado das tropas do Irã na guerra contra o Iraque e, após a Guerra do Golfo, participara da insurreição no sul. A Brigada tinha cerca de mil a 1.500 combatentes acampados em bivaques secretos ao longo da fronteira, muitos deles no Cuzistão, o que foi um dos motivos pelos quais fui escoltado por toda parte por homens da segurança iraniana durante minha viagem à província — para me impedir de vê-los.

Da parede do vestíbulo pendia uma série de retratos emoldurados mostrando a posição de Hakim no cânone de clérigos xiitas militantes. Da direita para a esquerda, os retratos mostravam o próprio Hakim, seguido pelo líder supremo do Irã, o aiatolá Ali Khameini; o falecido aiatolá Ruhollah Khomeini; e, por último, o falecido clérigo iraquiano xiita imã Muhammad Bakr al-Sadr, aliado próximo de Khomeini e mentor pessoal de Hakim. O decidido al-Sadr, que defendera uma revolução islâmica ao estilo iraniano no Iraque, foi capturado e secretamente executado pela polícia de Saddam em 1980, junto com a irmã Amina, depois que guerrilheiros xiitas de seu partido, o al-Dawa, ou Chamada Islâmica, haviam tentado assassinar Tariq Aziz. Fui conduzido ao andar de cima e recebido por um homem na casa dos 50 anos que falava um pouco de inglês, e que me disse ser o intérprete do aiatolá. Ele me levou até uma sala de espera, onde nos sentamos e conversamos. Quando perguntei seu nome, ele pareceu surpreso, mas então, com um sorriso furtivo, disse "Muhammad". Com um pouco mais de incentivo, Muhammad disse que era um ex-professor de Basra, e que fugira vinte anos antes. Deixara para trás a mulher e os filhos, acrescentou, e não os vira mais desde então. Percebendo meu olhar chocado, explicou-me que sua história era típica; muitos dos iraquianos exilados que viviam no Irã já não viam nem tinham qualquer notícia de suas famílias havia muitos anos.

— O negócio é assim, meu amigo — disse ele.

Depois de alguns minutos, fomos chamados por uns guarda-costas, que revistaram minha bolsa e depois nos acompanharam até uma sala de recepção com falsos tapetes persas e sofás e cadeiras verdes com estampas florais encostadas nas paredes. A decoração consistia em vasos cheios de flores de plástico e uma citação do Corão em escrita árabe emoldurada de dourado. Indicaram-me um sofá no canto da sala. Numa mesinha em frente fora colocado um microfone. Um cabo o ligava a um gravador que estava sendo preparado por dois homens sentados do outro lado da sala. Muhammad sentou-se ao meu lado, acomodando-se na beira da cadeira, nervoso. De repente a porta se abriu e entrou o aiatolá. Todo mundo se levantou enquanto Hakim avançava a passos largos pela sala e me cumprimentava calorosamente. Assim que se sentou, na cadeira mais próxima da minha, todo mundo também se sentou. Hakim estava sobriamente resplandecente com turbante e casacão pretos sobre a túnica clerical cinza. Pálido, tinha mãos enormes e de aparência forte, olhos grandes, expressivos. Pedi-lhe que desse sua opinião sobre a proposta da guerra liderada pelos americanos no Iraque para destituir Saddam do poder.

— Os EUA dizem que querem mudar o regime e estabelecer uma democracia no Iraque — respondeu o aiatolá, falando com tranqüilidade, a voz profunda e forte. — Mas não estão cooperando com as forças populares do Iraque; querem impor-se ao povo iraquiano. Isso gera suspeitas em relação aos Estados Unidos, porque há uma certa ambigüidade em sua política declarada. Os americanos vão ficar no Iraque como ocupantes, ou deixar que o povo iraquiano cuide de seus próprios assuntos?

Perguntei-lhe se ele confiava nos americanos, em vista do que aconteceu em 1991, no final da Guerra do Golfo. Após uma breve pausa, durante a qual apenas sorriu, e balançando a cabeça de um lado para o outro, Hakim respondeu:

— Depois da libertação do Kuwait, os EUA mudaram de idéia e acabaram apoiando Saddam. Isso continua sendo motivo de ansiedade para os iraquianos. Mas agora vemos que há uma nova seriedade americana em relação à mudança de regime no Iraque. O que nos preocupa é o que virá depois da mudança. — Acrescentou que esperava que o presidente Bush cumprisse, afinal, as promessas que fizera ultimamente sobre a restauração da democracia no Iraque. Para isso, enfatizou, sua organização vinha trabalhando duro a fim de estabelecer uma frente unida com os outros grupos de oposição do Iraque, inclusive os árabes sunitas, turcomanos e curdos. Lembrou-me que, numa recente conferência de cúpula de grupos de oposição iraquianos em Londres, à qual comparecera seu irmão Abdulaziz, haviam sido acertadas as bases de um sistema político pluralista para um Iraque pós-Saddam. Qualquer governo futuro, acrescentou, teria de ser composto por todos os grupos étnicos do Iraque, e teria de "respeitar o islã".

Uma das grandes questões não respondidas pelo aiatolá Hakim foi se ele esperava ou não uma revolução islâmica ao estilo iraniano no Iraque. Eu imaginava se suas opiniões haviam se moderado ao longo dos anos, se ele se tornara mais pragmático em conseqüência das mudanças que vira ocorrerem no Irã, onde o apelo ao islã político diminuíra consideravelmente. Fiz esta pergunta a Hakim, mas sua resposta foi ambígua.

— Eu não mudei minhas opiniões — respondeu. — Elas continuaram as mesmas. As mudanças no Irã nada têm a ver conosco. — Ele disse em seguida, de forma bastante obscura, que o SCIRI, dependendo das circunstâncias, havia ocasionalmente modificado algumas de suas posições a fim de alcançar um compromisso político necessário. — Nossas relações com o mundo eram muito limitadas antes da Guerra do Golfo — continuou. — Desde então isso tem mudado, e conseguimos desenvolver várias relações novas. Mas, desde o início, nunca foi nossa idéia copiar a revolução do Irã.

Pareceu um momento oportuno para abordar o delicado tópico das conversas do SCIRI com o governo Bush. Era do conhecimento público que, em agosto de 2002, Hakim enviara o irmão Abdulaziz a Washington para reuniões com o governo Bush e representantes de vários grupos de oposição do Iraque. (Em outro encontro, Abdulaziz admitira para mim que o SCIRI e Washington vinham mantendo um "diálogo" contínuo, destinado a garantir algum tipo de coordenação entre a rede clandestina da organização dentro do Iraque e as forças militares americanas em caso de guerra.) O aiatolá al-Hakim não quis comentar a respeito, mas confirmou que houvera conversas entre sua organização e o governo dos EUA, sobre "assuntos iraquianos".

Perguntei-lhe quanto tempo fazia que saíra de sua pátria.

— Fiquei ausente do Iraque durante 22 anos — respondeu ele. — Retornei brevemente em 1991, durante a rebelião, e agora tenho mais uma vez esperança de regressar. — Sorriu e, fazendo uma breve pausa, continuou: — Eu parti quando o regime começou a matar minha família e meus parentes. O regime iraquiano matou cinqüenta membros da minha família. Cinco deles meus irmãos, e sete sobrinhos. Só um dos meus irmãos está vivo, Abdulaziz. Éramos dez. Um morreu num acidente de carro, um está desaparecido e um morreu de desgosto porque o regime matou seus filhos. Os outros foram mortos sob tortura.

Hakim relatou tudo isso numa voz neutra, destituída de qualquer emoção. Como, perguntei, conseguia agüentar esse grau enorme de perda pessoal? Ele sorriu, e respondeu:

— Se a gente sofre tanta dor, mas vê que existe dor maior que a nossa, nossa própria dor diminui. Todos os iraquianos estão sofrendo; isso diminui minha dor pessoal. Nós dependemos sobretudo de Deus. E acreditamos numa segunda vida depois da morte onde prevalece a justiça.

Mesmo no Irã, o aiatolá al-Hakim e seu irmão Abdulaziz eram os principais alvos dos assassinos de Saddam. Os dois sobreviveram a vários atentados. O ataque mais recente, contra Abdulaziz, em 2001, envolvera vários pistoleiros e ocorrera em plena luz do dia no centro de Teerã. Embora seus escritórios fossem na capital, os Hakim viviam na verdade com as famílias na cidade santa de Qom, sob rígida segurança, e faziam discretamente o trajeto entre as duas cidades todos os dias.

Qom fica a 120 quilômetros de Teerã, numa insípida paisagem que se alterna entre desoladas colinas desertas e baixadas agrícolas. Embora pardacenta, a cidade era uma extensão não muito desagradável de largas avenidas ladeadas por árvores, com prédios baixos abobadados feitos de tijolos amarelos, ruas secundárias serpenteantes e um horizonte dominado por mesquitas revestidas de ladrilhos azuis. Sacerdotes de barbas e turbantes brancos ou pretos destacavam-se mais em Qom que em Teerã, e as mulheres da cidade, sem exceção, vestiam aqueles xadores pretos que tudo cobriam, deixando expostos apenas os rostos. Sob muitos aspectos, Qom era um lugar semelhante à cidade natal do próprio Hakim, Najaf. Local do grandioso santuário em honra de Fátima, filha do oitavo imã da fé xiita, era, havia muito, um importante centro religioso. Adquiriu mais proeminência depois da revolução iraniana, pois o aiatolá Khomeini morou lá, e ao longo dos anos desde então a cidade se tornara um santuário para milhares de clérigos iraquianos que fugiam dos expurgos de Saddam. No entanto, Najaf tem uma importância espiritual e histórica muito maior que Qom, já que é o local do sepultamento do genro do profeta Maomé, o imã Ali, que os xiitas julgam haver sido traído como sucessor legítimo do guardião da fé muçulmana. E Najaf também abriga a maior universidade teológica do mundo para muçulmanos xiitas, o lugar onde o próprio Khomeini estudou na juventude, e ao qual retornou após ser forçado a exilar-se pelo xá.

Fui de carro até Qom certa manhã, convidado a comparecer ao Centro de Pesquisa Islâmica al-Mustafa. Ansioso por ouvir uma perspectiva clerical diferente da do aiatolá al-Hakim, combinei de me encontrar ali com o xeque Ali al-Korani, um aiatolá iraquiano que era o representante em Qom da mais alta autoridade religiosa xiita viva do mundo, o grande aiatolá Ali al-Sistani. (Sistani era um septuagenário que vivia praticamente sob prisão domiciliar em sua casa em Najaf havia muitos anos, e, pelo que eu soube, raras vezes falava em público sobre qualquer coisa.)

O xeque Korani era um homem amável, de olhos claros, barba branca, no final da casa dos 60, e, no dia em que o encontrei, vestia um casacão verde-escuro e um turbante branco. Conduziu-me pelo centro até sua biblioteca, onde uma dezena ou mais de estudiosos xiitas pesquisava, com toda atenção, textos corânicos. Explicou que aqueles homens, assim como os estudiosos xiitas haviam feito durante séculos antes deles, buscavam tornar-se especialistas no pensamento islâmico, e buscavam também uma nova inspiração. Gesticulando à sua volta, explicou que se podia comparar aquele centro aos de pesquisas eruditas da fé cristã e judaica.

— Precisamos de estudos mais comparativos; os estudos acadêmicos entre nossas religiões podem unir nossas fés e reduzir o terrorismo — disse, entusiasmado. — Se Bin Laden e seus seguidores houvessem posto seus pensamentos à mesa para discutir as coisas, os problemas que temos no mundo hoje não haveriam chegado a este ponto. Os pensamentos são como água: se eles fluem, permanecem claros; se ficam estagnados num lugar, tornam-se como ácido.

O xeque Korani explicou algumas das dificuldades de seu papel como representante do aiatolá Sistani. Ele não voltava ao Iraque desde a década de 1970, depois que o falecido imã Muhammad Bakr al-Sadr (que fora seu mentor, assim como do aiatolá Hakim) fora preso e lhe avisara que não retornasse. Segundo ele, era um homem condenado à morte no Iraque, como muito outros clérigos xiitas que vivem no Irã.

— Nós nos descrevemos como os xiitas que são proibidos de visitar os lugares santos — riu. — Quando ligamos para amigos lá, nunca nos identificamos pelo nome ao telefone — continuou. — As consultas ao aiatolá Sistani são muito difíceis. Pode levar um mês ou mais para ele receber uma mensagem. Temos medo de pô-lo em risco. Só no ano passado lhe permitiram ter um fax. Legalmente não existe nenhuma lei que o impeça de viajar, mas ele não gosta, e não é informado se Saddam o deixaria viajar. Ele vive sob vigilância regular da polícia.

Korani não quis comentar a guerra iminente contra o Iraque.

— Eu não me envolvo em política — disse, com serenidade, e explicou que se tratava de uma posição teológica. — Na fé xiita existem duas linhas. Uma, como a do falecido imã Khomeini, diz que temos de ser políticos, e que a *marj'iya*, a liderança religiosa, "tem o poder do *faquih*", literalmente, é guardiã da jurisprudência islâmica. — *Wilayati-al-Faquih*, o código do jurista islâmico, é o princípio orientador básico da revolução islâmica do Irã. Consagra o islamismo político como a lei da terra, concedendo aos clérigos governantes poderes judiciais sobre um governo eleito. — A segunda linha, que é a majoritária e representada pelo grande aiatolá Sistani, acredita que a *marj'iya* não deve se envolver na política — explicou Korani. — Deve apenas dar conselhos às pessoas, como faz o Vaticano, mas talvez com um impacto maior.

— Onde se encaixa o aiatolá Hakim em tudo isso?

— Ele é livre para fazer o que julga correto — respondeu Korani. — Entre todos os ulemás, os estudiosos, respeitamos seu ponto de vista, mas isso não significa que temos de concordar ou discordar dele. Nós, xiitas, sempre representamos o grupo de oposição dentro do islã, e muitos de nossos clérigos não aceitaram os poderes governantes nos Estados islâmicos. Acreditamos que depois do profeta Maomé houve 12 imãs, e que o Décimo Segundo Imã e Jesus Cristo retornarão e farão justiça no mundo.

Pedi a Korani que explicasse como seu cenário fraternal se harmonizava com o que parecia uma desavença cada vez maior entre o Ocidente judaico-cristão e o Oriente islâmico.

— Claro, entre o islã e o Ocidente há uma história de conflitos — respondeu ele calmamente. — E julgamos que tal situação, para o bem e para o mal, sempre permanecerá no mundo até o advento do Décimo Segundo Imã com Jesus. Quanto às novas coisas que aconteceram, Osama Bin Laden e o movimento vaabita, como você sabe, eles têm a violência entre seus preceitos básicos, porque vêem outros muçulmanos como infiéis, cafres, que podem ser mortos. Consideram infiéis aqueles com quaisquer pequenas diferenças de si mesmos. E vocês no Ocidente — ele se interrompeu para dar uma risadinha — são dependentes dessas pessoas! Vocês as aceitaram quando os otomanos caíram, e elas se tornaram o centro do mundo islâmico e capturaram os lugares santos em Meca. Quando se depende de pessoas violentas, vê-se o resultado. — Korani disse isso de um modo afetuosamente repreensivo.

— Então, o que o Ocidente pode fazer?

— É difícil o homem ocidental pensar livremente agora: a pressão de diferentes grupos nos Estados Unidos, o *lobby* judeu... vocês agora estão se envolvendo em guerras mundiais, e depois vão ficar muito cansados. Claro, vocês têm o poder, os exércitos. Podem pôr todos os regimes e os países sob seu controle, mas os filósofos e pensadores crêem que o importante não é o que vocês podem fazer, mas como vocês fazem isso continuar. Há um meio mais simples e barato. Um deles é resolver a questão da Palestina. Vocês podem resolver isso! Porque se vocês tiverem amigos nos governos do Oriente Médio, não haverá terrorismo; eles cuidarão disso. Se os Estados Unidos defendessem com justiça essas situações, seu poder moral seria mais forte que o poder do exército.

Vendo que o xeque Korani se entusiasmara em seu papel de sábio oriental, deitando sabedoria oracular sobre um rude filhote do Ocidente, insisti mais uma vez para que falasse sobre o assunto em pauta, a iminente guerra americana contra o Iraque. Ele refletiu por um instante e então, com um momentâneo olhar de repreensão, cedeu.

— Todos queremos, claro, livrar-nos de Saddam — disse, sem se alterar. — Mas acho que os americanos vão entrar em apuros lá. Eles falam em manter um governador militar no Iraque por cerca de um ano e estabelecer a democracia. Mas acho que vão se desgastar. Porque, se vocês puserem um governador militar no Iraque, eles sempre vão achar: "É um americano." Se conseguirem criar uma situação democrática para os iraquianos assim que possível, com eleições e um governo nacional, então ótimo, mas não se envolvam nas areias movediças do Iraque. Portanto, se fizerem alguma coisa no Iraque, façam depressa.

TRÊS

No início de fevereiro, não se tratava mais de se, mas de quando começaria o conflito. Um volumoso transporte aéreo de tropas e equipamentos militares estivera em andamento durante semanas, embarcando dezenas de milhares de soldados americanos para bases no Kuwait e no Qatar. Dúzias de fumegantes navios de guerra avançavam a toda para o Golfo vindos de portos da marinha dos EUA. Um movimento semelhante, porém menor, de tropas e material bélico ocorria simultaneamente da Grã-Bretanha.

Em meados do mês, obtive um novo visto iraquiano carimbado em meu passaporte e estava novamente a caminho de Bagdá, decidido a ficar lá durante a guerra. Em trânsito, em Amã, encontrei um dos mais ricos empresários da Jordânia, homem que fizera fortuna abastecendo com víveres as forças aliadas durante a Guerra do Golfo. Ele me disse que, segundo suas fontes, os americanos planejavam atacar na terceira semana de março. Quando lhe perguntei até que ponto confiava em suas informações, ele me lançou um sorriso misterioso e disse:

— As pessoas com quem converso sabem das coisas.

Encontrei Bagdá estranhamente tranqüila e pacífica. Não percebi a ocorrência de quaisquer preparativos para a guerra. Lojas e restaurantes funcionavam normalmente, e as pessoas pareciam ir trabalhar como de hábito. Não havia mais policiamento nas ruas além do de sempre, nem soldados à vista em qualquer lugar. Fazia um tempo extremamente agradável, não muito diferente do sul da Califórnia no inverno. Ensolarado e quente, com uma brisa leve, e céus claros e azuis. Dirigi-me ao Hotel Al Rasheed, o principal de Bagdá, onde se hospedava a maioria dos jornalistas estrangeiros. Enquanto me registrava, meu motorista habitual, Sabah al-Taiee, me encontrou. Xiita de 52 anos, rechonchudo, bonito, com um topete de cabelos grisalhos e bigode cuidadosamente aparado, fora motorista da Iraqi Airways até a Guerra do Golfo, quando a frota parou de voar, e depois fora trabalhar no Serviço de Carros Al-Rasheed, que tinha um escritório no saguão do hotel. Sabah fora meu motorista em minha primeira visita ao Iraque, e novamente durante o referendo de lealdade a Saddam. Estava à espera de que eu voltasse e ficara atento à minha chegada.

Cada vez que eu chegava a Bagdá, Sabah parecia haver engordado mais um pouco e estar em melhor situação. Nessa ocasião, notei, ele progredira de um Chevy Caprice branco de vinte anos — o automóvel preferido dos iraquianos — para um cintilante Mercedes-Benz branco. Embora tivesse dez anos, parecia novo em folha, inclusive porque a cada instante de folga Sabah o esfregava, meticuloso, com uma flanela, e mandava lavá-lo todo dia por um dos meninos que vadiavam perto do Ministério da Informação.

Quando brinquei que eu sem a menor dúvida pagara pelo novo carro, considerando sua diária exorbitante, que fora de 50 dólares em 2000 e passara para 75 em 2002, e agora chegava a 100 dólares, ele riu, bonachão, mas logo iniciou uma ladainha de negações. Observou que só era dono da metade do carro, lembrando-me que tinha um sócio com quem precisava dividir os ganhos; e ainda uma família grande para sustentar, e assim por diante. O último argumento, do qual achei difícil discordar, foi de que éramos mais que apenas um jornalista e seu motorista, mas amigos íntimos. Como prova disso, ele mantinha havia muito uma fotografia de nós dois juntos, de braços dados, enfiada no pára-sol do carro, que sempre retirava para mostrar a outras pessoas, beijando-a e jurando lealdade eterna a mim. Nos últimos dois anos, entre minhas visitas, ligara muitas vezes para meu telefone de casa para me dizer alô, e como em geral não me encontrava deixava sua saudação habitual na secretária eletrônica: "Alô, alô, Sr. Jon, Sr. Jon. Aqui é Sabah de Bagdá. Até logo."

O elo que Sabah criara com tanta tenacidade entre nós tornava quase impossível eu pensar em usar outro motorista em Bagdá. Toda vez que eu voltava, ele se fazia cada vez mais indispensável. Em geral, conseguia dormir num quarto vizinho ao meu em qualquer hotel onde me hospedasse, a preços reduzidos só para iraquianos, para ficar perto de mim, e me esperava como um empregado fiel, não só me levando de carro a todo lado, mas levando e buscando minha roupa para lavar, trocando meu dinheiro, trazendo-me café para me despertar de manhã cedo. Sempre que discutíamos sobre dinheiro, o que era muito freqüente, invariavelmente me lembrava de seus encargos extras, por mais que ele mesmo os impusesse. Sabah falava sua versão pessoal de inglês, e eu quase sempre juntava palavras suficientes em árabe para podermos nos comunicar. Ele tinha algumas particularidades idiomáticas que depois de muito tempo eu finalmente entendia. Falava de si mesmo na terceira pessoa, e "você" queria dizer "eu", por exemplo. Assim, quando me perguntava: "Você vai levar roupa pra lavar?", não estava perguntando se eu queria, mas se ele deveria fazê-lo. Esse tipo de coisa contribuía para algumas conversas confusas, mas também para muita hilaridade.

Sabah era uma pessoa de hábitos. Toda quinta-feira ia ao mesmo barbeiro, Karim, que tinha uma pequena barbearia de dois assentos numa das ruas laterais sem nome entre a Sadoun, principal avenida comercial do centro da cidade, no lado leste do Tigre (assim chamada em homenagem ao tio-avô de Nasser Sadoun, ex-primeiro-ministro iraquiano), e Abu Nawas, o passeio público à beira do rio com sua série de restaurantes de peixe, galerias de arte e faixa de parque abandonada. Sabah fora à barbearia de Karim para um corte e barba toda quinta-feira nos últimos trinta anos, e quando eu estava na cidade, me levava junto. O bairro de Karim era uma coelheira de ruas estreitas caindo aos pedaços, mas pitoresca, ladeadas por prédios antigos da era otomana, sacadas suspensas e paredes de alvenaria em ruínas, que se haviam convertido em casas de cômodos compartilhadas por várias famílias. Ao cair da tarde, as ruas ficavam ruidosas com crianças brincando e homens sentados em cadeiras do lado de fora, conversando ou jogando dominó e bebendo araca. De algum modo, o bairro escapara às escavadoras de Saddam. Era minha parte preferida de Bagdá.

Karim era um homem amável em meados da casa dos 50, mas parecia pelo menos dez anos mais velho. Usava óculos de fundo de garrafa que faziam seus olhos parecerem enormes, e faltavam-lhe alguns dentes da frente, o que lhe dava uma aparência desmazelada. Tinha máquinas de cortar cabelo e tesouras velhas, sujas, e potes gordurosos de creme e tintura, e usava uma navalha afiada em correia e uma escova de barbear de crina de cavalo, de aspecto igualmente anti-higiênico, mas suas cadeiras de barbeiro eram de autêntico e luxuoso vinil vermelho, com barras cromadas de descanso para os pés e alavancas para incliná-las. Tudo em sua barbearia parecia como se o relógio houvesse parado por volta de 1970. Sabah me disse que Karim era pobre e tinha um barrigão porque gostava de beber araca, e gastava todo seu dinheiro nisso, mas não sei se era verdade, pois ele nunca tomou um drinque em todas as vezes que estive lá. Tinha invariavelmente a barba por fazer, o que eu sempre achava divertido, porque era um perfeccionista quando se tratava da dos outros. Só uma barba significava no mínimo 45 minutos ali, pois ele sempre fazia três meticulosas raspagens com a navalha, e não antes de esfoliar meu rosto com um pedaço de barbante que prendia na boca e girava com as mãos. Era cruciante agüentar até o fim, mas nada o fazia parar. Enquanto Karim me torturava, Sabah em geral mandava buscar chá, que era trazido por um menino da *chaikhana*, ou casa de chá, ao lado. O chá vinha forte e preto, já adoçado, servido em copinhos de licor sobre pires. Sabah, como muitos iraquianos, tomava seu chá entornado no pires e em sorvos.

Numa rua adjacente à barbearia de Karim havia um café de narguilé caindo aos pedaços, comandado por um cairota jovial que também era conhecido de Sabah. Ele ficara em Bagdá depois do grande êxodo de trabalhadores árabes convidados do Iraque, em seguida à Guerra do Golfo. (Durante a Guerra Irã-Iraque, cerca de 4 milhões de trabalhadores imigrantes do Egito, Sudão e outros países haviam afluído ao Iraque, enriquecido com dinheiro do petróleo e empréstimos de guerra dos Estados do Golfo, para assumir os trabalhos dos iraquianos que serviam na frente de batalha.) Sabah e eu às vezes íamos ao bar do cairota tarde da noite para dar baforadas num narguilé de tabaco aromatizado com maçã e tomar chá doce.

O lugar de almoço preferido de Sabah era o restaurante Al-Tabeekh, perto da rua Sadoun. Foi lá que Sabah me apresentou ao *quzi sham*, um delicioso prato de origem síria que consistia em uma massa em forma de bola recheada de açafrão, arroz e amêndoas, cordeiro, frango e passas, e me ensinou que só serviam às quintas-feiras, porque era um prato especial de véspera de dia santo e era melhor não comê-lo em tempo quente porque pesava no estômago. O Al-Tabeekh era mais barato do que qualquer outro lugar, e a comida era boa, por isso ele me levava lá, sempre lembrando que estava me fazendo economizar muito dinheiro. Invariavelmente, depois do almoço, atravessávamos a rua para que ele mandasse engraxar os sapatos, e ele sempre insistia para que eu também engraxasse os meus com o mesmo grupo de meninos engraxates no meio-fio. E ali mesmo, sempre comprava sua marca de cigarros coreanos, Mild Pine, do mesmo vendedor de rua. A lavanderia de Sabah, Al-Ghazala, ficava do outro lado da cidade, um estabelecimento limpo, de uma família eficiente, com uma máquina de lavagem a seco de fabricação italiana, perto da Feira Comercial de Bagdá; era ali que ele levara a roupa para lavar durante anos, e agora levava a minha. Logo ao lado de Al-Ghazala ficavam os cambistas preferidos do motorista. Tinham lojinhas com cartazes iraquianos exibindo enormes dinares iraquianos com o rosto de Saddam, e incongruentemente, notas de dólares americanos; os cambistas autônomos também ficavam ali em pé na beira da calçada, segurando maços de notas e acenando-as para atrair os motoristas que passavam. Sempre que passávamos por ali, Sabah diminuía muitas vezes a velocidade do carro para brincar com os cambistas e descobrir a mais recente taxa local para dólares americanos.

Sabah aceitava me conduzir a qualquer lugar de Bagdá — a não ser que julgasse que minha ida lá nos criaria problemas com as autoridades —, mas não gostava de sair da cidade, e recusava-se, inflexível, a avançar sequer alguns metros mais ao sul da Babilônia. No ano antes de nos conhecermos, disse, levara um sueco até as ruínas de Ur, no sul do Iraque, e enquanto permaneceram lá haviam sido bombardeados por um avião de guerra americano não uma, mas duas vezes. Quando eu queria ir além do limite em que ele se sentia confortável, arranjava outro motorista para me levar. Sabah não fazia mistério algum de que era um sobrevivente; em confiança, vangloriou-se comigo de haver-se esquivado ao recrutamento durante a Guerra Irã-Iraque subornando alguns oficiais, por exemplo. Sempre que se referia à contestação ao sistema, arregalava os olhos, sorria e dava um tapinha na cabeça, querendo dizer, como acabei aprendendo, que ele não era nenhum otário.

A corrupção oficial era um fato da vida cotidiana no Iraque; sem pagar subornos, era impossível trabalhar. Sabah era um exímio praticante dessa arte, e morria de felicidade com as pequenas vantagens que isso lhe trazia. Por exemplo, sempre pagava alguns dinares para o guarda de trânsito que ficava permanentemente na ilha que separava as pistas da avenida em frente ao Al-Rasheed, só para fazer uma meia-volta ilegal e chegar mais rápido ao hotel. Vinha fazendo isso havia tanto tempo que, sempre que ele passava, o guarda empertigava-se, sorria e acenava para ele. No próprio Al-Rasheed, Sabah comportava-se como um magnata, distribuindo regularmente pequenos maços de gorjeta de dinares iraquianos a gerentes, recepcionistas, seguranças e porteiros. Isso, explicou, deixava todo mundo feliz e menos propenso a causar algum problema a qualquer um de nós.

Logo de início, ele também me mostrou os macetes do Ministério da Informação, onde todos os jornalistas eram obrigados a se registrar e tinham acompanhantes oficialmente designados para solicitar entrevistas, conseguir permissões de viagem e obter extensões de visto. Com raras exceções, os vistos de jornalistas eram de dez dias apenas, e assim, parte de toda visita envolvia maquinação, suborno e agrados a funcionários do ministério a fim de obter extensões. Sabah muito se empenhara para que eu mesmo nunca tivesse de pagar subornos em dinheiro, sugerindo, porém, por exemplo, no final de minha primeira viagem, que eu comprasse três engradados de Pepsi (os iraquianos são viciados em Pepsi, embora a bebida não fosse mais a autêntica, e sim uma versão iraquiana contrabandeada) para o chefe do escritório da imprensa estrangeira, e dois engradados de 7-Up para seu subchefe, que, confidenciou, era na verdade um agente da Mukhabarat designado para supervisionar o lugar. Tomava providências para que eu não tivesse de dar eu mesmo esses presentes, mas entregava-os pessoalmente a eles em suas casas um ou dois dias antes de eu partir. Isso, explicou, era um gesto simbólico, a fim de criar um sentimento de boa vontade, e me ajudaria sempre que eu quisesse obter um visto para retornar ao Iraque.

O Ministério da Informação era um medonho edifício de concreto de dez andares com baterias de metralhadoras de defesa antiaérea no telhado cheio de parabólicas e antenas de transmissão. Ficava na margem ocidental do Tigre, próximo de uma das sete pontes que o transpunham para o centro da cidade, e era cercado por um conjunto de cerca de cinqüenta edifícios de apartamentos idênticos, que alojavam empregados do governo e suas famílias. Entre o ministério e o rio erguia-se o Hotel Mansour, um prédio de concreto marrom-escuro, do início da década de 1980, que antes fizera parte da cadeia internacional de hotéis Melia. Como vários outros grandes hotéis de Bagdá, o Palestine Méridien e o Ishtar Sheraton (que se projetavam juntos, como cogumelos, do outro lado do Tigre e por 1,5 quilômetro rio abaixo), o Mansour estava desfigurado, e havia muito perdera a franquia internacional, mas a maioria dos habitantes ainda o chama de Melia Mansour.

O ministério e sua subsidiária na porta ao lado, a Corporação Iraquiana de Rádio e Televisão, formavam os centros de propaganda e comunicação do regime de Saddam. O ministério era onde se publicava diariamente o *Iraq Daily* de Nasra al-Sadoun, além de uma torrente de folhetos e panfletos contendo os discursos do ditador e documentos sobre a posição de seu governo em tópicos como "Embargo ou Genocídio", "Duplo Padrão da Política Americana" e "Crimes Americanos contra o Iraque". No ministério se realizavam quase todas as entrevistas coletivas oficiais à imprensa, e onde, em um abarrotado emaranhado de soturnas salinhas e cubículos no térreo, localizava-se o Escritório de Imprensa Estrangeira. Várias agências de notícia estrangeiras, sobretudo serviços telegráficos, haviam recebido permissão para alugar cubículos e manter sua equipe lá. A tendência era que fossem jornalistas iraquianos ou árabes que sabiam atuar no sistema iraquiano, ou então empregados atuais do Ministério que faziam um bico como colaboradores fixos de diferentes órgãos da mídia estrangeira. A maioria desses contratos surgira como resultado de muita diplomacia e batalha. A CNN acabara conseguindo um acordo especial para si mesma anos antes. Era, havia muito tempo, a única rede importante de televisão americana com permissão para ter um escritório permanente em Bagdá e manter um correspondente lá.

Uma das anomalias da vida iraquiana era que se proibia o acesso à televisão por satélite aos iraquianos comuns, enquanto no centro de imprensa a BBC e a CNN eram transmitidas livremente, e seus funcionários monitoravam freqüentemente as transmissões, assim como as da Al Jazeera, que operava de seu próprio escritório ali perto. A maioria dos iraquianos tinha de se contentar com um dos dois canais da TV estatal do Iraque, que consistiam em uma programação *ad nauseam* de anúncios e notícias oficiais, antigos filmes egípcios em preto-e-branco e reprises de Saddam. Estas últimas eram bizarros vídeos noturnos que nunca paravam de passar, um pastiche editado de apresentações passadas de Saddam. Mostravam-no acenando para multidões, cumprimentando grupos de crianças, recebendo elogios ou buquês de flores de prestadores de homenagem, tudo editado com canções louvando-lhe a inteligência, a coragem, e assim por diante. Depois de algum tempo, tornava-se uma espécie de ruído. Muito mais popular era a TV Jovem, o canal de propriedade do primogênito de Saddam, Udai, que exibia filmes ocidentais pirateados, sobretudo de suspense-ação para adolescentes, e clipes da MTV.

No escritório de imprensa, designavam-se "guias" a jornalistas para serem seus tradutores oficiais, homens que chamávamos de nossos acompanhantes. A maioria deles, como Salaar, meu primeiro acompanhante, era apenas de diplomados de universidades iraquianas que por acaso falavam um dos vários idiomas estrangeiros e não conseguiam encontrar nenhum meio melhor de ganhar a vida. Eram sobreviventes com famílias para sustentar, e quase todos guardavam suas opiniões políticas para si mesmos, mas alguns deles davam aos repórteres em quem confiavam uma indicação ocasional de seus verdadeiros sentimentos em relação às coisas. Haviam compreendido como desempenhar suas funções oficiais e ao mesmo tempo dar o máximo de espaço aos repórteres que ousassem. Eram todos, contudo, obrigados a ficar de olho em nós e preencher relatórios sobre com quem e sobre o que conversávamos e o que nos diziam. Seus salários oficiais eram uma miséria, algo em torno de 5 dólares por mês, mas éramos obrigados a pagar ao ministério 50 dólares em dinheiro vivo de diária por seus serviços. Também se esperava que lhes déssemos uma gorjeta no fim de nossas estadias. Por sugestão de Sabah, eu pagava a Saalar modestos 40 dólares por semana, e ele parecia satisfeito com isso.

Mas tudo mudou durante o referendo de Saddam de outubro de 2002, quando o regime permitiu a entrada de centenas de jornalistas no Iraque para cobrir o evento. Muitos aproveitaram a ocasião para posicionar-se para o conflito próximo. A essa altura, os repórteres que esperavam cobrir a guerra tinham três alternativas possíveis. Uma era viajar para o Curdistão iraquiano pelo Irã, e esperar lá até a guerra começar. A outra era ser contratado pelo Pentágono como um repórter que trabalharia permanentemente ligado às tropas americanas, acompanhando-as. A terceira opção, e a mais arriscada, era tentar ficar em Bagdá. O problema nisso, para começar, era a dificuldade de conseguir vistos, e o fato de que só eram válidos por dez dias. Como ninguém sabia quando a guerra iria começar, isso significava encontrar um jeito de renovar constantemente o visto, e não havia garantia alguma de que isso seria possível. Durante o referendo, os principais órgãos de imprensa ocidentais começaram a pagar enormes subornos a autoridades no ministério a fim de assegurar escritórios oficiais para suas empresas e garantir uma base segura em Bagdá. Eles também arrebanharam muitos dos acompanhantes-tradutores para serem seus quebra-galhos, pagando-lhes 100 dólares ou mais por dia. Vários dos melhores acompanhantes receberam milhares de dólares como adiantamento de salário.

Esse efeito de corrida ao ouro significou que, quando obtive meu visto iraquiano e voltei em fevereiro de 2003, a maioria dos tradutores já estava na folha de pagamento de outra pessoa, e os honorários do ministério para tudo também haviam subido vertiginosamente. A nova taxa oficial para guias fora fixada em 100 dólares por dia, e a tarifa para ter um telefone por satélite era de 125 por dia. O Al-Rasheed também aumentara muito suas diárias, e antes de tudo era necessário pagar um suborno ao gerente só para se hospedar no hotel; depois outro para ser transferido para o lado do hotel voltado para o sul, que tinha recepção de telefone por satélite. Na véspera da guerra, o custo de hospedagem em Bagdá subira para 450 dólares americanos a diária, no mínimo. Como não se aceitavam cartões de crédito no Iraque, era essencial entrar no país com enormes quantias em dinheiro.

Centenas de jornalistas afluíam a Bagdá, e já havia uma febril confusão para obter extensões de visto. Circulava a notícia de que a maior rede de TV americana estava pagando 5 mil dólares de suborno por cada uma de suas extensões. As maiores organizações da mídia sem dúvida pareciam haver arrumado um jeito, porque todas as grandes redes de televisão americanas e européias haviam levado toneladas de equipamento e consideráveis equipes, e a maior parte dos principais jornais e revistas americanos, britânicos, europeus e japoneses abrira agências provisórias e enviara um punhado de correspondentes. Para todos os outros, a questão de como ficar em Bagdá continuava um enigma sem resposta e uma fonte de extrema ansiedade.

Para confundir ainda mais as coisas, houvera algumas mudanças recentes de pessoal no Escritório de Imprensa Estrangeira. Um homenzinho chamado Mohsen, veterano subchefe de segundo escalão do escritório, de rosto rechonchudo, sonso, cinqüenta e poucos anos, fora promovido a diretor de forma improvável, e o ex-chefe, um homem da Mukhabarat chamado Hillal, desaparecera. Um novo homem, Khadum, sobre quem circulava o boato de que era um oficial superior da Mukhabarat, também surgira em cena. Rosto felino, atlético, usando ternos elegantes e falando um inglês esplêndido, Khadum se mudara para o cubículo de Mohsen junto com ele. Os dois se sentavam em escrivaninhas um de frente para o outro. Ninguém no ministério parecia saber quem era o verdadeiro chefe. Quando perguntei a Mohsen quem era o responsável, ele lançou um olhar para Khadum, do outro lado da sala e, com um sorriso ambíguo, disse em voz baixa:

— Nós dois.

Não era de surpreender que alguns jornalistas cometessem algumas ratas lamentáveis. Num incidente que logo se transformou em piada de repreensão para os demais, um jornalista da televisão coreana, à espera da extensão de seu visto, ofereceu um maço de notas de 100 dólares ao vice-ministro da Informação, Udai al-Taiee. Depois que o coreano lhe estendeu o dinheiro, consta que al-Taiee teve um furioso ataque de gritos, atirou os dólares de volta ao infeliz correspondente e ordenou que ele fosse imediatamente retirado do Iraque. O erro do coreano, é evidente, fora apresentar o dinheiro na presença do assistente de al-Taiee. Ele não se enganara ao achar que al-Taiee receberia um suborno, mas não havia respeitado o protocolo.

Homem de olhos esbugalhados na faixa dos 50 anos, al-Taiee ocupava um grande escritório num andar alto do ministério, e era o supremo supervisor de imprensa estrangeira. Al-Taiee trabalhava diretamente sob o ministro, Muhammad al-Sahaf, e muitas vezes aparecia sentado ao seu lado com um ar circunspecto durante coletivas de imprensa, a própria imagem de decoro baathista. Embora em particular fosse um homem eloqüente e loquaz, que falava francês e inglês, era dado a oscilações de humor, e eu sempre tentei evitá-lo. Tinha o hábito de submeter os jornalistas britânicos ou americanos recém-chegados a longos e condescendentes sermões sobre a perfídia das democracias ocidentais, e eu já fora submetido a um desses. Al-Taiee passara alguns anos em Paris, onde supostamente trabalhara sob fachada diplomática para o serviço de contra-informação do Iraque, espionando dissidentes iraquianos. Fosse qual fosse a verdade, retornara para a pátria como um francófilo descarado. Sabendo disso, os repórteres franceses lhe dedicavam especial atenção, aglomerando-se calorosamente à sua volta quando ele fazia seus comparecimentos regulares no escritório de imprensa, ao cair da tarde. Passou a ser trivial ver al-Taiee à noite sendo recebido para jantar por correspondentes franceses num dos mais elegantes restaurantes de Bagdá. Ele sempre se sentava à cabeceira da mesa, enquanto os anfitriões se distribuíam ao redor, em postura respeitosa, os olhos brilhando com o extasiado olhar de aprendizes de um guru.

Uma das primeiras coisas que fiz em Bagdá naquele fevereiro foi procurar o Dr. Ala Bashir, pintor e cirurgião plástico que eu passara a conhecer muito bem de minhas visitas anteriores. Bashir também era muito íntimo de Saddam Hussein, e essa relação fazia dele uma pessoa extremamente influente em Bagdá. Recebeu-me calorosamente, e pareceu muito contente em me ver. Após trocarmos notícias, e eu lhe falar de minhas esperanças de ficar para a guerra, ele me perguntou sobre a situação do meu visto. De fato, não era boa; eu disse que meu visto expirava dentro de alguns dias. Bashir logo ligou para Udai al-Taiee no Ministério da Informação. Fez isso na minha frente, em seu escritório, falando em árabe.

— Na verdade — disse depois — eles estavam examinando seu pedido bem na hora em que telefonei. Eu disse que você era um amigo meu. — Deu um sorriso. — De qualquer modo, vão anotar meu nome no seu pedido como a pessoa que o recomendou. — Nunca mais tive problema para renovar meu visto, nem houve qualquer insinuação de que teria de passar dinheiro por baixo da mesa, como fazia quase todo mundo, e percebi que, quando os funcionários viam o nome de Ala Bashir em meus formulários, pareciam impressionados. Até Khadum, o misterioso oficial da Mukhabarat, me chamou de lado certo dia para dizer:

— Ala Bashir disse que você é amigo dele. Basta me procurar se tiver qualquer problema. Se houver qualquer coisa que eu puder fazer por você, me avise.

Eu conhecera Ala Bashir em Bagdá, em agosto de 2000, quando recebi uma carta me recomendando a ele de Naji Sabri al-Hadithi, que eu conhecera em Viena quando ele era embaixador de Saddam na Áustria, e que desde então se tornara o ministro de Relações Exteriores do Iraque. Naji Sabri me disse que Bashir era amigo íntimo e confidente de Saddam, e que eu podia aprender mais com ele do que com qualquer outro que fosse ver no Iraque. Eu o visitei em seu consultório no Centro de Cirurgia Reconstrutiva Saddam, que ele dirigia no antigo Hospital Al-Wasati de Bagdá, e havíamos conversado sobre política e história. Ele era um homem de aparência incomum. A maioria dos habitantes de Bagdá de classe média da sua idade — tinha então 61 anos — é gordinha e pálida. Bashir era alto e ágil, com a pele cor de amêndoa acastanhada. Tinha um nariz grande e adunco e o rosto sempre bem barbeado, coisa também bastante rara entre os iraquianos, que em geral exibiam bastos bigodes. Suas feições, percebi, tinham uma admirável semelhança com as figuras esculpidas em vasos de alabastro por artistas sumérios 5 mil anos atrás. O detalhe mais marcante da aparência de Bashir, contudo, eram os cabelos, que pendiam numa longa franja branca nas laterais e na parte de trás da cabeça, que, fora isso, era completamente calva. A maioria dos iraquianos tem cabelos bem cortados ou, às vezes, se são jovens, cabeças raspadas com alguns tufos visíveis — o visual de Udai Hussein. Os profissionais liberais iraquianos também tendem a se vestir de modo muito conservador, em geral ternos e gravatas escuras. Mas Bashir se vestia num estilo ocidental bastante casual, muitas vezes usando camisa pólo e calça de brim cáqui, ou, quando o tempo estava mais frio, um terno de veludo cotelê marrom, uma maneira muito não-iraquiana de se vestir. Não me lembro sequer de tê-lo visto usar gravata. Seu consultório no hospital meio caindo aos pedaços, dirigido por ele, também era extraordinariamente austero para um iraquiano de sua geração. Acostumado a encontrar autoridades de Saddam abrigadas em suntuosos escritórios com ar-condicionado e decorados com obras de arte, fiquei surpreso ao encontrá-lo numa pequena sala, com paredes meio encardidas pintadas na institucional cor verde-claro, e mobiliada apenas com um arquivo, uma cadeira e uma mesa simples. Embora se visse um ar-condicionado velho instalado no buraco de uma parede, ele o mantinha desligado. As únicas peças decorativas no consultório eram um retrato oficial pendurado numa parede e um pequeno busto de Saddam próximo à luminária na escrivaninha.

Ala Bashir tinha um jeito de ser tranqüilo e reservado, mas mesmo assim nosso primeiro encontro foi um tanto contencioso. Eu lhe dissera que esperava que ele, como amigo do líder iraquiano, pudesse me dizer que espécie de homem era "na verdade" Saddam Hussein. Bashir me escutou sem expressão, e então, depois de uma longa pausa, começou a falar. Em primeiro lugar, disse, eu deveria estar preparado para o fato de que tudo o que ouviria sobre Saddam Hussein no Iraque seriam elogios. Explicou:

— Ele é nosso presidente, e estamos no nosso direito de louvá-lo. — Então me informou que sabia que qualquer coisa que me dissesse sobre Saddam não seria divulgada com exatidão. Quando protestei, e perguntei-lhe por que pensava assim, Bashir explicou que se referia à dominação sionista da mídia ocidental, e sua conspiração para controlar o mundo. — Tenho provas de que você não poderá dizer a verdade, porque quando as pessoas tentaram, no passado, foram esmagadas. — Relatou o caso de um filósofo francês contemporâneo, de cujo nome não conseguia se lembrar. — Você sabe o que quero dizer — continuou, animado. — Aquele que escreveu que os números do holocausto nazista haviam sido muitíssimo exagerados, talvez apenas 2 ou 3 mil mortos, não as cifras que dão, de milhões... o que é um grande absurdo. O que fizeram? Moveram um processo contra ele nos tribunais, atacaram seus livros; até as livrarias foram atacadas! — Ala Bashir concluiu: — Acho que Hitler deve ter feito algumas coisas boas para a Alemanha, mas quem pode dizer isto hoje? Ninguém, por causa do controle sionista da mídia.

Comecei a questioná-lo, mas ele me interrompeu, dizendo:

— Cristãos e muçulmanos, sabe, somos muito semelhantes; compartilhamos os mesmos valores, mas não acho que os judeus dos Estados Unidos queiram permitir aos cristãos pensar por si mesmos, de forma independente. — Fez uma breve pausa e perguntou: — Você sabe quem é Eichmann, aquele que os judeus executaram em Israel? — Quando respondi que sabia, ele sorriu e disse: — Bom, Eichmann disse que agiu contra os judeus porque eles ficavam isolados e não se consideravam alemães. Isso é realmente um problema, entende? — Quando respondi que realmente não via qual era o problema, ele sorriu e me contou uma anedota pessoal. No ano anterior, em visita a Londres, chamara um táxi e fora pego por um motorista falastrão, que se apresentou dizendo: "Sou judeu. De onde você é?"

— Percebe? — exclamou Bashir. — Ele não disse: "Sou inglês." Disse: "Sou judeu!" Portanto, você vê que isso ainda é um grande problema. — O argumento de Ala Bashir, pelo que pude entender, era apenas o seguinte: assim como Adolf Hitler, Saddam ganhara má reputação, e toda a culpa foi dos judeus.

— De qualquer modo — acrescentou, com veemência —, Saddam Hussein não se importa com o que o Ocidente pensa. Ele se considera um iraquiano, e pensa antes de tudo no país. Não se importa com as eleições a cada quatro anos e todo aquele lixo. Ele quer que o Iraque seja forte, e está tentando fazer o melhor para seu país... E, sim, Saddam é um homem forte, e talvez seja por isso que castiga os inimigos e traidores com tanta... força. Porque em nossa civilização somos como uma família, e traição é a pior coisa que se pode fazer. Mas ele é um bom amigo; um bom amigo para os amigos... isto eu posso lhe dizer. A menos que seja traído.

Apesar de nossas óbvias divergências em várias questões importantes, Ala Bashir parecia ansioso para continuar a conversa, e me convidou a ir almoçar em sua casa dias depois. Nós nos encontramos mais algumas vezes durante minha estada, e continuamos a manter extensas discussões sobre arte, história e arquitetura, além de Saddam. Bashir sabia que eu desaprovava muitas das coisas que ele dizia, mas parecia gostar de ser provocador, e também de ser questionado. Nossas reuniões eram estimulantes também para mim, pois logo descobri que Ala Bashir gozava de suficiente respeito no Ministério da Informação para que eu não precisasse visitá-lo acompanhado. Depois citei algumas das observações dele sobre Hitler e Saddam num artigo que escrevi sobre o Iraque, e enviei-lhe uma cópia, mas nunca recebi resposta. Imaginei que ele não havia gostado muito.

Quando retornei a Bagdá em outubro de 2002, visitei novamente Bashir, e perguntei-lhe o que achara do artigo. Ele sorriu e desviou o olhar, acanhado, e disse em voz afável que eu talvez houvesse "enfatizado em excesso" suas observações sobre Hitler, mas que fora isso estava "ótimo". Ficou claro que ele não queria que isso criasse um problema entre nós. Mais uma vez, convidou-me a almoçar em sua casa. Então, certa noite, alguns dias depois da anistia de prisioneiros de Saddam e pouco antes da data de minha partida do Iraque, ele me telefonou e pediu-me que o encontrasse numa galeria de arte. Fiquei intrigado. Andara tentando localizá-lo havia vários dias sem sucesso, e achei que estivesse me evitando. Quando cheguei à galeria de arte, ele me levou a uma sala vazia, com quadros pendurados, onde um grande ar-condicionado zumbia ruidosamente. Ali, em pé bem junto a mim, perguntou-me o que eu tinha em mente. Eu disse que queria decifrar o enigma dos acontecimentos dos poucos dias anteriores, a começar pelo referendo de lealdade a Saddam, seguido pelo bizarro espetáculo, dias depois, dos ex-prisioneiros políticos que saíam de anos de confinamento em Abu Ghraib gritando louvores a Saddam, e a quase macabra atuação dos parentes dos desaparecidos, protestando nas ruas de Bagdá mas escondendo suas verdadeiras intenções com odes ao líder iraquiano. Bashir escutou com toda atenção e então me chocou dizendo em voz suave, baixa:

— Você chama essas coisas de enigma. Acho que é isso que são. Mas acho que você é um homem inteligente. Portanto, não deveria esperar ouvir a verdade sobre as coisas quando conversa com iraquianos. Eles não podem falar a verdade, e acho que você sabe por quê. Há muito medo entre as pessoas no Iraque, e por motivos muito bons. — Quanto ao protesto feito pelos parentes dos prisioneiros desaparecidos, informou-me que provavelmente eles haviam desaparecido para sempre. — Há muitas pessoas desaparecidas no Iraque. Muitas.

— Há muitas pessoas no Iraque que não concordam com essa libertação dos prisioneiros nas ruas — acrescentou, baixinho. — Porque eles são criminosos, cometeram crimes, e o lugar de muitos deles é na prisão mesmo. Assim, na verdade, tê-los libertado é realmente um crime. Aqueles que decidiram libertá-los, de fato, foram criminosos. — Fez uma pausa, como para deixar que eu absorvesse a enormidade do que ele estava dizendo. E repetiu: — Muitas pessoas não concordam, mas não vão lhe dizer isso. — Fez outra pausa, e depois disse: — Vou lhe contar uma história que vai ajudá-lo a compreender. — Falou então da ocasião em que fora visitar um hospital num país europeu, e se surpreendera ao reconhecer um amigo seu de Bagdá. O homem passou rapidamente por ele sem o reconhecer e continuou seguindo pelo corredor. Quando Bashir saiu atrás dele, notou que o amigo adquirira o estranho hábito constante de se virar e olhar para atrás.

— Parecia que ele estava louco, porque não parava de olhar em volta, embora não houvesse ninguém ali — explicou. Quando alcançou o amigo, perguntou-lhe por que se comportava daquela forma, e o homem dissera: "Foi isso o que me fizeram em Bagdá, agora não paro de achar que tem alguém me seguindo." — É assim que são as coisas aqui, entende?

Eu sabia que Bashir correra um risco enorme em me dizer essas coisas, e reconheci seu gesto, agradecendo-lhe e desviando a conversa para assuntos mais mundanos. Antes de nos separarmos, ele me deu um último conselho.

— Escute com muita atenção as pessoas, e julgue por si mesmo. Mas lembre-se, a verdade deve ser achada no que elas não dizem. — Quando fui vê-lo um ou dois dias depois, para me despedir, intencionalmente o fiz com grande formalidade, diante de vários colegas seus.

Desde a conversa na galeria de arte, porém, nossa relação passou a ter um forte elemento de cumplicidade, e depois que retornei a Bagdá em fevereiro, Bashir e eu nos encontrávamos com freqüência, às vezes em sua casa, mas em geral no consultório. Ele me exortava a visitá-lo quase sempre, e agia com muita ansiedade quando eu passava vários dias sem aparecer. Caso houvesse outras pessoas lá — ele recebia muitas visitas —, nossas conversas eram bastante superficiais, como entre amigos corteses, e tratávamos de temas de interesse atual, como a ameaça de guerra. Ele me levou para jantar em sua casa algumas vezes, e também começou a me levar consigo para a casa de um amigo seu, Samir Khairi Tawfik, que me apresentou como ex-funcionário do Ministério de Relações Exteriores. Samir parecia gostar de cozinhar para nós e outros amigos que apareciam por lá. Morava sozinho numa casa grande, com guarnições de ameia estilizadas como as de uma fortaleza ao longo das bordas do telhado plano, situada próxima a uma mesquita numa rua residencial tranqüila do bairro de Mansour. Samir era um sujeito afável, que exibia uma estranha semelhança com aqueles nobres e ministros de governo da Ruritânia retratados nos livros de Tintin, de Hergé; só lhe faltava um monóculo. Era alto e corpulento, tinha uma grande cabeça careca com uma auréola de cabelos pretos dos lados e um grande bigode do tipo que era a última moda no Ocidente na década de 1890, e olhos pretos muito grandes, caídos.

O próprio Bashir morava numa casa sem ostentação de estilo ocidental, de estuque marrom, construída na década de 1960 no bairro de classe média de Al-Jihad, no sudoeste de Bagdá. Dois Mercedes e uma caminhonete Hyundai ficavam sempre estacionados na garagem anexa. Nenhum deles era novo, e pareciam nunca ser usados. Bashir em geral rodava num Toyota Land Cruiser do governo dirigido por chofer. As cortinas da casa viviam fechadas, e à luz fraca o lugar parecia meio abandonado. Sua mulher, Amal, também médica, e a filha, Amina, então com 23 anos, estavam em Amã. Ele explicou que as enviara para fora do país uns meses antes, e lhes dissera para ficar lá até que a guerra terminasse. Tinha quatro filhos, dos quais os dois primeiros, ambos homens, haviam nascido na Inglaterra, onde ele trabalhara como cirurgião no início da década de 1970, depois de se formar no Royal College of Surgeons em Edimburgo. Os dois filhos mais velhos moravam agora na Inglaterra, em Sheffield e Nottingham, e o outro filho estudava música num conservatório em Montpellier, na França. Havia retratos da família na parede da sala de estar, entre eles um recente de um sorridente neto começando a andar e, num canto discreto, um retrato emoldurado de Bashir, de pé em algum evento público com Saddam Hussein. Foi a única imagem de Saddam que vi lá. Grandes óleos pendiam da maioria das paredes, e obras de escultura pontilhavam o cômodo.

Quase todos os quadros na casa tinham sido pintados por Bashir, que, além de médico, era um destacado pintor e escultor. Recebera encomendas de Saddam para vários monumentos públicos vultosos em Bagdá, entre eles um famoso, inaugurado em 2001, ao ataque de 1991 ao abrigo antiaéreo de Amiriya, onde uma bomba americana matara mais de quatrocentas pessoas, a maioria mulheres e crianças. O abrigo, que fora transformado em museu, era a peça central do sentimento de vitimização oficializado. Para o regime, Amiriya era apresentada como o equivalente iraquiano de Guernica ou até de Hiroxima, uma afronta histórica descrita na propaganda iraquiana oficial como "A Pior Ação Criminosa dos EUA no Século XX". Era uma câmara escura, com um enorme buraco aberto no teto plano onde as bombas americanas haviam caído, e uma confusão de barras de aço retorcidas e pedaços de alvenaria. Fui conduzido na visita por uma guia de olhos de corça que me disse que as pessoas ali haviam morrido com a temperatura altíssima da explosão, e que muitas haviam simplesmente desaparecido. Mostrou-me numa das paredes o que disse ser a silhueta de uma mãe e seu bebê. Explicou que o intenso calor da explosão tivera um efeito fotográfico quando fulminara algumas das pessoas no aposento. Examinando-a mais de perto, a imagem escura sombreada se assemelhava, sim, a uma forma humana. Lembrei-me da Mortalha de Turim, o antigo pano que se acreditava trazer a impressão de Cristo. A excursão terminou diante de uma fileira de retratos das crianças que haviam sido mortas, com minha guia me perguntando retoricamente: "Por que elas tiveram que morrer?"

A arte de Bashir é enraizada no surrealismo, do qual ele é um dos pioneiros e poucos representantes no Iraque, e a maior parte dela é simbolicamente previdente. Muitas de suas esculturas mostram corvos com bicos abertos, como gralhas. Seu macabro bronze exposto no memorial de Amiriya, de um rosto humano andrógino contorcido de dor, parecendo a Medusa, é uma obra apavorante.

— Representa o resultado da guerra e do ódio — explicou-me Bashir certo dia em sua casa. — É um lembrete para todo mundo de que guerra é ruim. A mensagem em que devemos acreditar é o amor, porque é vida e reparação. Devemos superar nosso ódio, porque ele leva à destruição. — Falar de sua arte sempre tendia a pôr Bashir num humor filosófico. Nossas conversas eram muitas vezes pontuadas por silêncios, quando ele mergulhava em dispersivos devaneios. Nessas ocasiões, ele quase sempre rabiscava num papel com uma caneta, criando pequenas imagens surrealistas. Passado um momento, voltava a falar:

— Esta guerra, tenho certeza, vai ocorrer. É outro sinal de que estamos realmente longe do que Deus queria que fôssemos. Não estamos além de Cristo ou Moisés. Eles tentaram disseminar amor entre as pessoas, e eram profetas, mas fracassaram.

Depois de nossa conversa naquele dia, fomos de carro até uma rotatória na extremidade sul de Bagdá, onde se achava a grande obra mais recente de Bashir. Consistia em dois blocos de calcário lapidado sensualmente unidos, de cerca de 9 metros de altura, a forma de um lembrando, segundo Bashir, as costas de uma mulher. Enquanto a contornávamos a pé, ele explicou que intitulara a escultura *A União*, mas por insistência do braço direito e guarda-costas de Saddam, o general Muhammad Abed, ela era agora oficialmente chamada *A União Entre o Líder e Seu Povo*. Ele deu um sorrisinho e encolheu os ombros. Na verdade, não importava como se chamava, disse. Pelo menos conseguira evitar que pusessem uma estátua de Saddam diante dela, o que Abed e várias outras autoridades íntimas de Saddam haviam pedido primeiro, ou, como alternativa, acrescentar uma réplica de um dos punhos de Saddam. Bashir disse que não existia nada semelhante às suas esculturas públicas em Bagdá, porque Saddam preferia arte literal, figurativa.

— Ele diz que realmente não entende minha arte, mas acha que é arte destinada às futuras gerações do Iraque, que a entenderão. E disse isso muitas vezes a outras pessoas na minha frente. — Parecia que Saddam exercia um certo domínio sobre Ala Bashir, e que isso era recíproco.

Bashir não me falava espontaneamente sobre Saddam Hussein com muita freqüência, mas certa vez, quando estávamos sozinhos em sua casa, descreveu os apavorados bajuladores que cercavam o presidente, seus filhos patológicos, "imprestáveis" — sobretudo Udai, a quem ele desprezava de verdade — e a curiosa afeição que o líder parecia sentir pelo médico.

— Mesmo seu irmão Barzan (ex-chefe da inteligência e banqueiro pessoal de Saddam), que é um bom amigo meu, diz que sou abençoado por Deus para falar com seu irmão como falo. Ninguém mais pode nem faz isso. Até sua própria família sente medo dele. — Mas Bashir também disse que a maioria das pessoas que conhecia, inclusive vários generais e ministros do alto escalão, queria uma mudança, e ficaria furiosa se Bush decidisse não invadir. — Se Saddam continuar no poder — disse ele —, será uma vitória para a ditadura, assassinato, tortura e chacina. — Ele viajara a muitos países no mundo e vira alguns lugares ruins, mas nenhum, que soubesse, era mais cruel que o Iraque. — Algumas coisas que foram feitas às pessoas ao longo dos anos são impossíveis de descrever.

Em fins de fevereiro, o Al-Rasheed já estava apinhado de jornalistas do mundo inteiro. Era como o ajuntamento de uma tribo grande e discordante, e a atmosfera desprendia nervosismo e expectativa. Haviam aparecido algumas personalidades famosas da mídia, entre elas o ilustre Peter Arnett, que, demitido pela CNN anos antes depois de transmitir uma matéria falsa, havia se recuperado. Usando um boné de beisebol e uma roupa esportiva, era seguido por um produtor e um câmera e fazia um vídeo diário para o programa *National Geographic Explorer* da MSNBC. Jim Nachtwey, rei do fotojornalismo de guerra internacional, já estava lá com sua marca registrada, camisa branca e *jeans*, assim como Jon Swain, fotógrafo que ficara famoso depois de ter sua história contada no filme *Os Gritos do Silêncio*, que sempre usava um cachecol cambojano quadriculado vermelho e branco enrolado no pescoço. Ross Benson, o simpático e vesgo correspondente do tablóide britânico *The Daily Express*, com sua coifa de cabelos brancos e o eterno cigarro aceso numa das mãos, parecia ter começado a ocupar uma posição permanente no vestíbulo e restaurante do hotel, pois eu sempre o via em um desses dois lugares. E sempre impecavelmente vestido, de paletó esporte azul com botões dourados feito sob medida e mocassins de couro caros. E por fim, a inconfundível figura de John Fisher Burns, veterano repórter do *The New York Times*, premiado duas vezes com o Pulitzer, que, com seu quase 1,90m de altura e sua revolta mecha de cabelos grisalhos, elevava-se acima de todo mundo.

O mínimo que se pode dizer é que era uma atmosfera um tanto circense. Certa manhã, no salão de café da manhã do Al-Rasheed, localizei

Ramsey Clark e trocamos algumas palavras. Ele foi vago sobre o que estava fazendo em Bagdá, mas eu deduzi que tinha alguma coisa a ver com Saddam, com quem mantivera relações amigáveis no passado. Lembrei-me que vira um exemplar autografado do livro de Clark de 1991: *The Fire this Time: U. S. War Crimes in the Gulf* (O Fogo Desta Vez: Crimes Americanos no Golfo), exposto no Museu do Líder do Triunfo de Saddam. Eu conversara com Clark alguns anos antes, em sua condição de advogado do assassino Charles Taylor, da Libéria. Desde então, ele abraçara muitas causas mais impopulares, como Slobodan Milosevic, a quem ele rendeu homenagem durante a campanha aérea de 1998 da OTAN. Clark também fora consultor jurídico para um seguidor de Osama bin Laden envolvido nos bombardeios terroristas às embaixadas dos EUA no Quênia e na Tanzânia. Mais recentemente, eu ouvira dizer, fora contratado como advogado de defesa de um dos líderes dos hutus de Ruanda, acusado de genocídio. Dias depois de nosso encontro no Al-Rasheed, esclareceu-se o motivo da visita de Clark quando foi divulgada a notícia de que ele ajudara Dan Rather a obter uma entrevista com Saddam, a primeira concedida pelo ditador a um jornalista ocidental em muitos anos.

A guerra também atraiu muitas outras personalidades pitorescas a Bagdá. Uma das mais excêntricas era um fotógrafo russo hiperativo, sempre paramentado num uniforme verde de pára-quedista, como se pronto para a guerra a qualquer momento. A maioria de nós se mantinha à distância, crentes que, quando a guerra começasse, ele seria o primeiro entre nós a morrer, fuzilado pela gente de Saddam na suposição errônea e inteiramente razoável de que fosse um soldado inimigo. Também havia um grande contingente de feministas coreanas, uma delegação de clérigos afro-americanos e árabe-americanos dos Estados Unidos, "numa peregrinação multirracial da paz entre as fés", e um grupo de ativistas do Partido Verde da Turquia.

Yevgeny Primakov, ex-primeiro-ministro russo e chefe da KGB, também chegara à cidade numa missão de paz de última hora e, depois de fracassar, foi logo embora. Ele, Dan Rather e a então *Miss* Alemanha, Alexandra Vodjanikova, se cruzaram no Al-Rasheed. Com seu agente de publicidade a reboque, a rainha da beleza de 19 anos estava em Bagdá para cumprir um desejo que expressara em sua coroação: discutir a paz com Saddam Hussein. A linda Vodjanikova jamais chegou a vê-lo, mas em sua última noite na cidade foi convidada para jantar pelo notório priápico e psicótico primogênito do ditador, Udai. Na manhã seguinte, a *Miss* Alemanha saiu sem dizer uma palavra à imprensa.

O grupo mais empenhado, no entanto, era de longe o dos chamados escudos humanos, que chegaram a Bagdá numa caravana que incluía um táxi preto e um ônibus vermelho de dois andares londrinos caindo aos pedaços, depois de levar três semanas para atravessar a Europa e a Turquia. Haviam sido recebidos calorosamente pelos *apparatchiks* do braço internacional da propaganda do Partido Baath, o Comitê de Amizade e Solidariedade Entre os Povos, que os haviam instalado num pequeno hotel, o Al-Andalus, próximo do Palestine, com todas as despesas pagas. Era um grupo eclético em que proliferavam rostos com *piercings* e penteados rastafáris, e incluía americanos, belgas, sul-africanos, alemães e australianos. Um dos membros mais destacados era um jovem alto, de cabelos louros cheios de pontas espetadas para cima, chamado Gordon Sloan, que ficara famoso por haver participado da versão australiana do *Big Brother*. Fora filmado nu no chuveiro durante um dos episódios, claro, e depois ficara famoso como o Garoto Jegue. Outro escudo, Godfrey Meynell, funcionário público britânico aposentado, chorava com freqüência e recitava poemas de Kipling e Gerard Manley Hopkins. Tinha ele próprio um passado militar, tendo servido no serviço colonial britânico em Aden (atual Iêmen) na década de 1960, mas desde então se voltara para o pacifismo. Sua mulher, explicou ele, que ficara em Yorkshire, era reverenda da Igreja Anglicana e rezava todos os dias por ele e pela paz no Iraque.

O Garoto Jegue e outros escudos eram oficialmente liderados por um carismático californiano de trinta e poucos anos chamado Ken O'Keefe, que organizara o grupo em Londres. O'Keefe era coberto de tatuagens, entre elas uma lágrima azul no rosto e uma coisa misteriosa escrita em sânscrito na garganta. Explicou que as tatuagens eram sua maneira de mostrar às pessoas que não fazia parte "da corrente dominante", e acrescentou:

— Apesar do fato de a minha aparência poder marginalizar minha mensagem, tenho conquistado muitas pessoas. Há dois meses isto não passava de uma idéia, e agora se desenvolveu. Não tão depressa quanto eu esperava. Eu queria 10 mil escudos humanos, mas isto é um começo, e é hora de agir já, haja o que houver.

O'Keefe considerava muito importante o fato de haver sido fuzileiro naval dos EUA e servido na Guerra do Golfo, embora, como se ficou sabendo, houvesse sido posto na prisão do navio e mantido no Kuwait durante a ação após liderar um protesto contra a falta de ar-condicionado a bordo do navio que o levara ao Golfo. Perguntei-lhe o que tinha causado sua volta à cena.

— Naqueles dias eu sofria de uma lavagem cerebral — explicou O'Keefe. — Porra, a gente lê uns livros de Chomsky e começa a ter uma imagem bem clara da política externa dos EUA. — Continuou dizendo que acreditava que os ataques de 11 de setembro haviam sido realizados pela CIA para justificar a doutrina de Bush de guerra preventiva disfarçada de Guerra ao Terror. — Os Estados Unidos precisam de um bicho-papão — explicou. — Primeiro foi Osama bin Laden, agora é Saddam, e quem virá em seguida? Escute, George W. Bush pertence à sociedade secreta universitária Skull and Bones, certo? Seu pai e seu avô também pertenceram. Se você examinar os membros da sociedade, vai ver que é tudo gente da elite, eles se reúnem em segredo, e acho que não é para falar sobre esporte. Acho que estão acertando os compromissos, pondo seus fantoches no lugar. Isso não é democracia de forma alguma! Bush tem de ser contido — disse ele — antes que provoque a Terceira Guerra Mundial.

Perguntei a O'Keefe o que ele achava de arriscar a vida para defender alguém como Saddam. Certamente havia muitas outras causas mais dignas no mundo que pudessem atrair mais solidariedade.

— Esta guerra precisa ser contida — respondeu ele meio sem jeito. — Seria muito melhor se Saddam não fosse um fator, mas ele é, e assim sendo, que é que eu posso fazer? Parar de fazer o que estou fazendo? — Animando-se, O'Keefe observou que, na verdade, vinha pensando na questão de outras causas e em se transferir de Bagdá para a Palestina. — Lá é preto no branco, e não existe nenhum fator Saddam.

Quando nos encontramos, fazia mais ou menos uma semana que O'Keefe e sua comitiva haviam chegado, e os iraquianos já os pressionavam para que saíssem do hotel e fossem "tomar suas posições", que eram os alvos potenciais de bombardeio selecionados para recebê-los, na maioria usinas elétricas e refinarias de petróleo situadas em torno de Bagdá. Os escudos, porém, esperavam ser alojados em escolas e hospitais, o que gerou um certo desentendimento sobre a imposição dos anfitriões, mas os iraquianos foram irredutíveis quanto à questão. Essa atitude peremptória dos funcionários de Saddam desconcertou e alarmou vários dos escudos, mas mesmo assim a maioria cedeu. Acompanhei-os em uma de suas primeiras posições, a refinaria de petróleo Al-Doura, às margens do Tigre; o lugar onde Nasser al-Sadoun trabalhava no início da década de 1970. As melancólicas expressões que vi nos rostos de muitos escudos me diziam que eles mal haviam começado a entender que estavam, afinal, no Iraque de Saddam, e que uma guerra realmente se aproximava. Parecia ser apenas uma questão de tempo para que muitos deles perdessem todo o ânimo e se retirassem. Enquanto estendia seu saco de dormir em um catre militar em um aposento equipado para receber seu grupo de escudos, Godfrey Meynell, marido da reverenda anglicana, recitou alguns versos de Kipling e desatou a chorar.

Quando O'Keefe, que permanecera no Hotel Al-Andalus, levantou a possibilidade de viajar para a Palestina, eu quis saber por quanto tempo ainda pretendia continuar em Bagdá. Perguntei-lhe sobre seus planos.

— Vou ficar o tempo que ficarem as pessoas que motivei a virem até aqui — respondeu ele, meio evasivo. O'Keefe tinha muitas coisas em mente, e pelo menos uma delas tinha a ver com uma magnífica loura, que diziam ser ex-*Miss* Noruega, por quem passei certa vez no saguão do Al-Rasheed quando ela fazia uma espécie de desfile para uma equipe de TV. Conforme passavam os dias, a central de boatos dizia que O'Keefe e o Garoto Jegue competiam pelos favores de *Miss* Noruega, e que o Jegue travava uma luta insubordinada pela liderança dos escudos.

Um grupo diferente de ativistas da paz alojava-se num prédio vizinho ao dos escudos, o Hotel Al-Fanar, voltado para Abu Nawas, a malcuidada estrada de montanha que se estende ao longo da margem leste do Tigre, em frente ao complexo do palácio republicano. Incluía cerca de vinte americanos do Vozes no Deserto, um grupo que enviara muitas delegações ao Iraque durante anos para protestar contra as sanções da ONU e a política americana. Era chefiado por uma ex-professora de ensino médio de Chicago chamada Kathy Kelly, mulher elegante, de penetrantes olhos azuis e longos cabelos grisalhos. Tinha o hábito de usar vestidos leves de verão e sapatos de menina com tira no peito do pé, o que lhe dava um certo ar de boneca. Kathy já tinha sido voluntária católica leiga, uma ardente pacifistista cujo ativismo antibélico começara durante a Guerra do Vietnã. Envolvera-se mais tarde na campanha antinuclear e no movimento de asilo dos EUA aos refugiados de guerra centro-americanos durante a era Reagan. Desde a primeira Guerra do Golfo, passara grande parte do tempo fazendo *lobby* contra as sanções ao Iraque, e suas atividades, que haviam sido bem acolhidas pelo regime de Saddam, a haviam transformado numa espécie de celebridade no Iraque. Era muito popular com a *nomenklatura* baathista. Kathy me havia sido descrita muitas vezes como um exemplo "da boa americana" que compreendia que as sanções draconianas impostas ao Iraque estavam chacinando bebês iraquianos, e assim por diante, defendendo a tese de que esse era o único problema de verdade que existia no Iraque. Por causa disso, eu formara uma opinião meio hostil sobre ela, e imaginava-a como um equivalente feminino do ex-ministro da Justiça americano Ramsey Clark, notório defensor de personalidades controversas como Slobodan Milosevic: bem-intencionada mas moralmente cega, uma daquelas americanas com crença patológica no mal supremo do governo dos EUA, disposta a defender qualquer causa para se opor às políticas americanas.

Contudo, quando me encontrei pela primeira vez com ela em Bagdá, em outubro de 2002, achei-a ao mesmo tempo articulada e ponderada.

— Jamais imaginei que veríamos esse passo dos Estados Unidos para o império — confessou ela. — Preocupa-me o fato de que muita gente nos Estados Unidos esteja disposta a levar a guerra adiante para "preservar o estilo de vida americano", que o presidente Bush disse que "não é negociável". Parece que a capacidade das pessoas de pensar racionalmente foi corroída; e que o medo de um ataque como o de 11 de setembro foi o fator... — Kathy disse ainda que acreditava que a ligação feita por Bush entre o Iraque e a Guerra ao Terror era apenas um pretexto; ela achava que as verdadeiras motivações para a guerra do Iraque eram os interesses comerciais das empresas petrolíferas dos EUA e do *establishment* da defesa americana.

— Não creio que os Estados Unidos desejem necessariamente a mudança, mas sim alguém, não sei quem, para chegar num cavalo branco e resolver as coisas. Desconfio que querem tirar do poder apenas Saddam Hussein e sua panelinha, mas deixarão o resto. Os Estados Unidos estão interessados sobretudo na produção de petróleo do Iraque, e portanto vão precisar da estrutura baathista existente para tomar conta da revitalização da indústria petrolífera e reforçar a produção.

Quando sugeri a Kelly que suas atividades a haviam transformado numa ferramenta útil para Saddam, ela se defendeu, calma.

— Eu não apóio o atual regime — respondeu. — Sempre reconheci que há um medo palpável aqui, e que os direitos humanos não são respeitados. Sim, sob alguns aspectos eu finjo me deixar enganar e isso é útil para algumas pessoas, mas ao menos eles ouvem a verdade, e quando cheguei aqui perguntei a gente como Tariq Aziz: "E os prisioneiros políticos?" e "Por que vocês ensinam seus alunos na escola a odiarem os israelenses?". Não é comum pessoas virem aqui dizer coisas como essas às figuras no poder. Claro, eles merecem mais do que uma professora de religião de ensino médio, mas ninguém mais faz isso! — Ela riu, amarga. — E por que, como pacifista, eu jamais diria que a guerra, com todas as suas trágicas conseqüências, deve ser usada para realizar uma mudança aqui?

Outro hóspede do Hotel Al-Fanar era Patrick Dillon, um irlandês-americano de Nova York de seus cinqüenta e tantos anos. Por conta própria em Bagdá, ele era uma figura singular. De pele muito branca, usava sempre roupa preta, tinha a cabeça raspada e uma tatuagem da mira de um fuzil na parte de trás da cabeça. Patrick fora ao Iraque porque era contra a guerra, mas não era escudo humano nem jornalista. Era um independente. Disse-me que estava tentando rodar um vídeo-documentário com sua câmera digital. Deveria chamar-se *Raining Planes* (Chuva de Aviões). Ele não tinha nenhum patrocínio formal para o filme. Ganhara o dinheiro para ir ao Iraque vendendo certificados que ele mesmo fizera e vendera aos amigos e vizinhos. Deu-me um deles. Era uma grande nota falsa de dólar em que se lia "Título de Guerra", e dentro de um dos frondosos camafeus no centro havia a foto de crianças iraquianas armadas marchando. No outro, um soldado americano segurava o que parecia um foguete ou um míssil. Embaixo lia-se: "*On s'engage et puis on voit*" ("Vamos nos engajar e depois veremos" — o lema de batalha de Napoleão).

Patrick explicou que o modelo conceitual para seu filme era *Le Petit Soldat* (O Pequeno Soldado), segundo longa-metragem de Jean-Luc Godard, rodado em 1960, durante os últimos anos da guerra de independência argelina. O narrador do filme de Godard é um desertor do exército francês que trabalha para uma organização terrorista de direita e que foi a Genebra assassinar um importante comentarista do lado árabe do conflito. O filme é cheio de ambigüidades morais e narrativas, e tem algumas desagradáveis cenas de tortura. Patrick me disse que, quando jovem, servira como soldado no Vietnã. Uma experiência, segundo ele, que o marcara para toda a vida. Confessou que desde então era obcecado por guerra e matança.

— Fui assassinado no Vietnã, voltei para casa com três milhões de corpos mortos dentro de mim, e passei os últimos 25 anos tentando reacender a chama... a chama do amor, da inocência e de todas aquelas outras idéias pomposas de uma psique bem-ordenada. Agora estou aqui tentando me civilizar, acabar com esse meu vício por guerra que me foi injetado no Vietnã. — Desde o Vietnã, Patrick passara algum tempo na Irlanda do Norte, na Somália e no Kosovo, às vezes como cineasta e outras trabalhando como voluntário no socorro às vítimas. — Eu gosto da morte — deixou escapar. — Sei que é errado, mas gosto, sim. Você não? Não é por isso que está aqui?

Patrick trazia um exemplar de *No Coração das Trevas*, de Joseph Conrad. Explicou que o relia pela décima nona vez, e leu em voz alta o trecho que dá título ao livro: "As imensidões abriam-se à frente e fechavam-se atrás, como se a floresta houvesse atravessado sem pressa a água, para barrar-nos o caminho de volta. Penetrávamos cada vez mais fundo no coração das trevas. Fazia um grande silêncio ali." Com a mesma reverência na voz, repetiu o trecho, e depois se virou para mim:

— Porra, isso não diz tudo? O coração das trevas. É onde estamos, bem aqui, agora, nesta porra de Bagdá. — Patrick acrescentou que tão logo terminasse de ler me daria o livro.

Dois dias depois, quando eu estava fora, Patrick deixou-me seu exemplar de *No Coração das Trevas* no Al-Rasheed. Havia um bilhete para mim e um marcador enfiado entre duas páginas. Era um trecho que girava em torno da tentativa de Marlowe de compreender os demônios de Kurtz: "...O importante era saber de onde ele era, quantos poderes das trevas o reclamavam para si. Essa era a reflexão que fazia a gente se arrepiar todo."

Em seu bilhete, Patrick escrevera: "Jon: Kurtz é seu. Cuidado! Há uma idéia de que, se alguém não está chorando histericamente nem cego de tanto rir quando escreve, é melhor tentar de novo com mais força. Eu andei chorando de ficar cego, o submundo de sarjetas e jardins zoológicos noturnos das crianças que me fazem lembrar de mim, e sempre à beira das lágrimas por causa daquilo que Curtis 'Lança-Bombas' LeMay inventou no Japão, desenvolveu nos vales da Coréia do Norte e aperfeiçoou no Vietnã, e que está prestes a apagar tudo o que restou da civilização iraquiana conforme foi apreendida, vivida e celebrada por, quanto tempo mesmo, 5 mil anos? Mas o que são uma ou duas ou cem culturas e etnias jogadas na lata de lixo da história, entre amigos, não é? Se eles não puderem competir, se não forem viáveis, que se fodam, não é? Não é?

"De qualquer modo, afastei minha cama das portas corrediças da sacada e vedei as grandes vidraças com xis de fita adesiva, mas não consigo encontrar protetores de ouvido de jeito nenhum. Que lugar é este, hein? Espero que você esteja se aprofundando cada vez mais neste coração das trevas e chorando e rindo e escrevendo até cortar o coração. Patrick."

Quando passei no Al-Fanar para agradecer a Patrick pelo exemplar de *No Coração das Trevas*, ele me informou que começara a reler *1984*, de Orwell, outro de seus livros preferidos. Levou-me até seu quarto, dizendo que queria me mostrar uma coisa. Observei que o quarto estava em impecável ordem, com uma arrumação quase zen. Tudo meticulosamente no lugar, tinindo de limpo. Numa mesinha-de-cabeceira ele pusera o que chamava de colagem, uma coleção de objetos encontrados em Bagdá: alguns instantâneos, uma seringa, uma boneca de criança sem pernas nem braços, dois ossos de animais, uma ferradura, e debruando todo o contorno da mesa, como uma moldura, tampinhas de garrafas de Pepsi. Explicou que fazia aqueles tipos de colagem em todos os lugares aonde ia. Da colagem do Iraque, declarou:

— Isto é para mostrar ao mundo que um dia houve vida aqui, e que eles até bebiam as bebidas do império. — Na parede acima da cama, bem no centro, ele prendera com fita adesiva um papel branco onde, com pilot preto, escrevera o seguinte: "'Tudo mais, o amor, a democracia, é uma espécie de distração. A alma americana essencial é dura, isolada, estóica e assassina.' D. H. Lawrence."

Eu gostava de Patrick, mas fiquei preocupado com ele. Não uma preocupação ostensiva; ele era adulto, com experiência do mundo. Mas sua busca tinha uma inocência ferida. Lembrou-me do personagem representado por Christopher Walken no filme de Michael Cimino, *O Franco-atirador*, cuja psique é lesada pelas provações como prisioneiro de guerra no Vietnã, e que sucumbe depois a uma atração fatal pela morte, jogando roleta-russa por dinheiro em becos de Saigon até acabar explodindo o cérebro. Patrick era um homem que sentia as coisas com demasiada profundidade. Em nossas conversas, oscilava entre uma exuberância maníaca e o sofrimento; e muitas vezes caía em prantos. Não conseguia segurar a língua, e sua aparência o expunha demais. Cedo ou tarde, temi, Patrick se veria em apuros em Bagdá. Eu o via freqüentemente ao percorrer de carro as ruas perto do Al-Fanar. Caminhava decidido a passos largos pela calçada, e sempre sozinho.

Durante a primeira semana de março, quando os governos Bush e Blair faziam furiosa pressão por uma nova resolução do Conselho de Segurança da ONU a favor da guerra, contra a ferrenha oposição de França, Alemanha e Rússia, todo mundo que eu conhecia em Bagdá começou a comprar estoques de emergência de comida e água mineral. Aqueles com mais recursos compravam também geradores e combustível. Uma grande corrida também se iniciou entre os jornalistas no Al-Rasheed para alugar quartos em outros hotéis como opções de reserva. Pairava ainda a suposição generalizada de que o Al-Rasheed seria alvo de ataques aéreos dos EUA ou então colhido no meio da batalha por Bagdá quando esta finalmente ocorresse. A lógica para isso derivava da localização estratégica do hotel, de propriedade do Estado, em meio a vários ministérios do governo, e de sua estreita proximidade com o complexo do Palácio Republicano. Também havia uma resistente crença de que Saddam tinha algum tipo de rede secreta de túneis sob a cidade que se ligava ao Al-Rasheed, e que ele usara esse abrigo subterrâneo como uma casamata de comando nos ataques aéreos durante a Guerra do Golfo. Por causa disso, todo mundo achava que os americanos na certa haviam colocado o Al-Rasheed no alto de sua lista prioritária de prédios a ocupar em Bagdá. Muitos também especulavam que, assim que começasse a guerra, a parte ocidental da cidade, onde ficava o Al-Rasheed, talvez fosse logo desligada da do leste e isolada, sobretudo se as pontes sobre o Tigre fossem bombardeadas. Em conseqüência, seria sensato ter quartos em diversos hotéis diferentes na cidade para servir de garantia. Lideradas pela CNN, que reservou vários dos andares superiores do Hotel Palestine, voltado para os palácios de Saddam, do outro lado do Tigre (oferecendo vistas desobstruídas do que se esperava viesse a ser a principal arena do bombardeio), muitas outras equipes da mídia também começaram a pegar quartos ali e no vizinho Sheraton.

Eu sempre nutri forte implicância pelo Al-Rasheed. Era um prédio enorme de cimento marrom de 15 andares, erguido por Saddam em fins da década de 1980, e embora fosse o lugar mais confortável na cidade, com piscina, quadra de tênis e grande jardim — e seu próprio heliporto —, eu o achava um lugar arrepiante. Fervilhava literalmente com pessoal de segurança à paisana, e cada andar tinha recepcionistas ao estilo soviético, sentadas diante de mesinhas perto do elevador, anotando as chegadas e saídas dos hóspedes. A gente se sentia como se estivesse sendo vigiado o tempo todo. Apesar disso, eu decidira permanecer no hotel porque muitos dos meus amigos estavam hospedados ali, e porque, dessa vez, parecia-me uma boa idéia ter outros jornalistas em volta para saber o que acontecia. Outra vantagem do Al-Rasheed era o *cybercafé* 24 horas que havia sido inaugurado no térreo. Era supervisionado de perto por diversos homens, na certa agentes de segurança do Estado, mas era uma maneira conveniente de manter-me a par das notícias que surgiam, e também, com discrição, enviar e receber alguns *e-mails*. (O acesso à Internet era proibido aos iraquianos comuns, embora alguns meses antes, durante o referendo de lealdade a Saddam, houvesse ocorrido uma grande fanfarra em torno da abertura do primeiro *cybercafé* de Bagdá. Era uma operação controlada com muito cuidado, o acesso à maioria dos *websites* ocidentais era bloqueado, e todo *e-*

mail passava pelo provedor de serviços Uruklink, operado pelo governo. Naturalmente o tráfego de *e-mails* era examinado de perto.)

As comunicações eram um negócio complicado. Todo jornalista que trouxera um telefone por satélite fora informado de que só poderia usá-lo no Ministério da Informação, que agora virara um enxame de atividades caóticas e onde todas as organizações de TV tinham suas antenas parabólicas e faziam suas transmissões ao vivo, mas a maioria de nós procurava evitar o lugar se pudesse, nem que fosse para evitar perguntas sobre a validade de nossos vistos. Aqueles dentre nós que haviam negociado com jeitinho a hospedagem em quartos do Al-Rasheed voltados para o sul, que nos davam acesso ao satélite Inmarsat no oceano Índico, começaram a usar clandestinamente seus telefones por satélite dali. Era assim que eu em geral enviava e recebia *e-mails*, através de meu computador portátil, pois não confiava no *cybercafé* do térreo. Corria-se um verdadeiro risco fazendo isso, porque tínhamos sido advertidos que se fôssemos pegos poderíamos ser expulsos do país. O medo grassava quando o Ministério da Informação enviava oficiais ao Al-Rasheed para surpreender transgressores, mas tantos de seus *apparatchiks* eram subornados pelos jornalistas que um de nós em geral era avisado de antemão. Para não arriscar, comecei a carregar meu telefone e meu computador comigo numa pequena bolsa a tiracolo sempre que deixava o Al-Rasheed, e guardava-a no porta-malas do carro de Sabah.

Quando começou o grande frenesi pelos quartos de hotel, decidi tomar as devidas precauções e passei a rondar a cidade com Sabah, inspecionando hotéis. Juntei-me nessa busca a Paul McGeough, um exuberante australiano-irlandês barbudo, de quarenta e tantos anos, colaborador internacional do *Sydney Morning Herald*. Ele cobrira a Guerra do Golfo em 1991 e retornara ao Iraque muitas vezes desde então. Repórter inato, com um olho infalível para uma boa matéria, tinha um gosto insaciável pela aventura. Passara o verão de 2001 em sua própria viagem pelo Afeganistão dominado pelo Talibã, estava em Nova York no dia 11 de setembro, e duas semanas depois, de volta ao Afeganistão, cobria a guerra contra o Talibã. Nós havíamos nos encontrado em Bagdá durante o referendo de lealdade a Saddam, e mantivéramos contato um com o outro. Paul morava em Nova York, e antes de sair de lá se oferecera gentilmente para me trazer o colete e o capacete que o *The New Yorker* comprara para minha proteção. Em retribuição, eu pegara sua receita de atropina e seringas numa farmácia de Londres. Quando ele chegou a Bagdá, estava claro que viera preparado para qualquer eventualidade. Além de seus próprios colete e capacete, e traje completo de guerra bioquímica, tinha uma caixa cheia de medicamentos, diversas lanternas portáteis, um Camelpak (um cantil de carregar nas costas com um canudo de fácil acesso), um canivete de múltiplas lâminas e vários caixotes grandes de papelão cheios de refeições prontas para comer compradas da mesma empresa que as fornece às forças armadas dos EUA. Paul confidenciou que também trouxera a astronômica soma de 40 mil dólares americanos em dinheiro vivo, que mantinha escondidos em várias partes do corpo. Vendo meu choque, ponderou que o dinheiro era a verdadeira chave para sobreviver em Bagdá durante uma guerra, como sabia pela experiência passada. (Logo me dei conta de que ele estava certo. Eu viera com 15 mil dólares, que na época parecera uma soma exorbitante. Mas depois de apenas duas semanas em Bagdá, a metade já se fora.)

Juntos, Paul, Sabah e eu inspecionamos uns dez hotéis na cidade. Examinando cada um sob a perspectiva de nossa segurança futura, riscamos vários da lista porque pareciam isolados ou vulneráveis demais a ataques. Um dos lugares ao qual Sabah nos levou revelou-se um tipo de motel, e a equipe de funcionários era formada por homens sisudos, de olhares inquietos, que não nos inspiraram confiança. Indagamos no Palestine, mas todos os quartos já haviam sido ocupados. Acabei optando por alugar um quarto em frente ao rio no meu antigo hotel preferido, o Al-Safeer, um hotel pequeno, simpático, administrado por uma família, no mesmo bairro da barbearia de Karim. O Al-Safeer fica na rua Abu Nawas, a cerca de um quilômetro do Al-Fanar, onde se hospedava Patrick Dillon.

Paul, enquanto isso, alugou uma suíte com dois quartos no Al-Hamra, um hotel residencial a vários quilômetros de distância, no mesmo lado do rio, no tranqüilo bairro residencial de Jadiriyah. Depois do Palestine, o Al-Hamra se transformara no segundo lugar preferido em Bagdá para se ter um quarto, e enchia-se com grande rapidez. Como no Al-Rasheed, era necessário pagar apenas o suborno de 100 dólares ao gerente do Al-Hamra para se obter um quarto. Eu tinha minhas dúvidas quanto a esse hotel. Ficava em um lugar incômodo, perto do complexo do palácio de Jadiriyah, de propriedade da família de Saddam, e a apenas dois quarteirões de um grande abrigo antiaéreo ligado a uma mansão com aparência de casamata, que diziam ser usada pelo filho de Saddam, Udai. Mesmo assim, Paul e eu sentimos imenso alívio por ter essas duas opções de contingência, e concordamos em compartilhar nossos quartos caso uma mudança para um ou outro hotel de repente parecesse sensata. Nos dias seguintes, enquanto comprávamos provisões, íamos estocando comida e água nos dois lugares, assim como no Al-Rasheed.

Alguns jornalistas ainda estavam chegando a Bagdá. Alguns dos recém-chegados eram repórteres que não haviam conseguido obter vistos de imprensa por vários motivos, e chegavam sob falsos pretextos como escudos humanos. Entre eles estavam dois amigos meus, Matthew McAllester, repórter escocês da *Newsday*, e seu fotógrafo palestino-hispano-peruano, Moises Saman. Eles tentavam se manter discretos e esperar pelo bom momento até a guerra começar, e ficavam afastados dos outros escudos, assim como do Hotel Al-Rasheed, com todos os seus zeladores e espiões. Haviam-se registrado numa suíte dúplex no Al-Hamra. Matthew, que tinha um infalível senso de oportunidade, enviou-me um recado discreto de que trouxera uma boa vodca com alguns copos de martíni de verdade, e que iria receber um pequeno grupo para jantar. Fui com Heathcliff O'Malley, um amigo britânico que também se hospedava no Al-Rasheed. Heathcliff era fotógrafo do *The Daily Telegraph*, e havíamos viajado juntos no Afeganistão por vários meses durante a guerra contra o Talibã, em 2001. Janine di Giovanni, repórter de guerra do *The Times* de Londres e da *Vanity Fair*, e Anne Garrels, veterana correspondente da NPR (Rádio Pública Nacional dos Estados Unidos), também estavam presentes. Anne e eu havíamos nos conhecido muitos anos antes em El Salvador, na guerra civil de lá, e nos encontráramos outra vez em Bagdá alguns meses antes. A cineasta anglo-afegã Saira Shah e seu câmera, James Miller, que produzira o premiado documentário *Beneath the Veil* (Sob o Véu), também compareceram. Durante a noite, soube-se que Saira e James, que mal haviam chegado a Bagdá, tinham mudado de idéia quanto a permanecer para a guerra. Disseram que planejavam ir a Gaza para fazer um filme sobre crianças palestinas colhidas na intifada. (Dois meses depois, ouvi a trágica notícia de que James fora morto quando ele e Saira filmavam em Gaza. Fora fuzilado por um soldado israelense, aparentemente de propósito.)

A suíte de Matt e Moises no décimo andar tinha uma grande varanda com vista panorâmica da cidade e de vários dos enormes palácios e edifícios do governo que, todo mundo imaginava, seriam os principais alvos do bombardeio. A reunião que eles ofereceram naquela noite foi agradável mas estranha, dominada pelo humor negro e por conversas profissionais sobre planos de fuga de emergência, e sobre as qualidades comparativas de nossos conjuntos de guerra biológica e química. Por mais determinados que estivéssemos para ter uma noite agradável, como poderíamos ter tido em qualquer outro lugar, como amigos, tomando alguns drinques e comendo uma deliciosa comida (preparada por Moises, excelente *chef*), o fato na verdade é que estávamos todos reunidos em Bagdá para testemunhar uma guerra, e a guerra era iminente, embora nenhum de nós soubesse exatamente o que iria acontecer. Todos, porém, esperávamos um sangrento acontecimento em Bagdá, e olhando para o horizonte noturno especulávamos o tempo todo sobre que parte da cidade seria a mais segura para se ficar quando chegasse a hora. Era uma sensação estranha, meio como deve ser a de subir na vigia de um navio alto e olhar um mar calmo pouco antes de um furacão.

Todos estávamos ficando muito conscientes do quanto estávamos vulneráveis e expostos em Bagdá, vivendo sob estreita supervisão do governo num punhado de hotéis. Poucos de nós poderíamos contar com os iraquianos que conhecíamos para nos esconderem em suas casas; os riscos da represália eram simplesmente grandes demais para eles, independentemente de qualquer outra coisa, e a maioria de nós já descartara essa opção. Todos temíamos a possibilidade de Saddam nos usar como reféns, exatamente como fizera durante a Guerra do Golfo. Essas preocupações grassavam entre o corpo de imprensa e cresciam em intensidade a cada dia, pois ficava cada vez mais óbvio que não havia nenhuma maneira de garantir nossa própria segurança. Compreendendo isso, algumas pessoas já haviam começado a se retirar. Certa manhã, no Al-Rasheed, ouvi por acaso uma conversa tensa entre um produtor de televisão britânico e sua repórter, uma mulher de seus trinta e poucos anos. Ele lhe dizia que iria embora de Bagdá porque tinha filhos pequenos, e exortava-a também a sair. "Você vai ter dificuldades se me substituir por outro homem que tenha família", advertiu. Ela discutiu com ele e acusou-o de deixá-la em apuros. Impassível, o produtor reiterou sua intenção de partir no dia seguinte.

Sabah se recusava a acreditar que a guerra estivesse chegando. Dizia-se convencido de que haveria algum acordo de última hora permitindo a Saddam e George W. Bush livrarem a cara e recuarem da beira do abismo. Quando discuti com ele sobre isso, ele riu e balançou a cabeça, dizendo, de forma pouco convincente: "Você verá." Tive a sensação de que Sabah não acreditava realmente no que dizia, mas não queria enfrentar a verdade. Anunciou que seu filho mais velho, Diyah, iria se casar. Ele lhe ofereceria uma festa de casamento, e queria que eu comparecesse. A festa aconteceu em um grande salão, onde a noiva e o noivo ficaram sentados numa espécie de altar-trono enquanto uma banda tocava música e alguns dos parentes homens dançavam juntos. As outras mesas estavam cheias de mulheres e crianças. Depois de me levar para cumprimentar o casal, sentado imóvel no lugar, sorrindo, Sabah me acomodou em minha própria mesa como convidado de honra, trouxe-me comida e bebida, e vários parentes homens vieram sentar-se comigo. Sabah usava paletó e sapatos brancos, e circulava a passos largos, imponente, como um mestre-de-cerimônias, uivando instruções para um homem que contratara para gravar o evento em vídeo. Rindo feito um louco, retirava punhados de dinares iraquianos dos bolsos para lançá-los, como confete sem valor, sobre as cabeças dos dançarinos.

Engrenei numa conversa com Ayad, um dos sobrinhos de Sabah, arquiteto de trinta e poucos anos. Nosso papo girou inevitavelmente em torno da perspectiva da guerra. Ele me disse que estava muito preocupado com isso, embora, como eu via com meus próprios olhos, explicou, apontando para os parentes felizes, a maioria das pessoas tentasse ignorá-la. Curvando-se mais para perto, ele sussurrou:

— Entenda, por favor. Não estamos receosos dos americanos. O que tememos é este regime — apontou o teto —, por causa do que talvez faça se os americanos não vierem e terminarem tudo logo. — Explicou que as pessoas andavam apavoradas com a possibilidade de um reino de terror como o que se seguira à Guerra do Golfo em 1991, se houvesse um estado de sítio prolongado na cidade ou se os americanos se retirassem antes de derrubar Saddam. O exército e a Mukhabarat, explicou, haviam aumentado sua presença nos bairros civis de Bagdá. Todos que ele conhecia, disse, planejavam continuar em casa até que o que quer que fosse acontecer houvesse terminado. Ninguém queria correr nenhum risco.

O Ministério da Informação me atribuíra um acompanhante. Seu nome era Khalid, um rapaz apático, com a pele cor de café com leite, bigode fino e olhos alertas como os de um ladrão. Não gostei de Khalid nem confiei nele, e Sabah tampouco, mas não podíamos fazer nada. Salaar Mustafa, o curdo de inteligência viva que fora meu primeiro acompanhante oficial no Iraque, e de quem eu gostava bastante, infelizmente não poderia tornar a me acompanhar. Ele ascendera como um meteoro no escritório de imprensa e tornara-se seu vice-diretor de fato, já incluído na folha de pagamento do *Los Angeles Times*. Era uma pena. Com o tempo, eu passara a reconhecer que Salaar era muito mais astuto do que se poderia imaginar. Em público, comportava-se sempre como um pé-de-boi baathista de rabo abanando, mas em algumas ocasiões, de maneira discreta, me deixara ver que tinha uma opinião independente. Após o referendo de lealdade a Saddam, por exemplo, Salaar se aproximara de mim e dissera, sem expressão no sereno rosto:

— Jon, soube da notícia maravilhosa? O presidente recebeu 100% dos votos! Alguns dizem que talvez seja até mais que isso. — Só os olhos escuros e brilhantes de Salaar traíam seu sarcasmo.

Já Khalid era um tipo de pessoa completamente diferente. Sem humor, não era dado a conversas superficiais, nem perdia tempo com brincadeiras. Detectei nele uma antipatia inata por mim como ocidental, o que era raro no Iraque, onde quase todos eram calorosos e simpáticos. De qualquer modo, eu estava grudado nele, e, por segurança, permiti que marcasse algumas entrevistas para mim com as pessoas que ele julgava que eu deveria conhecer. No topo de sua lista estava Muhammad Mothaffer al-Adhami, deputado do Partido Baath e decano de ciência política na Universidade de Bagdá. Segundo Khalid, era um homem extremamente inteligente, alguém com quem eu deveria me encontrar.

Fomos ver Adhami em seu escritório num quarteirão modernista nos terrenos ajardinados do principal *campus* da Universidade de Bagdá. Adhami era um sexagenário corpulento, de cabelos tingidos de preto penteados com brilhantina e um rosto tão bem barbeado que não restara um único pêlo por arrancar, exceto o reluzente bigode. De terno preto, tinha um porte bastante arrogante. Um jovem guarda-costas nos conduziu ao seu escritório. Ele se levantou brevemente para apertar-me a mão antes de se sentar mais uma vez atrás de sua mesa. Havia diversos retratos de Saddam em volta da sala. Fiz o que se esperava de mim, e perguntei-lhe sua opinião sobre a iminente guerra americana contra o Iraque.

— Eu creio que a situação política está contra os planos americanos de guerra para o Iraque — disse Adhami, amável. — Sei que eles talvez possam vir aqui e destruir algumas de nossas bases vitais, ocupar algumas de nossas cidades, mas será difícil continuarem com isso. Bombardearam-nos por 43 dias em 1991, e quando viram os guardas republicanos, pediram um cessar-fogo. Em 1998, bombardearam-nos por cinco dias, mas ninguém se mexeu contra o governo, que era o que eles esperavam. Em 1920, os ingleses estavam aqui usando o mesmíssimo discurso que os americanos hoje, dizendo que nos salvariam dos otomanos. Isso causou uma revolta contra eles. E, no fim, eles foram derrotados e obrigados a dar ao Iraque a sua independência. Sr. Anderson, os iraquianos gostam de estrangeiros, mas não gostam de ser governados por eles. Não sei o que vai acontecer, mas a longo prazo eles perderão. No fim, os iraquianos sempre se unem diante da agressão estrangeira... Espero que ainda haja alguma forma para que os americanos encontrem algum jeito de salvar seu prestígio e retirar-se desta guerra.

Adhami continuou nessa linha por algum tempo, expressando a opinião de que os americanos queriam antes de tudo o petróleo do Iraque, como parte de uma estratégia direta de conquista global, e de que os israelenses eram os mentores desse grandioso plano, que também envolvia a expulsão dos palestinos dos territórios ocupados por Israel.

— Controlando o petróleo do Iraque, os americanos vão controlar todo o mundo, incluindo a Europa e o Japão, que muito dependem do petróleo iraquiano... e ocupando o Iraque, vão ligá-lo ao território que já ocuparam no Afeganistão. — Adhami afirmou sentir-se otimista sobre as vantagens do Iraque na guerra próxima. — Os iraquianos já vivem num estado de guerra e sabem o que isso significa. Quanto à morte, você sabe, somos muçulmanos, e os muçulmanos acreditam que há uma data para a morte determinada por Deus, e o homem não pode mudá-la... Nas cidades, acho que estamos preparados para a guerra, e as tribos no campo também estão organizadas. Os americanos não querem perder soldados, e não querem lutar nas cidades. O governo dobrou nossas rações de comida, e temos água; estamos prontos para um cerco. Não creio que será uma guerra curta; acho que será uma guerra longa. Os americanos podem nos bombardear, mas no fim terão de ocupar a terra, e, como eu disse, não será fácil.

Achei a condescendente arrogância de Adhami tão irritante que não pude me conter em provocá-lo. Sem dúvida, observei, ele compreendia que aquela guerra seria diferente das altercações anteriores. Circulava uma conversa em Washington de que o Iraque seria atingido por milhares de mísseis cruzeiro no que se descrevia como uma campanha de bombardeio de "Choque e Pavor". Ele não se preocupava um pouco com isso?

— Mísseis cruzeiro; e daí? — Adhami bufou, desdenhoso, e acenou com a mão de unhas feitas, como quem enxota um inseto levemente irritante. — Conhecemos esses mísseis cruzeiro. Não temos medo deles. — Riu pesadamente. — Em 1991, eles tinham mais de meio milhão de soldados. Agora têm apenas 150 mil. Acha que vão ocupar mesmo este país? — Arrastou a voz num falsete, como ridicularizando a própria idéia. Acrescentou, sinistro: — Eu conheço Saddam Hussein, conheço-o muito bem, e sei que lutará até o último minuto da guerra. Também estou preparado para morrer, porque não estou disposto a aceitar ocupantes americanos em meu país.

Enquanto eu ainda tentava me agarrar à imagem improvável daquele funcionário enfeitado lutando valentemente com um Kalashnikov nas ruas de Bagdá, Adhami grasnou:

— O Iraque é um país democrático. Nós temos um Parlamento com representantes em todas as cidades e aldeias. Temos Internet. É um país livre. As pessoas podem expressar suas opiniões. Quanto ao único sistema presidencial que temos, é uma tradição árabe, a mesma que existe no Egito, no Iêmen, na Síria e na Jordânia. E, como nos antigos dias do califado, o povo não gosta de ver seu presidente criticado... qual a diferença entre a Síria e o Iraque? Entre a Jordânia e o Iraque? Por que só o Iraque é uma ditadura?

Por mais pueris que fossem, as opiniões de Adhami eram um reflexo fiel da postura predominante entre os mais importantes personagens leais a Saddam. Era difícil encontrar alguém em Bagdá que se desviasse dessa linha, com duas notáveis exceções. Um dos raros iraquianos que haviam ousado questionar o programa de ação de Saddam e sobrevivera para contar a historiadores era Wamidh Omar Nadhmi. Destacado cientista político e conferencista universitário na faculdade de Adhami, Wamidh vinha de uma antiga e estabelecida família de Bagdá e morava numa casa grande, meio caindo aos pedaços, às margens do Tigre, no exclusivo bairro de Adhamiyah. Era um sobrevivente residual do antigo Partido Baath, antes de Saddam seqüestrá-lo, purgá-lo e transformá-lo num veículo político de sua ditadura personalizada. Ele permanecera no Iraque na vã esperança de que Saddam acabaria abrindo o sistema político. Aferrava-se a uma cara visão dos dias em que ser baathista significava ser anticolonialista, pan-arabista e reformista secular — um progressista — em uma região atrasada, que emergia do domínio colonial, mas continuava dominada por monarcas nomeados pelos britânicos, xeques tribais e imãs muçulmanos. Eu me encontrara diversas vezes com Wamidh ao longo dos últimos anos, e achava-o um homem comedido, de ávida curiosidade intelectual, mas ainda muito isolado pelas circunstâncias. Ele sempre me crivava de perguntas sobre publicações ocidentais de que ouvira falar mas em que ainda não conseguira pôr as mãos, e sempre que eu podia trazia-lhe exemplares recentes de revistas americanas e britânicas com artigos sobre o Oriente Médio.

A primeira vez que visitei Wamidh, no verão de 2000, e na companhia de Salaar, já havia anoitecido, e sentamo-nos em seu terraço à beira do rio, numa escuridão de breu devido a um corte de energia no bairro. As margens do rio lá embaixo vicejavam com juncos, e de uma mesquita próxima vinha o lamento da voz do muezim chamando os fiéis à oração. De vez em quando, uma levíssima brisa subia do rio. Com exceção das ocasionais lanchas velozes, que passavam a toda, a cena parecia quase bíblica. Wamidh, homem alto, de rosto largo, de sessenta e poucos anos, vestia uma longa e confortável *dishdasha* branca e calçava sandálias. No verão, por causa do intenso calor, explicou, passava a maioria das noites ali no terraço, onde era mais fresco, e às vezes até dormia ali. Wamidh recebera seu diploma de ciência política na Universidade de Cardiff, no País de Gales, e descrevia-se como um dos raros iraquianos com seu nível de formação acadêmica que permanecera no Iraque após a Guerra do Golfo. Confessou que não fora uma coisa fácil de fazer. Houve inúmeras dificuldades, sobretudo econômicas.

— Mas — explicou, acenando com a cabeça para o rio — eu sou daqui, do Tigre.

Naquela ocasião, Wamidh falou sobre o longo impasse entre o Iraque e os Estados Unidos.

— Acredito, e disse isso abertamente na época, que a invasão iraquiana do Kuwait foi um enorme erro — observou. Lembrou como, antes da Guerra do Golfo, quando as tropas do Iraque ainda ocupavam o Kuwait e a crise ia se intensificando, fora convocado a falar perante um conselho consultivo presidencial. Os conselheiros de Saddam haviam pedido para ouvir suas opiniões sobre a situação. Ele lhes disse que considerava a invasão do Kuwait um erro, e que as tropas do Iraque deveriam se retirar o quanto antes. O que eu disse de fato foi: "Melhor hoje que amanhã, e melhor amanhã que no dia seguinte." — Não se tomaram quaisquer medidas de represália contra ele por dizer o que pensava, apressou-se a dizer Wamidh, e tampouco se fizeram quaisquer ações contra ele desde então. Perguntei-lhe por que haviam agido assim na sua opinião. Ele respondeu pensativamente: — Sabem que sou um acadêmico, e que sou crítico, sim, mas não um conspirador político, e o fato de que escolhi permanecer no Iraque significa que tenho alguns sentimentos de lealdade e patriotismo.

Escolhendo as palavras com grande cuidado, Wamidh acrescentou que, na sua opinião, Saddam deveria aceitar publicamente que a invasão do Kuwait fora "um erro". Se fizesse isso, disse, acreditava que poderia ser o início de uma reconciliação entre o Iraque e o Ocidente.

— E mais — acrescentou —, acho que os iraquianos aceitariam bem, e o teriam em melhor conta por isso. Sei de pouquíssimos iraquianos que não acham que foi a invasão do Kuwait que começou todos esses problemas. Mas ele se recusa a dizê-lo. — Wamidh imaginava que a recalcitrância de Saddam se devesse a seus valores rurais profundamente enraizados, que defendem que a dureza é uma virtude, e que o pior destino que se pode abater sobre um homem é perder a coragem. — Para esse homem, ter visto tudo o que construiu ser destruído... e em alguns casos com sua própria aquiescência... deve tê-lo ferido terrivelmente em seu íntimo. Mas, por causa de sua cultura, ele não pode demonstrar isso.

Para todos os efeitos, Wamidh Nadhmi era um crítico interno domesticado, a quem se permitia continuar vivo porque ele ainda era um fervoroso nacionalista iraquiano, e porque proporcionava uma aparência de crítica ponderada que era uma coisa boa para exibir a jornalistas visitantes. Wamidh me fez lembrar alguns dos *disidentes legales* que conheci em Cuba, pessoas toleradas não-oficialmente porque sua crítica era mais reformista que contra-revolucionária, e com quem os jornalistas estrangeiros tinham permissão para falar sem medo de ser deportados. A diferença no Iraque, claro, era que ele estava sozinho; não havia mais quase ninguém como ele.

Agora, em fins de fevereiro, na indesejável companhia de Khalid, fui mais uma vez visitar Wamidh. Vi-o analisar Khalid de cima a baixo durante as habituais preliminares de cortesia, enquanto ele nos indicava os assentos em sua sala de visitas, inquiríamos sobre a saúde um do outro, ele nos oferecia chá, e assim por diante. Wamidh pareceu perceber que Khalid não era digno de confiança. Assim que se pôs a falar, evitou habilmente a questão de quem iria ganhar a guerra, deixando bastante claro pela omissão que acreditava que Saddam seria derrubado. Wamidh disse que suas preocupações eram com o desfecho e as conseqüências da guerra. Previu que haveria sérias divisões sociais entre os vários grupos étnicos do Iraque, levando a conflitos e terrorismo civis, e temia que o fundamentalismo islâmico se enraizasse e se propagasse pelo Iraque.

— Não sei por que os americanos estão insistindo em ter sua própria administração militar — acrescentou, parecendo sinceramente perplexo. — Não posso imaginar tropas ocidentais andando pelas ruas de Bagdá. Não posso imaginar isso sendo aceito pelo povo iraquiano, e acho que, se vier a acontecer, vamos ver uma crescente resistência a elas no futuro. Lembre-se de como os iraquianos se revoltaram contra os britânicos em 1920. Ao mesmo tempo, hoje os iraquianos estão cansados, e você os verá mais preocupados com seus problemas econômicos do que políticos... Mas o outro problema é a percepção que o povo iraquiano tem dos americanos e ingleses. Você sabe, eles são vistos de certa forma como inimigos do Iraque, como tendo demonstrado uma certa crueldade para com o Iraque. Se a era pós-Saddam ficasse sob a responsabilidade dos chamados capacetes azuis da ONU, ou de soldados de outros países que não os Estados Unidos e o Reino Unido, isso seria, acho, de certa forma mais aceitável para os iraquianos. Não invejo a tarefa de nenhum general americano; ele vai se ver andando numa corda muito bamba.

A revolta árabe de 1920 parecia presente na mente de todo iraquiano mais velho com quem conversei. Ouvir Adhami falar dela não me comovera, inserida como se achava em seu fluxo hemorrágico de fanfarronice e teoria da conspiração. Mas a invocação de Wamidh Nadhmi da resistência dos iraquianos à presença colonial da Grã-Bretanha como seu ponto da referência para o futuro próximo sensibilizou-me. Suas preocupações ecoavam de perto as de Nasser al-Sadoun, e, nesse sentido, as dos exilados xiitas com quem eu me encontrara no Irã. Fossem quais fossem suas outras divergências, eles eram unânimes na convicção de que os iraquianos não veriam de bom grado uma ocupação estrangeira. Eu sabia que, quando se tratava do Iraque, as idéias da maioria dos americanos não se estendiam muito além de Saddam Hussein. Os iraquianos eram vistos quase exclusivamente como vítimas infelizes de sua tirania, ou como participantes coniventes, mas, em qualquer dos dois casos, eram essencialmente anônimos. O passado iraquiano pré-Saddam era percebido, em geral, através de um filtro incerto de história semidigerida e de imagens românticas de Hollywood, que consistiam em Lawrence da Arábia, Simbad, o Marujo, a bíblica Torre de Babel e *O Ladrão de Bagdá*, estrelado por Douglas Fairbanks Jr., com seus Ali Babás e haréns, tapetes voadores e dançarinas do ventre com o rosto coberto de véus.

Havia uma razão para a ignorância americana em relação à história do Iraque. À parte os interesses dos EUA por petróleo, o país sempre fizera parte da esfera de influência britânica; houvera pouca história compartilhada antes de Saddam entrar em cena. O Iraque atraíra arqueólogos e viajantes do intrépido tipo eduardiano, como Wilfred Thesiger e Freya Stark, mas também eles eram britânicos. O Iraque nunca fora um destino turístico americano. Alguns historiadores e acadêmicos haviam escrito livros sobre as experiências coloniais da Grã-Bretanha na Mesopotâmia no início do século XX, mas o conhecimento desse período não era difundido nos Estados Unidos. Eu me perguntava se os planejadores da guerra em Washington haviam estudado a história e levado em consideração algumas de suas lições. De certa forma, eu duvidava que houvessem feito isso.

QUATRO

O exemplar de 6 de março do *Iraq Daily* publicou um editorial com a manchete GENERAIS DO EXÉRCITO DOS EUA SONHAM COM DESAPARECIDO IMPÉRIO BRITÂNICO. Dirigindo-se a Colin Powell e Donald Rumsfeld, o editorialista, um certo Jassim Obeid Jabbar, referia-se às calamitosas experiências militares da Grã-Bretanha no Iraque e vaticinava que os americanos iriam compartilhar um destino semelhante: "Nós lhes preparamos uma sepultura agradável e confortável ao lado de seu subalterno Stanley Maude", o general britânico que capturou Bagdá dos otomanos em 1917 e morreu tentando impor algum tipo de ordem às inúmeras tribos e clãs sunitas, xiitas, curdos, judaicos, cristãos, assírios e turcomanos da Mesopotâmia. O editorial concluía: "Nós lhes aconselhamos aulas extras de matemática, política e arte da guerra. Porque, em seus cálculos, vocês ignoraram as conseqüências políticas, econômicas e militares da guerra. Acredito que não nos resta mais nada a dizer exceto um provérbio iraquiano: 'A perfumaria pode renovar o que a idade corrompeu?'"

Sir Stanley Maude foi o general britânico enviado para desalojar os turcos otomanos do Iraque durante a Primeira Guerra Mundial. Quando ele chegou, em março de 1916, os turcos tinham a dianteira. A Força Expedicionária da Mesopotâmia, liderada pelos britânicos, havia começado bem, mas perdera terreno. Desembarcando por mar no Golfo Pérsico, as forças britânicas haviam invadido o Iraque pela primeira vez em 1914, logo se apoderando da cidade de Basra no sul. Avançando para o norte, chegaram a menos de 30 quilômetros de Bagdá. Nas ruínas de Ctesiphon, sede do antigo império sassânida, os turcos os receberam com força total, e após uma sangrenta batalha, os britânicos foram obrigados a recuar para Kut, uma esquálida praça-forte no Tigre, 193 quilômetros a sudeste de Bagdá. Ali, em 3 de dezembro de 1915, foram cercados pelos turcos e seus aliados árabes. Em abril de 1916, após um cerco de um ano e quatro meses, durante o qual morreram quase 10 mil soldados britânicos e indianos, a maioria de disenteria e febre tifóide, os britânicos se renderam. Outros 2.300 soldados morreram tentando salvar os sitiados. O cerco de Kut foi o mais longo e sangrento na história do Império Britânico, e a capitulação da guarnição uma das ignomínias do império. Embora a tragédia tenha sido eclipsada pelo terrível massacre ocorrido na França e pelo desastre de Galípoli, "Kut" desencadeou uma onda de raiva e vergonha na Grã-Bretanha por causa da visão de que o Ministério da Guerra abandonara em grande parte quase todos aqueles homens à sua sorte. Em julho de 1917, no poema "Mesopotâmia", Rudyard Kipling exprimiu o prolongado ressentimento público pelo caso.

Não retornarão a nós, os resolutos, os jovens,
Os entusiásticos e sinceros que entregamos:
Mas os homens que os deixaram mesquinhamente morrer no próprio esterco,
Chegarão eles com anos e honra à sepultura?

Os derrotados britânicos não foram tratados com amabilidade pelos captores turcos. Dos 1.300 soldados que se renderam em Kut, mais da metade morreu de doença, fome, ataque cardíaco e maus-tratos durante os dois anos seguintes, quando foram conduzidos a pé pela Turquia numa espécie de marcha da morte. Muitos foram obrigados a labutar ao longo do caminho como trabalhadores escravos na linha ferroviária de Bagdá–Basra, e os que chegaram à Turquia foram postos para trabalhar em minas de sal. Receberam tratamento sobretudo implacável das pessoas de Tikrit, a ensolarada cidade do rio Eufrates, 160 quilômetros ao norte de Bagdá, lugar de nascimento de Saladino, o Conquistador, e que dali a vinte anos veria o nascimento de um novo filho, Saddam Hussein.

Onze meses após a queda de Kut, as tropas de Maude finalmente venceram os turcos, e em março de 1917 entraram triunfantes em Bagdá. Ele emitiu uma altiva proclamação aos iraquianos, sem nenhuma ironia aparente deliberada, anunciando sua libertação "da tirania de estranhos" — os turcos otomanos. A conquista de Maude inaugurou três décadas de governo colonial britânico pró-consular no Iraque, mas ele não viveu para vê-lo. Morreu alguns meses após a chegada a Bagdá, aos 53 anos, de cólera.

Anos mais tarde, em sua notável autobiografia, *Os Sete Pilares da Sabedoria*, T. E. Lawrence resumiu com amargura a guerra britânica na Mesopotâmia como um desastre desnecessário causado por uma combinação de arrogância e miopia. Na época, Lawrence era um jovem membro de uma cabala emergente em meio ao *establishment* de política exterior britânica que defendia uma aliança com os árabes nacionalistas nos domínios otomanos como a melhor maneira de solapar os turcos. "As circunstâncias eram ideais para um movimento árabe", escreveu ele. Observou que já começara na Mesopotâmia um movimento árabe de independência, e que a deslealdade se alastrava entre as tropas árabes do exército turco. Com correta manipulação, seus líderes poderiam ser conquistados para o lado britânico. O mesmo ocorria com as tribos no sul, que, insistia Lawrence, "se voltariam para o nosso lado se vissem sinais de graça nos britânicos". Mas a missão mesopotâmica foi entregue ao governo britânico da Índia, que rejeitava quaisquer alianças ou acordos com árabes. Escreveu Lawrence:

> Infelizmente, a Grã-Bretanha explodia então com excessiva confiança numa vitória fácil e antecipada; o esmagamento da Turquia era chamado de passeio. Pela força bruta, eles avançaram então para Basra. As tropas inimigas no Iraque eram quase todas árabes, no nada invejável dilema de ter que lutar em nome de seus opressores seculares contra um povo há muito encarado como libertador, mas que se recusara obstinadamente a desempenhar esse papel. Como se pode imaginar, lutaram muito mal. Nossas forças ganharam batalha após batalha até que passamos a achar que o exército indiano era melhor que o turco. Seguiu-se nossa impetuosa investida sobre Ctesiphon, onde encontramos combatentes turcos nativos que lutaram com todo o coração e fomos brutalmente contidos. Nós nos retiramos, estupefatos; e teve início a longa infelicidade de Kut.

No mesmo dia em que saiu publicado o regozijante editorial sobre Maude no *Iraq Daily*, 6 de março, um *turab* varreu Bagdá. O *turab* é um vento adverso que torna o ar pegajoso e cheio de poeira, e esse em particular assinalava o início da primavera, com o longo e quente verão iraquiano pela frente. O céu adquiriu um marrom luminescente, sombrio, e sacos plásticos e outros detritos eram soprados pelo ar. Sabah ficou mal-humorado, lerdo, e queixou-se de dor de cabeça e febre. Quis ir ao *hammam*, os banhos turcos, para relaxar, disse, mas era o dia só de mulheres. Ele praguejou e se lamuriou diante da constatação, e assim paramos numa farmácia, onde comprou uns analgésicos Panadol e tomou vários. Passado algum tempo, os remédios fizeram efeito e ele se acalmou, mas ficou ainda mais letárgico e exibindo uma expressão melancólica. O acompanhante Khalid, embora também se comportasse com mais apatia do que de hábito, assentiu de má vontade em me acompanhar ao cemitério onde o general Maude estava enterrado.

O cemitério de guerra do Portão Norte é um da meia dúzia de cemitérios britânicos no Iraque, localizado no antigo bairro de Bab Al-Mouatham, na borda ocidental do centro de Bagdá. O empoeirado cemitério é um retângulo ovalado nas extremidades, de cerca de seis hectares, salpicado de fileiras regimentais de lápides com um espaço aberto pontilhado com um ou outro pedestal ou obelisco fúnebre. Era dividido ao meio por uma fileira de tamareiras com aspecto de abandonadas. Na sua frente, do outro lado de uma rua movimentada, ficava a embaixada turca, e duas casas adiante, o Centro de Belas-artes Saddam, com paredes coloridas pintadas com murais no estilo da década de 1970. O outro lado do cemitério é limitado por um muro que o separa dos muros de tijolo amarelo de uma fábrica de tabaco. Na extremidade mais afastada do portão da frente, o limite dá lugar a uma terra de ninguém de lixo e detritos, onde se erguia uma única árvore nova, sem folhas, os galhos enfeitados com sacos plásticos amarelos, azuis, verdes e pretos.

Vários operários trabalhavam numa nova casa de sentinela quando chegamos, e um eles destrancou o portão e nos deixou entrar. Apontou para um imponente mausoléu de pedra abobadado no centro do cemitério e disse:

— É ali onde a maioria dos visitantes vai. — Seguimos andando até lá, passando no caminho por um obelisco com a mensagem inscrita em inglês e sânscrito: "Deus é Um Só — Sua é a Vitória: Em Memória dos bravos hindus e siques que sacrificaram suas vidas na Grande Guerra pelo seu Rei e seu País." Gravadas com água-forte numa grande lápide de calcário próxima, as palavras: "Seus Nomes Viverão para Sempre." O vento soprava, a poeira rodopiava, e os galhos das tamareiras farfalhavam com um barulho de chuva. Pombos adejavam em volta, pousando em pedras tumulares. Algumas delas haviam se soltado e jaziam tombadas e negligenciadas. As que ainda se mantinham de pé tinham gravadas cruzes cristãs e as insígnias dos regimentos dos mortos: um elefante e uma palmeira para a Seção Sanitária do Ceilão; um estandarte de castelo para o Regimento de Essex e uma cabeça de cervo para os Highlanders de Seaforth. Na pedra tumular do soldado raso S. Brown, nº 201.775 do Regimento de Dorsetshire, morto aos 25 anos, em 28 de setembro de 1917, estavam esculpidas as palavras:

"Paz, Perfeita Paz." Muitas das sepulturas eram anônimas e traziam a mesma mensagem: "Quatro Soldados da Grande Guerra — Conhecidos de Deus."

O mausoléu abobadado era de *Sir* Stanley Maude. O epitáfio no caixão dizia: "Combateu o Bom Combate e Manteve a Fé." Uma placa de mármore que enumerava suas patentes e feitos militares estava coberta de pichações em árabe e dos nomes de alguns meninos iraquianos. Khalid leu em voz alta alguns para mim: "Jassim, Muhammad e Shakir..."

Na saída do cemitério, passamos por um outro obelisco, erigido "Em memória dos Soldados Turcos que tombaram durante a Grande Guerra". Apontei-o para Khalid. Ele parecia perplexo. Expliquei que os ingleses haviam honrado seus inimigos mortos com o obelisco. Khalid deu um sorriso afetado.

— Então, os ingleses têm honra! — Afastou-se e, ao fazê-lo, virou-se, gritando para trás: — Talvez façam o mesmo para nós, depois que nos matarem. Muitíssimo obrigado!

Alcancei Khalid. Aproveitando nosso momento de privacidade, perguntei-lhe como votaria se lhe fossem oferecidas duas escolhas simples: a primeira era apoiar Saddam e enfrentar a guerra ameaçada pelos americanos e os britânicos. A segunda era impedir a guerra votando para que Saddam deixasse o poder. Qual seria sua opção? Khalid pensou um momento, e respondeu:

— Acho que a primeira. — Perguntei-lhe por quê. Ele disse: — Porque com guerra ou sem guerra, o que eles querem é a mesma coisa: controlar o Iraque. Mesmo se Saddam renunciar, o resultado será o mesmo. Os americanos virão, ou se não eles, então seus espiões.

Já no carro, enquanto nos afastávamos do cemitério, Khalid perguntou-me quando eu achava que os americanos iriam atacar. Ele disse que acreditava que o fariam em 14 de março, no dia de luto xiita que comemora o martírio do neto do profeta, o imã Husein, na Batalha de Karbala, no ano 680.

— Acho que o farão de propósito, como um insulto aos muçulmanos — disse em tom acusador. Quando eu disse a Khalid que achava que os planejadores da guerra americana tinham outras coisas a considerar — o tempo, a estratégia militar, as negociações políticas e diplomáticas —, ele me olhou, nada convencido.

Poucos minutos depois, Khalid anunciou que queria visitar a família em Karbala, o que correspondia a um percurso de duas horas de carro ao sul de Bagdá. Voltaria na manhã seguinte, prometeu, resmungando enigmaticamente sobre tomar algumas providências para eles antes que a guerra chegasse. Depois que ele saiu, Sabah advertiu-me que a probabilidade era de ele não retornar, e de fato não retornou. Na manhã seguinte, Khalid telefonou-me de Karbala para dizer que seu pai adoecera de repente e estava no hospital: "Açúcar no sangue ou alguma coisa assim." Não voltaria a Bagdá por alguns dias. Recomendou-me procurar um novo acompanhante.

O *turab* trouxera consigo uma queda palpável no ânimo das pessoas. Não apenas Sabah e Khalid pareceram atingidos; quase todo iraquiano com quem falei naquele dia parecia ter concluído que a guerra era, afinal, inevitável. Imagino que simplesmente não era mais possível ignorar todos os sinais. O *turab* significava que o verão se aproximava, e todos sabiam que isso queria dizer que a guerra viria muito em breve. Os americanos e britânicos haviam deixado muito claro que não queriam que suas tropas lutassem no verão quente do Iraque. Duas noites antes, aviões militares aliados haviam atingido baterias de defesas antiaéreas de Basra mais pesadamente que o habitual, e, segundo se noticiou, matando e ferindo inúmeros civis. Embora os governos americano e britânico afirmassem que seus aviões militares apenas faziam patrulhas de rotina na zona "interditada ao vôo", no sul do Iraque, e simplesmente reagiram a fogo hostil, como tiveram de fazer muitas vezes antes ao longo dos anos, o momento escolhido e a intensidade da invasão não passaram despercebidos de ninguém. Os russos, com o contingente de tamanho mais considerável de diplomatas estrangeiros, evacuaram quase toda sua equipe de funcionários que ainda estava na embaixada, e os japoneses anunciaram que partiriam na manhã seguinte. Circularam boatos de que os poucos inspetores de armas da ONU no país achavam-se a postos, prontos para deixar o país dentro de duas horas. Quase todos os outros, com exceção de cerca de trezentos jornalistas ocidentais, já haviam partido. Como era de esperar, alguns dos escudos humanos sucumbiram aos nervos e às discussões e começaram a se retirar, entre eles seu líder ostensivo Ken O'Keefe.

Naquela noite, recebi um convite para jantar de Farouk Salloum, poeta iraquiano tido em alta conta por Saddam Hussein. Do mesmo modo que Ala Bashir, Farouk era amigo de Naji Sabri, ministro de Relações Exteriores, e mais uma vez foi Sabri quem me apresentou a ele. Nós havíamos nos encontrado em todas as minhas viagens anteriores a Bagdá, e conversado sobre a cultura iraquiana e Saddam Hussein. Homem alto, atlético, bonitão, em meados da casa dos 50, Farouk era de Tikrit, cidade natal de Saddam. Era caloroso e simpático, e eu gostara instintivamente dele. Em nosso primeiro encontro, ele estava eufórico após ter estado com Saddam na noite anterior. Farouk e um grupo de outros poetas haviam sido convocados pelo ditador a um de seus palácios, onde lhes pedira que escrevessem as palavras do novo hino nacional do Iraque. O encontro fora televisionado.

Eu assistira ao espetáculo na TV em meu quarto no Al-Rasheed, hipnotizado. Os poetas foram acomodados juntos em torno de uma enorme mesa de reunião que fazia uma curva em volta de um espelho d'água. Na ponta da mesa, de terno branco-marfim feito sob medida e camisa escura, e fumando um longo charuto, Saddam recostava-se sozinho numa cadeira parecendo um trono, com um imenso espaço livre a toda a volta. Logo atrás dele postava-se, vigilante, um guarda-costas uniformizado, de braços cruzados nas costas, examinando todos no cômodo. Parecia estranhamente semelhante a uma daquelas cenas nos filmes de James Bond em que o arquivilão se encontra com seus lacaios nervosos. A presença de Saddam era hipnótica e apavorante. Ele tinha olhos cor de avelã, frios e penetrantes, e usava-os com grande efeito, escondendo-os às vezes por longos momentos atrás das pesadas pálpebras, e depois reabrindo-os de repente para examinar com expressão predatória o rosto de um e de outro poeta, como se tentasse ler suas almas.

Numa voz surpreendentemente esganiçada, informou aos poetas que o novo hino deveria exaltar, entre outras coisas, "os soldados nos campos de batalha, os lutadores leais das defesas antiaéreas" e "o espírito de resistência e o martírio do povo iraquiano, mostrados durante a Mãe de Todas as Batalhas". Em seguida, os poetas levantaram-se um a um e recitaram odes declamatórias de louvor lírico a ele. Quando terminaram, Saddam disse que iria retirar-se a fim de dar-lhes algum tempo para escrever suas inspirações. Quando ele se levantou, todos os outros se levantaram de um salto. No mesmo instante, meia dúzia de guardas uniformizados se materializou, cercando-o protetoramente enquanto ele saía da sala. A câmera fixou-se nos poetas, que começaram, febris, a escrever em pedaços de papel. Algum tempo depois, Saddam retornou da mesma maneira como saíra.

Durante as duas horas seguintes, com os poetas recitando seus novos versos em voz alta, Saddam permaneceu sentado, ouvidos atentos, revezando-se entre olhar fixo para o teto ou a uma distância média, e fumou mais três charutos (supostamente Cohibas cubanos feitos por encomenda, que segundo se dizia Fidel Castro lhe enviava regularmente) por ele retirados de uma caixa especial posta a seu lado na mesa. Às baforadas, Saddam agradecia a contribuição de cada poeta com um breve assentimento de cabeça, um grunhido, ou um resmungado obrigado. Galante, acumulou especiais elogios para a única poetisa presente, falando-lhe com uma voz falsa, sedutora. Ela iluminou-se com visível orgulho, e parecia nervosa. A maioria dos poemas, como antes, incluía louvores a Saddam, em repetidas declamações emocionais de "Ó Saddam!". Por fim, a reunião se encerrou com ele dizendo aos poetas que examinaria o que haviam escrito e depois escolheria um ou mais deles para o novo hino do Iraque.

Farouk disse-me que a reunião com Saddam, embora muito emocionante, não fora o primeiro encontro entre os dois. O ditador tinha o hábito de chamá-lo, a ele e alguns outros, a *soirées* particulares para conversar sobre poesia e cultura.

— Ele é um aldeão, de família pobre, mas conhece e se interessa pela cultura — explicou Farouk lealmente. — Às vezes — acrescentou —, Saddam criava os desenhos arquitetônicos para seus palácios grandiosos e outros edifícios públicos, e pedia a opinião dos convidados. — Parecia, a julgar pelo tom de Farouk, que isso era uma grande honra. Ele enfatizou que Saddam não abandonara suas origens humildes. — Ele é um amante da natureza. Sei que às vezes viaja por alguns dias para pescar, esvaziar a mente e pastorear ovelhas pelo deserto, como fazia na infância. — Achei difícil de acreditar, e disse isso a Farouk. O poeta insistiu que era verdade. — Eu sei que ele faz isso, sim — disse, solene.

Perguntei-lhe como fora ser criado na cidade natal de Saddam. Ele me respondeu, amavelmente, que em menino ouvira muitos relatos da bravura juvenil de Saddam. Uma das mais famosas histórias de que se lembrava era que Saddam ia a pé todo dia para a escola de sua casa na aldeia de Owja, a alguns quilômetros de Tikrit. Naquele tempo, o campo era selvagem e solitário, habitado por lobos ferozes, e percorrê-lo a pé como ele o fazia era uma coisa muito perigosa. Mas, destemido, Saddam mantinha os lobos à distância cantando músicas desafiantes por onde andava, e isso infundia sentimentos de coragem também nos outros. Essa história, disse-me Farouk, o inspirara tanto que ele escrevera um poema especial no estilo *razaq*, poema lírico tradicional iraquiano destinado a dar coragem aos guerreiros em batalha. Traduzindo literalmente, recitou: "Ele que vive entre os lobos, cujas palavras se transformam em veneno que assusta seus inimigos."

Quando retornei ao Iraque em 2002, Farouk conservava seu comportamento externo de salve-companheiro-que-bom-ver você, mas observei que tinha os olhos tristes. Também ganhara alguns quilos, e falava de uma maneira vaga, desconexa, como se não conseguisse manter a mente concentrada. Comentou que acabara de fazer uma viagem ao Cairo, e entregara-se às livrarias da cidade, voltando para casa com "50 quilos de livros". Seus olhos brilhavam; estava visivelmente feliz com as novas aquisições. Mas o contato com as riquezas culturais do Cairo também parecia havê-lo feito simplesmente compreender o quão desolada era a vida intelectual em Bagdá. Leu-me em voz alta o trecho de um editorial que escrevera pouco antes para um dos jornais oficiais do Iraque. Intitulara-o "A Cultura da Mudança", disse, e nele fazia uma dura crítica aos Estados Unidos por abandonar os intelectuais do Iraque a vidas de estéril isolamento, cortando os contatos com o Ocidente com as sanções impostas.

— "Os Estados Unidos querem que sejamos mais modernos, mais flexíveis" — traduziu Farouk em voz alta —, "mas não nos deram quaisquer possibilidades durante muitos anos de haver contatos intelectuais, cívicos ou artísticos entre iraquianos e americanos. Os Estados Unidos dizem não às negociações com Saddam Hussein, mas podemos fazer isso sozinhos, pessoa-a-pessoa."

Eu não conseguia realmente entender aonde ele queria chegar, e me perguntava se talvez alguma coisa não estivesse me escapando, se talvez suas palavras também não pretendessem ser uma crítica camuflada à tirania de Saddam. O tipo de contato que ele propunha me parecia fantasioso, até mesmo irrelevante, em vista da crescente probabilidade de guerra. Perguntei-lhe sobre isso. Farouk pensou um momento e disse:

— Temo pelos meus filhos e pelos da minha irmã. Olho os idosos e penso no que lhes acontecerá. Observo seus rostos. Então, embora eu ache que os bombardeiros B-52 vão chegar aqui e destruir, também acho que temos uma chance entre iraquianos e a sociedade civil americana, através da humanidade, para a paz e a compreensão.

Dando-me um sorriso, acrescentou:

— Sabe de uma coisa? Escrevi certa vez um editorial intitulado "Confesso que Gosto dos Americanos", mas também escrevi que desejava que mais americanos tivessem acesso à informação livre, e que apenas um número muito pequeno deles conhece a verdade.

Essa afirmação me pareceu totalmente bizarra, considerando-se o fato de que o Iraque era uma das mais restritivas sociedades na terra. Como se lesse meus pensamentos, Farouk acrescentou:

— Você sabe, não é verdade o que as pessoas dizem, que somos antiquados, isolados ou ignorantes. A fome dos iraquianos por conhecimento significa que queremos o máximo de informação possível. — Era por isso, explicou, que ele fizera seu estoque de livros no Cairo. A questão para ele era que não apenas os iraquianos, mas os americanos também se beneficiariam mais do conhecimento uns dos outros, sobretudo se, como parecia provável, os americanos realizassem seus planos de invadir e ocupar o Iraque. Disse:

— Você sabe, não é fácil fazer as mudanças no Iraque de que se fala quase um milhão de vezes por dia. Os fundamentalistas islâmicos vão sublevar-se, assim como o nacionalismo, e até mesmo o tribalismo. Vocês vão provocar os wahhabitas dentre os sunitas, e os elementos ultraconservadores dos xiitas. Eu li os diários de alguns viajantes europeus do século IX nessa região, e vi que os iraquianos continuam sendo as mesmas pessoas que eram então. Somos conservadores, com valores tribais de dignidade social e um forte senso de patriotismo.

Saí do escritório de Farouk ainda me sentindo perplexo com o que ele estivera tentando de fato me dizer. Havia algumas mensagens contraditórias. Nas entrelinhas, porém, parecia que ele entendia claramente que a guerra se aproximava, e com ela terminaria o regime de Saddam. Concluí, meio hesitante, que sua defesa da interação cultural com os americanos visava a ser ao mesmo tempo um aviso a estes últimos sobre os problemas que iriam enfrentar no Iraque e, em sua enfatizada referência a "gostar" dos americanos, uma mensagem cuidadosamente expressa de amizade. Talvez fosse a sua maneira de se adiantar e garantir um lugar para si mesmo no futuro Iraque pós-Saddam.

Na noite de 6 de março, quando cheguei à sua casa para o jantar, Farouk cumprimentou-me efusivamente, com beijos nas duas faces. Parecia um pouco embriagado, e observei que tinha ganhado ainda mais peso durante os últimos meses. Eufórico, conduziu-me pela mão para conhecer os outros convidados, e ao fazê-lo brincou com eles que eu talvez fosse um "espião americano". Éramos uns 12 convidados, incluindo um palestino e dois homens e duas mulheres de uma ONG escandinava, que pareciam ser de orientação cristã liberal; um dos homens usava um colarinho branco clerical. Farouk organizara a reunião com um tema decididamente iraquiano. Tocou alaúde, um instrumento de bela fabricação artesanal, feito, segundo me disse, pelo mais respeitado fabricante do instrumento em Basra, e cantou duas canções, uma triste sobre o amor, composta pelo famoso falecido cantor egípcio Um Kalthum, e uma composição de sua própria autoria, que soava como um poema. A letra era em árabe, e ele explicou-me que a canção falava de amor perdido e de uma mulher desonesta. O convidado palestino sussurrou-me que o alaúde tocado por Farouk, que eu achara belíssimo, era "terrível", embora ele cantasse bem.

Bebemos araca, a bebida alcoólica nacional do Iraque, um tipo de licor de anis. Farouk preparara ele mesmo o jantar numa churrasqueira no jardim. O prato principal era *masgouf*, peixe do rio Tigre aberto ao meio e grelhado na brasa. O peixe é tostado até a pele ficar dourada, e então retirado do fogo. Branca e macia por baixo, a carne é comida com os dedos. Tem o sabor meio parecido com o da truta comum, mas com um gostinho mais terroso, como a garoupa. Enquanto cozinhava os peixes, três dos quais haviam sido colocados de lado sobre o fogareiro de carvão construído num barril de aço encaixado em uma base com pés no jardim da frente, Farouk chamou-nos para ver, e observou que se podia remontar a origem do prato de *masgouf* à antiga Suméria. Em pé, ao meu lado, um dos meus colegas convidados, um dinamarquês grisalho com longa experiência no Iraque, comentou:

— Olho para isso e penso na longa história do Iraque, e no quanto de sua cultura sobrevive hoje. Quando chegarem aqui, não consigo parar de pensar que os americanos vão ser como os Novos Bárbaros.

Durante toda a noite, com uma paixão que parecia cada vez mais desesperada, Farouk insistiu em que nos juntássemos a ele em brindes com copos de araca à arte, à música, ao amor, à paz e à amizade. A sala de visitas ostentava uma esplêndida coleção de arte moderna do Iraque, junto com várias fotografias emolduradas de Farouk com Saddam Hussein. Apontando sua própria considerável circunferência, gracejou que Saddam recentemente lhe recomendara perder 28 quilos. Ergueu o copo e brindou a isso:

— À dieta! — A certa altura, pediu que alguns dos convidados o seguissem até o fundo do jardim para ver seu novo poço, escavado, como muitos outros então em Bagdá, em preparação para a guerra. Mostrou-nos uma pilha de copas de tamareira secas que começara a armazenar para combustível, e recipientes próprios cheios de gasolina para seu gerador no jardim. — Já tenho tudo pronto, estão vendo? — Olhando o céu da noite sem lua, continuou: — E vou ter condições de ficar aqui e ver os mísseis cruzeiro passando a caminho dos alvos, exatamente como fiz em 1991. — Falando do bombardeio de Bagdá que precedera a primeira Guerra do Golfo, disse que passara o tempo se embriagando de araca e ficando meio pirado, riu, tão pirado que ali no jardim, vendo os mísseis riscarem o céu, torcia para que alcançassem seus alvos. Fez pantomima, oscilando nos pés e fazendo sinal para o céu escuro, e exortou: — Vão, acertem seus alvos. — Embora gracejasse, demonstrava uma certa amargura na maneira como contou a história.

Farouk desatou mais uma vez a rir, enlouquecido, e saiu feito um raio para cuidar dos outros convidados. Evidentemente julgando-os pessoas religiosas, contou aos escandinavos que às vezes cantava canções de ninar do Corão para a filha caçula adormecer, e falou dos valores compartilhados que percebia entre o islamismo e o cristianismo. Falou com tal fervor que beirava o constrangimento; sérios, eles assentiram com a cabeça em resposta, mas quase nada disseram. Depois, um dos escandinavos, o de colarinho clerical, aproximou-se de mim e perguntou, baixinho:

— Então, o que acha que vai acontecer? — Respondi que achava que logo viria a guerra. No início de março, no Iraque, este era o único sentido que sua pergunta poderia ter. Ele assentiu: — É, eu também acho. — Acrescentou então que, embora isso pudesse parecer estranho vindo dele, não acreditava que o resultado fosse ser tão ruim quanto tantas pessoas temiam. Sua congregação também trabalhara no Afeganistão, explicou, antes, durante e depois da campanha de bombardeio americano contra o Talibã. Ao contrário de seus medos e dos outros que eram contra aquela guerra, ele constatara que o bombardeio fora conduzido com grande precisão, com muito poucas vítimas civis. Mais tarde, quando perguntara a opinião de seu pessoal local sobre o bombardeio, haviam lhe dito que fora a coisa certa a fazer.

— Foi uma experiência de aprendizado para muitos de nós — disse-me. — Na verdade, tinha uma crítica a fazer ao envolvimento americano no Afeganistão, continuou, que era a falta de ação após a guerra. Achava que haviam sido demasiado reticentes em ampliar sua influência e, por extensão, a do governo Karzai, a todo o país. Havia uma enorme necessidade de reconstrução civil lá, e eles eram muito lentos para fazer os projetos andarem. Falou então do alto nível de medo de Saddam que detectara entre os iraquianos. — Está bastante claro que eles querem mudança — murmurou.

Por volta da meia-noite, Farouk anunciou que, com pesar, teria de encerrar a festa. Partiria logo na noite seguinte numa viagem a Madri. Uma viagem de negócios, explicou. Fora convidado como parte de seus deveres governamentais. Além de poeta, Farouk era um alto funcionário do Ministério da Cultura do Iraque. Quando nos encontramos pela primeira vez, ele era o diretor de cinema e televisão iraquianos, e agora era o diretor de música e dança. Antes de partir, explicou, tinha primeiro de embarcar a esposa — uma bela mulher mais jovem, de aparência cansada, ex-primeira bailarina, que ficara sentada calada, sorrindo, durante quase toda a noite — e a filha dos dois. Tomariam um avião para a Síria. Não explicou por que, mas quando saímos de sua casa, um dos meus colegas me disse que a família da esposa de Farouk alugara recentemente uma casa em Damasco, e esperava sua chegada. Como muitos outros funcionários do governo baathista de alto escalão, Farouk estava retirando sua família antes que a guerra começasse.

— Creio que *ele* também não vai voltar — disse meu colega. Quando o carro que nos levava embora começou a afastar-se, vimos Farouk na porta da entrada de sua garagem, acenando devagar, e gritando:

— Acendam uma vela por nós. Acendam uma vela pela paz, e pelas crianças do Iraque.

No dia seguinte, eu soube que nessa mesma noite, nos Estados Unidos, o presidente Bush foi à televisão em cadeia nacional anunciar que a guerra com o Iraque estava "muito próxima".

Na manhã seguinte, pedi a Sabah que me levasse ao Museu do Líder do Triunfo, onde estava exposta a grande coleção dos presentes de Saddam. Queria dar outra olhada na arma que diziam haver sido usada em 1920 para assassinar o famoso oficial britânico, coronel Gerard Evelyn Leachman. Como seu colega T. E. Lawrence, Leachman se celebrizara por feitos no deserto, vivendo entre os árabes e desempenhando façanhas de resistência e audácia. Durante os primeiros estágios do cerco turco de Kut, Leachman, que viera cobrindo os flancos das tropas em retirada e estava fora da cidade, rompeu as linhas de defesa turcas para salvar alguns de seus criados encurralados na aldeia, entre eles um menino indiano, Hassan, que se tornara um companheiro constante. Leachman comandou o ataque com algumas centenas de soldados de cavalaria. Ele e Lawrence encontraram-se durante o cerco, quando Lawrence chegou em uma missão secreta a fim de garantir dos turcos a passagem segura para sua guarnição cercada, em troca de um suborno de 2 milhões de libras. Leachman conduziu Lawrence ao encontro com o comandante turco, mas a oferta foi airosamente rejeitada pelo paxá Enver, ministro da Guerra otomano. Lawrence deixou o país e foi para o Egito, e pouco tempo depois a guarnição de Kut se rendeu.

Lawrence acabou se transformando numa figura muito mais célebre do que Leachman, em grande parte por causa da espalhafatosa apresentação de seu relato pelo jornalista americano Lowell Thomas, e porque Lawrence era um escritor talentoso que viveu para escrever suas memórias. Leachman, por outro lado, era reconhecidamente tímido, um militar de ação que raras vezes escreveu alguma coisa, embora também fosse uma figura heróica à sua própria maneira, e a notícia de seu assassinato motivara ao mesmo tempo as tribos árabes a se revoltar e horrorizara a opinião pública britânica, que já se achava apreensiva com a ocupação do Oriente Médio. Leachman viera para a Mesopotâmia — ou Mespot, como a chamavam os britânicos naquela época — em 1907, após servir na Guerra dos Bôeres, onde fora ferido, e depois na Índia. Passara um breve período na sociedade cosmopolita de ocidentais nas cidades de Basra e Bagdá, mas fez sua reputação movendo-se entre as tribos do Eufrates. Usava trajes árabes tradicionais e montava cavalos e camelos em longas viagens por paisagens desoladas e não mapeadas, relatando as intrigas entre chefes tribais durante os últimos dias do Império Otomano.

Na primavera de 1910, Leachman estava numa missão de espionagem no deserto quando visitou o acampamento de guerra do bisavô de Nasser al-Sadoun, o paxá Ibn Sadoun, líder do poderoso clã de Muntafiq, que governara por quatro séculos uma enorme faixa no sul da Mesopotâmia. Quando eu estava em Amã, Nasser Sadoun me presenteara com o relato desse encontro. Na época, os Sadoun estavam no meio de uma guerra territorial com os clãs rivais do deserto, entre eles os sauditas, futuros governantes da Arábia Saudita. A maioria das tribos mantinha uma aliança frouxa com os turcos, mas já vinha sendo cortejada pelos britânicos, que sondavam as regiões inferiores do Império Otomano em sua própria disputa por influência. Leachman viajava de um lado para o outro a transpor as linhas de batalha entre as tribos em guerra e encontrara-se com o jovem príncipe Saud e seu tio regente antes de chegar ao acampamento do paxá Sadoun. O velho chefe tribal acabara de rechaçar uma investida de 8 mil homens armados, enviados pelos Saud e seus aliados do Kuwait, e na jornada de Leachman o coronel britânico atravessou uma área de deserto juncada de corpos humanos sendo comidos por hienas e abutres. Ele foi saudado cortesmente pelo paxá Sadoun, que lhe falou da batalha e informou-o de que esperava um segundo ataque. Convidou Leachman a acompanhá-lo, a ele e ao seu exército de 3 mil homens composto de clãs subservientes, cada um levando seu próprio estandarte, numa marcha pelo deserto ao encontro do inimigo. Como a batalha não aconteceu, o exército retornou à base, e após uma vistosa parada de submissão ao paxá Sadoun por seus guerreiros reunidos, todos vestidos de branco e portando espadas e fuzis, Leachman se despediu. Depois descreveu o paxá Sadoun em linguagem singularmente efusiva, definindo-o como "um velho excelente... muito cortês, muito rico, um soldado esplêndido e um inimigo cordial dos turcos".

Foi o último encontro britânico significativo com o último dos grandes líderes Muntafiq da Mesopotâmia. Menos de um ano depois, o paxá Sadoun era traído por seus inimigos e capturado pelos turcos, que o encarceraram em Aleppo, na Síria, onde ele morreu logo depois, à primeira vista, de um ataque cardíaco. Os britânicos acreditavam que ele fora envenenado. Com a morte do paxá Sadoun, o poder dos Muntafiq declinou rápido, pois o clã dividiu-se em dois grupos arquiinimigos e perdeu suas duradouras alianças, e por fim a hegemonia no sul. Numa das maiores ironias da história da família, o filho do paxá Sadoun, Ajaimi, que ascendeu para receber o manto do pai, iria, apesar da morte do pai nas mãos dos turcos otomanos, apoiá-los contra os britânicos na guerra que começou apenas alguns anos depois. A imponderada decisão de Ajaimi, além de destituir os britânicos de um potencial e inestimável aliado em sua guerra contra os turcos, custou aos Sadoun a dinastia. Durante a guerra, Leachman combateu em várias batalhas sangrentas Ajaimi Sadoun, que foi uma irritação constante para os britânicos até sua expulsão.

Leachman era um homem severo, e por ocasião do armistício, em 1918, já sobrevivera a muitas batalhas violentas e muitos atentados contra sua vida. Depois da guerra, foi desumano na repressão às insurreições árabes. Os britânicos usavam bombardeios aéreos como um método de eficiente custo-benefício para controlar as tribos revoltadas, e Leachman era sobretudo temido por suas idéias sobre como sufocar a desordem. Pouco antes de morrer, defendeu como solução ideal a "matança generalizada" de membros tribais desregrados. (Nesse aspecto, Leachman pouco diferia de Winston Churchill, o ministro de Guerra britânico, ou aliás de T. E. Lawrence; os dois defenderam o uso de gás venenoso para reprimir os rebeldes.) Quando a rebelião nacionalista iraquiana começou, em março de 1920, um colega oficial, H. St. John Philby, o arabista (e pai do futuro traidor britânico Kim Philby), acompanhou Leachman numa investida punitiva contra a tribo Dulaimi, que se achava em franca revolta. "Seis oficiais haviam sido mortos nos dez dias antes de sua chegada", escreveu

Philby. "Os culpados árabes 'bancavam o cultivador pacífico' quando ele chegou. Eles, os 'cultivadores', não ficaram satisfeitos por vê-lo. Leachman logo os eliminou a fio de espada. Com um grupo de soldados e árabes leais, incendiou 16 quilômetros de cabanas, arrebanhou o gado, destruiu tudo à vista e eliminou os poucos árabes corajosos o bastante para resistir."

Em 12 de agosto de 1920, em meio à agitação generalizada, Leachman dirigiu-se à cidade de Faluja, a cerca de 65 quilômetros a oeste de Bagdá, para encontrar-se com o xeque Dhari, líder da tribo Zoba, cujos membros até então não haviam participado da rebelião árabe. Exatamente por que eles se encontravam ali naquele dia não se sabe, mas os britânicos tenderam a acreditar que Leachman havia sido pego numa emboscada, baleado pelas costas de uma forma covarde pelo filho do xeque. Depois de ouvir a notícia, Gertrude Bell, secretária política do Alto Comissariado britânico em Bagdá, escreveu numa carta ao pai: "A pior notícia é que o coronel Leachman foi emboscado e morto... Estava controlando todo o Eufrates até Anak sozinho por meio das tribos, já que as tropas inteiras haviam sido retiradas, e não sabemos o que vai acontecer nessas regiões..."

A morte de Leachman foi um divisor de águas na revolta antibritânica. O assassinato de uma figura tão proeminente deu ânimo aos insurgentes, e a rebelião logo se estendeu por quase todo o país. Em outra carta para casa datada de 5 de setembro, Gertrude Bell escreveu: "Estamos agora no meio de uma *jihad* com força total." Como seu colega T. E. Lawrence, Gertrude era havia muito uma ardente defensora da independência árabe. Nos três anos que haviam se passado desde sua chegada a Bagdá, em abril de 1917, logo depois da queda da cidade para as tropas de Maude, Gertrude, que falava árabe fluentemente, tentara amenizar as crescentes frustrações dos nacionalistas iraquianos, fazendo malograda pressão política em seu favor. Quando começou a revolta, ela não se surpreendeu. "Quando examinamos a questão", escreveu na ocasião, "é bastante compreensível que as pessoas racionais se revoltem contra uma organização universal capaz de produzir uma coisa tão destrutiva quanto a Primeira Guerra Mundial... O crédito da civilização européia se esgotou. Inúmeras vezes, pessoas me disseram que o fato de ver a Europa mergulhar em barbarismo foi um choque e uma surpresa para eles. Eu não tive resposta — de que mais poderia chamar a guerra? Como podemos, nós que administramos tão mal nossos próprios negócios, querer ensinar os outros a administrar melhor os seus?"

Quando a revolta foi sufocada, um mês depois, quase quinhentos soldados britânicos, e até 10 mil iraquianos, incluindo muitos civis, haviam sido mortos. A revolta foi um fator determinante na decisão britânica de indicar um rei hachemita, Faiçal, como governante titular do Iraque, o que ocorreu um ano depois. Não é de surpreender que as versões britânica e iraniana dos acontecimentos de 1930 difiram muitíssimo, a começar pelas circunstâncias do assassinato de Leachman. No Iraque moderno, o homem que matou Leachman é invariavelmente chamado de xeque Dhari, e lembrado como um herói e patriota.

Em 7 de março de 2003, quando Sabah me levou de volta ao museu para ver de novo a arma, descobri que muitos dos estojos de exposição estavam vazios. Não se achava em lugar nenhum a arma que matara Leachman. Quando perguntei a um guarda, chamaram uma curadora para falar comigo. Primeiro ela me perguntou de onde eu era. Quando eu lhe disse que era dos Estados Unidos, ela recitou a rima seguinte, em tosco inglês:

— Bem-vindos, EUA, vão embora. — Perguntei-lhe sobre a arma. Ela explicou que fora retirada por segurança, por causa do esperado ataque americano ao Iraque. — A arma é muito especial, o senhor sabe. Todos os artigos especiais foram levados para um lugar seguro. — Afastou-se. Outro curador, um homem, vendo minha decepção, abordou-me e me disse que iria buscar a arma. Desceu alguns degraus e desapareceu. Alguns minutos depois, retornava com vários guardas uniformizados trazendo um fuzil de cano longo. Explicou que era um fuzil tcheco Brno fabricado sob licença na Pérsia em 1902, e especialmente projetado para atiradores de elite a longa distância. Apontou alguma coisa escrita em farsi no cano, e o visor numerado para calibrar a distância.

— Este — disse, sorrindo — é o fuzil que matou o coronel Leachman. — Deixou-me admirá-lo por alguns minutos, e a arma foi mais uma vez levada embora.

Os descendentes do xeque Dhari vivem na aldeia de Khandhari batizada em homenagem ao clã do xeque, a mais ou menos 50 quilômetros a oeste de Bagdá. No mesmo dia de minha visita ao Museu do Líder do Triunfo, parti para lá com um novo acompanhante oficial do governo: um desconfiado jovem muçulmano gorducho chamado Muslim. Encontramos a mesquita de Khandhari, uma construção de tijolo amarelo com um minarete coberto de ladrilhos turquesa, amarelos e verdes. Ficava bem do outro lado da estrada em frente às altas muralhas da temida prisão de Abu Ghraib, com o retrato enorme de Saddam vestindo um traje negro de gângster próximo ao portão principal. Era a primeira vez que eu voltava ali desde o dia da libertação em massa de prisioneiros em outubro, cinco meses antes. Oficialmente, Abu Ghraib fora esvaziada de todos os presos, mas ouvi rumores de que estava mais uma vez em secreta atividade.

Quando chegamos, a família dos assassinos de Leachman achava-se nas orações do meio-dia, na mesquita. Quando os fiéis saíram, fui apresentado a um trio de velhos com barbas cortadas, em longas túnicas tradicionais e lenços xadrez; netos do xeque Dhari. Expliquei que viera ouvir a sua versão da morte de Leachman. Convidaram-me a ir ao seu conjunto residencial próximo, dois prédios baixos cercados de tamareiras, ao lado da estrada principal, e me levaram ao seu *diwaniyah*, uma comprida sala de reunião retangular, cheia de sofás, cadeiras forradas com tapeçaria barata e algumas mesas de chá, encostados nas paredes.

Depois de fazerem sinal para que eu me sentasse, os três anciões, xeque Muther Khameez al-Dhari, de 71 anos, xeque Abdul Wahab Khameez al-Dhari, 72, e xeque Taher Khameez al-Dhari, 75, puxaram cadeiras ao meu redor. O primeiro a falar foi o xeque Muther, um homem robusto, quase desdentado, que começou por expor sua versão dos fartos num tom de voz truculento. Quase imediatamente foi interrompido pelos irmãos, que discordavam dele sem rodeios. Após esse protesto, Muther gritou-lhes alguma coisa e continuou falando. O irmão mais velho, xeque Taher, um homem de aparência distinta, de unhas cortadas, vestindo um fino manto bordado a ouro e segurando uma bengala enfeitada, lançou ao irmão um olhar fixo e pétreo, e não disse nada. O xeque Abdul Wahab deu as costas a Muther e revirou os olhos em aberto sarcasmo. Isso foi demais para Muther, que saiu pisando forte da sala, furioso, mas retornou alguns momentos depois. Abdul Wahab então tomou a palavra, mas logo foi interrompido novamente por Muther. Tudo isso em árabe, e Muslim, meu acompanhante oficial, foi incapaz de traduzir, mas ouvi muitas vezes mencionarem o nome "Leachman". Muslim escrevia o que eles diziam em árabe, e de vez em quando lhes fazia perguntas, mas eu via que ele parecia totalmente confuso. A certa altura, disse-me:

— Eles são velhos, e cada um tem a sua versão. Eu explico depois. — A briga continuou. Por fim, sem palavras e com grande exibição de dignidade, o xeque Taher retirou-se, afastando-se com altivez e indo sentar-se com os parentes mais adiante na sala. Mais ou menos uma dúzia de homens, filhos, sobrinhos e netos dos velhos xeques haviam se reunido para escutar, e enquanto os mais velhos brigavam, eles sorriam e balançavam a cabeça.

Um deles tentou se aproximar umas duas vezes, mas não teve sucesso, e acabou retirando-se de vez. Olhou-me com simpatia e ergueu as sobrancelhas, como a dizer: "Eles são impossíveis."

Finalmente, um dos parentes mais jovens se aproximou e sentou-se junto a mim. Falava inglês. Disse que se chamava Abdul Razaq, e me perguntou se eu era cristão ou judeu. Quando eu lhe disse que era de origem cristã, ele sorriu com alívio e disse:

— Fico feliz. Não gosto de judeus. — Então apontou para uma velha fotografia em preto-e-branco na parede próxima do obrigatório retrato de Saddam Hussein. Era uma foto do xeque Dhari, explicou. Ao olhar mais de perto, vi que o rosto fora retocado grosseiramente com pintura, e o resultado era a imagem de um homem de rosto angelical, mais ou menos como as representações de José em histórias da Bíblia ilustradas para crianças. O xeque Dhari tinha as mãos pacificamente cruzadas sobre os joelhos. Como os netos, era barbudo e vestia um cafetã e lenço de cabeça.

De repente a história oral terminou e, por insistência dos xeques, entrei num aposento vizinho, onde um almoço de arroz, favas vermelhas, frango grelhado e salada fora servido sobre uma toalha de mesa estendida no chão. Durante o almoço, pedi a Muslim que me desse a essência do que fora dito. Em seu estranho inglês, ele explicou:

— Meu caro, eles dizem que o xeque Dhari foi o planejador do assassinato de Leachman, e o matou com sua espada depois que alguns parentes atiraram nele e o feriram na perna. Em seguida ele fugiu para a Turquia. A revolta espalhou-se por toda parte das divisões administrativas iraquianas. Os britânicos puseram a cabeça do xeque Dhari a prêmio. Ele adoeceu e foi devolvido a Bagdá por um espião a soldo dos britânicos. No hospital, o médico inglês lhe deu uma injeção de veneno e ele morreu. Isso foi em 1928.

Mais tarde, de volta ao *diwaniyah*, tomando chá, o xeque Muther recomeçou a declamar. Parecia ser sua maneira habitual de falar. Muslim traduziu.

— Leachman estava tentando fazer guerra entre as pessoas no Iraque para conseguir o que queria — declarou Muther. Ele parecia tentar traçar um paralelo entre Leachman e a época atual. — Diga à América que não ataque! — gritou ele de repente para mim. — Eu sou um guerreiro como era o xeque Dhari, e defenderei corajosamente o meu país. — Deu uma risadinha desdentada e agarrou-me num abraço afetuoso. Assim que me soltou, perguntei-lhe se achava que haveria guerra, afinal. Ele respondeu, circunspecto: — Eu não sei. Isso depende da liderança do Iraque. — Os americanos podiam tirar algumas lições da experiência do passado britânico? Antes que ele pudesse responder, Abdul Razaq, o homem que me perguntou se eu era judeu, falou mais alto:

— Nós aprendemos muitas lições sobre como nos defender de qualquer tipo de ocupação. Os americanos e britânicos não podem ocupar o Iraque. Ninguém pode ocupar o Iraque.

Por vários minutos, Abdul Razaq me interrogou sobre o sistema político americano. Todos os homens no quarto escutaram atentamente quando ele traduziu minhas explicações. Começou dizendo que o povo iraquiano ouvira dizer que os Estados Unidos eram uma democracia, e que a maior parte das pessoas se opunha a seus planos de guerra contra o Iraque. Perguntou:

— Como é, então, que o presidente Bush pode ir em frente com sua guerra? Isto é democracia? — Tentei explicar que, embora muitos americanos pudessem se opor à guerra, o presidente tinha poderes especiais, como comandante da nação. Abdul Razaq escutou, sorriu e balançou a cabeça. Com uma mistura de desprezo e triunfo, exclamou: — E você chama isso de democracia? — Eu perguntei em troca se ele, como iraquiano, era capaz de fazer Saddam mudar de idéia sobre qualquer coisa importante. Ele sorriu e arqueou as sobrancelhas, mas não disse nada. Expliquei que a democracia americana era real, no sentido de que se depois as pessoas não aprovassem o que Bush fez, poderiam tirá-lo do cargo pelo voto. A isso, Abdul Razaq replicou: — Sim, mas aí será tarde demais para o Iraque, não será?

Abdul Razaq convidou-me a ir com ele ver o lugar onde seu antepassado matara Leachman. Ficava logo do outro lado da mesquita de Khandari, em frente a uma parada de descanso para viajantes, uma construção de concreto pardo no estilo tradicional com parapeitos crenelados, tendo na frente uma confusão de vendedores de rua e casas de *chaikhanas* e *kebab*. O lugar era muito sujo e empoeirado, e era fácil imaginá-lo como um velho caravançará, ou posto de parada de beira de estrada para viajantes de passagem em camelos e carroças, que é o que fora no tempo de Leachman. Além dos edifícios, via-se a zona rural aberta, uma colcha de retalhos de campos verdes de alfafa nova, fossos de irrigação e pequenas fazendas.

Abdul Razaq apontou para um velho prédio de tijolo amarelo, da era otomana, com janelas curvas e uma entrada única. Ficava recuado da estrada, no meio de uma fileira de eucaliptos e de um labirinto de casebres de barro. Explicou que ali tinha sido a delegacia de polícia turca, e na época de

Leachman fora requisitado pelos britânicos. Uma família morava lá agora. Conduzindo-me para a entrada, entrou se anunciando, e fomos admitidos por um rapaz e duas crianças pequenas. Um corredor passava por salas escuras até um pátio central calçado de pedras. Mais adiante havia uma espécie de estábulo aberto onde um grande ganso branco vagava de um lado para outro. Num canto viam-se restos de carvão de um fogareiro de cozinha, e ao lado uma pilha de folhas secas de tamareira usadas para acender fogo. Um único barril de óleo continha água. A família que ocupava o lugar era obviamente pobre. Abdul Razaq e nosso anfitrião fizeram-me subir alguns degraus de pedra ao lado do pátio até a laje plana, onde, na parte da frente do prédio, existia um pequeno quarto com uma porta e janelas curvas cobertas com arame de galinheiro. Abdul Razaq abriu a porta; lá dentro havia sacos de algodão cobertos de fezes de pombos. Alguns se debateram assustados em volta.

— Aqui era o escritório de Leachman — disse. — Agora é um escritório de pássaros.

Antes de deixarmos a casa, Abdul Razaq me fez parar diante da grande porta da frente. Abriu-a e apontou o lugar onde estávamos.

— Foi aqui que Leachman foi morto, bem aqui. — Segundo ele, Leachman chamou o xeque Dhari para uma reunião na delegacia de polícia, e o xeque chamou os membros de seu clã para esperarem do lado de fora. Deviam abrir fogo sobre ele quando Dhari desse o sinal, e foi exatamente o que aconteceu. Abdul Razaq apontou para uma velha árvore que ficava a mais ou menos 100 metros, perto da beira da estrada principal. — Daqui, Leachman foi fuzilado e ferido nas pernas por um de seus parentes, Salman, a um sinal do xeque Dhari. Ele então desembainhou a espada e matou Leachman. — Manifestei incredulidade de que Salman pudesse atirar com precisão de tal distância, com o xeque Dhari tão próximo da vítima, parado no umbral da escura entrada da delegacia de polícia cheia de soldados britânicos. Abdul Razaq simplesmente sorriu e me garantiu que era possível, porque fora o que acontecera. — Lembre-se: os iraquianos são guerreiros muito bons.

Perguntei a Abdul Razaq o que acontecera em seguida.

— O resto dos ingleses foi morto, e o xeque Dhari e todos os outros fugiram a galope. — Começou uma nova discussão, dessa vez entre Abdul Razaq e um primo seu, sobre se os outros ingleses haviam sido mortos, como ele dizia, ou apenas capturados, que era o que o primo acreditava. E também sobre se o xeque Dhari fugira para a Turquia, como haviam dito os velhos xeques, ou para a Arábia Saudita. Ainda estavam discutindo sobre isso quando Muslim e eu nos despedimos.

A versão dos fatos fornecida pela família Dhari, descobri, revelava uma extraordinária semelhança com aquela apresentada num filme de 1983, uma co-produção iraco-britânica chamada *Clash of Loyalties* (Choque de Lealdades). Muslim achou uma rara cópia do filme em vídeo para eu assistir. No filme, Oliver Reed, com uma expressão dissipada, faz o papel de Leachman como um bêbado cruel e cínico, que, na véspera de sua morte, diz a Gertrude Bell: "Matar é uma coisa que eu faço bem." Na cena de sua morte, Reed primeiro leva um tiro, e depois é atingido nas costas pela espada do xeque Dhari e rodopia repetidas vezes como um peixe num anzol até finalmente imobilizar-se. Deve ser uma das cenas de morte mais mal-encenadas da história do cinema. O xeque Dhari é o herói trágico do filme: galopa romântico para o exílio depois de seu ousado feito, e então, anos mais tarde, envelhecido e doente, é traiçoeiramente atraído para o Iraque, onde os britânicos o capturam e encarceram. Numa das cenas culminantes, a sentença de morte do xeque Dhari é comutada para prisão perpétua por um juiz britânico devido a sua idade avançada e má saúde. Em seguida, vê-se um médico britânico injetando uma substância no braço do xeque Dhari, adormecido, o que tem o efeito, instantes mais tarde, de pôr fim à sua vida. A cena final mostra uma multidão de milhares de iraquianos furiosos cantando atrás do caixão do xeque Dhari pelas ruas ladeadas de colunas da antiga Bagdá. Sentado dentro de um reluzente Rolls-Royce, atrás dos seguros portões da legação britânica, vários diplomatas britânicos observam com ar presunçoso. A imagem final mostra poços de petróleo borbulhando, e então as chamas enchem a tela, e os créditos rolam.

Na verdade, o corpo de Leachman permaneceu onde caiu por várias horas, até um dos tenentes chegar num carro blindado para pegá-lo. Por causa da agitação, o tenente apressou-se em enterrá-lo no mesmo dia numa cova sem indicação no cemitério de guerra britânico em Faluja. Seis meses depois, o corpo foi exumado e levado sob escolta militar para Bagdá. Em 1º de março de 1921, após um serviço fúnebre solene e uma procissão pelas ruas, Leachman foi reenterrado com plenas honrarias militares no mesmo cemitério de Bagdá em que jazia *Sir* Stanley Maude. O *Baghdad Times* anunciou: "Um número muito grande de pessoas acompanhou o caixão ao seu último lugar de repouso no cemitério do Portão Norte, e o espetáculo da longa fila de enlutados serpeando em direção ao local do enterro, aos acordes solenes de uma marcha lenta, foi comovente ao extremo." Quase exatamente 84 anos depois daquele dia, eu retornei ao cemitério de guerra do Portão Norte em busca de Leachman, mas não consegui encontrá-lo.

Com a guerra cada vez mais próxima, foi ficando quase impossível jornalistas viajarem para fora de Bagdá. A maioria dos pedidos para fazê-lo era rejeitada de pronto pelas autoridades do Ministério da Informação. Citando meu interesse no fiasco militar britânico em Kut como desculpa, porém, Muslim conseguiu obter permissão para visitarmos o cemitério britânico lá. Eu também tinha um outro motivo: ver se havia quaisquer preparativos de defesa fora da capital. Em Bagdá não havia nenhuma atividade desse tipo que eu pudesse ver, e a fingida normalidade parecia cada vez mais estranha.

Em 7 de março, quando eu estava em Khandhari, o secretário britânico de Relações Exteriores, Jack Straw, pediu à ONU que impusesse um prazo final de 17 de março para Saddam demonstrar "cooperação plena, incondicional, imediata e ativa" com suas exigências de desarmamento — ou enfrentar uma invasão militar. A França, porém, continuava a se opor, obstruindo a ação, e disse que vetaria qualquer resolução. Depois de mais pressões sobre as Nações Unidas, os Estados Unidos e a Inglaterra aceitaram apresentar uma lista de exigências específicas de concordância do Iraque antes que se votasse o assunto. As exigências deveriam ser tornadas públicas em 10 de março. Naquela mesma manhã, Sabah, Muslim e eu fomos de carro até Kut.

A estrada de Bagdá a Kut corta uma paisagem plana de terra parda remexida e coberta de lixo e um cinturão industrial de fábricas pobres que acabam por fundir-se em campos verdes de alfafa, pequenas fazendas e fileiras de tamareiras. Ao longo de toda a estrada, vi centenas de nichos recém-construídos de franco-atiradores e tocas com barricadas de sacos de areia. Eram defesas frágeis, mais ou menos sem sentido — um único disparo de tanque varreria qualquer uma delas. Não parecia haver muito mais coisas à guisa de preparação militar. Bem à frente dos grandes arcos de concreto e do posto de inspeção militar que serviram como o portal para Kut, passamos por um quartel do exército onde homens uniformizados de branco que pareciam recrutas eram arregimentados à beira da estrada, mas havia uma aparência apenas formal em sua atividade.

Kut é uma cidade feia e pobre, de poucas centenas de pessoas. As carroças puxadas a burro, levando bujões e alfafa fresca, iam de um lado para outro pelas ruas. O *turab* havia baixado, e era uma clara manhã de primavera. Nós nos dirigimos para o complexo de prédios do governador, onde Muslim oficiosamente me disse que esperasse por ele enquanto ia lá obter permissão para nossa visita ao cemitério britânico. Enquanto eu esperava na rua do lado de fora, ouvia crianças brincando num pátio escolar próximo. Pássaros passavam em revoadas pelos arbustos e árvores. Surgiu um simpático jovem sentinela uniformizado, e com seu pouco inglês me deu boas-vindas a Kut, que proclamou ser uma "cidade muito bonita". Disse que se chamava Abdul, e apertamos as mãos. Ele me chamou para um grande arbusto no canteiro central diante do conjunto governamental, levantou algumas folhas e segurou-as para eu cheirar. Era uma planta de aroma agradável, que ele chamou de *yas*. Fez uma expressão beatífica. Parecia não saber, ou, se sabia, não se importar com o fato de eu ser americano. A escola primária próxima despejou meninos, e eles saíram passando por nós em ruidosas cabriolas pela estrada. Alguns pulavam dentro e fora de várias trincheiras recentemente cavadas no canteiro.

Uma hora depois, Muslim deixou a sede do governo com algumas autoridades de aparência importante. Uma delas, vestindo uniforme militar, apresentou-se e deu-me boas-vindas cerimoniosas ao Iraque, "em nome de Saddam Hussein", e mandou-nos seguir sua caminhonete até o cemitério britânico. Fizemos uma grande volta em torno da cidade, passando por um estádio onde os soldados cavavam mais abrigos no canteiro central de uma avenida, e entramos numa antiga e pobre área de mercado da cidade, onde as casas de tijolo eram minúsculas e mal construídas, com esgoto a céu aberto nas ruas. Descemos uma estreita alameda onde trapeiros haviam deitado suas trouxas e parado diante de sujas oficinas de conserto de bicicleta. Bandeiras xiitas negras de luto impressas com textos do Corão pendiam de algumas das sacadas. O cemitério britânico estendia-se bem em frente a uma praça rebaixada espremida entre moradias nos dois lados. Uma cerca corria ao longo da rua na frente, mas o portão dianteiro estava aberto, e eu via que todo o lugar estava juncado de lixo, e mais ou menos metade estava coberta por uma moita alta de mato bravo. Uma inscrição perto do portão dianteiro dizia "Cemitério de Guerra de Kut, 1914-1918". Enquanto eu olhava desanimado, o homem que nos guiara desde o escritório do governador explicou, por meio de Muslim, que as más condições do cemitério eram resultado das sanções das Nações Unidas e da falta de relações diplomáticas com a Grã-Bretanha.

— Os homens que cuidavam disto, e que recebiam salários dos britânicos, foram embora — disse, desculpando-se. — Esse é o motivo de estar assim.

Descemos para o terreno do cemitério, por cima de uma pilha enorme de lixo fedorento. As mulheres que observavam de uma janela deram uma risadinha e tagarelaram. Alguns meninos pequenos estavam sentados em um muro, balançando os pés e olhando-nos. O fedor de excremento era intenso; num lugar, a pele de uma cabra recém-sacrificada zumbia com moscas. Parte do chão estava enegrecida por um fogo recente. De uma árvore morta, pedaços de bicicleta pendiam dos galhos. Um obelisco sem marca no centro fora pichado com tinta preta e amarela, agora descascada — havia lápides quebradas por toda parte. As que ainda permaneciam de pé e legíveis mostravam que a maior parte dos homens ali enterrados, soldados ingleses com sobrenomes como Martin, Nicholls, Newton e Rogers, haviam sido mortos na época do sítio de Kut, entre janeiro e abril de 1916.

Quando acabei de olhar, conversei com o funcionário do escritório do governador. Quando eu disse que 10 mil soldados haviam morrido em Kut, ele sorriu.

— E se os americanos invadirem, você verá muitos deles mortos nas fronteiras com o Iraque — disse. — Nós estamos aqui, vivendo em nossas casas, e a América diz que virá para cá, e aí nós vamos nos defender e defender nosso país com coragem, como as pessoas em qualquer lugar. — Então, de um modo bastante aflito, perguntou: — Por que os americanos não podem convencer Bush a não entrar em guerra? — Eu sorri e encolhi os ombros. Tivera essa conversa com iraquianos antes, sobretudo nos últimos dias, e achava-a sem sentido. Minhas explicações do modo como a política funcionava nos Estados Unidos eram insondáveis para eles, e, como eles eram incapazes de responder com qualquer honestidade às minhas perguntas sobre seu sistema político, nossos diálogos eram estéreis. Para ser cortês, perguntei ao oficial o seu nome. Ele me disse, com certa relutância, que se chamava Hassan al-Wazaty. Quando perguntei a ele sua patente, ele riu e protestou: — Patente nenhuma. Eu sou apenas uma das pessoas do Iraque. Nós somos todos como soldados agora.

Naquela mesma noite, de volta a Bagdá, visitei o amigo de Ala Bashir, Samir Khairi, em seu escritório no Ministério de Relações Exteriores. Eu estava ansioso para saber o que acontecera no Conselho de Segurança da ONU naquele dia, e calculei que ele saberia o que se passava nos bastidores. Samir pareceu tão simpático e jovial como sempre ao me introduzir e mandar eu me sentar, mas estava muito distraído. Seu telefone tocava constantemente, e a escrivaninha estava coberta de documentos. Uma TV estava ligada nas notícias da CNN. Seus olhos desviavam-se a toda hora para a tela, e ele aumentava compulsivamente o volume no controle remoto para ouvir o que se dizia. Desculpou-se e explicou que a lista de exigências americanas e britânicas seria anunciada a qualquer momento, e isso o mantinha em suspense. Mesmo assim, acrescentou, acontecesse o que acontecesse no Conselho de Segurança da ONU, ele esperava que a guerra começasse muito em breve. O boato não-oficial era que, se os EUA não conseguissem os nove votos de que precisavam para autorizar a guerra, começariam unilateralmente a bombardear o Iraque à meia-noite do dia seguinte. Se conseguissem os votos, disse Samir, o boato era que os EUA dariam ao Iraque até 17 de março para concordar com suas condições, e então começariam a bombardear. De qualquer modo, a guerra iria acontecer. Ele me disse que acreditava que o Ministério de Relações Exteriores e o Ministério da Informação, ali perto, seriam ambos bombardeados.

— Os americanos não vão querer que se conte a verdade sobre os estragos que vão causar — disse Samir. Ele falava de uma forma realista, e depois riu, divertido. A voz era totalmente destituída do tom habitual de afronta que eu me acostumara a ouvir dos baathistas.

Eu achava Samir uma personagem fascinante, mas muito difícil de interpretar. Como era amigo de Ala Bashir, supus que também tivesse um lado oculto, e talvez até alimentasse sentimentos semelhantes sobre Saddam e seu regime. Caso os tivesse, Samir não os revelava. Quando me levantei para partir, disse-lhe que ia ver Ala Bashir mais tarde naquela noite. Ele exclamou:

— Ótimo! Diga a Ala que quero que vocês dois venham jantar em minha casa esta semana. Você não pode faltar! Vou servir camarão do Golfo. É o melhor no mundo. Você vai ver. — Ele riu mais uma vez do seu modo efusivo e me conduziu para fora.

Depois fui à casa de Ala Bashir. Ele me esperava, e sugeriu que saíssemos para jantar juntos. Fomos a uma churrascaria de estilo ocidental em Mansour, um bairro grã-fino da cidade. A comida era horrível, mas o lugar estava quase deserto, e pudemos conversar à vontade. Relatei o que Samir me dissera. Ele balançou a cabeça. A guerra estava muito perto, concordava. Aconselhou-me a, se pudesse, não ficar no Al-Rasheed quando o bombardeio começasse. Não achava seguro, disse, e advertiu-me que os quartos na certa deviam estar todos grampeados. Eu lhe disse que já desconfiava disso havia muito tempo, mas aprendera a conviver com o fato. Expliquei que me juntara a outro jornalista e havíamos alugado quartos no Al-Safeer e no Al-Hamra, por via das dúvidas, como alternativas. Ele disse que não achava o Al-Hamra seguro, pois havia "uma coisa" — não disse o quê — "perto". Disse-me que tampouco julgava que o Al-Safeer fosse uma boa escolha. Observou que ficava diretamente em frente ao palácio republicano, do outro lado do rio, que seria um dos principais alvos de bombardeio. Bashir propôs que eu o visitasse no hospital de manhã cedo. Ele me mandaria com seu secretário, homem fidedigno, inspecionar uns hotéis próximos de seu hospital. Se eu ficasse num deles, ele disse, seria perto o bastante para eu ir a pé até seu hospital. Assim que a guerra começasse, era provável que ele não fosse para casa, mas permanecesse no hospital. Quanto a isso, acrescentou, eu era bem-vindo se quisesse ficar com ele no hospital quando o bombardeio começasse.

Eu disse a Bashir que vira muitas trincheiras e buracos recém-cavados ao longo da estrada para Kut. Ele riu cinicamente ao ouvir a informação, e balançou a cabeça.

— Isso é só para manter as pessoas ocupadas — disse. Era óbvio que não pretendiam defender nada além da própria Bagdá, o que parecia uma estratégia temerária. — Se tudo mais for destruído, por que lutar por Bagdá? Qual o sentido? — perguntei. Perguntei também por que ele achava que Saddam planejava defender apenas Bagdá. Ele disse que para ele era a conclusão óbvia dos movimentos militares dos últimos dias. Os guardas republicanos e a guarda especial republicana, disse, haviam sido chamados de volta de suas posições no sul e norte do Iraque para a capital e estavam sendo dispostos em bairros civis por toda Bagdá. — E o que é até pior, começaram a pôr baterias de defesa antiaérea nos telhados dos hospitais — acrescentou. Haviam-lhe dito que fariam isso em seu hospital também. Bashir balançou a cabeça furioso. Estava muito chateado, porque a única explicação possível para colocar tropas em áreas civis e armas de defesa antiaérea em telhados de hospitais era provocar o número máximo de vítimas civis.

Bashir calou-se um instante, e depois confessou que se sentia muito confuso com a situação. Com exceção do movimento discreto de tropas e armas que descreveu, pouco mais podia ver.

— Eu não entendo — exclamou em voz baixa. — Não há nenhuma preparação realmente séria. — Além disso, acrescentou, nos escalões superiores do governo, e entre os guardas presidenciais onde ele tinha contatos, todo mundo se comportava como se nada fosse acontecer. Nos ministérios, e até em seu hospital, onde receberam pedidos para ficar em estado de emergência, disse ele, o clima ainda não era de terrível urgência. — Eu simplesmente não entendo o que está acontecendo — repetiu, parecendo perplexo. — Qualquer um vê que isso significa que eles são apenas estúpidos, e não têm nenhuma idéia real do que está por vir, ou então Saddam Hussein planeja alguma coisa para salvar a situação no último minuto. Mas como a única coisa que ele pode fazer é renunciar... e isso ele não fará nunca... não sei o que pode ter em mente.

Observei que o comportamento estranhamente passivo que Bashir vinha notando entre as pessoas dentro do regime era o mesmo que eu testemunhava nos iraquianos comuns. Ele tinha alguma explicação para isso? Bashir respondeu:

— O país inteiro, e até membros do Partido Baath, estão cansados e apáticos, como se não se importassem com o que está vindo, e estivessem resignados com o que quer que aconteça. Você precisa lembrar que todo iraquiano tem alguém da família na prisão, ou aqui ou no Irã, como prisioneiro de guerra. Ou então alguém da família foi morto em guerra ou pelo regime. — Bashir inclinou a cabeça para a rua, onde seu motorista nos esperava; um homem simpático, desengonçado, na casa dos 30 anos, que parecia totalmente dedicado a Bashir. — Sabe meu motorista, Jihad? Ele passou oito anos no Irã como prisioneiro de guerra. E me disse que agora desejaria nunca ter voltado. — Bashir deu um de seus sorrisos meio enigmáticos. — Essa repressão deixou todo mundo passivo. O regime está ciente disso e é por isso que está colocando suas forças entre a população, como uma medida coercitiva.

Eu comentei que julgava terrivelmente triste que os iraquianos não pudessem expressar seus verdadeiros sentimentos num momento tão crucial de sua história. A coisa óbvia para eles fazerem, se quisessem evitar a guerra, sugeri, era manifestar-se em público e dizer: "Sr. Presidente, nós o amamos muito, mas por favor renuncie ao seu cargo pelo bem da nação."

Ala Bashir assentiu.

— É verdade. E é a única coisa que não podem fazer, porque sabem que seriam mortos.

CINCO

Faltei ao meu compromisso no dia seguinte com Ala Bashir, mas fui vê-lo na outra manhã em seu hospital. Era 12 de março. Quando nos instalamos em seu consultório, ele me informou que recebera um telefonema antes do amanhecer de um primo na Califórnia.

— Ele me disse que eu deveria ir visitar minha esposa, porque ela será operada dentro de sete a dez dias, e que seria melhor se eu organizasse a viagem de hoje a cinco ou seis dias, no máximo. — Eu levei alguns instantes, mas percebi que Bashir estava transmitindo uma mensagem codificada sobre a data em que a guerra iria começar. Para o caso de eu não haver compreendido, ele observou em voz baixa: — Minha esposa está em perfeita saúde.

Fiquei muito surpreso por Bashir falar comigo assim tão sem reservas em seu consultório. Imaginei que tivesse motivos para saber que não estava grampeado. Isso combinava com a crescente tendência à abertura em nossa relação. Sempre que nos encontramos desde meu retorno, ele falara cada vez mais livremente. Novas revelações eram despejadas o tempo todo, como a existência desse seu parente, do qual eu nunca ouvira falar antes. Ele explicou que seu primo, um homem mais velho chamado Faleh, emigrara muitos anos atrás para os Estados Unidos e se tornara cidadão americano. Era um especialista em energia com boas ligações, acrescentou, que ocupara cargos públicos sob Ronald Reagan e o primeiro presidente Bush, e era conselheiro de energia da administração Bush atual. Observou que o telefonema do primo era incomum, e concluíra duas coisas disso. Primeiro, que o ataque dos Estados Unidos ao Iraque seria adiado por sete a dez dias, e, também, já que o primo queria persuadi-lo a deixar o país, que o ataque seria mais severo do que ele esperava. Como sempre, Bashir falava com voz tranqüila, calma, o rosto completamente neutro. Era um mestre em esconder suas emoções.

Perguntei-lhe o que ele planejava fazer. Poderia deixar o Iraque? Ele sorriu.

— Bem, isso é muito difícil. Não vejo como seria possível. Eu teria de pedir permissão ao presidente pessoalmente, e não creio que neste momento pareceria bom. Ele acharia muito estranho. — Ficamos em silêncio um longo momento.

— Você está preocupado? — perguntei.

Ele sorriu mais uma vez.

— Bem, essa foi a primeira vez que meu primo tentou me persuadir a deixar o país. E, por causa de suas conexões, acho que ele sabe do que está falando. — Encolheu os ombros. Ele estava entalado; não podia fazer nada.

Falamos de segurança nos dias que viriam. Ele me convenceu, como antes, a ir com seu secretário ver alguns hotéis próximos que julgava mais seguros que o Hamra, o Safeer ou o Al-Rasheed.

— Assim, quando começar o bombardeio, você pode vir ficar conosco no hospital — disse. Embora houvesse dito a mesma coisa antes, dessa vez eu entendi que Bashir me alertava, com seu modo circunspeto, que eu estaria mais seguro com ele no hospital, e que deveria ficar o mais próximo possível quando a guerra começasse. Concordei em verificar os hotéis recomendados. — Bom — disse ele, parecendo aliviado, e chamou o secretário. Enquanto esperávamos, Bashir perguntou-me se, antes de eu partir, queria ver o modelo do monumento mais recente criado para Saddam Hussein. Ele o tinha em outro quarto do hospital, explicou, porque alguns engenheiros iam até lá fazer fotos da maquete. Depois poriam as imagens num programa de computador e fariam as plantas de engenharia para a construção. — Se for construído... e os planos hão de começar muito em breve — disse —, será o monumento mais alto do Iraque. Terá 40 metros de altura e 32 de largura.

Ele explicou que cinco anos antes Saddam Hussein lhe pedira para criar um monumento que resumisse todas as suas realizações como governante do Iraque, inclusive tudo que construíra, e também suas vitórias militares. Não era bem um convite que ele pudesse recusar, mas deixara passar muito tempo antes de atacar o trabalho. Fizera alguns esboços, mas só isso. Sempre que o presidente o via, perguntava-lhe, com crescente impaciência: "Como está indo, quando posso ver o modelo?" Bashir sempre se esquivava, usando os deveres de médico como desculpa, e dizendo que o monumento era uma tarefa muito importante e difícil, porque ele queria criar algo que durasse "pelas eras afora". Por fim, mais ou menos seis meses antes, o presidente lhe perguntara: "Por que ainda não fez? Já se passou muito tempo." Bashir entendeu então que Saddam estava chateado com ele, e que não podia adiar mais. Disse-lhe que o teria pronto em dois a três meses. E então se concentrara na obra. Quando acabou, levou o modelo a Saddam, que ficou muito contente. Bashir sorriu orgulhoso ao falar disso.

— Ele gostou mesmo, e você sabe, é um bom monumento, eu acho. Mostra realmente as realizações dele. Tudo é um verdadeiro reflexo de seu período de liderança. Você vai ver o que quero dizer. Sobretudo as guerras. — Acrescentou que o nome que dera originalmente à obra fora *Épico do Iraque*, como o *Épico de Gilgamesh*, mas o presidente mudara-o para *Épico de Saddam*. Bashir captou meu olhar e sorriu significativamente. Disse que também se falara, como ocorrera antes com sua escultura *A União*, em pôr uma estátua ou retrato de Saddam na frente do monumento, mas ele evitara isso, inscrevendo algumas palavras de sabedoria de Saddam, e incorporando também na obra a imagem de um dos braços e do punho do presidente. Nesse momento, chegou seu secretário. Bashir deu-lhe algumas instruções em árabe e então se voltou para mim e se desculpou, explicando que não poderia me acompanhar, pois tinha alguns pacientes para visitar. Mas lembrou-me de que tínhamos um encontro para jantar à noite com seu amigo Samir Khairi. Enquanto o secretário me levava para ver o modelo, Bashir disse:

— Eu acho que você vai gostar.

O modelo era muito grande, uns 2 metros de comprimento por 2 de altura. Assentava-se numa grossa placa de compensado fixada no chão, no meio de uma sala de funcionários. Vários médicos e enfermeiras de folga estavam sentados em cadeiras dispostas ao longo das paredes. Olhavam-no calados, vendo dois homens, os engenheiros arquitetônicos de que falara Bashir, baterem cuidadosas fotografias do modelo, de todos os ângulos. O modelo era feito de gesso branco e pintado de uma cor de bronze. Era monstruoso, diferente de qualquer coisa que eu já vira. O corpo principal da peça era uma estrutura curva parecendo a de um barco, ou melhor, um arco. Ao longo do topo viam-se dezenas de figuras esculpidas de soldados, marchando ou em combate, feitos de cera e pintados de dourado. As superfícies laterais sob a peça mostravam imagens gravadas da vida iraquiana comum, pessoas cultivando a terra, plantando, pescando, cenas reminescentes das antigas tabuletas sumérias, mas também esboços delineados de chaminés de fábricas, que entendi simbolizarem as refinarias de petróleo — a modernidade. E abaixo, como esmagados sob a coisa toda, viam-se soldados vencidos, pessoas curvadas de dor e derrota. Aqueles, explicou o secretário de Bashir, eram os iranianos. A frente do corpo da peça tipo barco estendia-se num grande pescoço torcido de dragão, as mandíbulas boquiabertas, uma lança enorme varando um dos olhos. A lança projetava-se para cima como um estandarte de batalha (essa, percebi, era a parte do monumento que se estenderia 40 metros pelo céu) e no nível superior liam-se as palavras esculpidas em escrita árabe "*Allahu Akbar*", Deus é Grande. A lança era agarrada no meio do cabo por um enorme punho de homem, parte de um antebraço musculoso que se erguia da parte de trás do trecho do campo de soldados e lançava-se para a frente, em essência matando o dragão do qual fazia parte.

De tão grotesca, a criação de Bashir chegava a ser estupidificante. Imaginei que ele investira intencionalmente a peça com uma mensagem subversiva sobre a natureza auto-aniquilante da ditadura de Saddam. Nesse caso, atingira à perfeição seu objetivo. Ninguém podia visualizar aquela coisa sem um sentimento de horror. Mas eu via também por que Saddam gostara. Aquilo demonstrava a totalidade absoluta do seu poder, e fundia-o simbolicamente com toda a história da Mesopotâmia. Se aquilo fosse algum dia criado, pensei, de fato seria o derradeiro monumento a Saddam Hussein. Dei um leve assobio no que esperava fosse um grau apropriado de admiração para o secretário de Bashir, cujas simpatias políticas eu não conhecia, mas cuja expressão impressionada me dizia que ele achava a peça esplêndida.

— É bonito, não? — ele me perguntou.

— É espantoso — falei.

Ele assentiu com a cabeça, parecendo muito orgulhoso. Em mais ou menos um ano, declarou excitado, eu talvez pudesse ver a coisa na vida real, colocada no local designado, diante dos jardins públicos e do Hotel Al-Rasheed. Examinei-lhe o rosto à procura de alguma insinuação de sarcasmo ou dúvida, mas não vi nada.

O secretário de Bashir e eu deixamos o hospital juntos para ir verificar os hotéis que Ala Bashir sugerira. O primeiro, o Cedar, ficava bem ao lado de um edifício em ruínas que visualizei como posição perfeita para um franco-atirador no caso de combates de rua. Também se localizava, notei, a meros dois quarteirões do Ministério de Defesa Aérea iraquiano, que sempre tinha muitos homens de segurança armados ao redor, e que eu julgava fosse um dos principais alvos de bombardeio. O hotel seguinte que inspecionamos tinha uma delegacia de polícia logo após a esquina. Eu me não senti à vontade em nenhum dos dois. Disse ao secretário de Bashir que queria pensar a respeito por um ou dois dias antes de fazer minha escolha. No íntimo, minhas entranhas continuavam me dizendo que, quando chegasse a hora, eu iria querer estar no pequeno e simpático Al-Safeer, na rua Abu Nawas.

Quando eu reservara meu quarto ali, os dois irmãos proprietários do hotel me convidaram para sentar e conversar com eles. Chamaram um dos garçons para nos trazer café turco. Depois de certificar-se de que nenhum dos empregados podia escutar, puseram-se a falar em voz muito baixa. Queriam saber o que deveriam fazer quando a guerra começasse. Explicaram que viviam com as famílias em Jadiriyah, no mesmo bairro do Hotel Al-Hamra, mais abaixo na margem do rio. Mas também tinham casas fora de Bagdá, na zona rural. Onde suas famílias estariam mais seguras? O que eu achava? Que tipo de bombas os americanos iriam usar? Curvavam-se para escutar o que eu diria. Era visível que acreditavam que eu tivesse algum conhecimento a que eles não tinham acesso. Eu lhes disse que, se seu bairro fosse um daqueles onde as forças militares de Saddam haviam sido dispostas, suas famílias poderiam estar em risco de bombardeio aéreo ou combates de rua. Eles olharam um para o outro quando eu disse isso, mas não disseram nada. Eu disse que não poderia julgar a segurança de suas casas na zona rural, visto que não tinha conhecimento dos planos da invasão americana. Muita coisa dependia das rotas que eles costumavam tomar em Bagdá. Perguntei se algum dos dois ficaria no hotel; eles disseram que ainda não haviam decidido. Sugeri que pelo menos vedassem com fita adesiva as janelas ao longo da frente do hotel, para impedir que as vidraças se quebrassem com as explosões. Eles disseram que fariam isto. Disseram-me que, acontecesse o que acontecesse, queriam que eu me sentisse em casa no Al-Safeer, que eu deveria considerá-lo a minha casa. Informaram-me que havia um abrigo antibomba no porão que eu poderia usar, e se pudessem fazer alguma coisa por mim, eu só precisava pedir. Um dos irmãos foi chamado para tratar de algum problema no balcão da recepção. Quando ele saiu, o outro o olhou se afastar e então se curvou para mim e silvou furtivamente:

— O que eu quero é que isso termine, mas depressa. — Tive a impressão de que ele não confiava inteiramente no irmão.

Eu armazenara um grande estoque secreto de água e alguma comida em minha toca no Al-Safeer, e de poucos em poucos dias, aumentava o estoque. Comprara um gerador e 200 litros de combustível, na hipótese de falta de energia elétrica em Bagdá. Sabah guardara o gerador e um pouco do combustível em sua casa no norte da cidade, e o restante numa casa desocupada no bairro de Mansour, do outro lado do rio. A casa pertencia a um empresário jordaniano para quem ele dirigia quando o homem estava na cidade. Sabah ficava de olho na casa para ele, e conhecia a zeladora, que concordou em deixar-nos usá-la como refúgio se precisássemos. Até então, Sabah parecia haver aceitado a inevitabilidade da guerra, embora pouco falasse a respeito. Em vez disso, lançara-se na revisão dos detalhes de meus preparativos de guerra. Não havia nada de que gostasse mais do que sair em missões de compras e regatear tudo. Eu também lhe dei dinheiro extra para a compra de comida e água para sua própria família, e com minha permissão para manter o gerador em sua casa até eu precisar, sabia que a família teria também eletricidade. Eu também trouxera um traje protetor extra contra guerra química e biológica para ele usar, mas quando o mostrei, ele encolheu os ombros com desdém e observou que eu não lhe trouxera uma jaqueta antiestilhaços de granada. Era verdade. Fora uma verdadeira omissão da minha parte. Ele descartou minhas desculpas, porém, dizendo que Deus o protegeria, e que se não o fizesse, essa era a escolha de Deus.

Certo dia, uma semana ou pouco mais depois, aconteceu uma coisa inesperada que tornou mais estreita do que nunca minha relação com Sabah. Seguíamos de carro com o acompanhante do governo, Khalid, antes que ele nos deixasse, à procura do cemitério britânico em Bagdá. Em Adhamiyah, um velho bairro sunita no noroeste da capital, paramos num bar onde Khalid disse que precisava usar o telefone. Enquanto ele estava lá dentro, Sabah e eu nos sentamos do lado de fora a uma mesa para esperá-lo. De repente, Sabah começou a respirar forte, enxugou os olhos e levantou-se com alguma espécie de emoção intensa. Alarmado, perguntei qual era o problema. Entre soluços involuntários que tentava abafar, enxugando freneticamente as lágrimas que lhe rolavam pelas faces e procurando assegurar-se de que Khalid ainda não estava retornando, ele explicou que era o aniversário de seu irmão mais jovem, Taher, que desaparecera quando servia como soldado na frente de batalha durante a Guerra Irã-Iraque — 21 anos antes. A família nunca recebera confirmação de sua morte, nem qualquer explicação sobre seu desaparecimento, explicou, mas ele tinha motivo para crer, por causa da atitude fria e indiferente das autoridades durante suas investigações, que Taher não morrera na guerra, e sim caíra em desgraça com Saddam. Todo ano naquele dia, disse Sabah, sua idosa mãe se desfazia, dilacerada, porque desconhecia o destino de Taher. Era muito duro para toda a família, disse. Então desabou mais uma vez:

— Onde está ele? — disse, num sussurro desconsolado, quando tentei reconfortá-lo. — Se estiver morto, ótimo, mas que eles nos digam — desabafou, a ninguém em particular. — Sad-dam — silvou devagar, por entre os dentes cerrados, como se articulasse o nome mais repugnante que conhecia. Fechou os olhos e murmurou algumas outras palavras em árabe que não entendi. Então respirou fundo e se recompôs. Empertigou-se e apressou-se a enxugar os olhos para remover quaisquer vestígios das lágrimas. Implorou-me para não falar no que acontecera, ou no que ele me dissera, a ninguém. Um momento depois, sem desconfiar de nada, Khalid reapareceu.

Alguns dias depois, quando estávamos juntos olhando o Tigre, Sabah voltou-se para mim e disse:

— Se Deus quiser, Bush bombardeará Saddam no rio. Mas não as pessoas. Só Saddam. E Tikrit. Se for vontade de Deus, Tikrit será arrasada. — Ele cuspiu e chamou Tikrit de "filha de camelos" e uma série de outros epítetos expressivos em árabe. Também se tornou uma cerimônia, sempre que passávamos por um dos palácios do Saddam, Sabah fingir ser a esposa de Saddam, Sajida, na agonia da cópula com ele. Num escárnio do principal *slogan* do referendo de lealdade a Saddam, ele gemia, inúmeras vezes, num orgásmico falsete: "*Na'm, na'am, na'am!*" [Sim, sim, sim!]

Entre os jornalistas em Bagdá havia uma atmosfera de crescente ansiedade. Tornara-se um ritual perguntar um ao outro: "Vai ficar ou vai embora?" Muitos repórteres sofriam pressão das famílias e dos chefes em seus países de origem para partir. Desde que o presidente Bush aconselhara os jornalistas a deixarem o Iraque, numa coletiva à imprensa em 7 de março, a pressão crescera. Vários jornais e redes de televisão britânicos e americanos começaram a dizer a seus correspondentes em Bagdá que se preparassem para partir. Alguns eram advertidos que sua cobertura de seguro seria revogada se eles desobedecessem; outros eram informados de que seriam demitidos. Eu não sofri pressão alguma, mas nos Estados Unidos os principais editores-chefes das empresas de comunicação importantes estavam em discussões com o Pentágono, e em 12 de março recebi um *e-mail* da *The New Yorker*. Na mensagem, era informado de que autoridades do governo dos

EUA advertiam as organizações de comunicações que seus correspondentes eram alvos possíveis de assassinato ou seqüestro pelo regime de Saddam, para usá-los como escudos humanos — e também que o Hotel Al-Rasheed era um provável alvo de bombardeio. Meus editores ficaram preocupados, como era natural, e me pediram que mantivesse contato diário com eles, e também que aceitasse sua decisão final sobre o que eu deveria fazer em último caso. Concordei, mas informei-os das precauções que tomara, e também que estava cético quanto às advertências do Pentágono.

"Muitos de nós aqui em Bagdá", escrevi em minha resposta, em 14 de março, "têm a impressão de que o Pentágono está fazendo um certo alarmismo para tirar a imprensa de cena. Sua tendência é ir primeiro às redes, que também se revelam ser as mais suscetíveis a esse tipo de coisa, e de lá se propaga pelo corpo da imprensa como um incêndio na mata. Não necessariamente para fins de censura, mas só para abrir caminho — isto é, trata-se na certa de um estorvo ter de se preocupar em não atingir jornalistas quando quiserem bombardear uma cidade. Em 1990-1991, bombardearam Bagdá por 43 dias e havia mísseis cruzeiro, que eu soube que eram programados para contornar este edifício. Um míssil, porém, se desorientou e atingiu a base do hotel, matando vários empregados. Em 1998, durante os quatro dias de ataque da operação Raposa do Deserto, havia jornalistas aqui e o hotel não foi atingido. O Pentágono arriscaria matar até duzentos (população atual estimada) membros da mídia de todo o mundo visando o Al-Rasheed — para não falar nas dezenas de empregados civis do hotel que trabalham aqui? Acho que não.

"Tenho dois aliados que fazem parte da *nomenklatura.* Um deles é um alto membro do Ministério de Relações Exteriores, o outro é o médico que mencionei num *e-mail* há uma semana ou por aí. Acho que eles estão ficando preocupados em ter um aliado ocidental para sua própria segurança mais adiante, o que talvez seja o motivo de nos havermos tornado tão íntimos ultimamente, mas, por mais pragmática que seja uma relação, ainda é uma espécie de bóia de salvamento.

"Quanto a visar a imprensa pelo terrorismo, ou fazer-nos reféns, etc., são coisas em que todos pensamos, e suponho que exista uma pequena possibilidade de isso acontecer, mas não parece provável. Em primeiro lugar, houve um claro zunzum aqui em torno dos *apparatchiks* do Ministério da Informação de que eles querem ter a imprensa à mão desta vez, para documentar o que julgam vão ser vítimas civis, e assim tentar influenciar a opinião pública mundial contra a guerra quando ela começar. Parecem não temer a determinação do Pentágono de golpear duro, rápido e nevralgicamente, e acabar logo com a coisa. Isso depõe a nosso favor, é óbvio.

"Conforta-me um pouco, também, a compreensão de que, afinal, 5 milhões de pessoas vivem em Bagdá, e que sou apenas mais uma entre elas. Sim, sou ocidental, e sim, me destaco, mas nada no estado de espírito das pessoas nas ruas me faz sentir medo delas. Não existe qualquer sensação de hostilidade para com os ocidentais, apesar da ameaça de hostilidades. Há uma sensação palpável de apatia, misturada com compreensível incerteza. Não creio que muitos iraquianos vão querer erguer um dedo para defender este regime assim que os americanos começarem a se mover; desde que ajam depressa e decisivamente, e mostrem o que pretendem fazer durante todo o caminho."

Isso não era pura bravata da minha parte. Eu estava, no íntimo, extremamente preocupado com os tipos de ameaças suscitadas pelo Pentágono, mas, como os outros repórteres que pretendiam ficar em Bagdá, calculei, não sem dúvidas, que quando a guerra começasse o caos seria tão grande que eu de alguma maneira poderia escapar da vista e continuar despercebido dos capangas de Saddam. Isto acabaria se revelando uma completa ilusão, mas eu ainda não sabia.

Naquela noite, Ala Bashir e eu fomos jantar na casa de Samir Khairi. Havia alguns outros convidados, a maioria homens iraquianos ricos seus amigos. Não se apresentaram nem disseram o que faziam, mas pareciam contentes por me terem lá. Enquanto Samir grelhava camarão do Golfo numa churrasqueira de carvão portátil na cozinha, os outros ficaram na sala de estar tomando araca libanesa, comendo pistaches, castanhas de caju e amêndoas quentes e assistindo à televisão, que tinha um receptor de satélite. Presumi que ele tivesse autorização para ter uma por causa de sua posição oficial. Como no escritório, Samir mantinha a TV permanentemente ligada, e sempre que vinha da cozinha, pegava o controle remoto e corria os canais, acompanhando as notícias na CNN, na TV estatal iraquiana e na Al Jazeera. Ninguém mais parecia se importar com o que assistia. Samir sempre aumentava muito o volume, e sempre que saía da sala, pegava o controle e mais uma vez o diminuía. Isso continuou por toda a noite, e de fato era uma espécie de brincadeira amigável que eles faziam sempre que os visitávamos. A determinada altura, Samir achou *O Casamento do Meu Melhor Amigo*, que passava num canal de filme por satélite, e ficou assistindo durante vários minutos. Riu deliciado numa cena em que Cameron Diaz canta mal num bar de karaokê. Quando a cena terminou, ele voltou para a cozinha.

Enquanto comíamos, Samir começou mais uma vez a correr os canais, e achou outro filme, *Seis Dias, Sete Noites*, com Harrison Ford e Anne Heche como duas pessoas incompatíveis que caem numa ilha deserta no sul do Pacífico depois de um desastre de avião. O filme era legendado em árabe, e, a pedido de Bashir, Samir manteve o som baixo, mas era fácil acompanhar. Harrison e Anne brigam e então, como era previsível, se apaixonam um pelo outro. Era um filme muito tolo. Samir e seus amigos ficaram fascinados. Ala Bashir sentou-se impassivelmente próximo a mim, falando muito pouco. Em geral não via TV, observou.

— Quase tudo parece ser lixo — disse. Mas notei que parecia muito interessado no filme. Comentei que era um pouco estranho estar sentado em Bagdá assistindo a um filme de Hollywood alguns dias antes do ataque americano. Samir e seus amigos balançaram a cabeça vigorosamente e riram, depois voltaram-se para a televisão.

Samir foi interrompido por um telefonema de seu chefe, Naji Sabri al-Hadithi, o ministro de Relações Exteriores, que queria conversar com ele sobre um convite de última hora do governo de Saddam para Hans Blix e Mohamed ElBaradei voltarem a Bagdá para discutir a oferta iraquiana de "cooperação acelerada" na questão do desarmamento. O ministro obviamente dava instruções urgentes a Samir, que as rabiscava num pedaço de jornal enquanto dizia, obsequioso, "*Na'am, na'am*" inúmeras vezes. Qualquer nova iniciativa parecia totalmente desesperada àquela altura, visto que o Conselho de Segurança da ONU continuava num impasse em torno de uma nova resolução, e no dia anterior Donald Rumsfeld declarara que os Estados Unidos estavam dispostos a atacar o Iraque sozinhos. Quando Samir saiu do telefone, voltou-se para mim e encolheu os ombros, como a dizer que sabia que já era tarde demais para deter a guerra, mas tinha seus deveres oficiais a cumprir.

— Que mais podemos fazer? — disse.

Quando Bashir e eu nos despedimos, Samir confiou que o pessoal das Nações Unidas em Bagdá fora reduzido a uma equipe mínima de 12 pessoas, que estavam prontas para partir dentro de 12 horas após serem notificadas. Perguntou-me solicitamente sobre minhas intenções. Eu lhe disse que planejava ficar para a guerra, e que estava hospedado no Al-Rasheed, mas, como quase todas as outras pessoas que conhecia, pensava em me mudar logo para outro hotel. Falei-lhe dos rumores de que o Al-Rasheed era um alvo de bombardeio, e disse que vários jornalistas haviam começado a se mudar para o lado palestino, na margem leste do Tigre.

Samir ouviu e balançou a cabeça. Disse que também ouvira os rumores sobre o Al-Rasheed, e que os julgava verossímeis.

— Feche as contas lá amanhã — aconselhou.

O telefonema de Naji Sabri para Samir me intrigou. Para mim, Sabri era uma das mais enigmáticas personalidades do regime de Saddam. A caminho de Bagdá pela primeira vez, eu parara em Viena para conhecê-lo, porque, como uma das poucas altas autoridades do Iraque com reputação de moderação e franqueza, ele parecia uma pessoa valiosa de se conhecer, como de fato provou ser. Naquela época, era embaixador do Iraque na Áustria, e também seu representante na Organização dos Países Exportadores de Petróleo (OPEP) e na Comissão Internacional de Energia Atômica, todas com sede em Viena. Sabri era encantador e culto, e cortesmente me deu cartas de apresentação para Ala Bashir, Farouk Salloum e várias outras pessoas-chave em Bagdá. Mas, depois de tornar-se ministro de Relações Exteriores do Iraque em 2001, parecia haver sofrido uma radical transformação, pelo menos em sua conduta pública. Passou a vestir um uniforme militar, e se comportava com grande arrogância em suas aparições públicas, fazendo freqüentes declarações cruas e agressivas ao Ocidente. Tive repetidas vezes meus pedidos para vê-lo recusados. Em minha primeira noite em Viena, Sabri me convidou a ir jantar em sua residência oficial e mandou o filho adolescente apanhar-me. Guardas deixaram-nos passar pelos portões de uma propriedade rural cavernosa, numa área frondosa nos bairros residenciais do norte montanhoso de Viena, onde ele me recebeu calorosamente. Vestia roupas informais e dedilhava um cordão de contas enfeitado com borlas de âmbar. As salas de recepção formal da residência eram forradas com papel de parede antiquado e mobiliadas com cadeiras barrocas, tapetes persas e grandes fotografias emolduradas de Saddam Hussein. Numa delas, ele sorria e tinha as mãos nos ombros de Sabri, que parecia radiante de felicidade. O jantar revelou-se uma elaborada refeição de delicados pratos iraquianos dispostos na vasta sala de jantar, mas apenas para mim, Sabri e seu filho. Uma televisão exibia notícias da CNN num canto afastado, e Sabri manteve um olho nela durante a refeição. Depois de comer, o filho de Sabri pediu licença e se retirou, e o embaixador me levou ao jardim dos fundos da mansão, às escuras.

Sentados ali na escuridão bebendo café, ele falou nostalgicamente do tempo que passara em Londres, na década de 1970, dirigindo o escritório de informações do Iraque, e citou alguns dos jornalistas e escritores que chegou a conhecer. Disse que ajudara o escritor britânico Gavin Young na jornada que ele fez pelos pântanos meridionais do Iraque, sobre os quais ele escrevera em seu livro, *Return to the Marshes* (Volta dos Pântanos), e também encontrara o venerável explorador Wilfred Thesiger. Falou com o que parecia genuína tristeza da deterioração nas relações entre o Ocidente e o Iraque desde aqueles dias, e fez uma discreta defesa de seu governo, citando o secularismo do Iraque, seu cuidado com a saúde e o sistema de ensino livre, a defesa dos direitos das mulheres. O regime de Saddam Hussein, admitiu, não era "democrático no sentido do Ocidente", mas, acrescentou, "eu não acho justo medir o Iraque com o mesmo metro aplicado a países com democracias de 400 anos de idade".

Na manhã seguinte, Sabri me convidou à embaixada iraquiana. Era uma mansão antiga esplêndida dando para um grande parque público no centro de Viena. No saguão do térreo, ao pé de uma longa escadaria, havia um mapa enorme toscamente pintado do Iraque e das nações vizinhas no Oriente Médio encimado pelo emblema nacional iraquiano, uma águia de dupla cabeça. Até onde eu distinguia, o Kuwait era mostrado como parte do território do Iraque, e Israel — "a entidade sionista", no jargão oficial do Iraque — rotulado de "Palestina". Sabri gesticulou para que eu subisse a escada e fizemos uma excursão privada aos aposentos de cima, um labirinto de grandes salas e salões de baile vazios, com enormes janelas. A mansão era úmida e abandonada, e o silêncio ecoava. Sabri explicou que ela pertencera a um príncipe Habsburgo, e lamentou que se houvesse deixado o prédio cair em decadência, mas ele atribuía isso à falta de dinheiro no Iraque — por causa das sanções da ONU — para pagar a manutenção. Sabri disse, meio tristonho, que muitas vezes subia sozinho e caminhava pelos velhos aposentos, tentando imaginar os principais acontecimentos sociais que deviam ter sido realizados neles. Ele me pareceu uma figura bastante improvável para ser diplomata. Parecia-me incompreensível que se houvesse colocado de bom grado a serviço de Saddam Hussein, mas não tão incompreensível quanto sua transformação desde então.

Agora, depois do jantar na casa de Samir Khairi, perguntei a Ala Bashir sobre a transformação que observara na personalidade de Sabri. Mencionei ter ouvido um rumor de que alguns anos antes um de seus irmãos fora executado por ordem de Saddam. Se isso fosse verdade, continuei, tornava a relação de Sabri com Saddam completamente incompreensível para mim. Bashir confirmou o rumor sobre a execução do irmão de Sabri — atribuindo-a vagamente a "um problema do Partido Baath" — e sugeriu que o comportamento recente de Sabri era uma tentativa de mostrar a Saddam que não havia ressentimento algum.

— Essa talvez seja a maneira de Naji mostrar a Saddam que sua lealdade a ele é maior que qualquer coisa que pudesse sentir sobre o assassinato do irmão — especulou Bashir. Por que Sabri continuara a servir a Saddam, para começar, Bashir não sabia, mas indicou que muitas altas autoridades do Iraque eram reféns virtuais, e sugeriu que esse poderia ser o caso de Sabri. Era um costume de longa data, comentou, o fato de sempre que as autoridades superiores de Saddam viajavam pelo estrangeiro as famílias fossem obrigadas a ficar no Iraque, para evitar deserções.

Bashir pôs-se a meditar sobre as singularidades do comportamento humano. Começou a falar de telepatia. Disse que, alguns anos antes, um paciente seu desequilibrado mental entrara na clínica e o apunhalara no braço esquerdo e no tórax. Menos de uma hora depois, a irmã de Bashir, que não soubera do incidente, fora vê-lo, explicando que a mãe idosa insistira em que o fizesse, porque tivera uma visão de que alguma coisa acontecera ao tórax dele.

— Isto é um fenômeno inexplicável — concluiu —, mas também um exemplo do que a mente humana é capaz.

Então, quase sem querer, Bashir disse que Saddam Hussein também se interessava muito por poderes sobrenaturais, e na verdade instalara um departamento secreto do governo para "as pessoas dotadas, pessoas com poderes especiais". Entre elas estava um menino de Kirkuk que os professores haviam descoberto ter a habilidade de ver através de paredes. Bashir conhecera pessoalmente o menino, disse. Ele e a família haviam sido levados para viver num conjunto especial em Bagdá, mas depois de alguns anos os poderes do menino haviam misteriosamente diminuído, e por fim desapareceram por completo. Havia várias outras pessoas com poderes especiais, acrescentou Bashir, todas levadas por Saddam para Bagdá. Depois de conhecê-las, ele as instalava no conjunto especial, onde levavam vidas isoladas, vigiadas, como parte do tal departamento secreto.

— Uma delas é uma mulher a quem ele consulta regularmente, junto com várias outras pessoas — disse Bashir. — Essa mulher em particular tem uma espécie de poder telepático. — Explicou que Saddam usara a mulher com bons resultados depois que seu genro, o general Hussein Kamal, encarregado dos programas de armamento do Iraque, desertara para a Jordânia em 1995. Kamal foi interrogado pela CIA e passou um grande número de documentos secretos aos inspetores de armas da ONU, revelando em detalhes vários dos segredos oficiais mais sigilosamente protegidos do Iraque, como a existência do programa de obtenção da bomba nuclear de Saddam. — Ela começou a concentrar seus poderes em fazê-lo retornar ao Iraque — explicou Bashir. E Kamal fez isso, inexplicavelmente, depois de sete meses no exílio. Saddam enviou seus filhos Qusai e Udai, como se soube depois, para matá-lo. Bashir me disse que viu Saddam depois do tiroteio em Bagdá, no dia 23 de fevereiro de 1996, em que Hussein Kamal, seu irmão Saddam (que era casado com outra das filhas de Saddam, e que desertara com ele) e vários outros membros de sua família foram mortos no ataque à casa do genro feito pelos seus filhos. Os irmãos de Kamal tinham algumas armas próprias e resistiram por várias horas, mas no fim foram mortos, junto com todo mundo na casa. Vários guardas de Saddam foram feridos e levados para o hospital de Bashir, explicou este, e Saddam foi visitá-los. Saddam disse-lhe então: "Não tenho a menor idéia do que levou Hussein Kamal a deixar o Iraque e nos trair, e tampouco entendo o que o motivou a voltar." Foi o que ele disse. Mas eu sabia da mulher telepata, e creio que seja essa a única explicação para Hussein Kamal haver sido tão louco de voltar.

Enquanto Bashir falava sobre Naji Sabri e Hussein Kamal e suas estranhas lealdades compulsivas a Saddam Hussein, eu meditava sobre a relação do próprio Bashir com o ditador iraquiano. Havia ainda muita coisa não dita. Por que ele ficara no Iraque? Como se permitira tornar-se confidente e médico pessoal de um dos mais violentos governantes do mundo? Não me parecia o momento certo para fazer-lhe estas perguntas, por isso decidi segurar a língua.

Na manhã de 15 de março, realizou-se uma manifestação pró-governo no principal cruzamento de Mansour, na parte oeste de Bagdá. Instalara-se uma grande tribuna num dos lados do cruzamento, atrás da qual se via um grande mural recém-pintado apresentando Saddam, pombas da paz brancas, flores, um avião do Sistema de Controle e Advertência Aérea (AWACS, da sigla em inglês) e um soldado num cavalo. Pessoas passavam pela rua em grupos organizados, gritando *slogans* a favor de Saddam e contra Bush, Blair e a guerra. Um cartaz dizia, em inglês: BLAIR É O RABO DE BUSH. Soldados em uniformes camuflados — os primeiros que eu vira nas ruas de Bagdá — sentavam-se em caminhonetes armadas com metralhadoras, e notei vários atiradores de elite nos telhados. Seguranças à paisana pareciam estar em todos os lugares. Grupos de mulheres, professores, estudantes e membros de tribos rurais, com as túnicas longas surradas e brandindo mosquetes e velhas espadas, passavam marchando ao rufar de tambores. Observei que cada grupo tinha seu próprio animador, que reunia os seguidores. Irrompiam em cantos ao se aproximarem da tribuna, e depois retomavam o passo mais formal assim que passavam por ela. Um caminhão cheio de camponesas ululantes em vestes pretas passou. Na tribuna, algumas autoridades baathistas estavam sentadas atrás de um agitador de multidões vestido num jaquetão, que segurava um microfone junto à boca e berrava sem parar um comentário, parando para louvar o patriotismo de cada grupo de cidadãos que surgia. Uma mulher que se identificou como professora se encaminhou para mim e advertiu:

— Não ajude Bush a implementar o plano de Sharon de controlar o Oriente Médio e tomar nosso petróleo! — E acrescentou: — Não podemos viver sem um líder forte — e afastou-se mais uma vez marchando. Um grande grupo de homens de uma brigada de mártires reuniu-se em formação armada. Vestiam túnicas longas inteiramente brancas que lhes cobriam os rostos e só mostravam os olhos. Diziam-se prontos a morrer por Saddam.

O curto período quente que viera com o primeiro *turab* desfez-se no dia seguinte, 16 de março. O tempo esfriou, e o céu acima de Bagdá ficou opaco. Mais uma coisa também mudou. A surrealista atmosfera de distanciamento de Bagdá em relação à guerra próxima terminara. De repente, todo mundo parecia tenso e freneticamente ocupado; havia policiais e soldados em todos os lugares nas ruas, e enormes filas de tráfego nos postos de gasolina. Multidões de pessoas compravam provisões de comida e água nas lojas. Na noite anterior, a televisão estatal iraquiana anunciara que o país se achava em pé de guerra. O Iraque fora dividido em quatro zonas militares. Cada zona tinha um chefe diferente, escolhido a dedo por Saddam. Qusai, filho caçula do ditador, que comandava os guardas republicanos especiais, fora encarregado de Bagdá e da cidade da família, Tikrit, e seu antipático primo Ali Hassan al-Majid, conhecido como "Ali Químico", que liderara tanto a assassina campanha contra os curdos de Anfal em fins da década de 1980, quanto a matança dos xiitas em 1991, fora nomeado comandante do sul do Iraque.

Todo mundo acompanhava as notícias do estrangeiro naquele dia. À tarde, num encontro de cúpula nas ilhas dos Açores, George Bush, Tony Blair e os primeiros-ministros espanhol e português, José María Aznar e José Durão Barroso, emitiram um ultimato conjunto para as Nações Unidas. A menos que a ONU agisse dentro das próximas 24 horas para garantir a obediência do Iraque às suas exigências de desarmamento, declararam, os EUA e a Grã-Bretanha atacariam o país em questão de dias. Numa entrevista na televisão, Colin Powell aconselhou jornalistas e trabalhadores humanitários a deixarem o Iraque.

Durante o dia, o pinga-pinga de jornalistas ocidentais que deixavam Bagdá transformou-se num êxodo completo. A evacuação americana foi encabeçada pelas redes de televisão NBC e ABC. As pessoas se juntaram para vê-las no saguão de entrada do Al-Rasheed quando pagavam suas contas, punham as coisas nos carros e partiam na estrada para a Jordânia. Sabah me chamou à mesa do caixa, onde se empilhavam várias bolsas enormes de dinares iraquianos, como malas postais num correio. Com voz perplexa, informou-me que o dinheiro era só para a conta da NBC no hotel, e continha vários milhões de dinares. Alguns repórteres posavam para fotografias com as imensas pilhas de dinheiro. (Até algumas semanas antes, as maiores notas iraquianas em circulação eram as de 250 dinares, valendo mais ou menos 10 *cents*; misericordiosamente, o governo iraquiano começara a emitir notas de 10 mil dinares, valendo mais ou menos 4 dólares.)

À tarde, parei para ver Patrick Dillon em seu hotel. Ele estava animado com a guerra iminente, disse. Também estava animado porque encontrara alguns temas maravilhosos para seu filme: um grupo de crianças violinistas aprendendo a tocar Sibelius, e um iraquiano que retornara de Londres, onde vivera trinta anos, e empreendera a tarefa de Sísifo de restaurar um barco de propriedade do pai. O barco afundara no Tigre durante o bombardeio de Bagdá pelos americanos em 1991. O homem o erguera das profundezas e vinha trabalhando penosamente nele.

— O segredo do filme é voltar depois do bombardeio, e ver qual deles sobreviveu — disse Dillon. — É esta a história. Algum de nós sobreviverá? Você sobreviverá? Já pensou nisso? — Ele riu.

Naquela noite, eu jantava com alguns amigos no Nabil, um restaurante recém-inaugurado em Mansour, quando o gerente se encostou na minha mesa e amigavelmente me perguntou se eu era jornalista. Quando eu disse que sim, ele observou, puxando conversa, que o Iraque devia ser um bom lugar para notícias. Assenti com a cabeça. Ele perguntou se eu sabia de alguma "novidade", por exemplo, quando a guerra iria começar. Respondi que não sabia, mas parecia que seria muito em breve. Comentei a nova atmosfera de guerra iminente no ar. Ele balançou a cabeça e disse que todo mundo que ele conhecia estivera fora naquele dia, comprando combustível, água e comida para suas famílias, o suficiente para a provisão de um mês.

— Vai durar muito tempo, você acha? — perguntou ele. Eu disse que não sabia, mas ouvira dizer que os americanos queriam uma guerra tão curta quanto possível. Ele assentiu mais uma vez com a cabeça, sorrindo. Perguntou:

— Setenta e duas horas?

Respondi:

— Talvez.

Ele disse, sussurrando:

— *Inshallah*, queira Deus. — Curvando-se mais, acrescentou: — Eu espero. Espero que seja rápido. Tudo no Iraque é ruim. Nós queremos mudar isso. *Inshallah.*

Pediu-me para fechar as cortinas na janela ao lado da nossa mesa, e depois chamou uma jovem seminua, uma dançarina do ventre, que deu uma risadinha e pôs-se a girar ao nosso lado por alguns minutos. Estava muito maquiada e comportava-se como as dançarinas de *strip-tease* no Ocidente, apresentando seu ato íntimo a apenas alguns palmos de nós, mas sem nos olhar nos olhos. Quando acabou, desapareceu sem nada dizer. Foi tudo muito estranho. Durante sua apresentação, uns garçons ficaram na porta da frente para vigiar a rua, no caso de aparecer algum policial. Depois, um deles explicou que a dança do ventre era proibida pelo governo.

Por volta das quatro horas da manhã seguinte, segunda-feira, 17 de março, Ala Bashir recebeu outro telefonema de seu primo, Faleh, dos Estados Unidos. Informava-lhe que o bombardeio iria começar tarde da noite de quarta-feira, 19, ou nas primeiras horas da quinta-feira, mas não antes. Disse que o presidente Bush mandaria Saddam Hussein deixar o país com a família dentro daquele período de tempo ou enfrentar a guerra. Bashir me falou do telefonema naquela noite, no fim de um dia longo e muito tenso em Bagdá.

O dia começara com as notícias de que os Estados Unidos e a Grã-Bretanha haviam abandonado seus esforços para conseguir uma nova resolução da ONU autorizando a guerra. Anunciara-se às oito da noite, horário da costa leste americana, que naquela noite em Washington o presidente Bush faria um pronunciamento em rede nacional, em que, supunha-se, revelaria seu horário para a guerra. Esperava-se que os inspetores da ONU e diplomatas ainda em Bagdá partissem na manhã seguinte. Um jato da Air

France parecia estar chegando no dia seguinte para evacuar todos os cidadãos franceses restantes no Iraque.

Em todas as estradas que partiam de Bagdá, carros e caminhões se moviam carregados com pertences e cheios de famílias e gado. As pessoas começavam a fugir da cidade. Sabah me informou que seus três vizinhos mais próximos, todos xiitas como ele, haviam fechado suas casas e ido para Kerbala, no sul, a duas horas de carro. Pediram-lhe que cuidasse das casas enquanto estivessem fora. Durante todo o dia, muitos outros jornalistas deixaram Bagdá. A maioria recebera ordens dos patrões para partir, mas para alguns a decisão de ir embora foi motivada pelo aparecimento no Ministério da Informação de um grande número de agentes de segurança, que pareciam trabalhar para o filho de Saddam, Qusai Hussein. Quando ouvi os rumores, fui ao ministério ver o que se passava. O que vi lá causou-me uma sensação ruim. Homens com aparência de arruaceiros, em trajes civis, circulavam dentro e fora do prédio. Os zeladores normais andavam de um lado para outro, nervosos, falando pouco e evitando olhar nos olhos das pessoas. O ministério parecia ter sido ocupado pelos recém-chegados.

Muitos rostos conhecidos, como meu infeliz intérprete Muslim, haviam simplesmente desaparecido. Eu me mantive discreto e não me demorei muito. A ansiedade dos jornalistas se intensificou ainda mais depois que autoridades do ministério furtivamente os advertiram de que não mais poderiam garantir sua segurança. Vários foram persuadidos a partir o mais rápido possível. Essas advertências pareciam ser uma insinuação direta dos piores medos de todo mundo, o de ser feito refém. A certa altura do dia, Udai al-Taiee, o colérico vice-ministro, agora enfiado num uniforme militar, anunciou que dali em diante todos os jornalistas em Bagdá ficariam restritos a três hotéis. As escolhas, declarou, eram o Al-Rasheed, o Palestine e o Mansour, ao lado do ministério.

À noite, quase todos os jornalistas americanos, britânicos e canadenses restantes na cidade pagaram suas contas e foram embora para a fronteira jordaniana numa sucessão de comboios. Entre eles, meu amigo, o fotógrafo Heathcliff O'Malley, cujo jornal, *Daily Telegraph*, ordenara que ele e seu correspondente, David Blair, deixassem o país. Heathcliff ficou muito chateado por partir; nossa despedida foi bastante penosa. Ao vê-los irem embora, tive uma imagem passageira de mim mesmo em pé no convés do *Titanic*, vendo os barcos salva-vidas se afastarem.

A retirada da imprensa teve um imediato efeito de pânico digno de Bolsa de Valores nos preços do transporte. A partir de meio-dia, a passagem normal de 200 dólares para a viagem de dez horas até Amã saltara para 500 dólares, e no final da tarde chegava a 700. O Al-Rasheed esvaziava-se rápido, e tornava-se um lugar cada vez mais vazio. Dadas todas as advertências a respeito, meu amigo repórter australiano Paul McGeough e eu decidimos que talvez fosse hora de mudar de hotel. O Al-Hamra, soubemos então, ficava longe demais, e descartamos o Mansour como sendo perto demais do Ministério da Informação. Quase todo mundo que eu conhecia se mudara para o Palestine, que era sombrio e dilapidado, mas agora, posto na balança, parecia um bom lugar pelo menos para se ter um quarto, mesmo que só para ficarmos próximos de nossos colegas. Enquanto Paul ia até o Al-Hamra pagar a sua conta e pegar os mantimentos lá guardados, fui ao Palestine ver se havia quartos disponíveis. No saguão de entrada reinava o tumulto, com escudos humanos, jornalistas e motoristas, acompanhantes oficiais e policiais secretos iraquianos, todos se movimentando em grande confusão. O preço vigente para os desleixados quartos do Palestine era de 70 dólares por noite. Informaram-me que, oficialmente, não havia mais quartos, mas que eu poderia conseguir um com um suborno de 250 dólares. Recusei furioso a oferta.

Em seguida, tornei a visitar o Al-Safeer. Achei que talvez ainda houvesse um meio de conseguir me hospedar lá, apesar das novas ordens. Mas quando cheguei os balconistas da recepção, que eu conhecia, informaram, desculpando-se, que haviam recebido ordens para não permitir a presença de quaisquer jornalistas. Paguei minha conta do quarto que nunca usara e providenciei para que meus mantimentos fossem levados no carro de Sabah.

Num único dia, a ilusão que a maior parte de nós alimentara durante semanas — de que poderíamos de alguma maneira evitar sermos descobertos pelas autoridades e fazer a nossa própria "segurança" quando a guerra chegasse — fora destruída. Quando deixei o Safeer pela última vez, entendi que não era mais dono do meu próprio destino, se algum dia fora. Se alguém o era, era o filho de Saddam, Qusai. Parecia que, por ordens suas, estávamos sendo arrebanhados para hotéis pré-selecionados para nós, e não tínhamos nenhuma opção a respeito. Eu me senti muito vulnerável e ansioso, e percebi que era a primeira vez no Iraque que sentia aquele medo que a maioria dos iraquianos vivera durante anos.

Fui ver Patrick em seu hotel, que ficava a uns dez quarteirões do Safeer, mais embaixo na rua Abu Nawas. Ele comentou o ritmo acelerado de tudo, a tensão no ar. Tinha os olhos arregalados, transbordando de energia nervosa. Estivera fora filmando o homem que reconstruía seu barco, disse-me, e planejava rodar uma seqüência com as crianças violinistas no dia seguinte, e me convidou para ir com ele. Falamos um pouco sobre *No Coração das Trevas*, e observei como ficara impressionado com a importância que ele dava aos dilemas morais suscitados no livro. Ele me lançou um olhar aguçado e balançou a cabeça em reconhecimento. Respirando forte, deu vazão a um fluxo sentimental de palavras:

— Estou às voltas com meus próprios Marlowe e Kurtz, sabe? Tenho os dois dentro de mim, sabe? — Batia no peito com as duas mãos. — Foi por isso que vim para cá, para ficar no coração desta matança, deste grande assassinato prestes a acontecer, porque não acredito que, depois que temos essa atração mortal dentro da gente, a gente consiga se livrar dela. Eu quero estar no centro disso tudo, a morte, o massacre, para poder resolver tudo de uma vez por todas. Eu sou Marlowe, ou sou Kurtz? Quem vai ser?

Mais tarde nesse dia, visitei Ala Bashir no hospital, e ele me falou do último telefonema do primo. Quando o informei da atividade estranha no Ministério da Informação e da grande evacuação da imprensa estrangeira, ele escutou atentamente. Perguntei-lhe se ele julgava possível o regime estar pensando em nos usar como escudos humanos. Ele respondeu que não julgava provável, pois o regime não fizera isso antes com jornalistas, nem mesmo durante a Guerra do Golfo. Observei que aquela guerra tinha um objetivo muito diferente, e que por isso o regime poderia muito bem usar aquele golpe baixo. Ele assentiu com a cabeça e manifestou preocupação com a minha segurança. Eu lhe disse que estava sob pressão da *The New Yorker* para deixar o Iraque, por motivos de segurança. Não queria partir, mas não queria cometer algum engano bobo. Pedi-lhe que me ajudasse, descobrindo o que pudesse sobre as intenções do regime para os jornalistas ocidentais. Ele prometeu fazer algumas investigações discretas durante a noite sobre as idas e vindas no Ministério do Exterior. Disse-me que fosse vê-lo às onze horas da manhã seguinte, que ele me diria se julgava seguro ou não ficar em Bagdá.

Falamos do telefonema do seu primo, e do que ele dissera sobre o ultimato planejado por Bush, que só seria transmitido depois de já estarmos dormindo, às quatro da manhã, horário de Bagdá.

— Claro que Saddam não irá — disse Bashir categoricamente.

Trocamos opiniões sobre se a guerra seria curta ou prolongada. Sugeri que isso parecia depender de como Saddam preferiria fazer sua resistência: se, como tantos temiam, ele planejava atrair os americanos a um sítio a

Bagdá, com inúmeras vítimas civis, na esperança de provocar um clamor internacional que poria um fim à guerra, ou se os americanos poderiam isolar rapidamente Saddam e seu círculo interno e evitar grandes batalhas. Bashir disse julgar que o argumento posterior era possível, e sugeriu que sabia mais a respeito do que revelara antes.

— Eu sei que muitas pessoas, inclusive militares de alta patente e membros do partido — disse —, não estão dispostas a lutar por ele. O que eles ganham com isso? Eles sabem quais serão as conseqüências.

Bashir perguntou o que eu achava do seu modelo para o monumento *Épico de Saddam*. Eu lhe respondi, diplomaticamente, que o julgava bastante extraordinário e muito ilustrativo do tempo de Saddam no poder. Ele pareceu contente com isso, e sorriu.

— Claro que nunca será construído. Eu sei disso — disse, em voz baixa. Concordei que parecia improvável.

Quando despertei na manhã seguinte, terça-feira, 18 de março, ouvi as notícias que o primo de Ala Bashir antecipara: o presidente Bush dera a Saddam e sua família 48 horas para deixar o país ou enfrentar a guerra — como ele disse — "num momento de nossa escolha". Às oito da manhã em Bagdá, a contagem já consumira 12 horas. Mais tarde naquele dia, quando se transmitiu a desafiante rejeição de Saddam à exigência, a guerra se tornou iminente.

Nesse meio tempo, nossa complicada situação de hotel pareceu se resolver quando um amigo canadense de Paul McGeough ofereceu-lhe as chaves do seu quarto no Palestine. Seu jornal lhe ordenara que partisse, e ele iria fazê-lo naquela manhã. Enquanto Paul e Sabah empacotavam e mudavam todos os nossos pertences do Al-Rasheed para o Palestine, eu corria até o Hospital Al-Wasati para meu compromisso com Ala Bashir.

No trajeto de carro, vi um grande número de homens armados nas ruas, e notei novas barricadas de sacos de areia e buracos em cruzamentos de ruas e em terrenos baldios. Perguntava-me se haviam sido preparados durante a noite. Dois dias antes, eu começara a notar homens cavando trincheiras isoladas aqui e ali, mas sem qualquer grande urgência. Agora parecia haver preparações defensivas em andamento em todos os lugares. Os civis pareciam agir como antes, respeitando suas rotinas diárias e ostentando expressões impassíveis, neutras. Alguns restaurantes e casas de chá ainda continuavam abertos, e várias das lojas ainda faziam negócios.

Ala Bashir me cumprimentou calmamente. Quando ficamos a sós em seu consultório, fez uma sátira indireta sobre como seu primo parecia ter "boas fontes de informações". Mais a sério, disse que falara com Samir Khairi, e haviam concordado que o melhor era que eu partisse, com base em que eu simplesmente ficaria mais seguro. Como explicou:

— Algumas das pessoas em torno do presidente poderiam ficar agressivas com americanos e ocidentais. — Mas ele também parecia não querer de verdade que eu fosse embora, porque me convenceu a ir mais uma vez para um dos hotéis próximos ao seu hospital. Eu lhe disse que não gostara do local. Discutimos minhas outras alternativas. Expliquei que ainda estava em negociações com meus editores sobre se iria ou não ficar, e esperava alguma decisão ainda aquele dia. Disse-lhe que estava me mudando provisoriamente para o Palestine, onde estava a maioria de meus amigos e colegas, e que na verdade ficava apenas a cinco minutos de carro do hospital. Ele disse que não gostava do Palestine, e que, por algum motivo que desconhecia, o hotel estava até mais cheio de seguranças que o Al-Rasheed, e também tinha mais grampos eletrônicos. Reiterou o convite para eu ficar com ele no hospital assim que as coisas começassem. Eu lhe agradeci, e disse que, se parecesse a coisa certa a fazer, eu iria. No íntimo, perguntava-me se aquilo seria sequer possível, em vista dos controles mais estritos de meus movimentos. Concordamos que eu lhe telefonaria mais tarde naquele dia para informá-lo se iria partir ou ficar.

Antes de eu deixar o hospital, Bashir me disse que na noite anterior, na Rádio Monte Carlo, uma estação muito escutada no Oriente Médio, fora divulgado que Nizar al-Khazraji, ex-general iraquiano que desertara para o Ocidente em 1995, desaparecera de sua casa na Dinamarca na véspera. Khazraji estivera sob prisão domiciliar por vários meses, investigado por crimes de guerra. Fora acusado de responsabilidade por ataques com gás venenoso contra os curdos em 1988, em que haviam morrido milhares de civis. Bashir achava que o desaparecimento de Khazraji era um fato muito significativo que ele julgava houvesse sido organizado pelos americanos. Disse que Khazraji, ex-chefe do Estado-maior do exército de Saddam, era um oficial profissional que ganhara sua patente à moda antiga, por mérito, e não por ser "primo de Saddam", e que tinha então muitos admiradores nas forças armadas iraquianas. Ficou claro que Bashir também tinha Khazraji em alta conta. Ele especulou que a notícia de seu desaparecimento seria vista por militares no Iraque como uma mensagem codificada dos americanos de que Khazraji estava com eles, e que era hora de agirem contra Saddam. Achava que alguns deles poderiam agir.

— O desaparecimento desse homem vai encorajar aqueles no Partido Baath e as altas patentes nas forças armadas iraquianas que no momento julgam que só podem sobreviver se permanecerem com Saddam. — As próximas horas, ou dias, disse, eram cruciais. Se um golpe ou tentativa de assassinato contra Saddam não ocorresse antes de começar o bombardeio, poderia acontecer durante o conflito. Bashir acrescentou que, durante a Guerra do Golfo, Khazraji fora ferido na batalha no sul do Iraque, e ele o havia operado.

Mais tarde, Sabah e eu pegamos Patrick em seu hotel e nos dirigimos para a casa das crianças violinistas de que ele me falara. Elas viviam com os pais em uma modesta mas confortável casa de dois andares numa rua suburbana residencial do sudoeste de Bagdá. Eram crianças lindas, com grandes olhos expressivos, e o pai, Majid al-Ghazala, um homem admiravelmente bonito de 40 anos. Explicou que era ele próprio violinista, da orquestra sinfônica nacional iraquiana. Também tinha seu próprio grupo de música de câmara, mas ganhava a vida mesmo como professor de violino numa escola de música para crianças em Bagdá. Ensinara três dos quatro filhos a tocarem instrumentos, disse com orgulho.

Majid ofereceu-se para tocar alguma coisa primeiro. As crianças estavam animadas. Apertavam-se no sofá da sala de estar, sussurrando e se mexendo, inquietas, como crianças num teatro à espera do começo do espetáculo. Grandes armários de madeira haviam sido colocados na frente das janelas, e a mobília fora coberta com panos. Majid postou-se diante de um suporte de partitura e tocou um estudo de Jacques-Féréol Mazas, compositor do século XIX. Era uma melodia pungente, triste, que Majid disse ser a sua favorita. Então Hamid, o filho de 10 anos, tocou seu próprio pequeno violino com o pai ao lado, orientando-o suavemente com a mão. Uma das filhas de Majid tocou uma peça para flauta, e sua primogênita, uma menina de 12 anos, tocou piano. Majid desculpou-se pelo piano estar desafinado. Disse que as cordas do violino tampouco estavam na melhor forma. Eram cordas de segunda categoria, da Turquia e da China.

— É impossível obter cordas de violino profissionais em Bagdá — disse ele com ar triste.

Durante o concerto de família, a esposa de Majid, uma bela mulher com olhos de um azul profundo, ficou na cozinha. Enquanto Patrick tratava de filmar as crianças tocando seus instrumentos, eu entrei para cumprimentá-la. Sentada a uma mesa, costurava pequenas máscaras, com agulha e linha. Punha bolas de algodão e carvão numa bolsa de gaze que cobria a boca e o nariz, e pequenas laçadas de pano para firmar as máscaras em torno das orelhas. Perguntei-lhe para o que eram, e ela sorriu timidamente.

— São máscaras contra fumaça, para as crianças — disse ela. Perguntei se as crianças sabiam o que estava para acontecer. Ela balançou a cabeça.

— Não, não sabem ao certo. Só sabem que vai haver muito barulho e fumaça. — As crianças terminaram de tocar e entraram na cozinha. Ficaram por ali, assistindo à atividade sem compreender, sorridentes com a mãe e olhando fixa e timidamente para mim.

Mais tarde, na sala da frente tipo casamata, e fora do alcance dos ouvidos das crianças, perguntei a Majid quais eram seus planos. Ele queria levar a família para a Jordânia antes de o bombardeio começar, disse. Tinha os documentos em ordem para partir, mas não conseguira gasolina suficiente para a viagem. Não sabia ainda se resolveria isso a tempo; havia filas enormes em todos os postos de gasolina na cidade. Mas iria tentar. Ele balançou a cabeça em direção às crianças.

— Eu não quero que eles passem por isso — disse. Perguntei se ele precisava de alguma ajuda. Ele pareceu envergonhado e balançou a cabeça, agradecendo-me pela oferta. Quando fomos embora, toda a família estava de pé do lado de fora, e as crianças sorriam e acenavam.

Enquanto voltávamos para o centro de Bagdá, Patrick explicou sua relação com a câmera de vídeo.

— É uma substituta da arma de fogo — disse ele. — Quando me alistei no exército e me deram um M-16, logo me apeguei à arma. Era como uma extensão do meu corpo. Eu conseguia arrancar o rabo de um tapete de pele de urso! Não sei como, simplesmente conseguia. Talvez seja genético. Agora, continuo atirando em pessoas, mas com isto. — Ergueu a câmera.

Por volta das quatro da tarde, recebi um telefonema do editor-chefe da *The New Yorker*, David Remnick, pedindo-me que deixasse o Iraque o mais rápido possível. Ele citou as decisões de última hora de seus colegas do *The Washington Post* e do *The New York Times* de retirar seus correspondentes. Vários dias antes, eu prometera a David que obedeceria à sua palavra final sobre ficar ou não, mas pedi mais tempo, citando o fato de que John Burns, correspondente do *The Times* (e indiscutível decano dos correspondentes no exterior, com trinta anos de experiência de terreno e dois Pulitzers faturados pelas reportagens em Sarajevo e no Afeganistão), também estava determinado a ficar. David concordou, relutante, em esperar para ver como as coisas se desenvolveriam, mas agora, com a guerra a caminho, e levando em conta o pedido de evacuação de Burns, estava pondo um fim à questão. Eu prometi que partiria, mas disse que já era tarde naquele dia e não teria condições de partir até a manhã seguinte. Tomada a decisão, senti uma estranha mistura de alívio e desânimo.

Dei a notícia a Paul McGeough. Ele tivera discussões semelhantes com seus editores, e concordou em partir comigo. Telefonou para o serviço de carro que conhecíamos e pediu-lhes que pusessem duas picapes de prontidão para levar John Burns e nós dois até Amã. O preço, informaram-nos, disparara rapidamente em mais de 100% desde a noite anterior — subira para 1.300 dólares. Depois fomos ao centro de imprensa no Ministério da Informação, onde, se desejássemos partir, primeiro precisaríamos pagar os honorários obrigatórios. Estes totalizavam 200 dólares, mais 50 mil dinares iraquianos — o equivalente a outros 20 dólares — por dia. No melhor dos dias, pagar o centro de imprensa era um processo imensamente frustrante, que podia levar várias horas. Havia um único caixa, um homem a quem faltavam vários dentes e dedos, que tinha de anotar o número de série de cada cédula americana, e de vez em quando ficava histérico sem nenhum motivo aparente. Assim que terminava esse tedioso procedimento, era preciso procurar outras autoridades para as devidas assinaturas. Os telefones por satélite também tinham de ser fechados a sete chaves por um homem cujo único dever era executar essa função.

Quando Paul e eu chegamos ao centro de imprensa, era óbvio que de modo algum conseguiríamos partir naquela noite. O lugar estava um pandemônio, com dezenas de repórteres tentando ir embora, acompanhantes oficiais, tradutores e seguranças se empurrando, com os ânimos enfurecidos. Quando consegui chegar até a frente da multidão e falar com o caixa, ele me mandou voltar no dia seguinte. Localizamos John Burns, seu fotógrafo Tyler Hicks e Melinda Liu, da *Newsweek*. Nós cinco vínhamos nos reunindo e discutindo nossas opções por vários dias, e concordamos em agir juntos. Fizemos um conclave para decidir o que fazer. Todos tinham ouvido informações de que os jornalistas que haviam deixado o Iraque desde o ultimato de Bush estavam sendo detidos na fronteira. Constava que a maioria deles era de países "da coalizão" — os EUA, a Grã-Bretanha e a Espanha —, embora pelo menos um trabalhador humanitário norueguês parecesse estar entre eles. Eu recebera um *e-mail* de Heathcliff O'Malley, que chegara a Amã em segurança após cruzar a fronteira pouco antes do discurso de Bush, dizendo-me que um dos detidos era um amigo comum nosso, Kim Sengupta, do *Independent*. Melinda também confirmara as detenções de pessoas que trabalhavam para as redes de televisão NBC e AP. Aparentemente, os repórteres presos haviam sido fisicamente revistados e declarados culpados de "violações às leis monetárias" que não vigoravam antes (isto é, levavam dinheiro vivo demais) ou de portarem telefones por satélite Thuraya. Depois de limpos de todo o seu dinheiro, haviam sido presos e escoltados de volta a Ramadi, uma cidade pró-Saddam a oeste de Bagdá.

Vários de nós havíamos entrado ilegalmente com Thurayas no país, mas os havíamos escondido depois que Qusai ocupara o Ministério da Informação. Eu dera o meu para Sabah esconder em sua casa, e Paul escondera o seu numa grade de ventilação na escada de serviço do Al-Rasheed. Os Thurayas são equipados com Sistemas de Posicionamento Global ou GPS (da sigla em inglês), o que, em teoria, significa que uma pessoa com um deles em solo iraquiano poderia identificar e enviar informações sobre alvos potenciais de bombardeio aos americanos.

Com os destinos de nossos colegas sob custódia ainda desconhecidos, nós cinco concluímos que deixar o Iraque — com as incertezas da estrada aberta e o risco de acabarmos numa prisão em Ramadi assim que a guerra começasse — não era mais uma opção segura. Concordamos em manter os dois motoristas que contratamos de sobreaviso e reavaliar a situação pela manhã, mas tínhamos quase certeza de que nossa brecha para partir chegara e se fora.

Descendo a rua Abu Nawas, no momento em que o sol se punha, Sabah e eu topamos com uma cena estranha. Na faixa do meio, dois homens de túnicas longas estavam acorrentados a uma das árvores. Um deles fazia suas orações, erguendo-se e abaixando-se à moda muçulmana; o outro, um grandalhão barbudo, erguia-se ereto como um urso de circo acorrentado. Uma faixa pendurada na árvore dizia: "Não à Guerra." Mais tarde, alguém me explicou que os homens eram escudos humanos turcos.

Naquela noite, no Ministério da Informação, Naji Sabri, com uma aparência tranqüila, concedeu uma entrevista coletiva. Usava o uniforme militar, meio pequeno para sua vultosa barriga. Condenou repetidas vezes o presidente Bush como um "um idiota que até agora não sabe se a Espanha é um reino ou uma república". Obviamente, se deleitava ao dizer isto, pois repetiu duas vezes. Disse que a única janela de oportunidade que restava à diplomacia era os "dois déspotas" — Bush e Blair — renunciarem.

Também os descreveu como "malfeitores", "traficantes de guerra", "fazedores de guerra", "criminosos de guerra" e "mestres da distorção e conspiração". Perguntado sobre o humor do presidente do Iraque, Sabri disse:

— Saddam Hussein está relaxado e tão certo da vitória quanto eu na presença de vocês nesta sala. Ele conta com sua profunda fé em Deus e com as ilimitadas potencialidades do povo iraquiano.

Mais tarde, telefonei para Al Bashir em sua casa para dizer-lhe que parecia que eu iria ficar, afinal. Ele pareceu contente. Prometemos manter estreito contato um com o outro. Paul e eu nos esprememos em nosso sujo quartinho com duas camas de solteiro no nono andar do Palestine e tivemos uma noite de sono espasmódico.

No dia seguinte, quarta-feira, 19 de março, acordei com uma terrível dor de cabeça. Olhando para fora da janela do hotel, vi que o céu estava amarelo e espesso de poeira — outro *turab*. Paul e eu decidimos retornar ao Al-Rasheed. John Burns, que continuava lá, imperturbável, insistira conosco na noite anterior que não era provável que os americanos bombardeassem o hotel. Assinalando o relativo luxo do Al-Rasheed, suas paredes exteriores reforçadas, heliporto e outras instalações, disse que era um lugar perfeito para a nova embaixada dos Estados Unidos. Depois de nossa miserável noite de sono no Palestine e da incapacidade de conseguir um sinal de satélite em nosso quarto, os argumentos dele foram muito persuasivos.

Passando pelo lugar na Abu Nawas onde os manifestantes turcos estavam acorrentados, encontramos um contingente de cerca de 15 milicianos iraquianos armados, em seus uniformes verdes, do nosso lado da rua. Observavam os dois acorrentados, que pareciam ter acabado de queimar alguma coisa na rua, onde havia uma grande mancha negra gordurosa. Pensei que provavelmente havia sido uma bandeira americana; sua queima era uma característica obrigatória da maioria das demonstrações políticas no Iraque.

Bagdá se tornara um lugar misteriosamente deserto. Viam-se muito poucos civis nas ruas, e a maioria das lojas estava fechada, as janelas com grandes X de fita adesiva. O tráfego nas ruas diminuíra bastante, e vários veículos passavam correndo de um lado para outro cheios de homens de uniforme. Por toda a cidade, grupelhos de milicianos e soldados juntavam-se nas esquinas. Quase todos os buracos e abrigos barricados com sacos de areia, que haviam começado a aparecer na capital nos últimos dias e permanecido vazios, achavam-se agora ocupados por homens armados. Na rua Sadoun, uma faixa comercial em geral agitada que corre paralela à Abu

Nawas, as lojas de relógios e os cinemas estavam fechados — mas os cartazes em cores berrantes ainda anunciavam *American Pie* e o filme de horror cômico *Santuário do Medo II.* Próximo a um dos cinemas, vi um bivaque completamente guarnecido e equipado por negros, raros de se ver em Bagdá, e que julguei serem sudaneses. Vários viviam no bairro. Do mesmo modo que os egípcios haviam chegado ao Iraque como trabalhadores migrantes na década de 1980 e ali permanecido, uma pequena colônia de sudaneses também continuara no país. A maioria era pobre demais para voltar para casa. Os sudaneses de Bagdá eram considerados em geral pessoas honradas e bons trabalhadores, e vários eram empregados como balconistas ou faxineiros em hotéis. O porteiro do Al-Rasheed era do Sudão. Homem imenso, com um sorriso perpétuo, vestia uma fantasia de *As Mil e Uma Noites* e morava numa casinha de madeira num trecho desocupado de um terreno próximo, com as duas esposas e seus vários filhos.

Ao passar de carro pelo Ministério da Informação, notei pedreiros em atividade aplicando os últimos retoques em alguns escritórios recém-construídos no andar térreo. Isso pareceu estranho, em vista da probabilidade de o edifício ser destruído nos próximos dias, mas imaginei que Saddam Hussein dera ordens para que os negócios do governo continuassem como sempre, a fim de fazer parecer que ainda mantinha firme controle de tudo, e estava confiante na vitória da guerra próxima.

No Al-Rasheed, os jardineiros ainda regavam o gramado e podavam os arbustos, e a piscina continuava cheia de água tremeluzente. O hotel parecia gloriosamente limpo e luxuoso em comparação com o Palestine, e o pessoal mostrou-se extremamente contente por nos ver de volta. Salman, o gerente da recepção, dado a flertes, ralhou conosco por havermos partido. Paul e eu resolvemos ficar, embora tenhamos decidido também manter o quarto do Palestine. Tomamos uma suíte para nós e quartos contíguos para Sabah e o motorista de Paul, Muhammad, no oitavo andar, e os despachamos para buscar todos os nossos pertences e suprimentos. A suíte dava para o sul, onde havia boa recepção para nossos telefones por satélite e uma vista panorâmica de alguns dos principais alvos de bombardeio em Bagdá, inclusive a imensa sede do Partido Baath (quase totalmente reconstruída depois de destruída na campanha de bombardeio de três dias do presidente Clinton em 1998, chamada Raposa do Deserto), a alta e fina Torre de Telecomunicações Saddam e vários dos grandiosos palácios abobadados de Saddam. Durante o dia, outros jornalistas, exaustos com todas as mudanças e ansiedades com a guerra próxima, também começaram a pingar de volta do

Palestine. À tarde, o saguão de entrada do Al-Rasheed, que tinha uma aparência fúnebre apenas 24 horas antes, fervilhava novamente de atividade.

Havíamos descoberto mais sobre nossos colegas detidos ao tentarem deixar o país. Parecia que a maioria fora libertada depois de encarcerada durante a noite em Ramadi e multada por um juiz por suas alegadas transgressões. Um amigo fotógrafo francês tivera literalmente de dirigir até Ramadi e pagar uma fiança de 40 mil dólares para liberar vários de seus colegas. Eles haviam voltado com ele para Bagdá. Outros, como a equipe da NBC, tiveram permissão para deixar o país, mas Kim Sengupta fora obrigado a retornar para Bagdá. Mais preocupante, vários outros que haviam sido noticiados como desaparecidos ainda continuavam sem dar notícias. Paul e eu tivemos uma conferência final com Melinda Liu, John Burns e Tyler Hicks, e todos concluímos que era mais seguro, com base no que soubéramos, permanecer em Bagdá. Até onde sabíamos, mais ou menos duzentos jornalistas ficaram, embora só um pequeno número de americanos e britânicos. Pagamos e dispensamos os carros que mantivéramos de sobreaviso. Depois, todos informamos nossos chefes.

Enviei *e-mails* para David Remnick e Sharon DeLano, meu editor na *The New Yorker*, explicando a nova situação. Eles responderam imediata e positivamente, dizendo que entendiam nossa decisão e oferecendo pleno apoio para qualquer coisa de que minha família precisasse em minha ausência. Não mais sob pressão para partir, senti-me imensamente aliviado, e tive certeza de que, acontecesse o que acontecesse, estava em boa companhia. Muitas pessoas haviam partido, mas, além de Paul, John e Tyler, havia Jim Nachtwey, um amigo pessoal de muitos anos, e o fotógrafo russo Yuri Kozyrev, com quem eu fizera amizade no Afeganistão. Anne Garrels, da National Public Radio, também havia ficado, assim como Anthony Shadid, do *The Washington Post*, Tim Judah, do *The New York Review of Books*, John Danischevsky, do *Los Angeles Times*, Robert Collier, do *The San Francisco Chronicle*, e Larry Kaplow e Craig Nelson, do serviço de notícias Cox. Alguns dias antes, Robert Collier, Craig Nelson e eu havíamos reconhecido uns aos outros e nos encontrado pela primeira vez em anos; tínhamos nos visto pela última vez na América Central na década de 1980. Um novo amigo era Patrick Graham, simpático e inteligente repórter canadense que por acaso também era filho do ministro de Relações Exteriores do Canadá, fato que tentava manter o máximo possível em segredo. Patrick escrevia para o *National Post* de Conrad Black, que estava tendo sérias dificuldades financeiras; com humor negro, Patrick brincava que bem poderia ter achado uma guerra para cobrir, mas ninguém para quem cobrir. Alguns dias antes, apresentara-me a Sasha Trudeau, filho do ex-primeiro-ministro canadense Pierre Trudeau. Sasha era um homem magro, intenso, no início da casa dos 20 anos, que tentava começar uma carreira como documentarista. Dedilhava sem parar um rosário de contas azul-celeste. Pretendia esconder-se das autoridades e morar durante a guerra com uma família iraquiana, confidenciou-me num sussurro.

Em meio a todo aquele caos, era impossível fazer uma contagem de americanos, mas alguns dias depois fiquei sabendo por um *e-mail* de Joel Simon, do Comitê de Proteção a Jornalistas, que ao todo 16 americanos haviam permanecido em Bagdá. O inimitável Ross Benson, do *Daily Express*, e alguns outros britânicos e canadenses também haviam ficado. Entre eles, Jon Swain; os repórteres do *The Guardian* Suzanne Goldenberg e Jonathan Steele, o correspondente internacional de longa data do jornal; Rageh Omar, um jovem apresentador da BBC, nascido na Somália; e Lindsey Hilsum, da rede de emissoras ITN. Uma chegada de última hora foi Robert Fisk, do *Independent*, que apareceu depois de viajar por terra pela Síria desde sua casa em Beirute. Decano dos correspondentes britânicos no Oriente Médio, Fisk era um homem irrequieto, taciturno, com um rosto vermelho cheio de manchas, mas o pessoal de Saddam decididamente o adorava. Nascido na Irlanda, Fisk era um ardente arabista, cujos acerbos pontos de vista sobre programas de ação ocidentais no Oriente Médio renderam-lhe grande popularidade em todo o mundo muçulmano. Naquela tarde, o colega de Fisk, o infeliz Kim Sengupta, reapareceu de suas provações em Ramadi, sem um tostão e parecendo exausto, mas se comportando estoicamente apesar de tudo.

O baixinho Peter Arnett também ainda estava por lá, gabando-se para quem quisesse ouvir de sua cobertura sozinho de Bagdá durante a Guerra do Golfo de 1991. Era encarado como um pária pela maioria de seus colegas ocidentais, mas as redes de televisão asiáticas e árabes claramente o consideravam uma celebridade. Eu o via com freqüência dando entrevistas no saguão do hotel, a voz ribombando portentosa. Ao todo, ficaram mais ou menos duzentos jornalistas, representando umas trinta nacionalidades diferentes, entre eles um grupo grande e visivelmente desproporcional de espanhóis, franceses e gregos. Não vi mais o brincalhão fotógrafo russo com uniforme de pára-quedista, e imaginei que ele houvesse tomado a sábia decisão de mandar-se dali.

Depois de sua inexplicada ausência de vários dias, meu acompanhante oficial, Muslim, apareceu no Al-Rasheed. Disse-me que mudara a família para uma aldeia fora de Bagdá, onde achava que estariam mais seguros, e pediu-me algum dinheiro para comprar suprimentos. Iria ficar com eles, explicou, "até a guerra terminar". Perguntou-me se eu iria ficar para a guerra. Eu disse que sim. Ele pareceu muito contente, de alguma maneira reconfortado por essa notícia, e apertou minha mão. Dei-lhe algum dinheiro e desejei-lhe boa sorte. Foi a última vez que o vi.

À tarde, conversei com Saad, o recém-designado acompanhante de John Burns, um homem que lhe fora imposto pelo Ministério da Informação alguns dias antes, e que pouco disfarçava que seu dever era controlar as atividades do jornalista. John escrevera reportagens altamente críticas sobre o regime de Saddam no outono. Incapaz de obter vistos normais de imprensa, ele e Tyler Hicks retornaram ao Iraque com questionáveis vistos de "pacifista" que haviam conseguido com subornos, e mantiveram-se discretos por vários dias até Udai al-Taiee, do Ministério da Informação, exigir que eles dessem as caras. No encontro, al-Taiee disse a John que lhe permitiria ficar, mas esperava que ele escrevesse a verdade sobre a matança de civis que iria acontecer assim que os americanos começassem a bombardear. Era óbvio para todo mundo que John fora posto sob vigilância especial. Nos ajuntamentos públicos, homens que pareciam ser agentes de segurança estavam sempre ao seu redor, atentos. Al-Taiee dera para cumprimentá-lo em público e depois declará-lo em voz alta "o homem mais perigoso no Iraque". Visivelmente, sua intenção era fazer John se sentir tão desconfortável e inseguro quanto possível. John aceitava tudo isso com uma exibição de equanimidade e bom grado, mas estava claro que, mais do que qualquer um de nós em Bagdá, ele estava vivendo no fio da navalha.

O acompanhante de John, Saad, era um ex-oficial iraquiano de alta patente, em meados da casa dos 50 anos. Quando nos sentamos para conversar, ele adotou uma expressão sombria e me assegurou:

— Os Estados Unidos estão cometendo um grande erro. Vão ter de usar a bomba atômica para vencer o Iraque. As pessoas estão todas prontas para a briga, todo mundo está pronto para lutar. Esta vai ser uma guerra muito longa. — Eu assenti com a cabeça, sem me comprometer, não sabendo bem o que responder. Ele continuou por algum tempo nesse tom, repetindo a versão oficial baathista da história, que assegurava que os americanos haviam sido derrotados na Guerra do Golfo, e os Estados Unidos, não o Iraque, haviam pedido a paz depois de confrontados com a terrível ousadia em combate dos guardas republicanos. Disse isso com rosto impassível. Não sei se ele realmente acreditava no que dizia, ou se estava apenas fazendo o seu trabalho.

Por volta das cinco da tarde, os homens que dirigiam o centro de Internet anunciaram que iriam fechar mais cedo que o habitual, dali a duas horas. Quando os clientes terminaram com os computadores, eles os desligaram e começaram a empacotá-los em caixas de papelão. Já no saguão, notei que todas as janelas panorâmicas que davam para o jardim, do chão ao teto, haviam sido fechadas. No vestíbulo externo, em frente à loja de tapetes onde um vendedor vestido de beduíno em geral se refestelava num tapete numa tenda falsa e convidava os hóspedes de passagem a se sentarem e tomarem café iraquiano e aperitivo com ele, as janelas não apenas estavam fechadas, mas cobertas com tapetes belamente tecidos. Era como caminhar por uma luxuosa tenda beduína.

Cerca de uma hora antes do crepúsculo, Paul, Sabah e eu saímos para um passeio pelas ruas quase vazias. Viam-se muito poucos civis. Havia pessoal da segurança por toda parte, olhando vigilante. Soldados armados enfiavam-se em abrigos por trás de sacos de areia; grupos de homens com ar alerta, em trajes civis, percorriam as ruas, olhando intensamente os ocupantes dos carros que passavam, e nos cruzamentos os policiais de trânsito — em geral figuras benignas, meio jecas em seus antiquados uniformes abotoados e capacetes pontudos como os dos soldados prussianos do início do século XX — agora seguravam fuzis de combate. No chão de uma casamata de terra, uma linha curva de tijolos caiados tinha pintada a palavra *vitória* em árabe. O poente, obscurecido pela poeira amarela, era de um branco pálido. Parecia um grande *kumquat* descascado no céu, e por um momento o confundi com a lua.

Aqui e ali, famílias carregavam geladeiras, caixas de latas de butano e outros pertences em pequenos caminhões de carroceria aberta e chata. Numa esquina da rua, no centro comercial vazio de Mansour, paramos um instante para observar um grupo de homens — três gerações da mesma família, presidida por um avô taciturno vestido em trajes formais —, todos sentados em cadeiras na calçada, jogando dominó diante de uma ourivesaria fechada. Sorriram afavelmente para nós, mas não disseram nada, e voltaram ao seu jogo. Um vendedor de rua, oferecendo alguma bebida caseira em um carrinho de cores vistosas, ergueu de repente o olhar e gritou portentosamente, mas sem qualquer ardor particular:

— Iraque! Iraque! — Apontou para o céu crepuscular. Tinha um cigarro aceso na boca, que sugava sem usar as mãos.

Deixamos a faixa comercial e tomamos algumas das ruas laterais residenciais. A maioria das grandes e exuberantes casas de Mansour parecia desocupada. Eram as moradias de iraquianos ricos, pessoas com acesso a dinheiro e passaportes que lhes haveriam permitido partir, ou pelo menos evacuar as famílias para a segurança em Damasco e Amã. Uma solitária criada descia as alamedas com vários pães redondos nos ombros, os braços fazendo a longa túnica preta *abaya* ondular atrás como uma pipa. Na avenida principal, paramos no acostamento, onde algumas pessoas compravam artigos de última hora de vários homens e mulheres parados ao lado de montinhos de mercadoria empilhados: pequenos candeeiros de querosene, latas de leite para bebês Milkyland do Egito, café instantâneo, salsichas de Viena, latas de frango halal libanês e recipientes de plástico de 5 litros de óleo de soja com o logotipo do Programa Mundial de Alimentos. Quando a abordei, uma beduína de rosto tatuado que vendia farinha e óleo gritou-me e ergueu as mãos em concha para o céu, num gesto de súplica. Dois jovens numa das tendas improvisadas olharam-me surpresos e apontaram para o céu. Um deles perguntou em inglês estropiado se eu ficaria no Iraque para a guerra. Encolhi os ombros e assenti com a cabeça, ele sorriu e disse esperar que eu não fosse morto. Apertamo-nos as mãos. Eu lhe disse que esperava que ele também não fosse morto.

Caminhei de volta ao carro, onde uma das vendedoras, uma robusta feirante com dois meninos pequenos, parou-me com uma pergunta em árabe. Eu disse "*Hello*", um anglicisimo que faz parte do léxico iraquiano e é usado, de modo intercambiável, para dizer Oi e Tchau. Parecendo ofendida, ela começou a gritar alguma coisa em árabe, e um homem interveio para traduzir, mais ou menos, o que ela dizia. Antes que pudesse fazê-lo, ela gritou para ele, e ele disse para mim:

— Ela não quer que eu traduza o que ela está dizendo. — Quando insisti, ele explicou que ela dissera: "*Hello?* O que é isso, *hello*? Não é hora de *hello*. As bombas já vão cair! Por que seus países estão vindo nos atacar?" Pedi ao homem que explicasse para ela que eu podia ser ocidental, mas estava em Bagdá, como ela, correndo os mesmos riscos que ela. A feirante visivelmente ficou mais calma ao ouvir isso, e de fato sorriu. Parou de gritar e perguntou:

— Então, tem alguma notícia? Vai ter ataque hoje à noite? — Eu disse que sim, parecia que haveria um ataque, e recomendei-lhe cuidar dos meninos. Apertamo-nos as mãos e parti.

Descendo de carro a avenida, passamos por um velho que dava um solitário passeio, as mãos nas costas, dedilhando um rosário. Parecia em profunda contemplação. Passou indiferente por um jovem que abanava as brasas sob um espeto de carne num carrinho portátil de churrasquinho *shawarma*, como se esperasse a chegada de fregueses a qualquer momento.

Quando anoiteceu, o ar esfriou, e nas ruas às escuras eu de repente fiquei muito consciente de ser um americano andando por Bagdá na véspera da invasão americana; era uma sensação estranha, inquietante. Minha apreensão aumentou quando paramos num sinal de trânsito e o homem no carro próximo a nós, um sujeito de ar rústico com um *kaffiyeh* xadrez vermelho e branco na cabeça, apontou um Kalashnikov pela janela e, com um olhar de lado para nós, começou a carregar o clipe. Terminou com um golpe único, muscular, e ouvi o clique metálico. A arma agora estava carregada. Ele nos lançou outro rápido olhar, e então, quando o sinal mudou, guardou a arma. Mandei Sabah reduzir a velocidade, pôr alguma distância entre nós e o homem da arma. Sabah pigarreou com o meu nervosismo e disse:

— Não tem problema, Sr. Jon. — Sorrindo, tirou uma arma do bolso lateral da porta do motorista e mostrou-a. — Colt .45 — disse orgulhoso. — Americana. Excelente qualidade.

Uma hora depois do pôr do sol, notei alguns soldados cavando uma trincheira de última hora num canteiro do bulevar que passava pelo Al-Rasheed. Nas ruas secundárias, próximas ao Al-Safeer, que tivera as janelas do andar térreo tapadas com tábuas, tudo ainda parecia normal: algumas crianças brincavam, velhos sentavam-se em volta de uma das casas de narguilé, sem fazer nada em particular. Numa parte não iluminada da rua Abu Nawas, um grupo da união de jovens baathistas fazia uma manifestação não-programada diante dos restaurantes fechados. Parei para dar uma olhada, mas havia muitos homens de aparência nervosa e armas nas mãos. Não parecia sensato estar na rua, e retornamos ao Al-Rasheed para esperar.

SEIS

Bagdá estava extraordinariamente calma naquela noite. Fiquei acordado até altas horas em meu confortável novo quarto no Al-Rasheed, escrevendo e lendo meus *e-mails*. Antes de recolher-se, por volta de uma da manhã, Paul cobrira as janelas de nossos quartos com grandes X de fita adesiva larga e enchera de água os galões plásticos. Às três e meia da manhã, quando chegava ao fim o prazo de 48 horas dado pelo presidente Bush, tudo que eu ouvia era o ruído de um ou outro carro passando e alguns cachorros latindo. Às cinco da manhã, cansado e pensando que talvez o ataque afinal não começasse naquela noite, deitei-me em minha cama para tentar dormir. Estava começando a pegar no sono uma meia hora depois quando ouvi um baque forte e abafado. Minha cama estremeceu, como se tivesse havido um terremoto muito longe. Então julguei ouvir um jato passar a grande altura. Levantei-me de um salto e chamei Sabah e Paul. Ao fazer isso, ouvi barulhos mais altos, rápidos, bombardeio ou fogo antiaéreo — eu não sabia dizer qual dos dois — e então as sirenes de ataque aéreo. Quando Paul apareceu, e depois Sabah, ouviram-se mais disparos. Alguns carros passaram correndo, homens gritavam, e após alguns minutos ouviram-se novas detonações, e depois, em toda a nossa volta, começou o pipocar de tiros. Uma bomba muito forte caiu — uma terrível explosão — e depois houve o estrondo de mais fogo antiaéreo. Às seis da manhã, a madrugada rompeu azul-clara, e tudo estava em silêncio a não ser pelo barulho de um único galo cocoricando, pássaros cantando, e um muezim que chamava "*Allahu Akbar*" repetidas vezes. Não houve mais explosões.

Alguns minutos depois, Paul recebeu um telefonema de seu editor em Sydney avisando-lhe que o Ministério de Relações Exteriores australiano acabava de transmitir uma mensagem de que precisávamos urgentemente sair do Al-Rasheed, porque era "um alvo de alto valor", e ir para o Palestine, que era "seguro".

Tentamos ligar para o quarto de John Burns a fim de avisá-lo, então descemos disparados e batemos em sua porta. Não houve resposta. Depois de pegar algumas das nossas coisas mais indispensáveis — telefones por satélite, *laptops*, dinheiro e algumas roupas —, corremos até o carro de Sabah. Dissemos a Muhammad, o motorista de Paul, que pusesse o gerador, combustível e os galões de água em seu carro. Paramos na recepção para transmitir o aviso ao recepcionista. Havia pouquíssimos outros empregados no hotel — ou hóspedes, aliás — à vista. O recepcionista pareceu não entender o que tentávamos lhe dizer. Continuou repetindo, de modo bastante estúpido, que era seu trabalho ficar onde estava, que seus "chefes" ficariam bravos se ele partisse. Observou que havia um abrigo de defesa antiaérea no Al-Rasheed onde ficaria seguro. Avisamos-lhe que os americanos tinham bombas antibunker — que ele não estaria protegido lá. Se ouvisse aviões, ou sirenes, aconselhamos, deveria sair para o jardim. Ele balançou a cabeça, não parecendo convencido. Perguntou-nos sobre nossa conta. Exasperado, eu lhe disse que manteríamos nossos quartos por enquanto, e que não nos aporrinhasse com a conta. Partimos e dirigimos por ruas vazias até o Palestine. Eu estava tenso e com os olhos injetados pela falta de sono, e sentia-me irracionalmente furioso por ter de deixar nossa confortável suíte nova no Al-Rasheed.

Após retornarmos ao nosso miserável quartinho no Palestine, mandei Sabah para casa para ver sua família, e então, deixando Paul organizar as coisas, caí num sono exausto. Quando Sabah voltou algumas horas depois e me despertou, perguntei-lhe como estava a sua família. Ele começou a chorar. Gesticulou com uma das mãos para indicar o tamanho do seu neto caçula, e disse, em soluços, que eles tinham ficado apavorados com o bombardeio e passaram o período da noite com os pais, a esposa de Sabah e sua mãe num cômodo interno, todos amontoados, com as luzes apagadas. Olhando para o céu e falando em voz baixa, em seu inglês estropiado, ele disse:

— Bombardeio OK para Saddam, mas não pessoas iraquianas. Uma bomba — termina tudo, ótimo.

Cerca de uma semana antes, ele me convidara à sua casa pela primeira vez e me apresentara à sua esposa e muitos parentes. Viviam num bairro operário, mas tinham uma das melhores casas da rua — paga, explicou, com o dinheiro ganho trabalhando como motorista da CNN durante a Guerra do Golfo. Como muitos iraquianos, Sabah tinha seu clã imediato todo reunido à sua volta. Ele, a esposa e o mais moço de seis filhos viviam numa casa, e na casa ao lado, com jardim, viviam a mãe e vários dos filhos e irmãos casados, esposas e netos, sobrinhas e sobrinhos. Sabah não era o primogênito, mas era o mais bem-sucedido economicamente, e essencialmente sustentava todo o clã. Ao todo, 22 pessoas viviam nas duas casas modestas. Dois outros filhos adultos, Safaar e Diyah, a cujo casamento eu havia comparecido, viviam juntos numa casa que Sabah alugara para eles a um quarteirão de distância.

Eu disse a Sabah que ele podia ficar com sua família se o desejasse, mas ele respondeu que não, queria ficar comigo. A família estava bem provida, explicou, e ele lhes faria uma breve visita sempre que pudesse. Além disso, acrescentou, lá havia muitas crianças pequenas, ruidosas, que o deixavam louco. Não havia lugar para Sabah no minúsculo espaço que Paul e eu agora habitávamos, e não havia mais quartos livres no Palestine. Ele disse que veria se podia dividir um quarto com um amigo, outro motorista, que estava hospedado no Palestine, e se não, dormiria no carro.

De alguma maneira, Patrick Dillon ficara sabendo que eu não havia deixado Bagdá, e enquanto eu dormia ele fora até o quarto e passara um bilhete por baixo da porta. Dizia: "Jon. Albert Camus disse 'Às quatro da manhã, todo mundo no mundo está exatamente onde se espera que esteja'. Estou emocionado por você estar onde deveria estar..." Paul acabara localizando John Burns, que, conforme ficamos sabendo, não ouvira nossos telefonemas nem as batidas em sua porta porque ficara acordado até depois do amanhecer, enviara uma notícia sobre o bombardeio e fora dormir com tampões de ouvidos para bloquear todo barulho. Ele e Tyler estavam se mudando para o Palestine, como todo mundo, ao que parecia. Àquela altura, os avisos sobre o Al-Rasheed tinham sido transmitidos por outras fontes, inclusive o Pentágono, e circulado extensamente. As advertências também indicavam o Hotel Mansour, localizado próximo ao Ministério da Informação, como um lugar não-inteligente para ficar, porque o ministério era um alvo prioritário de bombardeio. Numa instrução específica secreta para executivos da mídia americana, parece que o Pentágono dissera que as organizações de notícias que operavam em Bagdá deveriam aconselhar a seus correspondentes ausentar-se do ministério durante as próximas 48 horas.

Por volta do meio-dia, voltei de carro ao Al-Rasheed para pegar alguns de meus pertences. Mais uma vez, o hotel estava deserto. Tomei um banho de chuveiro quente e dei alguns telefonemas para minha família, a fim de tranqüilizá-los de que eu estava bem. Usei meu *laptop* para entrar na Internet em busca de notícias do mundo exterior, e fiquei sabendo que os ataques aéreos daquela manhã cedo haviam visado a "decapitar" a liderança iraquiana e sido dirigidos ao complexo de palácios próximo ao aeroporto Saddam em Bagdá. Parecia que autoridades e jornalistas americanos já especulavam que o ditador talvez houvesse sido morto nos ataques. Por uma ou duas horas, alimentei a idéia de que isso poderia ser verdade. Se fosse, percebi, era possível que não houvesse guerra, afinal. Senti-me tremendamente eufórico com essa possibilidade. Na volta ao Palestine, lá pelo meio da tarde, vi que os carros voltavam às ruas, e até alguns ônibus transitavam, mas quase ninguém caminhava nas ruas. Às 3h15 da tarde, ouvi algumas explosões de bomba distantes, mas foi só isso; não houve mais nada.

Ao entrar no saguão do Palestine por entre o corre-corre de jornalistas, acompanhantes oficiais, homens da Mukhabarat e escudos humanos que pareciam haver começado a tomar posições permanentes ali, notei um grupo de pessoas em volta de uma TV. Eu me meti no meio delas e vi que ouviam Saddam, numa imagem ruim de vídeo, falando para a câmera. Pelo que pude deduzir, ele dizia coisas que deixavam claro que o vídeo fora feito naquele dia, mais cedo, depois dos ataques aéreos — o que significava que ainda estava vivo. Quando saímos, perguntei a Sabah o que ele achava. Ele não sabia. Disse que era possível que o homem no vídeo não fosse Saddam, "mas um de seus sósias". Disse, em tom de dúvida:

— Ele tinha orelhas grandes, parecia velho, e puseram uns óculos nele. Talvez não seja Saddam.

Nosso quarto no Palestine dava para o hotel menor de Patrick, o Al-Fanar, que se tornara o hotel dos pacifistas de Kathy Kelly e de personagens variados como Patrick Dillon. Esperando que o bombardeio recomeçasse naquela noite, Paul e eu mantivemos vigília. Nossa sacada tinha uma visão de parte do rio, várias das pontes que o dominavam e parte do complexo de palácios na outra margem. Ao longe, também divisávamos a sede do Partido Baath, o Hotel Al-Rasheed e os Ministérios da Informação e de Relações Exteriores. Mais além disso víamos a Torre de Telecomunicações Saddam e as imensas corcovas da mesquita em construção de Saddam, que sempre me lembrava uma estação de energia nuclear, no terreno do antigo hipódromo.

O bombardeio recomeçou por volta das seis e meia da tarde. De repente, houve três grandes e estrondosas explosões do outro lado do rio, em frente a nós. Vários dos edifícios de palácios e ministérios pareciam ter sido atingidos, mas depois das bolas de fogo iniciais, era difícil ver muita coisa. O Ministério do Planejamento, um grande prédio ocre localizado na extremidade do complexo de palácios junto à ponte mais próxima, parecia ter os andares mais baixos incendiados. Aqui e ali, chamas saltavam e flamejavam, e colunas de fumaça escura subiam no céu noturno. Todos os grandes edifícios simbólicos da ditadura de Saddam pareciam ainda de pé, como o Al-Rasheed. Depois do violento rugido das bombas, um silêncio caiu sobre a cidade.

Olhei para baixo da sacada para ver se conseguia localizar Patrick em sua sacada no Al-Fanar. Não pude vê-lo, mas vi vários outros hóspedes, pacifistas europeus ou americanos, sentados nas suas. Um deles, que se sentava curvado, olhando para fora, ergueu uma bandeira branca que pendia frouxa de um mastro acima da rua. Algumas portas abaixo, na calçada diante da entrada de outro pequeno hotel, os Apartamentos de Turismo de Al-Rabe, mais ou menos uma dezena de iraquianos estava sentada em cadeiras de jardim, como uma família apreciando o ar fresco da noite. Vi alguns carros passando em volta, até pelas pontes. Cachorros latiam, e o rio parecia tão tranqüilo quanto azeite, com apenas um tremor de movimento na superfície.

Algumas horas depois, recebi uma mensagem por *e-mail* da minha editora, Sharon DeLano, em Nova York, passando advertências urgentes, de autoridades do Pentágono para a mídia, em *off*. A mensagem sugeria que ataques aéreos ainda mais pesados e constantes estavam a caminho, e poderiam começar dentro de poucas horas. "Se quiser salvar seus tímpanos (em Bagdá)", dizia, "fique pelo menos 3 quilômetros ao sul da rua 14 de Julho e da estação ferroviária, sobretudo próximo à ponte de Al-Azamiyah, durante 48 horas, a partir das duas da manhã de quinta-feira (horário de sexta-feira em Bagdá), e fique longe do distrito de Al-Karamah por mais ou menos uma semana." Pouco depois, ela me encaminhou outra mensagem, que dizia: "Acabei de receber esta mensagem de uma fonte do Pentágono que foi informada de que jornalistas continuam indo ao Ministério da Informação em Bagdá: diga à sua equipe (em Bagdá) para não ficar confiante demais quanto a sair às ruas." Fiquei pasmo: aquilo queria dizer que tudo que fazíamos ali era visível para algum tipo de Olho Americano Que Tudo Vê do Céu? Ou o Pentágono já teria pessoas em terra informando-os?

Tirei uma hora de sono antes de Paul me despertar, pouco antes das duas da manhã. Alguns minutos depois, alguém batia em nossa porta para nos advertir que os homens da segurança haviam maltratado alguns câmeras e fotógrafos que se esgueiraram até o telhado do Palestine. Entre eles estava Jim Nachtwey, que tivera sua câmera digital jogada do telhado, 18 andares acima do chão. (De forma incrível, ele recuperou a câmera depois e descobriu que ainda funcionava.) Isso coincidia com as notícias de que a CNN estava sendo expulsa do Iraque, imediatamente, como vingança pela radiodifusão dos bombardeios da noite ao vivo do Palestine. Lideradas pela CNN, as redes vinham discutindo em vão havia vários dias com Udai al-Taiee para obter permissão de transmitir do Palestine, citando o risco mortal de continuarem a operar no Ministério da Informação. Ele negou permissão todas as vezes, insistindo que o ministério era o único lugar onde tinham autorização para trabalhar. Sem dúvida pensava que a presença da mídia salvaria seu ministério da destruição. Logo depois das notícias sobre a CNN, fomos advertidos que a Mukhabarat estava efetuando uma varredura de nosso hotel andar por andar, em busca de telefones por satélite. Felizmente, Sabah ainda estava disponível. Ele se apressou em pôr nossos telefones numa bolsa e levou-os escadaria de serviço abaixo para a rua, onde escondeu a bolsa na mala do carro. Esperamos tensos por uma hora, e como não veio ninguém, pedimos a Sabah que os devolvesse. O que restava da noite transcorreu pacificamente. Por volta das quatro da manhã, caí num sono profundo, e só acordei sete horas depois.

Era uma manhã clara, ensolarada. Os ônibus transitavam nas ruas embaixo; carros passavam, e até uma carroça puxada por burro. Fumaça ainda subia das ruínas de um dos prédios atingidos na noite anterior do outro lado do rio. Agora, à luz do dia, eu via que não fora o Ministério do Planejamento que havia sido bombardeado, mas um edifício menor próximo a ele, logo na entrada dos terrenos do palácio.

Não fazia muito tempo que eu acordara quando Patrick Dillon apareceu à minha porta. Trazia a "escova de dentes" somaliana, como a chamava — uma vareta tirada dos galhos de uma árvore medicinal na África —, num canto da boca e transbordava de energia. Pensando que não me encontraria, escrevera-me um bilhete, que então me entregou. Disse-me que no dia anterior, depois da primeira rodada de ataques aéreos, voltara a ver o violinista Majid, que não partira com a família para a Jordânia, afinal. Durante a visita, chegaram policiais que os interrogaram durante uma hora antes de irem embora. Patrick não entendeu do que se tratava, mas eu desconfiei que, acima de qualquer outra coisa, fora a estranha aparência de Patrick que chamara a atenção. Ele estava com pressa, de partida para uma filmagem, disse. Eu lhe aconselhei a tomar cuidado, como já fizera duas vezes antes, e se possível que usasse um chapéu para esconder aquela sua tatuagem singular. Prometemos fazer contato um com o outro mais tarde naquele dia ou na manhã seguinte.

Depois que ele se foi, li seu bilhete, que dizia: "Jon Lee: um ex-oficial da polícia militar que conheço foi posto numa base de bombardeio perto da zona desmilitarizada. Praticamente toda noite durante toda a sua ronda, o vietcongue atacava seu rabo com morteiros exatamente às três e meia da manhã. Ele disse que levou anos para reaprender a dormir. Talvez o Pentágono tenha tomado emprestadas uma ou duas páginas do Tio Ho e esteja aplicando isso aqui. Eu dormi mesmo como uma pedra e espero que você também tenha dormido porque, como me lembrou meu amigo Michael, assim que o bombardeio recomeça, pode se arrastar por muito tempo."

Sabah voltou. Ainda tinha os olhos injetados, pois dormira apenas algumas horas no carro antes de ir ver a família. Eles continuavam bem, informou; todo mundo que encontrara, amigos parentes e vizinhos, estava muito confuso. Todos se perguntavam por que o bombardeio americano fora tão leve.

— Estão dizendo: "Saddam continua lá, forte." Onde estão os americanos? Por que não tomaram Basra, Kirkuk, Mosul? — Se não houvesse mais bombardeio aquela noite, disse, os lojistas planejavam retornar às suas lojas e reabri-las, porque haviam recebido ordens do regime. Sabah parecia perplexo e perturbado. Falou sobre as notícias de que o Iraque lançara vários mísseis sobre o Kuwait, e balançou a cabeça, parecendo ansioso. Quando expliquei a versão dos fatos que ouvira — de notícias vindas de fora do Iraque — de avanços de tropas americanas e britânicas no norte, sul e oeste do país, ele disse: "Bom", mas ainda não parecia convencido. Era óbvio que não ouvira nada sobre essas ações. Parecia confiar nas notícias oficiais do Iraque e em rumores de rua para suas informações.

Sabah me levou de carro ao Al-Rasheed para pegar meus últimos pertences em nossos quartos e tomar outro banho. (A energia elétrica era incerta no Palestine, e havia longos períodos todo dia sem água corrente.) John Burns veio também, e depois cada um de nós ligou para as respectivas esposas na Inglaterra pelo telefone por satélite. Para os dois, foi um interlúdio muito bem-vindo. Tínhamos bastante consciência do fato de que talvez aquele fosse o último momento de relativa tranqüilidade de que gozaríamos por algum tempo. Também tínhamos uma aguda consciência de que estávamos dentro de um prédio que poderia ser transformado em pó e pedregulho dentro de algumas horas. Fazia um dia bonito, muito primaveril, com um límpido céu azul, e notei que no jardim embaixo havia agora novas flores desabrochando, despontando rosa e vermelhas entre os verdes empoeirados. Os jardineiros, que as vinham regando e podando até um dia ou dois antes, não estavam mais ali. Haviam sido substituídos por equipes amontoadas de agentes de segurança. John e eu observamos por algum tempo os homens entrando e saindo do que parecia uma passagem secreta nas grossas paredes do perímetro fortalecido que cercava o hotel.

No saguão de entrada, dois dos caixas permaneciam a postos, como faziam alguns gerentes assistentes e homens da segurança. Grotescamente, a loja de tapetes no vestíbulo fora reaberta. O hotel achava-se vazio de hóspedes, com exceção de um estranho grupo de jornalistas franceses e alemães que encontramos comendo no restaurante, e de um repórter italiano que acabava de chegar a Bagdá, e que depois veio nos perguntar se achávamos seguro ficar no Al-Rasheed. Explicou que deixara o Palestine por falta de espaço e fora encaminhado para lá. Nós o aconselhamos enfaticamente a não fazer isso. No restaurante, o *menu* fora reduzido a uma oferta de tempo de guerra consistindo de *tikka* de frango ou de carneiro. Muneer, meu garçom favorito, estava lá, e trouxe-me minha bebida favorita: duplo café turco, com açúcar. Passei-lhe as advertências que recebêramos de que o hotel possivelmente seria bombardeado, e ele escutou com atenção e disse em voz baixa que compreendera; ia para casa à noite.

Antes de partirmos, paramos na recepção e conversamos com Salman, o untuoso gerente, que falava bem inglês. Ele nos censurou de uma maneira amistosa:

— Por que vocês todos nos deixaram? Estamos assustados ficando aqui sozinhos. — Curvou-se para a frente e perguntou: — É verdade o que ouvimos? Que os americanos podem nos bombardear hoje à noite? — Dissemos que era bem possível isso acontecer, e que ele deveria tratar de sair do hotel depois de escurecer. Olhando de lado para um de seus chefes, parado a certa distância, onde não podia ouvi-lo, explicou: — Não posso. Este é o meu trabalho. Ficar aqui. Eu sou gerente. Olhe — disse, indicando a central telefônica, onde uma linha piscava. — Até agora há telefonemas de pessoas procurando hóspedes. Alguém tem de atendê-los. — Ainda assim, nós lhe aconselhamos a tentar estar fora do edifício, se possível, assim que anoitecesse. — Vou tentar — ele balançou a cabeça, olhando mais uma vez em dúvida para o chefe. Perguntou: — Mas este edifício é muito resistente, como os americanos. — Deu uma risadinha. — É verdade o que ouvi dizer, que eles querem tomar este lugar para si mesmos, e ficar aqui? — Tinha o rosto esperançoso. Dissemos que também ouvíramos esse boato. Ele riu novamente e disse: — Bem. Se eles vierem, isso é bom para mim. Americanos, iraquianos, não importa. Desde que o hotel não fique vazio. Meu trabalho é servir às pessoas.

Fui visitar Ala Bashir, que eu não via fazia dois dias. Encontrei-o sentado imperturbável em seu pequeno consultório no hospital, aferrado à sua rotina diária de trabalho. Sunduz, uma mulher na casa dos 30 com o rosto com graves queimaduras e um sorriso maravilhoso, trouxe-nos pequenas xícaras de café turco, seguidas alguns minutos depois por copinhos de chá adoçado. Sunduz fora trazida para o hospital anos antes como paciente, depois de um terrível acidente com fogo que lhe destruíra grande parte do rosto. Bashir disse que lhe aplicara vários enxertos de pele, e fizera quase tudo que podia por ela. A família jamais voltara para buscá-la, e ele a adotara. Ela morava no hospital, dormindo numa cama de campanha na ante-sala de seu consultório, e fazia a limpeza e o chá para ele e sua equipe imediata. Era óbvia sua total dedicação a ele.

Notei que o computador de Bashir desaparecera. Ele explicou que fora retirado, sob custódia. Quando falamos sobre os acontecimentos da noite, ele foi interrompido por um telefonema. Falou em árabe por alguns minutos e desligou. Voltou-se para mim, suspirando, e explicou que era sua filha, Amina, ligando da Jordânia.

— Ela tem me ligado a cada 15 minutos, muito apreensiva. Continuo dizendo a ela que eu estou bem, que ela vai gastar todo o seu dinheiro me telefonando. — Sorriu em falsa exasperação. O telefonema seguinte foi da esposa, que estava mais relaxada.

Bashir disse-me que soubera que os americanos que haviam aterrissado no Curdistão avançavam para o sul com forças da milícia curda rumo à cidade de Kirkuk, rica em petróleo, e que comandos americanos e britânicos também haviam supostamente entrado no deserto ocidental e estavam tentando conseguir uma base lá. No sul, haviam penetrado alguma distância, depois de ocuparem o porto de Um Qasr, no Golfo, e avançavam para Faw, desviando-se de Basra. Com um leve sorriso, ele observou:

— É interessante ver que estão seguindo exatamente a mesma rota que tomaram os britânicos quando invadiram o Iraque em 1914. — Fomos interrompidos por outro telefonema. Depois, ele disse: — Era um amigo que está fora do Iraque. Ligou para dizer que um B-52 decolou de algum lugar na Europa mais ou menos duas horas atrás. — Olhou o relógio na parede. — Isso significa que estarão no espaço aéreo iraquiano por volta das oito da noite de hoje, mais ou menos daqui a seis horas.

Bateram na porta. Um oficial militar uniformizado entrou e se sentou na poltrona junto à minha, em frente à escrivaninha de Bashir. Apertou minha mão e sorriu quando fomos apresentados. Falou em árabe com Bashir durante vários minutos, e meu amigo depois traduziu para mim.

— Ele diz que os americanos estão mentindo, Um Qasr não caiu. Acabou de receber uma chamada telefônica de um amigo, um oficial de lá, e disse que tudo está tranqüilo. — O oficial falou mais um pouco. — Diz que também não é verdade que eles tomaram uma base no deserto ocidental. Na verdade, diz que os iraquianos fizeram alguns prisioneiros britânicos e americanos, e que eles serão mostrados na televisão. — Mais alguns minutos depois, o oficial partiu. Bashir voltou-se para mim, de cara limpa, e disse num tom de voz brando: — Não acho que o que ele diz seja verdade. Os americanos sabem que não devem mentir sobre o que estão fazendo. Por que afirmar que tomaram Um Qasr só para ser desmentidos, se não for verdade?

Discutimos o breve aparecimento de Saddam na televisão iraquiana após os ataques aéreos.

— Ele parecia muito trêmulo, eu achei — disse Bashir. — Talvez tenha estado muito perto do bombardeio. — Eu lhe perguntei se achava que era realmente Saddam, ou um sósia, como se especulava. — Era ele, não um sósia — assegurou-me Bashir. — Eu conheço aquele homem. Suas palavras, sua fala, era tudo dele. Em geral ele escreve todas as suas falas, e leva muito tempo escrevendo as palavras em letras muito grandes para não precisar usar óculos. É óbvio que escreveu muito depressa, e esqueceu de escrever em letras grandes, por isso teve de ler de um texto escrito, de óculos. E sua boina não estava colocada na cabeça do modo habitual. Parecia que fora posta com descuido. Essas são coisas com as quais normalmente ele toma muito cuidado. Era Saddam, só que não em seu estado normal.

Bashir estava pensativo e parecia querer que eu ficasse para conversar. Pôs-se a ruminar sobre a queda do comunismo, sobre como visitara a União Soviética e a China vinte anos antes, e como chegara à conclusão de que os sistemas que eles impuseram eram o pior que a humanidade já havia criado.

— Não importa se você alimenta as pessoas ou lhes dá um apartamento para morar, se elas não têm liberdade — disse. — Isso é uma necessidade humana essencial. Sem ela, a vida não é nada. É como a gente trata nosso cachorro, lhe damos comida e um lugar para ficar, mas ele continua sendo um cachorro. — Continuou a conversa falando de Cuba, que visitara. Não gostara muito, disse. Lembrara-lhe muito o Iraque. Disse que não compreendia por que os Estados Unidos permitiam que Fidel Castro permanecesse no poder por tanto tempo. Bashir claramente considerava os EUA um poder imperial, e estava confuso pelo fato de não se comportarem sempre como tal. Conversamos sobre a política americana para Cuba por algum tempo, mas, depois de alguns minutos, com o que pareceu uma lógica muito iraquiana, ele concluiu:

— Bem, eu só posso achar que os Estados Unidos têm alguma razão para manter Fidel lá. Nada mais faz sentido. Mas de uma coisa estou certo. Depois que ele morrer, Cuba se tornará parte dos Estados Unidos.

Pôs-se a recordar velhas histórias dos dias anteriores ao domínio de Saddam, quando muitos profissionais iraquianos de sua geração tinham ido estudar em universidades na Inglaterra e nos Estados Unidos. No início da década de 1960, ele estudara medicina numa universidade do interior no oeste da Inglaterra. Fora uma experiência maravilhosa, disse, um dos melhores períodos de sua vida. Enquanto estava lá, contou, acontecera uma coisa que, por algum motivo que dizia não poder compreender inteiramente, se tornara uma de suas lembranças mais duradouras, algo que sempre lhe pipocava de volta na consciência, como um enigma que não conseguia resolver. Ele fora à embaixada iraquiana em Londres, em Queens's Gate Mews, falar com uma autoridade diplomática sobre um documento ou permissão de que precisava.

— Havia um porteiro que trabalhava lá, que trabalhara lá a vida toda. O estranho é que era na verdade um inglês, um sujeito grandalhão, alto, que tinha vivido no Iraque. Estava na embaixada havia muitos anos. Parece que, ao longo dos anos, isso apagara tudo nele, porque no comportamento era completamente iraquiano. De qualquer maneira, quando cheguei à embaixada, eu lhe disse quem queria ver. Ele me mandou sentar e esperar. Depois de muito tempo de espera, mais de uma hora e meia, perguntei por que demorava tanto. Ele me disse que o funcionário tinha saído, e que eu deveria voltar no dia seguinte. Fiquei furioso. Perguntei-lhe: "Por que não me disse que ele tinha saído? Esperei duas horas!" O porteiro olhou o relógio e disse: "Por que está mentindo? Só esperou uma hora e meia." Percebi que não adiantava discutir com ele. Fiquei tão furioso que disse que não iria embora, ficaria na embaixada até o funcionário voltar. O porteiro me olhou e então examinou cuidadosamente o retrato presidencial pendurado na parede. Tirou-o de lá e o trouxe para mim. A moldura estava frouxa. Ele tirou-a e, empurrando-o debaixo do meu nariz, disse: "Olhe." Ergueu o retrato do presidente, Abdul Salam Arif. Por baixo, vi o retrato do antecessor, Abdul Karim Qassem. E havia outras camadas de retratos. Acho que o último que me mostrou foi o do rei Faiçal. Foi mesmo uma coisa espantosa.

O que ele achava que o porteiro queria lhe dizer?, perguntei a Bashir. Ele respondeu:

— Acho que ele estava tentando me mostrar que líderes do Iraque iam e vinham, e ele não se importava, porque continuava ali. Quanto a mim, eu não fazia nenhuma diferença; era só alguém de passagem. — Ele sorriu e examinou-me ironicamente, com as sobrancelhas arqueadas. Deduzi que sua história tinha uma intenção alegórica, e o que ele estava querendo me dizer era que o que quer que um iraquiano fizesse para mudar suas condições e quem quer que fosse seu líder era irrelevante, porque eles estavam predestinados a nunca serem donos do próprio destino.

Antes de eu sair, perguntei a Bashir se ele julgava seguro eu continuar a vir vê-lo. Ele disse:

— Claro. Você pode sempre dizer que precisa de algum remédio. — Perguntou-me se eu tinha alguma doença em especial que precisasse de tratamento. Eu disse que tinha problemas de coluna, o que era verdade. — Bem — ele disse. — Você vai precisar de tratamentos regulares com um terapeuta. Tomarei providências. Na certa vai ter de vê-lo todo dia. — Disse-me que me telefonaria e diria quando ir lá.

Naquela noite o bombardeio "choque e pavor" começou para valer . As sirenes de ataque aéreo começaram a soar às 8h15 da noite, seguidas pelo matraquear de disparos e o que pareciam mísseis terra-ar. Balas tracejantes brancas e vermelhas subiam em arco de diferentes pontos da cidade, formando uma espécie de grade no céu noturno. As primeiras bombas caíram exatamente às nove horas, e tivemos de nossa sacada uma visão de primeira fila da conflagração. Havia explosões enormes, choques simultâneos com impactos posteriores que nos faziam levantar de um salto e gritar sem querer. Todos ao meu redor — Paul, John Burns, Tyler, Matt e Moises da *Newsday*, que se haviam amontoado em nossa sacada por causa da visão privilegiada — gritavam e ofegavam, incrédulos. Um dos principais palácios do outro lado do rio e um prédio enorme, feios, de uns dez andares, em forma de zigurate, foram atingidos várias vezes e arderam em robustas chamas. Várias outras explosões maciças sacudiram o gigantesco prédio do

Conselho de Ministros, onde eu entrevistara Tariq Aziz. Viam-se chamas por toda parte da cidade. Ao longe, muito mais bombas caíam. Parecia que a sede da Mukhabarat fora atingida. Bolas de fogo eram seguidas por clarões brancos que iluminavam o céu. Os escombros das explosões de dois prédios que sofreram impactos diretos voaram pelos ares. Vimos quando um míssil cruzeiro rasgou o telhado plano do prédio do Conselho de Ministros, já em chamas, e ergueu-se outra enorme pluma de chama laranja.

A extravagância do bombardeio continuou por cerca de trinta minutos: crescendos sinfônicos de explosões e barulho entremeados por momentos de silêncio até começarem as explosões seguintes. Com cada explosão, alarmes de carro disparavam e buzinavam brevemente nas ruas.

Quando acabou, notei que toda a energia elétrica da cidade ainda estava ligada; os jardins do palácio eram iluminados por postes de rua, que lançavam um romântico fulgor amarelo. Eu via pessoas — soldados e civis — paradas assistindo nas ruas. Alguns carros com faróis apagados passavam pela rua embaixo. Um grande cachorro branco passou pelo centro da rua Abu Nawas, seguido alguns minutos depois por um homem numa bicicleta, pedalando sem nenhuma pressa. Uma ambulância passou, seguida por um carro de polícia. Ouvi um jegue zurrar. O céu da noite, um fundo azul, estava cheio de colunas de fumaça preta e cinza. O Al-Rasheed continuava de pé.

A calmaria durou quarenta minutos. Às 10h35 da noite, estávamos todos de pé na sacada quando um enorme som metálico de sucção passou aparentemente bem acima de nossas cabeças, fazendo com que todos nos abaixássemos e nos jogássemos no chão. Um instante depois, quando o vimos explodir contra algum prédio ao longe, percebemos que devia ser um míssil cruzeiro que passara por cima de nós no corredor de ar entre o Palestine e o Al-Fanar. Nos dois minutos seguintes, mais cinco mísseis bateram nos palácios à nossa frente, e então começou uma nova barragem. Uma nova chuva de mísseis e bombas atingiu partes até agora intactas do complexo presidencial e dos edifícios em volta da cidade. Corri para um quarto no outro lado do hotel para ver um dos palácios de Saddam ardendo brilhante. A fumaça subia de outras explosões ao longe. As impressionantes força, escala e precisão dos ataques eram ao mesmo tempo terríveis e admiráveis, e nos deixaram num estado de espírito em que quase qualquer coisa parecia possível. Por volta das cinco da manhã, adormeci.

SETE

Quando acordei no sábado, 22 de março, depois de umas quatro horas de sono, encontrei um novo bilhete que Patrick Dillon empurrara por baixo da minha porta. Dizia: "Jon: estou fora. Cheguei perto demais do local de um ataque de míssil... sem saber disso. Meus acompanhantes oficiais me denunciaram, e meu patrocinador no Ministério de Relações Exteriores foi obrigado a tomar meu visto, 'para minha segurança'... minha guerra terminou, Jon. Estou chorando neste exato momento, subindo pelas paredes como um pirado. (E aqueles cinco mísseis bem em frente ao Fanar não causaram estragos.) Por favor, continue dizendo a Verdade ao Poder, e seja Marlowe para o seu próprio Kurtz, está bem? Todo amor, Patrick."

Dois dias depois, recebi uma mensagem por *e-mail* de Patrick. Ele chegara a Amã em segurança. "Jon Lee: dois irmãos ciganos motoristas de táxi, que dirigem uma caminhonete Chevrolet, concordaram em fazer a corrida pela pequena fortuna de 100 dólares. Partimos e, durante as 36 horas seguintes, nos desviamos e evitamos mísseis dos EUA que atingiam a rodovia, a milícia local armada até os dentes e loucos Ali Babás e Mukhabarats regionais em Toyotas. Meus garotos, Ali e o irmão Jaffah, foram mesmo destemidos, mas morriam de medo dos ianques para irem até a fronteira, por isso me largaram na estrada, e percorri a pé os últimos 5 quilômetros quase me cagando, passei por dois soldados iraquianos meio desconfiados, um par de carimbadores de papelada, de modos gentis, e depois o último quilômetro e meio da zona desmilitarizada até a Jordânia no velho expresso P2, chorando o tempo todo. Estou agora em Amã, conspirando, se for possível, para voltar... Penso em você e em todos os meus outros amigos, com muito receio de que eles os prendam assim que o laço se apertar, mas espero que este o alcance ainda intato... Su Hermano, Patricio."

Eu me senti mais aliviado do que pesaroso por Patrick ter ido embora. Sempre receara que ele fosse se meter em encrenca em Bagdá, e ele acabara se metendo mesmo. Ao que parecia, Patrick dera muita sorte. Tudo poderia facilmente ter saído muito pior para ele. Agora estava seguro.

Depois do espetacular bombardeio de sexta-feira à noite, a atmosfera em Bagdá ficou esquizofrênica. O tráfego seguia nas ruas, mas havia soldados por toda parte. O complexo dos palácios de Saddam estava juncado com os cacos fumegantes de prédios bombardeados. Notei que os iraquianos não se juntavam para ver o estrago, mas lançavam olhadas fugazes, de esguelha. Era como se os palácios fossem coisas que ainda não haviam notado. Quando perguntei a Sabah, que passara a noite num quarto do amigo motorista, o que achava dos bombardeios, ele apenas balançou a cabeça. Eu o provoquei, indagando se ainda se perguntava por que o bombardeio americano fora tão "leve", como dizia no dia anterior. Ele me lançou um olhar magoado, e logo percebi que meu comentário soara rude e triunfalista; a simples escala e força do ataque noturno contra o coração do poder do Estado deviam ter sido profundamente humilhantes para um iraquiano, quaisquer que fossem seus sentimentos em relação a Saddam Hussein. Emburrado, Sabah não quis falar a respeito.

Havia outra coisa nova também: o Ministério da Informação parecia haver se mudado para o Palestine conosco. Udai al-Taiee e seu repugnante vice, Mohsen, tomaram quartos num andar superior, e avistei muitos lacaios do ministério no saguão de entrada. Eles instalaram uma mesa de informações com um quadro de avisos para os jornalistas. Curiosamente, notei, nenhum deles falou do bombardeio da noite. Agiram como se simplesmente não houvesse acontecido, até, no início da tarde, organizarem uma excursão de ônibus para os repórteres verem algumas das vítimas do bombardeio.

Levaram-nos primeiro ao Hospital Universitário Mustansiriyah, que recebera algumas das primeiras vítimas civis da guerra em Bagdá. Nas 48 horas desde que a guerra começara, disse-me um médico de lá, o hospital recebera 107 pacientes feridos. Três deles haviam morrido. Muitos dos pacientes sofreram ferimentos traumáticos de estilhaços de metralha, disse; um punhado também sofrera queimaduras. Alguns eram crianças, muitas com ferimentos lamentáveis, que ficavam passivamente deitadas nas camas, vigiadas pelos pais mudos, de aparência triste. Numa enfermaria lotada, uma menina pequena, de 4 ou 5 anos de idade, gritava de dor embaixo de lençóis azuis, com os pais a confortá-la. O médico me disse que fora atingida nas costas por estilhaços de metralha. Na cama ao seu lado estava deitada uma beduína gorducha com intricadas tatuagens no rosto. Ela levantou as mãos enfaixadas para mostrar os ferimentos. Tinha os braços carnudos cobertos de grandes contusões. Um menino pequeno estendia-se calado em outra cama. Virava-se espasmodicamente de quando em quando. Tinha os tornozelos e o calcanhares envoltos em bandagens, mas eu via os dedões do pé nus espetados para fora. Estavam machucados e muito ensangüentados. A mãe, de *abaya* preto e lenço verde na cabeça, guardava o leito dele, sem nada dizer, segurando-lhe a mão.

Houve uma comoção quando o ministro da Saúde do Iraque chegou e avançou marchando pelo saguão de entrada. Ele vestia uniforme e boina militares, e tinha uma expressão severa no rosto. Os médicos de jaleco branco e as enfermeiras começaram a cantar ritmadamente "Hurra Saddam", em saudação.

Entrei em outra enfermaria, onde encontrei um repórter da TV Sky fazendo um paciente posar para a câmera. Colocara-se de modo a mostrar um menino pequeno ferido, deitado de barriga para cima e braços abertos numa cama atrás dele. Na cama ao lado, um homem de seus 50 anos, um sujeito corpulento, fora atingido no intestino por um estilhaço metálico e jazia na cama, sem camisa, o peito subindo e descendo com pequenas respirações violentas. Tinha a boca aberta e os olhos enormes e amedrontados, e um tubo enfiado no estômago. De pé, vigilante, ao lado da cama, a esposa vestia um *abaya* preto e segurava-lhe uma das mãos. Também parecia apavorada. Um médico sussurrou-me que ele era um de seus pacientes mais gravemente feridos, e eu saí com a impressão de que não iria sobreviver.

De repente, o repórter da Sky se pôs a berrar para a câmera:

— O Iraque diz que estas pessoas são as vítimas inocentes do bombardeio de ontem à noite. Pedimos para ver os locais bombardeados, mas até agora nos recusaram. — Fez muitas tomadas, repetindo alto essa frase quatro ou cinco vezes, até ficar satisfeito e partir.

Na unidade de queimados, um belo homem de cerca de 40 anos sofrera queimaduras terríveis nas nádegas, virilha e pernas. Estava nu, com exceção da parte de baixo do corpo, envolta em bandagens brancas com sangue a vazar. Estava de quatro numa cama enquanto dois parentes passavam suavemente uma esponja em suas costas. Notei que não estava suspenso no ar, mas mantinha-se ele mesmo sobre as mãos e joelhos, e parecia em avançado estado de esgotamento. Balançava repetidas vezes a cabeça para cima e para baixo, e de um lado para outro, como fazem os ursos quando mantidos numa pequena gaiola.

Voltei à entrada do hospital, onde o ministro da Saúde falava à imprensa, cercado por enfermeiros e pelos parentes dos pacientes. Quando atravessei de volta a enfermaria, notei um grupo de faxineiros que pulavam cantando louvores a Saddam, e davam risadinhas ao acabar. Era uma coisa que os iraquianos pareciam sentir-se obrigados a fazer sempre que havia qualquer tipo de ocasião pública e sempre que havia jornalistas presentes. Do lado de fora, no estacionamento, uma multidão de parentes passava pelos médicos, enfermeiras e pacientes em volta, conversando e esperando. Um dos homens começou a gritar alto sobre sua lealdade a Saddam, a perfídia dos americanos e dos britânicos, e assim por diante. Quando conseguiu uma platéia, sua voz ficou mais alta, e então, acabou se rompendo num canto ritmado, e ele se pôs a saltar no ritmo da própria voz, a mão erguida. Muitos dos outros iraquianos próximos sorriram e juntaram-se a ele.

Em seguida, fomos levados de carro a um lugar gramado no Tigre, em frente à Universidade de Bagdá, atingido por três mísseis cruzeiro no que era, informaram-nos, um complexo recreativo. Aninhados embaixo de uma fileira de eucaliptos, viam-se alguns balanços de crianças, mesas de piquenique e os destroços de uma pequena lanchonete ao ar livre. Tudo havia sido transformado numa bagunça promíscua de árvores e pedaços quebrados de isopor, folhas de latas rasgadas e alvenaria em cacos. Uma dúzia de homens enfileirava-se nas ruínas erguendo cartazes de Saddam. Quando chegamos, começaram a cantar o hino "Ó Saddam" e a dançar, e gritaram alguns insultos ao presidente Bush. Um homem que disse chamar-se Ra'ad Abdel Latif Mehdi, gerente do complexo, disse que, às dez e meia da noite anterior, vira na TV, com seu pessoal, quando os mísseis caíram.

— Vimos fogo no céu, e saímos correndo. — Felizmente, ninguém fora morto ou ferido. Mas bombardearam seu restaurante e o escritório de contabilidade, disse. Apontou para milhares de pedaços de documentos que se espalhavam por toda parte do gramado. — Aquelas eram as contas — disse. — Não sabemos por que os americanos e britânicos vêm o tempo todo para o Iraque. Isto aqui era um lugar de turista, não de exército. Não é um comportamento cortês.

Eu me afastei e subi alguns degraus até a berma de concreto da margem do rio para ver o que pudesse. Notei que estávamos muito perto de alguns palácios de Saddam. Um militar se aproximou, agitando os braços de um modo não amigável. Obviamente estava tentando me fazer ir embora. Notei que havia outros soldados postados desde o princípio no topo da berma. Resisti. Ele fez movimentos bravos como se fosse me empurrar pelos degraus abaixo. Comecei a recuar. Ele gritou alguma coisa peremptória para um dos vigias do Ministério da Informação, que logo correu a escoltar-me quando desci os degraus. Fiquei ofendido, e perguntei-lhe por que o soldado me obrigara a deixar a margem. Eu não era nenhuma espécie de animal de curral para ser enxotado, falei. Ele sussurrou, solidário:

— Muitas, muitas desculpas. Ele está preocupado com os outros edifícios na área. Prédios importantes. Você entende o que quero dizer.

Fizemos um caminho indireto de volta ao Palestine. Quando atravessávamos um bairro que não reconheci, vi ônibus parados ao lado da rua perto de uma longa trincheira, sob uma fileira de eucaliptos. A trincheira estava cheia de soldados, que começaram a fazer poses e brandir as armas quando viram as máquinas fotográficas. Mais ou menos cinco minutos depois, dois jatos passaram sobrevoando bem alto, e pareceram lançar alguns mísseis, mas aterrissaram longe da vista, talvez nas extremidades da cidade. Os soldados na trincheira começaram todos a agir como loucos. Alguns procuraram cobertura, outros começaram a correr. Todo mundo gritava sem parar. Nosso acompanhante oficial logo ordenou aos motoristas de ônibus que fossem embora e nos levassem ao hotel.

Mais tarde, John, Paul e eu decidimos revisitar o Al-Rasheed, e pedimos a Sabah que nos levasse até lá. Essa idéia o deixou aborrecido, e ele discutiu comigo durante todo o trajeto. Vira os mesmos jatos que havíamos visto antes e receava que eles voltassem e nos bombardeassem. Quando chegamos, recusou-se a entrar no hotel. Salman ficou extasiado ao nos ver de volta. Brincamos com ele sobre se logo não haveria pracinhas americanos nadando na piscina. Devido ao nervosismo de Sabah, porém, não nos demoramos, mas nos dirigimos para um dos únicos restaurantes em Bagdá ainda aberto ao público: o Lathikia, no subúrbio residencial leste de Ahrazat.

Quando nos sentamos à espera da comida, Udai al-Taiee entrou com dois subalternos. Passeou pelo restaurante e sentou-se a uma mesa próxima. Ele nos viu, mas não nos cumprimentou. Em vez disso, assim que se sentou, começou a falar em voz extremamente alta, em inglês, sobre o "grande crime que os americanos estão perpetrando contra a civilização". Seus olhos vagavam em volta. Sem se dirigir a ninguém em particular, mas obviamente para que nós ouvíssemos, disse:

— Eles acham que isso é um piquenique, com Pepsi e Coca-Cola, mas vão ver, nós vamos mostrar a eles. Vai ser uma matança, estou lhes dizendo! Matança! — O pronunciamento foi impressionante, com uma intensidade quase shakespeariana. Al-Taiee sorriu, como se estivesse satisfeito com sua própria apresentação. Desviando o olhar para nós, anunciou que os iraquianos haviam "capturado" dois pilotos americanos. Antes que algum de nós pudesse perguntar se os pilotos seriam exibidos em público, dois repórteres franceses, um homem e uma mulher, apareceram na mesa de al-Taiee e juntaram-se a ele. Ele e a mulher trocaram beijos na bochecha. Al-Taiee nos ignorou depois disso. Quando ele acabou se levantando para partir, gritei perguntando pelos pilotos. Eles nos seriam exibidos? Al-Taiee lançou-me um olhar de esguelha, mas não respondeu. Levou um dedo aos lábios e ergueu as mãos, como a dizer que não podia ou não queria falar a respeito, e foi embora.

No trajeto de volta ao Palestine, notamos grandes espirais ondulantes de fumaça preta no horizonte. Mandei Sabah dirigir-se para lá, mas ele recusou duramente, dizendo que teríamos dificuldade com a Mukhabarat, e ele seria preso. Cedi, e retornamos ao hotel. Lá, dei com meu antigo acompanhante oficial, Salaar, que estivera na Índia, para onde fora enviado depois do referendo de Saddam a fim de trabalhar na embaixada iraquiana. Explicou que retornara para ficar com a família durante a guerra, e agora estava lotado no Palestine junto com todos os demais. Informou-me que para todos os efeitos o ministério agora iria ficar sediado no hotel. Eu me senti aliviado por vê-lo. Embora nunca houvéssemos tido uma conversa franca, alguma coisa nos seus olhos sempre me fizera gostar dele e confiar naquele homem. Quando lhe perguntei o que achava sobre os grandes contingentes de agentes de Qusai Hussein que se haviam mudado para o Palestine, ele me olhou bem nos olhos, pôs uma das mãos em meu ombro e sussurrou:

— Não se preocupe. Estamos aqui com você. — Quando lhe perguntei sobre as grandes nuvens de fumaça que vira, Salaar explicou que não eram de bombas, mas de incêndios de petróleo ateados pelo regime para desorientar os pilotos de aviões militares americanos e britânicos. De volta ao meu quarto, pude ver que incêndios ardiam por toda a cidade. Alguns haviam sido ateados nos limites de Bagdá, mas outros ardiam a apenas uns 100 metros de distância. A partir das 5h25 da tarde, as bombas começaram a cair nos arredores da cidade, com um barulho de trovão distante.

Sabah atravessou a rua até o Sheraton para tentar arranjar um quarto para si a preço reduzido, só para iraquianos. Logo voltou, parecendo muito satisfeito consigo mesmo, e disse que conseguira um, muito melhor que o nosso: um banheiro bom e grande, uma grande cama de casal, uma área de estar e água quente. Acenou para os nossos pobres domínios, sorrindo com deliciado desprezo.

Paul já transformara nosso quarto em algo parecido com um *bunker* defensivo. Em nosso primeiro dia, mandara Sabah comprar fita adesiva. Quando Sabah retornou com vários rolos de fita rosa-choque, eu protestei, mas ele afirmou que foi a única cor que encontrara. (Duvidei, porque sabia do gosto de Sabah por cores berrantes. Durante o referendo de lealdade a Saddam, pedi-lhe que me comprasse uma mesa de plástico e uma cadeira branca comum para usar como posto provisório de telefone por satélite no Ministério da Informação. Ele voltara todo satisfeito, sorridente, e acenando para um trabalhador, atrás, que contratara para trazer a compra: um conjunto de mesa e duas cadeiras combinando numa cor chamativa de batom lilás. Nos dias seguintes, quase todo mundo que me via trabalhar àquela mesa parava para olhá-la maravilhado, ou fazer uma piadinha. Quando deixei Bagdá, dei-as a ele para levar para casa e usar como mobília de jardim, o que imaginei houvesse sido seu desejo secreto desde o princípio.) Sem se incomodar com a cor da fita, Paul usou-a em toda a superfície de vidro do quarto. Os espelhos, a tela de televisão, até as reproduções emolduradas que o hotel mandara fazer de um quadro impressionista francês e de um desenho da antiga Bagdá foram cobertos com grandes Xis cor-de-rosa e linhas transversais, que se pareciam estranhamente com a bandeira americana. As portas de vidro corrediças para a sacada também foram cobertas com um complicado desenho de Xis.

— Se uma bomba nos atingir, não seremos cortados por cacos de vidro — disse Paul. Em seguida, ele desmontou as duas camas de solteiro e colocou as bases de lado, formando um L, para oferecer uma proteção entre a sacada e os colchões, que estendeu no chão, onde nós dormimos pé com pé. Tudo em nosso abarrotado espaço achava-se coberto de uma fina poeira vermelho-amarelada soprada pelo *turab*.

Também havia pouco espaço no banheiro, porque armazenamos ali nossos cinco galões de plástico de 20 litros. Estavam cheios de água para banho, na hipótese de a energia elétrica ser cortada e faltar água. Espalhamos velas, lanternas e faróis de capacete por todo o quarto, com pilhas novas, e dentro dos armários pusemos nossos trajes protetores e máscaras contra gás para guerra química e biológica, as injeções de atropina e o estoque de Paul para uma quinzena de comida pronta para consumo distribuída pelo exército americano, coletes e capacetes à prova de bala. Improvisamos um pequeno posto de trabalho para nós. Eu usava uma estreita escrivaninha próxima à porta, e Paul trabalhava na pequena mesa de centro em outro canto. Um emaranhado de fios, antenas e adaptadores de cabos cobria a maior parte do chão disponível.

À noite, Udai al-Taiee, a quem eu comecei a me referir como "Goebbels", deu uma coletiva de imprensa no saguão de entrada do Palestine, em que anunciou que se descobrisse alguém dando entrevistas por telefone à CNN, que fora posta à força para fora do país, seria expulso do Iraque. Lembrou a todos que o único lugar permitido para o uso de telefones por satélite era o Ministério da Informação.

— Quem falar com a CNN está fora; quem for descoberto com um telefone por satélite está fora — declarou sinistramente. Todos temiam que o sermão de al-Taiee anunciasse outra varredura pelos agentes de segurança. Depois do distúrbio com Jim Nachtwey e os outros fotógrafos no telhado, duas noites antes, da expulsão da CNN e da deportação de Patrick Dillon, soubemos que ele falava sério. (Alguns dias antes, um repórter do *The Boston Globe* fora transformado em bode expiatório e expulso depois de ser apanhado com seu telefone por satélite no Al-Rasheed.) Pela enésima vez, Paul e eu escondemos às pressas nossos telefones. Dessa vez decidimos escondê-los no quarto, em vez de obrigar Sabah a fazer mais uma vez a corrida até o seu carro. Paul abriu uma das grandes caixas de papelão das comidas prontas para consumo e enfiou seu telefone no fundo. Depois arrancamos uma tábua da base de uma das camas que usáramos como proteção contra explosão e retiramos enchimento suficiente para abrir um buraco grande o bastante para acomodar o meu. Finda toda essa atividade, ficamos exaustos e com os nervos em pandarecos, mas tivemos de permanecer acordados, pois precisávamos urgentemente usar os telefones para nos comunicar com os editores e nossas famílias. Duas horas depois, decidimos nos arriscar a tirá-los e usá-los. Assim que o fizemos, tornamos a escondê-los. A essa altura, tínhamos montado um serviço de transmissão de recados com vários outros repórteres de quartos vizinhos — e via telefone do hotel com os de andares diferentes —, mais ou menos como fazem os presidiários para passar mensagens de que vai haver revista e depois que está tudo limpo. Até então, havíamos dado sorte, e nenhum homem da segurança tampouco apareceu na nossa porta naquela noite.

Pouco depois das onze da noite, as sirenes de bombardeio aéreo recomeçaram a uivar, e trinta minutos depois ouviram-se algumas fortes explosões. Do nosso quarto, não vimos onde as bombas haviam caído. Tirei um pequeno cochilo, mas não consegui dormir profundamente com o incessante barulho das bombas caindo ao longe, e despertei de repente às duas da manhã, após várias novas explosões próximas. Depois dormi mais umas duas horas, até pouco após o amanhecer.

Os céus de Bagdá achavam-se encobertos por uma estranha névoa roxa. Percebi que provavelmente era da fumaça de petróleo incendiado. O Ministério da Informação mandou dizer que os jornalistas deveriam estar prontos em uma hora para ir ver "uma coisa especial". Eu me perguntava se seriam os pilotos americanos capturados que al-Taiee anunciara aos berros de alegria na véspera. Ouvira rumores de que as tropas americanas que invadiam pelo sul haviam alcançado a cidade de Najaf, a duas horas de Bagdá, mas também que estavam encontrando dura resistência em outras partes, sobretudo em Nasiriyah. Sabah me disse que as pessoas nas ruas vinham dizendo que um avião caíra a sudoeste da cidade e o piloto, americano, fora capturado. Transmitiu outro rumor de que 45 "comandos" americanos e britânicos haviam sido capturados depois de saltarem de pára-quedas próximo a Ramadi, a oeste de Bagdá, e estavam sendo detidos lá. Disse que outros 15 americanos eram mantidos prisioneiros em Nasiriyah. Ao me contar essas histórias, Sabah sorria e parecia muito orgulhoso.

Descobrimos depois que a "coisa especial" era uma coletiva de imprensa no Ministério da Informação dada pelo vice-presidente iraquiano, Taha Yassin Ramadan. Com exceção de uma entrevista pré-gravada e gaguejada de Saddam na televisão iraquiana, nenhuma autoridade superior aparecera em público. Como os bombardeios continuaram na quinta e depois na sexta-feira, a noite de "choque e pavor", e depois pelo sábado adentro, muitas pessoas em Bagdá começaram a especular se Saddam poderia haver sido incapacitado. Entre os rumores mais persistentes, havia o de que Naji Sabri e Tariq Aziz teriam sido mortos.

Ramadan era muito baixinho e atarracado, e seu rosto tinha um nariz de texugo e olhos escuros com bolsas. Usava a boina de sempre e o uniforme engomado da liderança baathista, mas tinha um ar cansado. Pareceu-me significativo o fato de sua coletiva não ser dada no prédio principal do ministério, como era habitual, mas num edifício menor e presumivelmente mais discreto ao lado. Dentro em pouco, instalava-se um pódio no saguão, alguns passos além da entrada, diante de um retrato de Saddam e de uma bandeira iraquiana vermelha, branca e preta. Flanqueado por vários guarda-costas e com Udai al-Taiee ao seu lado, ele começou dizendo, em voz tão suave quanto aveludada:

— A guerra está prosseguindo para nós de modo excelente. Os Estados Unidos e o Reino Unido basearam sua estratégia nas informações de traidores. — Ele descartava as afirmações americanas de que o campo de batalha avançava. — Deixe-os virem para Bagdá. Não os importunaremos. Mas se tentarem entrar em quaisquer cidades ao longo do caminho, vão enfrentar os mesmos problemas que estão enfrentando em Nasiriyah e Basra. — Num tom de voz tranqüilizante, prometeu: — Dentro de algumas horas vocês verão seus prisioneiros na TV. — Disse que o que acontecia lhe lembrava a Revolta Árabe de 1920, "quando demos uma lição aos 'Abu Naji'" (termo coloquial usado para os britânicos naquele tempo). Ao ouvir isso, todos os iraquianos na multidão riram. — Eles disseram que estão vagando no deserto — acrescentou. — Permitimos que vagassem no deserto. Esperamos que venham para Bagdá, para dar a essa administração do mal uma lição.

Entusiasmando-se com o tema, Ramadan contou algumas histórias da frente de batalha.

— Os iraquianos destruíram quatro tanques dos americanos em Basra e mataram vários dos seus mercenários — disse. — E o resto fugiu como ratos. E agora as milícias estão cercando esses ratos. — Em outra parte, nos pântanos do sul, "membros de tribos árabes e combatentes do Baath" haviam capturado e matado alguns pára-quedistas americanos, e um avião de controle remoto do inimigo fora abatido. Ramadan levou vários minutos criticando a ONU, pois, segundo disse, "ela não está fazendo nada para deter a agressão". Era dever da ONU, acrescentou, exigir que a guerra parasse, "por razões humanitárias, em nome dos 26 milhões de pessoas do Iraque". Pediu a Kofi Annan que deixasse de "se comportar como se fosse um criado dos Estados Unidos". Seu tom não era queixoso, mas a mensagem subentendida era. Quando ele saiu do pódio, tropeçou e caiu, mas logo se levantou sozinho.

Poucos minutos depois da partida de Ramadan, teve início uma comoção quando circularam rumores de que um avião militar americano fora abatido e o piloto saltara de pára-quedas no Tigre a apenas um quarteirão dali. Eu me juntei a uma enorme multidão que corria excitada para a margem. Consegui ver ali várias centenas de pessoas, sobretudo homens e meninos, olhando, gritando e apontando freneticamente para o rio. Centenas logo se juntaram para assistir da calçada sobre a ponte. O tráfego na ponte diminuiu a velocidade, com os carros parados e os motoristas saltando para juntar-se aos curiosos. O rio corria plácido. Eu não via nada, e cada pessoa com quem falava na multidão tinha uma história diferente. Nenhuma vira o que acontecera, se é que acontecera alguma coisa. Alguém me disse que dois aviões haviam colidido. Apontou para onde haviam desaparecido embaixo d'água. Outro homem me disse que um ou talvez dois pilotos estavam em algum lugar. Alguém os vira nadar para longe. Homens e meninos esgaravatavam os juncos ao longo da margem mais próxima com varas. Um vendedor de bebidas empurrava seu carrinho pela margem para anunciar sua mercadoria. Mas logo toda a cena adquiriu uma atmosfera de carnaval, com a multidão aumentando, cada vez mais excitada. Pouco depois, militares em pequenas lanchas a motor começaram a subir e descer o rio. Alguns tinham armas nas mãos e começaram a atirar nos juncos que despontavam ao longo da margem. Homens e meninos tiraram os sapatos e começaram a procurar descalços entre os juncos. Alguns os cortaram com facões. As pessoas começaram a atear fogo aos juncos. Isso continuou durante várias horas. Eu notei que o céu voltara a ficar azul, com uma leve brisa soprando, mas ainda nebuloso com a fumaça dos incêndios de petróleo. A oeste da cidade, algumas bombas foram lançadas por um B-52, mas ninguém na margem pareceu notar.

Finalmente me afastei, com absoluta certeza de que todo o episódio era um sintoma de histeria de massa; que o piloto que todo mundo procurava não passava de um fantasma. Havia algo comovente na ardorosa vontade das pessoas de acreditar que havia um piloto inimigo quase ao seu alcance. Mas aquele frenesi coletivo também era assustador; eu tinha pouca dúvida de que, se realmente houvesse um piloto escondido nos juncos, seria despedaçado se o achassem. Perguntava-me se isso tudo tinha a ver com a sensação de impotência coletiva dos iraquianos em relação a seu destino, que nos últimos dias parecia haver se tornado posse exclusiva dos pilotos estrangeiros no alto dos céus, além de todo alcance, soltando suas bombas à vontade.

Quando parti, vários incêndios propagavam-se firmes, enegrecendo os belos juncos verdes. Incitados pela multidão, os militares ainda rondavam de cima a baixo nas lanchas, procurando atentos pelo inimigo escondido em seu meio.

Naquela tarde, a atmosfera da cidade mudou mais uma vez. Um exaltado sentimento de apreensão parecia estalar e faiscar no ar. Agentes da Mukhabarat surgiram nas ruas. Postaram-se em todos os cruzamentos importantes, ao lado dos soldados e policiais, parando motoristas e exigindo identidades. Depois de passar por um desses novos postos de fiscalização e dirigir-me para uma rua que passava diante dos portões do Palácio Republicano, cruzamos com um grupo de guardas presidenciais que seguiam com as armas apontadas, olhando com medo para o céu. Pareceram não ligar para nós, mas Sabah pisou no acelerador, por via das dúvidas.

Um minuto depois, Sabah me dizia que acabara de ver um soldado americano saltando de pára-quedas no complexo presidencial. Fiquei confuso com essa afirmação. Quando? Tinha certeza? Sim, jurou ele. O pára-quedista estava descendo no mesmo momento em que passávamos pelo palácio. Eu não o vira? Não, falei. Perguntei-lhe repetidas vezes se tinha certeza do que vira. Sabah jurou inúmeras vezes que tinha, sim. Eu estava incrédulo, e disse-lhe que achava que ele deveria estar ficando louco. Por que um soldado americano, sozinho, iria saltar de pára-quedas no palácio de Saddam em pleno dia? Sabah encolheu os ombros. Não sabia por quê, replicou, mas vira. Eu olhei fixamente para o rosto dele por muito tempo, perguntando-me se estava brincando. Estava claro que não. Minha insinuação de que ele inventara a história obviamente o irritou. Ele passou deliberadamente a evitar meu rosto, olhando para a frente enquanto dirigia. Permaneceu calado. Decidi deixar o assunto para lá por enquanto, mas perguntava-me o que estava acontecendo. Ou Sabah estava tendo alucinações ou falava a verdade. Eu não sabia no que acreditar.

De volta ao Palestine, encontrei uma grande multidão que continuava assistindo à TV no saguão. Mostrava algumas imagens nítidas, feitas pela Al Jazeera, de soldados americanos mortos, e depois repetia inúmeras vezes uma cena de vários soldados americanos capturados, homens e mulheres jovens, sendo interrogados por alguém que não aparecia. Todos pareciam assustados, mas eu fiquei particularmente comovido com o ar de perplexo terror no rosto de uma oficial afro-americana. As imagens coincidiam com boletins de notícias que confirmavam parte do que dissera Ramadan: que os americanos estavam atolados em combate em vários lugares no sul, e sofrendo baixas. Também chegavam por vias secretas informações de que jornalistas estavam sendo mortos no norte e sul do Iraque. Um amigo meu, o fotógrafo Thomas Dworzak, que estava no norte do Iraque com as forças curdas, passou-me um *e-mail* dizendo que na véspera um homem-bomba se explodira num posto de fiscalização, matando Paul Moran, operador de câmera australiano. Vários outros amigos que cruzaram de carro o sul por conta própria, após serem atacados por tropas iraquianas, haviam desaparecido. (Todos sobreviveram e foram posteriormente resgatados por tropas americanas.) Um operador de câmera britânico, Terry Lloyd, também fora morto no sul, aparentemente por "fogo amigo".

Em meio a todas essas más notícias, aconteceu uma coisa estranha. Chegou à porta da frente do Palestine uma equipe de televisão francesa numa caminhonete Yukon excessivamente coberta de poeira, com uma pilha enorme de equipamentos, tendo vindo naquele mesmo dia direto do Kuwait a Bagdá. Parecia que não haviam sido detidos por ninguém. Tanto iraquianos quanto estrangeiros postaram-se em volta olhando boquiabertos para o carro e suas placas kuwaitianas, perguntando-se o que aquilo dizia sobre as defesas iraquianas em Bagdá. Sem dúvida envergonhado pelas implicações simbólicas, Udai al-Taiee logo ordenou que as placas do carro fossem cobertas com pedaços de papelão e que os franceses fossem isolados num quarto no Palestine.

À noite, jornalistas foram convocados a um salão de banquete no andar térreo do Sheraton para ouvir o ministro da Defesa do Iraque, general-sultão Hashim Ahmed, dar sua versão sobre o progresso da guerra. Sentado num tablado diante de outro retrato de Saddam e de um grande mapa militar do Iraque, ele repetiu a avaliação otimista de Ramadan. Disse-nos que no sul, por exemplo, os americanos estavam apanhando e só haviam conseguido garantir uma frágil posição nos arredores do aeroporto de Basra. Em todas as outras frentes, as forças invasoras haviam recebido fortes golpes e sido obrigadas a retroceder, ou então haviam sido cercadas e estavam prestes a ser eliminadas. Se os americanos e britânicos persistissem em sua campanha, ele jurou que sofreriam por isso.

— Devemos combatê-los de um modo que nos deixe orgulhosos, e de um modo que deixe nossos filhos orgulhosos de nós — disse. — Sim, eles talvez consigam ocupar algum lugar, mas a que custo? Se desejarem tomar Bagdá, terão de estar prontos para pagar o preço.

Depois, com uma exibição de grande magnanimidade, Udai al-Taiee anunciou que dali em diante poderíamos usar nossos telefones por satélite nos quartos do Palestine. Isso foi um enorme alívio, e parecia indicar que o Ministério da Informação reafirmara sua autoridade acima do aparato do serviço secreto. De repente, a atmosfera se tornou menos ameaçadora. Agora que eu podia tirar meu telefone do esconderijo, instalei-o num engradado de leite de plástico amarelo num peitoril embaixo do parapeito de nossa sacada e escorei a antena chata, em forma de livro, com o exemplar de *No Coração das Trevas* que Patrick Dillon me dera de presente, no ângulo certo para o satélite Inmarsat, no leste do Atlântico. (As pessoas no outro lado do prédio usaram o satélite voltado para o sul, no oceano Índico.) Devido aos sazonais ventos *turab*, que vinham soprando nos últimos dias, tudo foi bem preso com as fitas de marcação rosa-choque.

Os bombardeios recomeçaram por volta das dez e meia da noite, e pelo menos um dos prédios no palácio foi atingido, causando uma grande explosão. Alguns minutos depois, começou um distúrbio na rua Abu Nawas. Olhei e vi um pelotão de soldados iraquianos parado na rua, gritando e apontando para os arbustos no terreno baldio entre a rua e a beira do rio. Alguns começaram a atirar com suas armas, e depois outros fizeram o mesmo. Pareciam muito confusos. Vários vieram correndo para os terrenos do Palestine e se agacharam ali por algum tempo. Descobrimos por amigos com quartos do outro lado do hotel que se viam soldados revistando a margem e atirando nos juncos. Parecia que a procura do piloto fantasma americano continuava. Às onze da noite, outra bomba enorme explodiu em algum lugar na cidade, disparando alarmes de carros e sacudindo o hotel. Depois, a maior parte dos soldados desapareceu. Às três da manhã, os bombardeiros voltaram.

Na manhã seguinte, quinto dia da guerra, o céu estava muito escuro, e o ar mais uma vez esfriara. Uma imensa nuvem de fumaça preta do petróleo em chamas pairava de forma sinistra sobre toda a cidade, obscurecendo o sol.

Sabah chegou ao nosso quarto mais tarde do que de hábito, parecendo perturbado. Quando lhe perguntei qual era o problema, ele explicou que durante a noite uma de suas filhas casadas, que estava com três meses de gravidez, sofrera um aborto espontâneo e perdera a criança. Depois da grande explosão de bomba às onze da noite, entrara em choque e começara a ter hemorragia. Ao amanhecer, ele a levara para o hospital, onde lhe fizeram uma transfusão. Ele ficou ao seu lado até lhe dizerem que ela ficaria bem. Sabah suspirou com força e enxugou os olhos por vários minutos, extenuado.

Como fazia na maioria das manhãs, deu-me uma garrafa térmica cheia de café turco quente e uma pilha de *tortillas* mornas de arroz recém-feitas por sua esposa, a quem ele se referia como *Madame* Sabah. Era uma rotina que começara nos dias antes da guerra, e se tornara mais vital agora que a maior parte dos restaurantes da cidade fechara. Os preparados de *Madame* Sabah nos eram trazidos na maioria dos dias por um dos dois filhos adultos dos dois, Safaar ou Diyah. Ela com freqüência enviava uma panela ou recipiente com uma porção de qualquer prato que cozinhara para a família — frango assado com batata condimentada, creme de espinafre ou guisado de lentilha e tomate. Sabah reaquecia esses pratos para nós num fogão portátil chinês com um único queimador que eu encontrara no bazar antes da guerra, criando uma pequena cozinha meio improvisada no chão do quarto do hotel.

Quando Tariq Aziz entrou no salão de banquetes do Sheraton naquela noite, ouviu-se um zumbido de excitação no ambiente de jornalistas à espera. Havíamos sido reunidos mais uma vez sem saber o que nem quem esperar. O diminuto vice-primeiro-ministro, que tinha o andar e a autoconfiança de um galo de briga, não era visto em público desde 19 de março, véspera do início da guerra. Ele se acomodou numa mesa alta coberta com um pano de cetim branco, sob um enorme retrato em moldura dourada de Saddam Hussein vestindo uniforme e boina militares. Aziz iniciou uma avaliação dos fatos que prepararam o caminho para a guerra. Falava em inglês, num tom de voz tranqüilo mas fatigado. De pé atrás dele, um guarda-costas com a barba por fazer usava um lenço *keffiyah* na cabeça. Outros guardas haviam sido dispostos em torno do salão de baile, de olho no público. Aziz afirmou, como fizera muitas vezes antes, que o que os Estados Unidos e a Grã-Bretanha buscavam com sua guerra não eram armas de destruição em massa do Iraque — pois sabiam que não restava nenhuma no país —, mas suas vastas reservas de petróleo, que ele afirmou serem as maiores no mundo, algo em torno de 300 bilhões de barris.

— Eles decidiram ocupar e colonizar o Iraque — disse Aziz. — Querem reformar toda a região a favor de Israel. — Ele disse que o governo dos EUA fora seqüestrado por um pequeno grupo de judeus e sionistas cristãos, o *lobby* do petróleo, e pelo complexo industrial-militar, que promovera a guerra no Iraque em nome de seus próprios objetivos egoístas. Então, durante os quarenta minutos seguintes, atacou as afirmações feitas pelo governo Bush sobre o que estava acontecendo no campo de batalha. — Primeiro, eles disseram que esta guerra seria devastadora, incapacitaria as forças armadas e a liderança do Iraque, e que o povo se revoltaria — disse Aziz. — E Cheney disse que o povo receberia as tropas americanas com "música e flores". Sobre este ponto, eu me lembro de haver dito aos meios de comunicação americanos: "Não enganem a si mesmos e à opinião pública americana: as tropas não serão recebidas com flores, mas com balas."

Aziz lampejou um lacônico sorriso de "eu-avisei".

— Disseram que Saddam Hussein estava totalmente isolado, sustentado só por tikritis [as pessoas de sua cidade natal] e guardas republicanos. Mas em Um Qasr não havia guardas republicanos. O regimento que combate os americanos e britânicos é um regimento iraquiano comum... E aqueles que lutam em Nasiriyah e Basra, Najaf e Samawa não são tikritis. A maioria dessas pessoas é xiita, não sunita ou tikrit. De qualquer maneira, em apenas alguns dias todas as falsas avaliações e suposições nesses dois pontos desmoronaram. Descaradamente, e me perdoem porque eu não quero ser severo, mas eles estão se comportando de maneira muito vergonhosa...

Secamente, Aziz acrescentou:

— Quando eles atacaram seu alvo oportunista quarta-feira, tentando "decapitar os líderes iraquianos..." — Parou para dar ênfase, e prosseguiu: — Por favor, observem o termo, como se fôssemos um grupo de galinhas a ser decapitado. — De novo ele parou enquanto a platéia sorria com risos abafados. — ... Disseram, Deus não permita que o presidente Saddam Hussein esteja morto ou ferido; quiseram vender essa idéia aos seus pobres soldados que empurraram para o campo de batalha. Mas nós ainda estamos aqui.

Aziz claramente regozijava-se agora. Falou que ouvira dizer que o general Tommy Franks dissera que "não planejava" tomar Basra por enquanto. Aziz sorriu, jovial.

— Eu ri quando ouvi isso. Lembrou-me a história da raposa e das uvas; quando perguntaram à raposa: "Por que não as pega e come?", e ela respondeu: "Porque estão azedas." — A insinuação de Aziz era que Franks tinha medo de entrar em Basra por causa da feroz resistência oferecida pelos iraquianos ali. Advertiu: — Em todos os lugares em que os americanos estão lutando, ainda não enfrentaram os guardas republicanos. No sul, os que lutam são xiitas. Assim é o Iraque. Nós dissemos a eles: "Não se enganem. O povo iraquiano está unido sob Saddam Hussein e o Partido Socialista Baath Árabe." Dissemos isso com bom motivo; temos governado este país há décadas.

Uma sirene de ataque aéreo começou a uivar do lado de fora, advertindo de que outro bombardeio atingira Bagdá, mas Aziz ignorou-a e continuou contando a história do camponês iraquiano que na véspera supostamente usara um velho fuzil para abater um helicóptero armado americano Apache. O camponês fora feito herói na hora, entrevistado na televisão iraquiana, e Aziz mais uma vez o louvou, dizendo:

— Com sua velha arma Brno tcheca, fabricada antes do tempo de Havel e outros, esse camponês o usou para dar boas-vindas aos americanos. Não com música, não com flores. Ele não tinha nenhum instrumento, apenas a arma, e a usou à melhor maneira iraquiana, para dar boas-vindas aos invasores.

Um jornalista perguntou-lhe que concessões o governo do Iraque faria para poupar Bagdá do banho de sangue de um cerco.

— Eu não tenho doces para oferecer a eles, só balas — respondeu ele. Outro repórter perguntou-lhe como o regime do Iraque pretendia defender Bagdá. — Fique em Bagdá que você verá — disse, com um sorriso sonso, e deixou a sala. Os homens da segurança fecharam as portas atrás de Aziz de forma que não pudemos ver para que lado ele fora.

No sexto dia dos ataques, terça-feira, 25 de março, outro *turab* engoliu Bagdá. A poeira amarela misturou-se com a fumaça dos incêndios de refinarias de petróleo que queimavam havia vários dias. O céu era púrpura enegrecido. Parecia que a cidade estava suportando um inverno nuclear. Ouvi as bombas explodindo em algum lugar, embora não pudesse mais vê-las.

Nos últimos dias, a guerra adquirira um novo padrão. Até domingo, os bombardeios haviam ocorrido só à noite. Meu cunhado na Inglaterra começou a mandar-me *e-mails* para dizer os horários em que os B-52 americanos partiam toda manhã de sua base em Fairfield, na Inglaterra. Com essas informações, eu calculava mais ou menos a que hora da noite os bombardeiros chegariam sobre Bagdá. Paul e eu sempre tentávamos comer e nos revezarmos tomando uma chuveirada no banheiro antes disso, porque era difícil contar com eletricidade ou fazer muita coisa depois que o bombardeio começava.

Desde domingo, porém, quando os bombardeiros começaram a atacar Bagdá 24 horas por dia, nossa rotina se desfez. Agora havia explosões em todas as horas do dia e da noite. Em geral, as sirenes soavam, e mais ou menos vinte minutos depois havia uma pequena série de barulhos: rugidos enormes e reverberantes que se transformavam num estrondo persistente. Às vezes as bombas caíam perto e às vezes bem longe. Devia haver um padrão no bombardeio, mas não era aparente para mim. Os estrondos pareciam vir fortuitamente em um ou outro ponto da paisagem escurecida.

Na terça-feira de manhã, a atmosfera nas ruas era taciturna. As pessoas pareciam haver renunciado a seus destinos, como fazem as pessoas no Caribe antes de caírem tempestades tropicais. Os civis haviam ficado dentro de casa, e os soldados pareciam desaparecer na obscuridade. Ventos fortes chicoteavam as palmas das tamareiras, arrancavam os galhos das árvores e chocalhavam as tabuletas das lojas. A maior parte destas últimas fora fechada. Na rua Sadoun, só alguns lugares continuavam abertos: suas casas baratas e alegres de *kebab*, uma ou duas farmácias e, estranhamente, uma loja de malas. Ao percorrer de carro uma rua procurando as lojas e restaurantes conhecidos, fiquei desorientado. Vários lugares que eu conhecia bem pareciam ter desaparecido. Não que houvessem sido bombardeados, nem simplesmente fechados. Haviam sumido. Avistei a tabuleta de um restaurante que conhecia, mas onde antes ficavam as portas da frente e as janelas de vidro agora só havia uma parede de tijolo, que cobria inteiramente a frente do estabelecimento. Quando passamos, vi muitos outros estabelecimentos emparedados. Era como se estivessem tentando evitar ser notados, como um soldado usando camuflagem.

Naquela manhã, fui à primeira sessão de fisioterapia para minhas costas que Ala Bashir providenciara para mim. A sessão foi só em parte um engodo, porque na verdade eu tinha um problema crônico, embora não muito grave, na lombar. (Alguns meses antes, eu sofrera um espasmo muscular agudo depois de deixar Bagdá e passara dez dias arriado em Amã, recebendo tratamento médico, mas a dor não fora completamente embora.) Quando cheguei, Bashir chamou um de seu auxiliares para me levar do outro lado da rua à Maternidade Al-Wiya, vizinha ao hospital, onde o fisioterapeuta me esperava. Disse para eu passar no seu gabinete depois da sessão.

O terapeuta, um homem jovial chamado Nabil, me fez tratamentos de calor e aplicou algumas ondas elétricas. Não parecia haver outros pacientes em sua enfermaria, uma ala cinzenta e mal iluminada do hospital, com camas vazias. Nabil explicou que sua ala fora instalada para receber vítimas de bombardeio, mas ainda não houvera paciente algum. Perguntou se eu planejava ficar em Bagdá, e quando eu disse que sim, ele riu e disse: *Al-hamdulillah*, o que se traduz, mais ou menos, como "Glória a Deus", ou seja, que o destino está fora de nossas mãos. Eu ouvira a frase muitas vezes nos últimos dias. Nabil disse que era casado e tinha vários filhos. Perguntei como eles estavam.

— Você sabe como é — disse, em estilo de homem para homem. — Crianças pequenas não entendem. Para os homens, tudo bem. Mas é duro para mulheres e crianças.

Quando Nabil terminou minha fisioterapia, conduziu-me para fora do hospital até a rua. Caíam alguns pingos de chuva, que espalhavam a poeira. Nabil voltou-se para mim e disse:

— Hoje, o *turab* é uma coisa boa. Espero que não chova. A chuva vai limpar o céu e facilitar os bombardeios. Rezo para que não chova. — Sorriu, apertou minha mão e me mandou voltar para a segunda sessão no dia seguinte.

Vários outros médicos estavam sentados no consultório de Ala Bashir. Discutiam as afirmações conflitantes das forças da coalizão e do regime iraquiano sobre a luta em lugares como Um Qasr, Nasiriyah e Basra. Conversavam calmamente, trocando as informações que tinham ouvido em transmissões de rádio e de amigos ou parentes. Um deles era um cirurgião cardíaco formado na Inglaterra. Homem meticuloso, vestia um paletó esporte de lã e uma gravata verde conservadora com listas diagonais, e falava excelente inglês. Disse que conversara ao telefone naquela manhã com um colega de um hospital de Basra. As notícias eram ruins. Tropas britânicas estavam trocando fogo de artilharia com os defensores da cidade, e havia muitos civis mortos e feridos. Voltou-se para mim e disse:

— Eles pensavam que isto seria uma moleza... foi o termo usado pelos americanos, não foi?... mas vê-se que não está sendo, e agora são os civis iraquianos que estão pagando o preço. — Embora houvesse um tom de repreensão em sua voz, ele ficou por aí mesmo.

O vice de Ala Bashir, Dr. Waleed Abdulmajid, um homem atarracado com bondosos olhos castanhos com quem eu me encontrara várias vezes, perguntou-me se eu sabia o que iria acontecer. Respondi que provavelmente não sabia mais do que ele, mas receava que um sangrento cerco a Bagdá fosse iminente. O líder do Iraque, disse, parecia haver adotado uma estratégia de sobrevivência que envolvia o máximo de derramamento de sangue. Pondo suas forças militares em aldeias e cidades, ele tentava atrair as forças da coalizão a situações onde, para avançar, os americanos e britânicos seriam obrigados a matar tantos civis iraquianos que a guerra se tornaria insustentável e um clamor internacional os forçaria a parar. Os médicos escutaram e assentiram com a cabeça. A assistente de Bashir, Sunduz, a mulher do rosto queimado, trouxe-nos chá.

À tarde, John Burns, Paul e eu tornamos a visitar o Al-Rasheed. Ficamos sabendo que alguns gregos e espanhóis haviam voltado para lá, talvez sem saber das ameaças que o Pentágono fizera contra o hotel, e quisemos avisá-los. Não os encontramos, mas localizamos um italiano, um homem mais velho, que parecia ser o único hóspede do hotel naquele momento. Estava absolutamente perdido. Depois de falarmos com ele, disse que se mudaria logo. Ainda preocupados com os outros repórteres, pedimos a um jovem recepcionista no balcão principal para transmitir os avisos e tentar estar fora do hotel depois do anoitecer. Ele balançou a cabeça, com a expressão parva.

Em seguida fomos ao Ministério da Informação, porque soubéramos que algumas equipes de televisão continuavam indo lá para obter as notícias diárias. Encontramo-lo deserto, a não ser por três jornalistas turcos de pé no telhado, iluminados por alguns holofotes, cumprindo sua missão. Era um espetáculo estranho. O *turab* açoitava, soprando areia, poeira e lixo para todos os lados, e o céu escurecia rápido. Os turcos nos ouviram e disseram que partiriam assim que terminassem a transmissão. Por fim, paramos numa loja de comida que vendia um pouco de tudo, chamada Pyramids, para estocar mais mantimentos; era a única loja de comida que conhecíamos que ainda estava aberta no centro de Bagdá.

De volta ao Palestine, ouvimos a perturbadora notícia de que, durante a noite anterior, vários repórteres que conhecíamos haviam sido arrancados de suas camas e levados por homens da segurança. Entre eles estavam nossos amigos Matthew McAllester e Moises Saman, a fotógrafa americana Molly Bingham e também um ativista da paz americano e um fotógrafo dinamarquês. Parecia que haviam sido colocados em um ônibus com destino à fronteira síria. Como todos tinham entrado no Iraque com questionáveis vistos de pacifista, achamos que esse era o motivo de haverem sido escolhidos para a expulsão. Mas isso era uma suposição; ninguém sabia o que realmente acontecera. Os quartos estavam vazios, sem qualquer sinal de que eles houvessem estado lá, e ninguém do pessoal do hotel os vira pedir a conta. Os funcionários do Ministério da Informação no hotel afirmaram não saber nada sobre eles ou seu paradeiro. Mas alguns repórteres que estavam acordados nas primeiras horas da manhã sussurraram que tinham visto agentes de segurança nos corredores e, num dos casos, batendo na porta do quarto de Molly Bingham.

O pôr do sol desceu de repente, como uma cortina preta baixando, bem antes das cinco da tarde. Meia hora depois, a cortina subiu um instante, e caíram alguns gordos pingos de chuva, transformando em lama o pó que cobria as superfícies dos carros. As sirenes soaram brevemente por volta das onze horas, enquanto se instalava uma névoa úmida. O ar tinha um curioso cheiro de terra, e estava tão escuro que até onde havia luz na rua não se via muito além de dois quarteirões.

As bombas caíam em algum lugar fora da cidade. Havíamos sido informados com antecedência de que unidades da força de invasão americana haviam avançado e chegado a 80 quilômetros de Bagdá, e que B-52 estavam bombardeando as tropas da guarda republicana no perímetro sul da cidade. Naquela noite, quase não se ouviu outro ruído além do barulho das bombas, e o zumbido de um gerador num edifício próximo. Nenhuma voz humana, nenhum cachorro latindo. Uma ou duas vezes, ouvi pneus de carro passarem devagar pela rua molhada diante da minha janela.

Na manhã seguinte, Bagdá estava densamente coberta por uma camada de pó amarelo; o dia tinha um brilho branco fosforescente, quase como se houvesse nevado. A tempestade abrandou-se um pouco, mas soprava um vento frio e havia um chuvisco intermitente, fazendo o pó se tornar lama, depois pó de novo, num ciclo desgraçado. As pessoas usavam *kaffiyeh* na cabeça e cachecóis como máscara para cobrir as bocas e os narizes. O prédio da Corporação Iraquiana de Rádio e Televisão, mais ou menos a um quilômetro dali, fora bombardeado durante a noite. Fiquei sabendo disso às três da manhã, quando John Burns ligou para meu quarto para perguntar se meu aparelho de televisão estava funcionando. Verifiquei, e só encontrei estática na tela. Ele disse que acabara de saber do ataque por Dan Rather, em Nova York, que lhe telefonara para fazer comentários para a transmissão para o noticiário da noite *CBS Evening News*, e aguardava a confirmação dele em sua linha telefônica por satélite.

Lá pelo meio da manhã, um amontoado de pessoas se formara em torno de um aparelho de televisão no saguão de entrada do hotel, vendo a imagem de um locutor de notícias iraquiano uniformizado falando na tela chuviscada. Disseram-me que a transmissão vinha de um transmissor substituto de emergência ativado nas últimas horas.

Voltei ao Hospital Al-Wiya para minha segunda sessão de fisioterapia nas costas, mas Nabil não pudera ir trabalhar naquela manhã, e aproveitei a oportunidade para dar de novo uma passada no consultório e ver Ala Bashir, do outro lado da rua. Nessa manhã ficamos a sós, e conversamos mais à vontade sobre os acontecimentos dos últimos dias, sobretudo as notícias de que as forças de invasão americanas e britânicas estavam atoladas nas batalhas secundárias em sua marcha para Bagdá. Ele ridicularizou isso.

— Vamos ser realistas — disse. — Que porcentagem de chance, realmente, tem o Iraque de ganhar esta guerra? Zero. Essas batalhas em Um Qasr, Basra e Nasiriyah são coisas pequenas, que sempre acontecem em uma guerra. É isso que é a guerra, matar e morrer. Passaram-se apenas alguns dias, e eles já estão... o quê... a 80 quilômetros de Bagdá? Eu não acho que nada que o exército iraquiano faça vá alterar o resultado no fim, com toda a blindagem e potência de fogo que têm os americanos e os britânicos.

Ele previu uma batalha sangrenta por Bagdá. Indicando com a cabeça o busto de Saddam Hussein em sua escrivaninha, disse:

— É óbvio para mim que é isso que ele quer, causar tantas vítimas civis quanto possível. Vai partir para o máximo de derramamento de sangue possível. É o seu modo de ser. — Na véspera da guerra anterior, Bashir me disse, Saddam anunciara: "Que venham os invasores. Mas quando eles chegarem em Bagdá, só vão encontrar cinzas." Para Bashir, a única grande questão continuava sendo até quando resistiria a guarda republicana. Havia muito medo em relação a isso, continuou, não só entre os civis iraquianos comuns, mas também no meio das tropas... e com bom motivo. Ele disse que vira as notícias da televisão iraquiana na noite anterior, e que um membro dos fedaim de Saddam, a temível brigada de combatentes comandada pelo primogênito do ditador, Udai, fora entrevistado diante de uma câmera na cidade nortista de Mosul. O fedaim dissera: "Estamos aqui primeiro para matar americanos, e segundo para matar qualquer iraquiano que não lute contra eles." Bashir disparou-me uma olhada.

— Era um recado enviado para todo mundo no exército: lute ou morra. Está vendo? — As medidas coercitivas de Saddam para manter seu exército unido poderiam dar certo, acrescentou, se as forças da coalizão demorassem a chegar a Bagdá e continuassem a ter dificuldade para ocupar as cidades do sul. Mas se elas conseguissem reprimir logo aqueles lugares e cercar Bagdá, a unidade do exército começaria a se desintegrar. Os americanos e britânicos então recuperariam o equilíbrio de força psicológico, e muitos soldados no exército logo perceberiam que não restara nada por que lutar. Mas ainda haveria uma batalha por Bagdá, ele acreditava. — Será muito sangrenta.

Por volta das onze e meia da manhã, ouvimos duas curtas e nítidas explosões no norte. Não havia nada de particularmente diferente nelas; apenas paramos para registrar o fato e retomamos nossa conversa. Alguns momentos depois, houve uma rajada de vento, e uma lufada de ar frio entrou na sala.

— A tempestade de areia está voltando — observou Bashir. Perguntei-lhe como sabia, e ele farejou o ar. — A gente sente o cheiro — disse. — Cheiro de terra. Sempre que sinto esse cheiro me lembro das pessoas mortas. Pense nisso. Pense na história do Iraque. Que história é essa senão milhares de anos de guerras e matança? É uma coisa que sempre fizemos bastante bem, e muito, desde os sumérios e os tempos babilônicos. Milhões de pessoas morreram nesta terra e se tornaram parte dela. Seus corpos fazem parte da terra, da terra que estamos respirando.

Algumas horas depois, passei no Ministério da Informação. Ouvira dizer que acontecera alguma coisa importante, e que as pessoas começavam a se aglomerar ali. Uma multidão de jornalistas circulava em volta, confusa, e se pôs a embarcar em dois ônibus. Saltei para dentro de um deles. Como sempre, aquelas viagens, organizadas pelo ministério, eram excursões de inspeção a locais recém-bombardeados envolvendo alvos civis; aquilo se tornara um ritual para a imprensa estrangeira desde o começo da guerra. Nunca nos mostravam qualquer estrago causado em instalações militares ou nos edifícios do complexo presidencial. Eu participara de algumas dessas excursões e deixara de ir em outras. Pouco se avisava com antecedência sobre elas, e raras vezes recebia-se qualquer informação prévia sobre os destinos, apenas sugestões secretas codificadas de acompanhantes oficiais ou funcionários do ministério, como: “Vamos ver uma escola”, “um hospital”, ou “um local de bombardeio”.

Quando partimos, correu o boato de que estávamos sendo levados para um lugar onde muitos civis haviam morrido poucas horas antes. Os ônibus arrastavam-se lentamente pela deprimente obscuridade. O *turab* retornara com força total, e chovia, mas a água não lavava a poeira do céu. O dia ficou escuro, iluminado apenas por uma tímida luz laranja. Seguimos para o norte, atravessando os subúrbios pobres na principal estrada para o norte que deixava Bagdá rumo a Kirkuk. No caminho, passamos por vários incêndios de petróleo no canteiro central da larga rodovia. Depois de mais ou menos vinte minutos, os ônibus encostaram para uma parada ao lado de alguns prédios de apartamentos sujos com lojas no térreo, no bairro operário de Al-Shaab. Grandes multidões de homens e meninos circulavam pelos dois lados da estrada. À primeira vista, na luz estranha e sob a chuva leve e barrenta, não vi nada de errado, mas depois meus olhos se adaptaram, e notei que partes dos prédios de um e outro lado da estrada estavam chamuscadas e outros edifícios tinham as janelas quebradas, as fachadas esburacadas e explodidas. Havia escombros por toda parte no chão, que parecia tosquiado, como se um ancinho gigantesco houvesse arrancado a camada superior da terra. Tiras retorcidas de painéis de alumínio jaziam no chão. A sirene de um carro de polícia gemia.

Juntei-me à confusão; grupos de pessoas andavam de um lado para outro numa espécie de frenesi de curiosidade chocada, escolhendo o caminho com cuidado no meio dos escombros desordenados. Havia uma cratera na beira da estrada onde uma das bombas caíra; o asfalto fora arrancado deixando um relevo. Uma família trazia a mobília e outros pertences para fora do apartamento num dos prédios e os punha em cima de um pequeno caminhão. Vi o que julguei ser um buquê de cravos brancos caído na calçada, mas eram duas galinhas mortas. Homens olhavam fixamente, mudos, os interiores arrancados das lojas do térreo, o conteúdo espalhado e retorcido para dentro como por obra de um furacão. Um carro fora esmagado e capotara; algumas pessoas paravam em volta para vê-lo. Um grupo de homens parara ao redor de um dos vários veículos carbonizados, completamente enegrecido, e começaram a cantar e dançar, alguns erguendo Kalashnikovs, entoando uma musiquinha que se tornara obrigatória em todos os locais de bombardeio de Bagdá sempre que chegavam as equipes de TV: "Viva Saddam, nós nos sacrificaremos por você", junto com xingamentos em árabe contra Bush e Blair. Ninguém pareceu furioso com a chegada de ocidentais; eles nos olhavam com curiosidade, e alguns nos abordaram para explicar o que havia acontecido, num esforço para serem úteis.

Atravessei a avenida por seis pistas de trânsito lento e juntei-me à multidão no outro lado. Outra bomba caíra do lado de lá, deixando uma cratera rasa. A destruição dos apartamentos e oficinas ali parecia idêntica à do outro lado da rua. Havia muitas pedras, gesso e argamassa quebrados e mais tiras de alumínio retorcidas a transpor, e ao transpô-los notei dois jovens perto. Deviam estar no fim da adolescência. Um deles permanecia imóvel, o olhar parado, e diante de mim começou a chorar sem lágrimas. O amigo pegou-o pelo braço e levou-o embora. Ali perto, uma dúzia de homens juntara-se em círculo olhando alguma coisa. Abri caminho no círculo até poder ver o que era: a mão de um homem, decepada abaixo da junta, assentada como uma espécie de adereço macabro numa veneziana de janela de metal verde, jazia sobre alguns degraus. A mão era grossa e cinzenta, e suas entranhas vermelhas e brancas, no coto desordenadamente decepado, derramavam-se como o circuito elétrico de um cabo cortado. O sangue escarlate encharcara os degraus embaixo. Um jovem abaixou-se muito perto para ficar olhando a mão, o rosto a apenas alguns palmos da pele. Ficou muito tempo ali. Alguém me disse que se podia ver o cérebro do homem no chão logo na entrada da oficina mais próxima, mas não fui vê-lo.

Afastei-me e puxei conversa com um jovem simpático, também parado ao lado de um monte de pedras. Ele falava um pouco de inglês, e explicou que era aluno da Faculdade de Belas-artes na Universidade de Bagdá.

— No Departamento de Inglês — acrescentou com um sorriso orgulhoso. — Perguntou-me de onde eu era. Quando respondi, dos Estados Unidos, ele disse, ainda sorrindo educadamente: — Bem-vindo. — Trocamos um aperto de mãos. Ele explicou que não estava ali quando as bombas caíram; apenas viera ver o que acontecera com sua casa, a vários quarteirões dali. Várias pessoas, talvez até umas trinta, haviam morrido, disse, muitas delas em seus carros. Ele e eu procuramos: havia mais ou menos uma dúzia de veículos destruídos nos dois lados da rua. Entre os mortos estava uma família inteira de cinco pessoas, acrescentou, apontando para o apartamento calcinado logo acima de nós. Todos os corpos já tinham sido levados para o necrotério, e as muitas pessoas feridas para os hospitais. Perguntei a ele como se sentia sobre que acontecera. Ele disse, em inglês claro, cuidadoso: — Eu apenas me sinto muito triste pelas pessoas que morreram.

Outro homem, um pouco mais velho, me abordou. Tinha um rosto franco, simpático, e também falava um pouco de inglês. Disse-me que se chamava Muyad, e era "bibliotecário". Acho que queria dizer que era dono de papelaria, porque explicou que vendia cadernos escolares e também tinha uma máquina de xerox. Ele apontou em diagonal para o outro lado da rua no quarteirão seguinte, onde disse que morava. Perguntei-lhe se conhecia alguma das vítimas. Ele fez que sim com a cabeça. Apontou um dos carros enegrecidos do outro lado da rua. Fora bombardeado quando o homem, um mecânico, estava trabalhando embaixo, explicou.

— Chamava-se Abu Sayaff; era meu amigo. — Ficamos calados por um longo momento, eu balançando a cabeça em solidariedade e absorvendo essa informação. Muyad quebrou o silêncio: — Bush e Blair... Eles disseram que seria uma guerra limpa. — Sorriu hesitante. Esperei que continuasse. — Isto não é limpo — disse. — Isto é sujo; uma guerra suja.

Ainda sorria. Então me perguntou de onde eu era.

— Estados Unidos — falei. Ele se virou um momento e então se voltou para mim, dizendo:

— Bem-vindo. — Eu lhe disse que sentia muito o que acontecera. Muyad disse: — Não, não sinta muito. Não é o povo americano, nós sabemos. A maioria dele é contra esta guerra, sabemos disso. — E acrescentou como esclarecimento: — Eu vi o diretor Michael Moore na TV ontem à noite. — Fiquei siderado. Não tinha a menor idéia de a quem Muyad se referia. Ele deve ter notado minha confusão, porque me falou da cerimônia de entrega do Oscar, em que Moore condenara a guerra. Muyad explicou que vira muitos filmes americanos, que fora assim que aprendera inglês. Gostava muito de filmes americanos. Eu lhe perguntei o que achava que iria acontecer em seguida; acreditava que se podia deter a guerra? — Não — ele respondeu. — Nada pode parar isto. Só Deus. — Então acrescentou, com uma expressão de esperança: — Deus vai deter o exército de Bush.

Despedi-me de Muyad e saí andando. Passei por dois jovens. Um deles, usando um *keffiyah* no rosto como máscara e portando um Kalashnikov, olhou-me e disse, em inglês:

— Bem-vindo. — Acenei, reconhecendo a saudação e segui em frente. Seu amigo me alcançou e me deteve. Apontou para meu bolso traseiro, onde eu enfiara meu caderno de notas aberto. Apontou para o céu, indicando a chuva barrenta. Compreendi: ele tentava me dizer que minhas notas estavam ficando borradas pela chuva. Agradeci-lhe, e ele disse "*Afwan*", que significa, mais ou menos, "De nada".

À noite, Muhammad Said al-Sahaf, ministro da Informação, fez uma aparição — a primeira do que seriam informes diários para a imprensa. Era um homem pequeno, corpulento, de seus 60 anos, que tinha muito cuidado com a aparência. Usava óculos grandes, cabelos tingidos de preto, e o rosto de traços grandes estava escrupulosamente depilado. Também tinha sobrancelhas muito espessas e grossas, e lábios bastante femininos. De uniforme, boina e pistola no coldre, Sahaf parecia mais um ator envelhecido fazendo um papel que não combinava com ele. Falava inglês com um estranho sotaque britânico ligeiramente enferrujado, mas tinha um vocabulário pitoresco e uma divertida tendência para o humor dramático. Sentia prazer em se referir aos americanos e britânicos como "vilões, mercenários e criminosos de guerra". Com seu carrancudo vice Udai al-Taiee ao lado, ergueu o que parecia uma calota de carro e anunciou que era um pedaço de míssil americano.

— Nós abatemos isto — gabou-se, orgulhoso. Explicou que era um dos vários mísseis disparados durante a noite contra a Corporação Iraquiana de

Rádio e Televisão, o prédio agora de aspecto dilapidado junto ao Ministério da Informação, onde trabalhava meu amigo, o poeta Farouk Salloum.

Sahaf denunciou o bombardeio que acontecera em Al-Shaab naquela tarde. A carnificina lá, afirmou, fora causada por bombas de fragmentação, cujo uso provava que britânicos e americanos haviam ficado "histéricos" com seus reveses na guerra. Eles não haviam conseguido tomar nem Um Qasr, o primeiro ponto de entrada para o Iraque no Golfo Árabe, grasnou ele.

— Já estamos no sétimo dia da invasão. — Sahaf deu uma risadinha. — E eles estão agora, até agora, só na Doca Número Dez, nem sequer na cidade. Encontram-se numa situação muito ruim. Presos numa armadilha. Nós vamos afogá-los, e por que não? Isto é clássico e deveria ser ensinado nas escolas militares... — Nesse ponto Sahaf foi interrompido pelo barulho de bombas que explodiram na cidade. As luzes da sala de conferência piscaram momentaneamente. Depois de uma pausa, ele continuou:

— Ontem ouvimos esse vilão chamado Rumsfeld. Ele, claro, é um criminoso de guerra, e um dos piores governantes americanos. Disse que os mercenários britânicos e americanos estão se defendendo dentro do Iraque. Parabéns, Sr. Vilão, por defenderem a si mesmos em nosso país! Nós mostraremos a você o que significa defesa.

O *turab* acalmou-se durante a noite, e o dia seguinte, quinta-feira, 27 de março, amanheceu seco e claro. Bagdá ainda se achava coberta de poeira amarelo-claro, mas aqui e ali já haviam surgido pessoas para limpar, lançando baldes d'água sobre os carros, as frentes das lojas e as calçadas diante das casas. Mas as estátuas de Saddam, que estavam por toda parte da cidade, permaneciam empoeiradas; os trabalhadores que costumavam ser vistos na maioria dos dias limpando a mais ilustre delas — um novo bronze de Saddam sobre pedestal na ilha da praça Fardous, próxima ao Hotel Palestine — haviam desaparecido. Parte do comércio da cidade reabrira, e o trânsito e as pessoas estavam mais uma vez nas ruas. As casas de câmbio, que haviam ficado fechadas durante quase toda a última semana, também ressurgiam; o dinar caiu bruscamente contra o dólar, de cerca de 2.500 para 3 mil. Os preços também haviam subido nas lojinhas. Mas, como a maioria dos lojistas e suas famílias partira para aldeias e cidades periféricas, a maior parte do comércio em Bagdá consistia de camponeses vendendo seus produtos nas calçadas. Os homens postavam-se atrás de pilhas de cebolas, alfaces, beterrabas, batatas, berinjelas e tomates recém-colhidos nas hortas em terrenos baldios e em um ou outro campo cultivado por toda parte da cidade.

No Iraque não há limites bem definidos entre a cidade e a região rural, e no coração de Bagdá, que é grande e espraiada e não exatamente "urbana" no sentido convencional, com exceção da área do centro da cidade, os estilos de vida rurais mantêm um domínio tenaz. Num terreno baldio a um quarteirão do Ministério da Informação vêem-se legumes plantados, além de pomares de tamareiras, alguns bastante grandes, a apenas alguns quilômetros. Os iraquianos são muito orgulhosos de suas tâmaras, que dizem ser as melhores e mais doces do mundo, e que são exportadas como iguarias finas para outros países em todo o Oriente Médio. Em algum lugar muito próximo ao Palestine, um jegue zurrava altíssimo várias vezes por dia. Nas primeiras horas da manhã, ouvi galos cocoricando.

Bagdá não tem nada dos arranha-céus de vidro e aço reluzentes que brotaram na maioria das outras capitais nas décadas passadas. Na era de Saddam, tudo "moderno" era feito de concreto armado, e, com exceção de uns dez a vinte prédios ministeriais e hotéis de vinte andares como o Palestine e o Sheraton, a maior parte da cidade consiste em casas baixas unifamiliares e quadras de atarracados prédios de apartamentos de três a cinco andares. A maioria dos grandes edifícios de Bagdá, como as duas grandes mesquitas de Saddam, que continuavam em obras, e seus grandiosos palácios e monumentos à guerra e a si mesmo, fica a oeste do Tigre, e durante a última semana vários deles haviam sido transformados em cascas arruinadas. Muitos dos edifícios bombardeados desmoronaram para dentro, com os destroços derramando-se para fora sobre as ruas ou os interiores estripados, mas a estrutura básica intacta. O Al-Rasheed até então permanecera intocado, mas bem próximo a ele um prédio pequeno, que me informaram haver sido um centro de computadores da polícia, fora totalmente arrasado, as lajes de concreto desabadas umas sobre as outras como um sanduíche. Do outro lado da rua, outro grande edifício, que supostamente alojava um departamento da Mukhabarat, também fora atingido. Um centro de telecomunicações próximo à Torre Saddam fora atingido na noite anterior, cortando todos os telefones no lado ocidental da cidade. Fora estripado por ogivas que entraram pelo telhado. Vários conjuntos de apartamentos vizinhos ficaram quase intactos: tinham os lados ligeiramente borrifados pelo pó da explosão, e faltavam algumas vidraças. Notei que as pessoas ainda andavam por esses lugares como se nada houvesse acontecido. Circulavam em volta dos novos montes de pedras como ao redor de uma árvore derrubada por uma tempestade.

As pessoas de Bagdá pareciam absorver sem se perturbar a nova realidade da guerra que, até então, consistia apenas no bombardeio constante de edifícios associados a Saddam Hussein e seu poder — embora as vítimas civis causadas pelo bombardeio de Al-Shaab fossem uma amostra, acreditava a maioria, do que estava por vir. Isso, os relatórios de que a invasão vinha diminuindo de velocidade, o ressurgimento de Saddam e Tariq Aziz, e suas desafiantes promessas de sangrar os invasores americanos e britânicos quando chegassem a Bagdá, tudo indicava que haveria um cerco prolongado.

Na quinta-feira à tarde, pela segunda vez em dois dias, retornei à Pyramids, a pequena loja que vendia de tudo um pouco, para comprar mais comida. Dessa vez comprei produtos essenciais não-perecíveis, como macarrão e açúcar, tomates enlatados, e mais água mineral. Começava a enfrentar a possibilidade de, se houvesse um cerco prolongado a Bagdá, poder ficar preso ali muitas semanas, ou até meses. Também fui ver novamente o fisioterapeuta Nabil para minha segunda sessão de tratamento de calor. Depois passei para visitar Ala Bashir, mas ele estava ocupado. Fora posto em plantão de 24 horas, e sugeriu que eu voltasse depois, à noite, se pudesse, para podermos conversar.

Logo depois de voltar ao Palestine, vi ao longe duas grandes explosões, próximas do fantástico palácio Al-Salaam — aquele com os quatro bustos de bronze enormes de Saddam usando um imenso capacete para simbolizar a mesquita do Domo da Rocha de Jerusalém —, já em parte destruído. Alguns minutos antes, eu enviara Sabah para aqueles lados à procura de alguma comida para nós num restaurante que continuava aberto no mesmo bairro. Quando ele voltou, mais de uma hora depois, disse que passava próximo ao palácio quando as bombas caíram, e o choque fizera o carro saltar vários centímetros para fora da estrada. Não muito depois, Paul McGeough, que estava em outro andar no lado sul do hotel naquele momento, viu o que parecia ser um míssil de defesa antiaérea orientado pelo calor disparar de um edifício a umas duas quadras de distância. Na certa havia um bombardeiro sobrevoando em algum ponto lá em cima, mas não conseguíamos vê-lo.

Não haveria visita a Bashir naquela noite. Muito mais bombas foram lançadas, inclusive uma que explodiu espetacularmente quando atingiu um dos prédios do complexo presidencial. Não havia qualquer padrão discernível naquilo: às vezes eram só uma ou duas bombas, seguidas por um intervalo de tempo. Outras vezes elas vinham em ondas. Mas notei que, sempre que o bombardeio começava, eu ouvia uma cantilena de vozes masculinas entoando profunda e emotivamente "*Allahu Akbar*" inúmeras vezes, num contínuo crescendo, de uma mesquita próxima.

Pouca gente em Bagdá dormiu bem naquela noite. As bombas continuaram a cair por toda parte da cidade até logo depois do amanhecer, quando uma explosão fenomenal sacudiu os edifícios do centro da cidade, inclusive o Palestine. Muitas bombas antibunker de mais de duas toneladas e mísseis cruzeiro atingiram várias instalações de telecomunicações de Bagdá. Fomos inspecionar a central telefônica de Al-Wiya, a mais ou menos três quarteirões do hotel. Visto de frente, o prédio parecia estar intato. Mas atrás havia um grande rombo onde fora rasgado. Vários de seus pisos estavam expostos, e o conteúdo fora atirado na rua. A bomba penetrara fundo em suas entranhas, abrindo um fosso de uns 10 metros e criando um monturo de alvenaria quebrada e metal retorcido. Um persistente ruído de campainha que parecia conhecido vinha de algum lugar bem no fundo. Levei um momento para reconhecê-lo como o ruído de um telefone desconectado, mas muito, muito mais alto, como se cem telefones houvessem sido deixados fora do gancho.

O ministro do Transporte e Comunicações do Iraque, Ahmed Murtaza Ahmed, apareceu para inspecionar os estragos. Muito furioso, declarou:

— Lutaremos até o fim. Nós os combateremos para sempre. Combateremos os soldados americanos, combateremos os britânicos. Não deixaremos que penetrem no Iraque. Lutaremos até a última gota de nosso sangue.

Metodicamente, a cada dia que passava, Bagdá se transformava numa cidade menos habitável que na véspera. Durante três noites, os americanos bombardearam instalações de telecomunicações de Bagdá, de forma meticulosa, e às vezes voltaram para segundos e terceiros ataques contra lugares já atingidos. No espaço de três dias, quase todos os telefones da capital deixaram de funcionar. Felizmente ainda havia eletricidade e água corrente. À noite, nos parques do complexo presidencial de Saddam, centenas de lâmpadas de rua continuavam a arder com luzes amarelas. Com quase todos os escritórios do governo fechados, os aspectos funcionais do Estado iraquiano haviam sido reduzidos a sua mais desnuda essência — defesa e segurança, sobretudo. Os parques de Bagdá, os terrenos baldios e os canteiros centrais haviam se transformado em bivaques armados, locais de trincheiras e posições de tiro para milhares de soldados, policiais e milicianos. Tanques e transportes de pessoal blindados ocupavam ilhas de tráfego camuflados com galhos de árvore arrancados.

O Palestine agora se tornara a face pública do regime, ou do que dele restava. Quase todos os ocidentais que haviam permanecido em Bagdá achavam-se congregados ali ou em um dos dois pequenos hotéis vizinhos, o Al-Fanar — antiga residência de Patrick Dillon — e o vizinho Al-Andalus. A maioria era de jornalistas, mas havia também alguns escudos humanos e pacifistas, inclusive uma figura de aparência meio perdida com longas tranças rastafári e orelhas com *piercings* que usava uma jaqueta bordada e calças pretas curdas com os fundilhos frouxos. Eu soube que os dois turcos que haviam se acorrentado a árvores na Abu Nawas antes de a guerra começar ainda continuavam por ali, embora eu não mais os visse em seu posto habitual, e desconfiasse que houvessem desistido de seu protesto arbóreo. Na praça Fardous, nas colunas de pedra que cercavam a ilha de tráfego com a estátua de Saddam, membros de um grupo feminista coreano haviam pendurado uma bandeira em protesto contra abusos sexuais. Via-se também um considerável contingente de escudos humanos japoneses. Eles pareciam passar períodos irregulares de tempo no saguão do Palestine tirando fotos digitais uns dos outros, ou então marchando pelo estacionamento com faixas contra a guerra.

Mais ou menos uma dúzia de *jihadis* — guerreiros santos — muçulmanos de outros países árabes também tinha se mudado para o Palestine. Eu os notara primeiro alguns dias antes, quando subiam no elevador do hotel. Tinham traços faciais diferentes dos iraquianos e as barbas e expressões fervorosas de verdadeiros crentes. Usavam batinas e lenços de cabeça, ou então roupa de estilo paramilitar, e não se misturavam. Não eram hostis em sua aparência externa, mas sua inexplicável presença em nosso meio me deixava muito intranqüilo. Comecei a perguntar aos outros e descobri que a maioria de meus colegas também os vira, e parecia igualmente ansiosa. Quando perguntei a um dos acompanhantes oficiais do Ministério da Informação sobre os *jihadis*, ele os descartou como inofensivos.

— Vieram aqui para morrer matando soldados americanos, não jornalistas — tranqüilizou-me ele, girando o dedo na testa para indicar que os achava loucos. — Acredite, o governo não os deixará tocar num fio de cabelo da cabeça de qualquer jornalista, e agora mesmo o governo está forte. De qualquer maneira, não se preocupe, tenho uma grande arma no quarto. — Ele riu.

Não me senti tranqüilizado, sobretudo desde os desaparecimentos misteriosos de nossos amigos Matthew, Moises e Molly na segunda-feira à noite. Afinal eles não haviam sido colocados num ônibus para a Síria, nem reaparecido em qualquer lugar, aliás. Os iraquianos ainda negavam saber qualquer coisa sobre eles. Começamos a sentir um sério temor por sua segurança. Liderados por Larry Kaplow, do serviço de notícias Cox, vários de nós nos encontramos para trocar as informações que tínhamos, e passá-las a pessoas fora do Iraque que achávamos que poderiam ajudar. Ficamos sabendo que a Cruz Vermelha Internacional fora contatada, e do lado de fora apelos de ajuda eram feitos por pessoas que se sabia haverem tido bom acesso a Saddam no passado, e que poderiam atuar como intermediários. Elas incluíam o ex-ministro da Justiça americano Ramsey Clark; o ex-parlamentar trabalhista britânico Tony Benn — que se encontrara com Saddam pouco antes de a guerra começar — e o controvertido parlamentar trabalhista escocês George Galloway, que tivera um longo e íntimo relacionamento com o regime do Iraque. Também mantínhamos discreto contato por telefone e *e-mail* com Joel Simon, do Comitê de Proteção a Jornalistas em Nova York, que tentava ajudar a coordenar as coisas.

O grupo pacifista Vozes no Deserto, liderado por Kathy Kelly, estava hospedado no Al-Fanar. Haviam estendido uma grande faixa branca vertical de um andar alto que dizia: "A Vida é Sagrada". Em algumas das sacadas também penduraram fotos em tamanho de cartaz de crianças iraquianas. Kelly e seus colegas ativistas faziam o que chamavam de patrulhas da paz, visitando hospitais e locais de bombardeio e fazendo visitas de beneficência a civis que viviam em bairros atingidos. Eu soube por alguns dos seguidores de Kelly que eles também haviam caído sob o controle do aparato de segurança de Qusai Hussein e vinham tendo problemas. Sua presença em Bagdá estava sendo questionada, e seus movimentos pela cidade haviam sido reduzidos. Kelly fora informada de que tinha "pessoas demais" em Bagdá, que precisava reduzir seu grupo. Parecia que agora até ela era vista com suspeita.

O nono dia da guerra trouxe algum bombardeio, mas inconstante, sobretudo nos arredores da cidade, e uma onda de normalidade retornou às ruas. Algumas pessoas saíram para as compras, e algumas lojas reabriram as portas, mas a maioria dos negócios ainda era feita pelos vendedores de rua. Na rua Sadoun, os artigos mais populares à venda pareciam ser luminárias a querosene e galões de plástico para água e combustível.

No fim da tarde, dei uma volta com Paul e John Burns. Alguns homens ainda estavam nas ruas, comprando pão, ovos e legumes para as famílias nas barracas em volta da praça Al-Tahrir. Numa faixa empoeirada do parque, um grupo de meninos adolescentes jogava futebol, e um homem engraxava sapatos. Algumas lojas que vendiam uniformes militares usados preparavam-se para fechar. Ao entardecer, paramos num dos antigos bares na rua Rasheed, no antigo bairro judeu. Estava cheio de velhos jogando dominó e fumando narguilés. Alguns viam televisão, que mostrava cenas de civis iraquianos e soldados por todo o país dançando e brandindo armas, cantando poemas para Saddam Hussein e *slogans* contra George W. Bush. A atmosfera no café era tranqüila e meditativa. Com exceção das imagens da televisão, era quase como se não houvesse guerra alguma.

Por volta das nove da noite, depois de jantar num dos dois restaurantes de Bagdá ainda abertos, chegou-nos a notícia de que um bombardeio parecia haver matado muitos civis. Saímos correndo para o lugar, que ficava nos subúrbios ao norte de Bagdá. Mais ou menos vinte minutos depois, chegamos ao Hospital Geral Al-Nur, no subúrbio de Al-Shulla, onde o diretor, Dr. Haq Ismael Razuki, que nos recebeu em seu consultório, nos disse que um avião atingira um centro comercial a apenas uns 100 metros dali. Foi educado mas estava furioso; disse-nos julgar que o ataque fora deliberado. O bombardeio ocorrera algumas horas antes, quando as pessoas haviam saído para fazer as compras da noite. Trinta e cinco mortos e 47 feridos haviam sido trazidos ao seu hospital, disse, mas outros haviam sido levados para outro lugar. (A contagem final de mortos chegou a 62.) O assistente de Razuki nos levou ao hospital, por corredores abarrotados de gente — soldados, parentes —, até um jardim nos fundos. Ali, passamos por um homem que tinha o rosto voltado para a parede. Soluçava alto, como tomado de dor, sobre os braços cruzados. Seguimos em frente. Alguns minutos depois, ainda soluçando, ele surgiu atrás de nós andando rápido e, passando a correr, ultrapassou-nos.

Chegamos a uma cabana de alumínio. O homem a soluçar lá estava, com alguns outros, parados próximo a um jovem assistente com um imundo avental de hospital. O assistente abriu a porta, e uma explosão de ar frio saiu lá de dentro. Era o necrotério do hospital. O homem em prantos precipitou-se como um louco para dentro, chorando desconsoladamente, mas outro homem, um amigo seu, puxou-o para longe da entrada. Lá dentro, vi quatro homens mortos, os corpos despedaçados e sangrando, jazendo em posições contorcidas. Tinham as roupas rotas e sujas. Havia muito sangue no chão. Apareceram algumas enfermeiras, mulheres mais velhas com lenços de cabeça brancos, e começaram a trabalhar em silêncio.

Um dos mortos fora colocado numa maca de metal e trazido para o lado de fora. Outros homens chegaram com um caixão de madeira clara e puseram o homem dentro. Vários deles irromperam em prantos e afundaram a cabeça nas mãos; enquanto isso acontecia, gritavam o nome do morto — Haydar — inúmeras vezes. Colocaram a tampa no caixão e ergueram-no aos ombros. Quando partiram, todos começaram a cantar "*La-Illaha-Ila-Allah*" — "Deus é um só". O assistente do necrotério aproximou-se de mim, e eu tive ânsias de vômito com o mau cheiro de cadáveres que desprendia dele.

Mais adiante na estrada, na mesquita, para onde os parentes levavam seus mortos para serem lavados e enterrados com preces, pessoas se reuniam caladas. Os homens fumavam ou apenas olhavam fixo. Ninguém falava muito. Uma bandeira preta na parede de dentro estava vivamente ilustrada com a imagem de uma cabeça decapitada, esguichando sangue, do imã Hussein, mártir supremo do credo xiita. Eu acompanhei um dos caixões quando o levaram para fora, os portadores cantando louvores a Deus como antes, no hospital. Num terreno baldio perto da mesquita, depuseram o caixão e rezaram juntos. O vermelho de uma bala traçante de um canhão antiaéreo flutuou no céu acima de nós.

Deixei-os e segui rua abaixo até a pobre feirinha onde a bomba caíra. Achei a cratera, que era pequena, apenas um metro de diâmetro, na extremidade de uma pequena praça cercada em dois lados por humildes barracas de feira. As tendas tinham o aspecto devastado, os telhados de estanho despedaçados, e um cano d'água estourado ainda esguichava, alimentando uma poça cada vez maior. Eu ouvia uma mulher chorando dentro de uma casa do outro lado da pista estreita da feira. Logo outras pessoas também começaram a chorar, e então os gritos da mulher se tornaram berros.

OITO

Certa manhã de fins de março, julguei ver Saddam Hussein. O Ministério da Informação levara-nos de ônibus a Adhamiyah, um velho bairro sunita erguido numa curva do Tigre no noroeste de Bagdá. Durante a noite, vários mísseis haviam destruído a central telefônica local e também arrasado uma casa rua abaixo. Um prédio de apartamentos e várias moradias menores próximas à central telefônica haviam sido seriamente danificados pelas explosões. Um homem de idade avançada estava sentado em uma cadeira, lamentando a calamidade, o amontoado de detritos que antes fora a sua casa. Fez algumas observações ofensivas sobre George W. Bush. O pessoal da imprensa, devidamente à sua volta, registrava seus comentários e fotografava-o.

Eu me afastei do edifício arruinado até a outra extremidade da avenida que passava por ele. Havia uma bonita fileira de árvores de sombra no canteiro central, e várias pessoas circulavam em volta. Vi algumas lojas abertas. Era uma manhã bonita, ensolarada, com apenas um frio cortante no ar, e com exceção dos prédios arrasados atrás de mim, parecia quase um dia normal. Tentei atravessar a rua, mas carros passavam, e fiquei à espera de uma brecha. Uma caminhonete Nissan Patrol cor de azeitona, as janelas traseiras cobertas de cortinas cinza, passou devagar, com dois homens na frente. A janela do passageiro, que era a mais próxima de mim, estava quase aberta. O passageiro era um homem de poucos cabelos e bigode. Parecia um agente de segurança. Olhava de um modo atento o motorista ao seu lado. Foi o rosto do motorista que me chamou a atenção. Era um homem grande, alto, com um *keffiyah* vermelho e branco quadriculado drapejando livremente acima da cabeça, como fazem os beduínos, e olhava a destruição às minhas costas. Ria, o que parecia estranho. E ele era exatamente igual a Saddam Hussein. Parecia da mesma idade que Saddam, tinha o mesmo riso cheio de dentes, os mesmos bigode e queixo. Enquanto eu registrava esses detalhes, ele se foi, o carro rodando devagar para fora da minha linha de visão. Fiquei espantado, e passei para o outro lado da rua sentindo-me um pouco tonto, perguntando-me se de fato acabara de ver Saddam Hussein, e ao mesmo tempo descartando a idéia como ridícula. Mas a idéia continuou, pois, por tudo que ouvira sobre ele, rodar de carro por Bagdá durante a guerra era exatamente o tipo de coisa que ele faria. Famoso por gostar de dirigir ele mesmo, usava vários carros de aparência comum, e vestia diversos disfarces de homem comum. Sabia-se que gostava de surpreender os iraquianos nas ruas aparecendo de repente em seu meio. Mais tarde, quando contei minha história a Ala Bashir e a muitos outros iraquianos que conhecia, todos disseram que era bastante provável que o homem que eu vira fosse mesmo Saddam Hussein.

Em algum momento da noite da sexta-feira, 28 de março, os americanos conseguiram afinal destruir o Ministério da Informação. As ogivas que atingiram seus andares superiores destruíram as antenas parabólicas e comuns no telhado, estouraram a maior parte das janelas e estraçalharam grande parte do interior do edifício. Muitas das janelas nos edifícios em volta também foram estilhaçadas. Era a destruição que se previa, claro, e os funcionários do ministério haviam se preparado para isso. No dia seguinte, quando alguém perguntou a Muhammad al-Sahaf como seu ministério continuaria a funcionar, eu o ouvi responder:

— *Vocês* são o Ministério da Informação.

Sahaf estava de bom humor naquele dia. Descreveu os americanos e britânicos como "os novos *condottieri* do mundo", dizendo:

— Eles chegam e matam sua família e no dia seguinte vêm para o enterro, dão os pêsames e dizem: "Vamos ajudá-lo." — Enquanto isso, disse, a "patriótica resistência iraquiana" matara tantos soldados inimigos que o governo do Iraque emitira uma diretriz a suas forças para enterrarem "todos os americanos e britânicos no campo, segundo as leis das religiões deles. Não podemos deixar seus corpos abandonados ao ar livre ou em geladeiras". Sahaf tinha uma expressão de mórbido deleite.

Depois, Udai al-Taiee anunciou que, por causa do bombardeio do ministério, o Palestine dali em diante se tornaria oficialmente o centro de imprensa. O Sheraton também seria aberto para os jornalistas que desejassem ficar lá, disse. Então anunciou algumas novas regras. Os dois hotéis eram os únicos lugares autorizados para os jornalistas ficarem. Era proibido fotografar ou filmar os quartos. Uma área de telhado plano num andar de baixo do Palestine seria disponibilizada para isso. Começando logo no dia seguinte, deveria todo mundo solicitar uma nova carteira de identidade de imprensa, e todos os seus motoristas e acompanhantes oficiais teriam de ser novamente creditados e autorizados pelo ministério. Nossas contas acumuladas pelos "serviços do ministério" teriam de ser pagas por completo antes de sermos autorizados. Al-Taiee falou da necessidade compreensível — por causa da situação de guerra — de uma espécie de "controle" sobre o uso de telefones por satélite, mas deixou esse tópico não resolvido com o que parecia uma ambigüidade intencional. Também se referiu várias vezes a "expulsão". Tive a impressão de que ele estava se dando algum espaço de manobra para excluir pessoas cuja presença deixava desconfortável o pessoal da segurança oficial. Soubemos que sete ativistas da paz de Kelly haviam sido expulsos mais cedo naquele dia; não soubemos por quê.

Al-Taiee nos disse que estava trabalhando estreitamente com as autoridades militares do Iraque para que fôssemos levados a visitas às linhas de frente. Haveria visitas de grupo, em ônibus, disse, talvez dali a dois dias. Ninguém podia deixar Bagdá sozinho, e mesmo andar pela cidade sem um acompanhante oficial era proibido — "até para almoçar", acrescentou, contundente. Isso era para o nosso próprio bem, explicou. Porque a cidade estava agora em pé de guerra, e um jornalista sozinho em certas partes da cidade poderia ser tomado por um piloto americano, por exemplo, e ver sua "integridade física em perigo". Qualquer um que violasse essas regras, declarou, estava fora.

O vice-presidente Ramadan também apareceu para um papo. Mostrou-se muito animado e disse que o Iraque estava ganhando a guerra. Confirmou a notícia de que um homem-bomba suicida matara quatro soldados americanos em Najaf na véspera, e insinuou com forte ênfase que essa poderia ser apenas a primeira de muitas ações desse tipo.

— Qualquer meio que detenha o inimigo será empregado. Se eles quiserem evitar isso, é só irem embora! Por que estão em nossa terra? Temos muito prazer em manter relações de conveniência, mas precisamos permanecer como escravos?

Ramadan defendeu o uso de homens-bomba suicidas, mas disse que não gostava do termo *suicida.* Explicou que parecia "desesperado". Preferia *martírio*, disse, acrescentando que isso queria dizer dar a vida em defesa de seu povo e sua pátria.

— Martírio é algo de que a história árabe está cheia; é um estado de espírito, é espiritualismo... Todas as pessoas podem agora se transformar em bombas. Se os B-52 podem transportar bombas capazes de matar quinhentas pessoas, eu confio que nossos combatentes pela liberdade têm a capacidade de matar 5 mil. — Ele também confirmou a chegada ao Iraque de muitos "mártires voluntários" de outros países árabes — entre eles os personagens que eu vira rondando pelo Palestine, pensei.

Naquela noite, Sabah mostrava-se extraordinariamente despreocupado e alegre. Assistira a apresentações de Sahaf e Ramadan na televisão e parecia acreditar em tudo que haviam dito. Começou por regalar-me com suas próprias versões de histórias que circulavam sobre supostas vitórias iraquianas no campo de batalha: um tanque americano explodido aqui, um F-16 abatido ali. Sorrindo cheio de esperança, disse:

— Talvez Bush não venha a Bagdá, afinal. — Perguntei-lhe por que achava isso. — Porque os iraquianos são fortes — disse ele, baixando a voz para um barítono e batendo virilmente no tórax. Riu ao fazê-lo, mas sua voz desprendia orgulho. Era uma reação compreensível. Ser um iraquiano vivendo em Bagdá naquele momento devia ser uma experiência muito humilhante. Diante, como Sabah ainda julgava estar, da escolha entre a vida segura e rotineira que conhecera sob Saddam — apesar de seu profundo ódio por ele — e a desconhecida vida nova que viria com os americanos e suas bombas apavorantes, Sabah instintivamente preferia o diabo que já conhecia.

Ao anúncio de que o Sheraton não estava mais fora dos limites, Paul McGeough e eu agarramos a oportunidade de adquirir um quarto lá. No domingo, 31 de março, alugamos um espaçoso apartamento de dois quartos no décimo segundo andar e mudamo-nos para o outro lado da rua. (Por hábito, porém, ficamos com as chaves de nosso quarto no Palestine.) O Sheraton ficava bem em frente ao Palestine, do outro lado da rua, e nosso quarto dava para imensas vistas do rio Tigre e do outro lado todo o complexo presidencial, com seus parques e palácios bombardeados.

O hotel era um desagradável prédio de concreto marrom de 18 andares construído num estilo evocativo do início da década de 1980, com um átrio central interno circundado por *plexiglas* tingido de marrom, e bojudos elevadores de vidro. A decoração do quarto era em estilo falso-Mesopotâmia: fragmentos de antigos *kilims* emoldurados nas paredes, e tapetes e colchas com motivos que lembravam antigos desenhos sumérios. Os quartos tinham sacadas com venezianas de treliça de madeira, num estilo que evocava as sacadas projetadas da antiga Bagdá. Mas o hotel tinha um cavernoso ambiente de alma penada, depois de perder quase todos os hóspedes, assim como sua franquia da marca Sheraton, vários anos antes.

No domingo à noite, aviões dos EUA fizeram algumas novas investidas de bombardeio inesperadamente violentas contra o complexo do palácio, atingindo-o pelo menos três vezes. Depois de alguns minutos, acertaram outros dois alvos no centro da cidade, a apenas seis ou sete quarteirões de distância. A explosão das bombas desencadeou grandes bolas de fogo, seguidas de fumaça preta, que se espalharam pelo céu. O Sheraton balançou de um lado para outro, como em um tremor de terra, e o vidro das janelas trepidou mas não quebrou.

Na manhã seguinte, despertei para apreciar minha nova vista da sacada, que era esplêndida. Fazia um belo dia primaveril, e a água do Tigre faiscava ao sol que se curvava aos poucos num arco até o sudoeste. Percebi novos danos no telhado abobadado do Palácio Republicano, bem do outro lado do rio. Parecia que escombros se espalhavam pelo telhado plano em torno da cúpula. Contei 13 incêndios de petróleo, que pareciam recém-ateados, despejando enormes nuvens de fumaça preta no céu de diferentes pontos ao sul e a oeste; pelo menos o mesmo número deveria estar igualmente visível atrás de mim, do outro lado do edifício. Enquanto eu olhava, ouviram-se um rugido, um terrível estrondo e uma explosão no complexo do palácio talvez a um quilômetro na minha frente. Uma breve rajada de chamas, e uma imensa coluna de fumaça cinzenta. Um ou dois minutos depois, de novo, uma segunda explosão, como um súbito tiro de misericórdia. Ouvi um chocalhar, estalos, e olhei para baixo. Um homem numa carroça de burro levando galões passava pela rua Abu Nawas bem abaixo de mim.

Mais tarde naquele dia, que era segunda-feira, o último dia de março, fui ver o Dr. Osama Saleh, cirurgião ortopédico que é o chefe de serviços médicos do Hospital Al-Kindi em Bagdá. Encontrara-o uns dias antes quando visitava pessoas feridas em seu hospital, depois do bombardeio de Al-Shaab. Saleh falava apenas um inglês capenga, mas descobri que podíamos conversar um com o outro em espanhol. Fiquei sabendo que na década de 1980 ele estudara em Cuba, onde fora aluno do mais respeitado cirurgião ortopédico cubano, Dr. Rodrigo Álvarez Cambras. Por coincidência, eu conhecera o professor de Saleh em Havana alguns anos antes. Álvarez Cambras, um veterano revolucionário cubano e íntimo de Fidel Castro, me disse que tratara várias doenças não reveladas de Saddam Hussein ao longo dos anos. Também se encarregara da reabilitação do filho de Saddam, Udai, depois de tentarem assassiná-lo em 1995, e reivindicava o crédito por conseguir que o filho de Hussein, quase paralisado, voltasse a andar.

Saleh era um homem alto de 48 anos e usava um jaleco branco. Falei-lhe que gostaria de saber como estava lidando com as vítimas da guerra. Enquanto seguíamos para sua sala, ele acendeu um cigarro. Mulheres com tradicionais *abbayas* negros estavam ajoelhadas diante de alguns quartos, e os corredores estavam repletos de pacientes, enfermeiras e visitas. Encontramos três médicos europeus dos Médicins du Monde que também estavam fumando.

Várias mulheres iraquianas de *abaya* esperavam por Saleh quando chegamos ao seu escritório. Ele as cumprimentou e me convidou a sentar-me numa cadeira. Pegou uma chapa de raio X de uma das mulheres, que era sua paciente, antes de mandá-la sentar-se numa cama na mesma sala que eu. Uma enfermeira puxou um *paravan*, uma cortina dobrável sobre rodas, na frente da cama para isolá-la, e Saleh examinou a paciente. Quando terminou, voltou-se para mim. Sem comentários, convidou-me a olhar algumas imagens fotográficas que sua assistente, uma jovem, mostrava na tela de um computador.

A primeira imagem mostrava um menino deitado nu numa cama na sala de cirurgia do pronto-socorro. As pernas da criança estavam intactas, mas havia um cateter e tubo presos ao seu pênis. Ele tinha o torso completamente enegrecido, e os seus braços haviam sido literalmente consumidos pelo fogo. Mais ou menos na altura dos bíceps, a carne de ambas as extremidades ficara grotescamente carbonizada e escura, uma das mãos retorcida e reduzida a uma garra pelo derretimento, a outra muito menor e aparentemente desfeita pela queimadura do cotovelo para baixo, com dois longos ossos projetados expostos. Parecia uma coisa que se poderia encontrar numa churrasqueira. O rosto da criança estava coberto com uma máscara. Saleh falou:

— Este é Ali, 12 anos. Ferido num ataque de míssil. Perdeu a mãe, o pai e um dos irmãos. Aconteceu na noite de anteontem na parte sudeste de Bagdá, mais ou menos a 15 minutos daqui. Quatro casas foram destruídas; numa delas, a família inteira, de oito pessoas, foi morta. Ao todo, quatro famílias foram destruídas. — Era duro conceber que o ser humano na fotografia pudesse de alguma maneira sobreviver. Perguntei a Saleh se o menino ainda estava vivo. Sem piscar, num tom casual ele disse:

— Ah, sim, está vivo. Está consciente, mas acho que não vai sobreviver. Essas pessoas queimadas têm complicações depois de três ou quatro dias; na primeira semana, em geral têm septicemia. — A assistente apresentava novas imagens, que mostravam mais uma vez Ali, na mesma cama e na mesma posição de antes, mas agora sem os tocos carbonizados. Os braços haviam sido amputados e os tocos cobertos com bandagens brancas. Tinha o torso enegrecido coberto com uma espécie de graxa transparente. Eu via seu rosto adormecido — a máscara fora retirada. Era bonito. Em outra foto, Ali estava acordado, olhando fixamente para a câmera. Tinha magníficos olhos castanhos, mas completamente inexpressivos.

Com uma inspiração profunda, uma das mãos cobrindo a boca, a assistente de Saleh exibiu uma série de outras imagens, que mostravam a família de Ali depois de recolhida de sua casa e depositada na geladeira do necrotério do hospital. Era difícil imaginar que algum dia houvessem existido. Mas havia muitas roupas coloridas — muitos vermelhos e verdes ousados — no meio daquela carnificina, e também pedaços de palha grudados, por isso pude concluir que haviam sido camponeses, que usavam roupas tradicionais. Saleh confirmou isso para mim, e apontou para a mãe de Ali. Seu rosto estava cortado pela metade, como por um gigantesco cutelo. Sua boca estava aberta. Em outras imagens, que Saleh disse mostrarem pedaços do pai e do irmão mais moço de Ali, tudo que pude ver foi uma confusão macabra de pedaços de pessoas transformadas em massas carbonizadas pretas e vermelhas. O corpo do irmão estava inteiro, mas do nariz para cima a cabeça se fora, simplesmente decapitada como a de uma boneca de borracha. Os dentes eram brancos, e a boca estava aberta, como uma pessoa gritando.

— O senhor já viu o bastante? — a assistente perguntou. Eu não respondi, e ela continuou exibindo mais imagens. Pouco depois, Saleh disse:

— Ok. Isto é apenas parte da tragédia. — Ele me perguntou se eu gostaria de ver Ali.

Segui Saleh até a unidade de queimados. Alguns homens nos ajudaram a pôr aventais, máscaras, redes de gaze nos cabelos e protetores de sapato, tudo verde. Ele me mandou segui-lo por um corredor. Estava deserto e totalmente silencioso. Lembrou-me um corredor de prisão. Nada o enfeitava, com exceção de um retrato emoldurado de Saddam Hussein na parede. Saleh abriu uma porta e entramos num quarto que era uma cela, onde uma mulher mais velha, tia de Ali, estava sentada em uma cadeira. Vestia um *abaya* preto. Uma janela minúscula na parede em frente deixava entrar um pouco de luz solar. A tia estava sentada junto a uma cama de rodas que tinha uma estrutura em arco acima coberta com uma manta cinzenta grossa. Saleh puxou a manta com cuidado, e ali estava Ali, acordado. Vi seu tórax desnudo, os tocos enfaixados e o rosto. De perto, vi que os grandes olhos eram castanhos, manchados de verde, cílios longos e cabelos castanhos ondulados. Era uma criança absolutamente linda. Eu não sabia o que fazer nem dizer. Saleh perguntou-lhe como ele se sentia.

— Tudo bem — respondeu ele. Ele não estava com muita dor?, perguntei a Saleh, num sussurro. Falei em inglês. — Não — disse ele. — Os pacientes com queimaduras profundas não sentem tanta dor, por causa do dano em seus nervos. — Desviei de novo os olhos para o menino, que retribuiu meu olhar, sem dizer uma palavra, e para Saleh. A tia levantou-se e aproximou-se, postando-se atrás da cabeça do sobrinho. Também não disse nada.

Pedi a Saleh que perguntasse a Ali em que ele estava pensando. Ali falou um instante, numa suave voz de menino.

— Ele não pensa em nada, e não se lembra de nada — traduziu Saleh. Explicou que Ali não sabia, nem lhe haviam dito, que sua família estava morta. Perguntei a Ali sobre a escola. Ele estava na sexta série, disse, e sua matéria favorita era geografia. Quando ele falou, a tia começou a alisar sua cabeça. Gostava de esportes?, perguntei. Sim, respondeu ele, especialmente de vôlei, e também de futebol. Precisava de alguma coisa? Não, de nada. Ele me olhou então e disse alguma coisa. Saleh não traduziu. Perguntei-lhe o que ele dissera. — Ele disse: "Bush é um criminoso e está lutando por petróleo." — Ali disse isso como tudo mais, sem expressão. A tia começou a chorar baixinho, fora de seu campo de visão, atrás dele. Perguntei a Ali o que ele queria ser quando crescesse.

— Um oficial. — Ao ouvir isso, a tia clamou "*Inshallah*" — se Deus quiser — e notei que o Dr. Saleh começara a chorar baixinho por trás da máscara. Enquanto ele tentava se recompor às pressas, despedimo-nos rapidamente de Ali e deixamos o quarto. Nenhum de nós disse nada enquanto atravessávamos de novo o corredor de volta à sala de esterilização, onde os auxiliares tiraram nossos aventais, máscaras e outros apetrechos. Saleh esfregou os olhos e pigarreou. Encaminhamo-nos calados para seu escritório, onde ele lavou o rosto na pia e respirou fundo. Eu comentei:

— Então não é verdade o que dizem, que os médicos conseguem esconder suas emoções.

Ele olhou para mim. Tinha os olhos avermelhados. Disse:

— Nós somos seres humanos.

Conversamos sobre Ali por alguns minutos. Saleh me disse que o menino soubera que perdera os braços mas ainda não reconhecia o fato, e ninguém conversara com ele a respeito.

— Mas ele sabe. Está consciente. Pode ver os tocos. Com toda probabilidade — disse ele — Ali morrerá dentro de três semanas. Dou a ele uns 30% de chance de sobrevivência.

Perguntei a Saleh sobre seus outros casos de vítimas de guerra. Ele me disse que o Hospital Al-Kindi, que atendia o lado leste de Bagdá, recebera mais ou menos trezentos pacientes feridos nos bombardeios desde o começo da guerra. Até agora ele e os colegas tinham conseguido salvar todos os pacientes. Mais ou menos vinte outras pessoas chegaram ao hospital já mortas. Eu perguntei a Saleh como ele se sentia. Ele suspirou.

— Bem, como médico, eu me sinto muito mal. Realmente não acho que seja humano atacar civis. Não gosto de guerra. A guerra sempre traz tragédia, medo, dor e trauma psicológico para todas as pessoas. Pessoalmente, acho que podemos resolver os problemas com conversa, negociação e colaboração, e quando se usa o poder militar, isso significa que o cérebro parou. E quando o cérebro pára nós nos tornarmos pessoas selvagens, sem leis, regulamentos ou controles. Então o cérebro e o pensamento devem sempre ter poder, controlar tudo. Caso contrário, acabamos num mundo cheio de tragédia e dor. Como iraquiano, sinto que este é o meu país, e que eu devo trabalhar para mantê-lo e protegê-lo de invasão, qualquer invasão. Acho que qualquer pessoa tomaria esta posição quando seu país fosse atacado e invadido.

Saleh era casado e tinha três filhos e uma filha. Eram todos crianças ainda: a mais velha tinha 12 anos, a mesma idade de Ali. Saleh confessou que se preocupava o tempo todo com o bem-estar da família quando estava longe de casa, no hospital, onde trabalhava muitas horas. Desde que as centrais telefônicas da cidade haviam sido bombardeadas, ele não podia mais ligar para casa durante o dia para ver como eles estavam. Seus olhos se encontraram com os meus. Ele parecia muito preocupado.

Durante os últimos dias, uma procissão de xeques e anciões de clãs tribais vinha chegando a Bagdá de toda parte do Iraque para demonstrar lealdade a Saddam Hussein. Durante o dia viam-se dúzias deles, vestindo longas batas tradicionais e esvoaçantes lenços de cabeça com *ighal*, cordões pretos grossos que os mantêm no lugar, indo e vindo em microônibus e reunidos em grupos diante do Hotel Bagdá, uma construção da década de 1950 a uns oito ou dez quarteirões do Palestine e do Sheraton. Eu soube que os xeques também estavam recebendo dinheiro e armas do regime, e esperava-se que reunissem os parentes e lutassem contra os americanos e britânicos nas áreas de suas casas. Numa hora em que as ruas de Bagdá se achavam esvaziadas de civis, e não havia quase nenhuma nova visita à cidade, os xeques eram um grupo intrigante. Tentei visitar o hotel deles, mas fui repelido por homens da segurança e soldados. Na terceira vez que fui lá, terça-feira, 1º de abril, acabei conseguindo falar com alguns dos xeques.

Eu levara junto comigo um novo acompanhante oficial, homem arrumadinho chamado Sami, que eu compartilhava com Paul McGeough. Sami abordou dois xeques — Salman Amoud Jumeil, da tribo jumeil, e Khalil Salah al-Mushaqi, da tribo mushaqi, os dois na casa dos 40 anos. Tinham vindo de Diyala, uma área rural perto da fronteira com o Irã, a leste de Bagdá. Sentiram visível desconfiança de mim, mas Sami explicou que eu era jornalista, e estava autorizado a conversar com eles. (Obedecendo às novas exigências de Udai al-Taiee, havíamos obtido permissão escrita para deixar o Palestine com a finalidade de falar com os xeques.) Ouvindo isso, o xeque Jumeil, homem alto, com bigode espesso, se manifestou. Representava mais ou menos mil pessoas, sobretudo camponeses, disse, e viera a Bagdá porque sentira que era sua obrigação.

— É um dever — explicou. — O dever de todos os xeques é defender suas terras. — Quando eu o incitei a falar mais, ele acrescentou: — Estamos aqui apoiando nossa liderança, e quando voltarmos para casa, diremos à nossas famílias, à nossa gente, que se preparem para lutar. Dizemos "não" à agressão que está sendo feita ao nosso país.

Perguntei a Jumeil o que esperava ver em Bagdá. Iria se encontrar com Saddam Hussein? Ele trocou um olhar com o amigo, o xeque Mushaqi, e respondeu:

— Talvez nos encontremos com alguém importante no governo para explicar que estamos prontos para lutar. — Outros xeques aproximaram-se para escutar, e formaram um círculo em volta de nós. Um deles, homem de pele morena, de aparência bastante régia, com uma elegante veste longa verde e um lenço de cabeça branco, interrompeu para dizer:

— Estamos aqui para renovar nossa promessa de lutar pelo governo. — Como se houvesse acabado de pensar no que iria dizer, acrescentou: — Se os americanos vierem como convidados, vamos lhes dar boas-vindas. Mas se vierem ocupar nosso país, não, nós os mataremos. Você viu o que está acontecendo, porque está aqui vivendo conosco. — Fez sinal com a cabeça indicando o ambiente em volta, como para abarcar os edifícios bombardeados por toda parte em Bagdá, que não podíamos ver. — Ninguém fez nada a eles, mas os americanos vieram aqui. Por quê? — Lançou-me um olhar interrogador, como se não estivesse me fazendo uma pergunta retórica, mas genuinamente perplexo.

Antes que eu pudesse responder, o xeque Jumeil mais uma vez interveio:

— Você viu os ataques de avião ao nosso país. Esse ataque tornou as pessoas muito mais antiamericanas.

Um velho xeque que vestia um casacão marrom com bordados dourados sobre uma *dishdasha* perguntou se eu era americano. Quando eu lhe disse que era, ele perguntou:

— Por que a América atacou o Iraque? Porque tem medo do Iraque, ou por causa de seu petróleo? — Parecia genuinamente perplexo. Todos os homens viraram-se para olhar meu rosto. O velho não me deixou responder, mas perguntou de novo: — A América está vindo para libertar o povo iraquiano, como eles dizem, ou para controlá-lo? — Esperou atentamente minha resposta. Comecei tentando explicar que na minha opinião os primeiros ataques de 11 de setembro transformaram as considerações de segurança dos Estados Unidos, e parecia que o presidente Bush e outros líderes ocidentais haviam decidido que o regime de Saddam Hussein no Iraque era hostil e potencialmente perigoso, e por isso tiveram de vir.

Todos os xeques balançaram a cabeça quando eu disse "11 de setembro"; nenhuma tradução parecia necessária. Antes que eu pudesse continuar, o velho xeque contestou, dizendo:

— Acho que a América está vindo só pelo petróleo, e para proteger Israel. — Todos os xeques balançaram a cabeça em assentimento.

O xeque Mushaqi parecia tímido. Teve de ser incitado por Jumeil a falar mais alto. Começou dizendo-me que era xiita, seguidor do imã Ali, e que o nome de sua aldeia era Kala, próxima à fronteira iraniana. Repetiu a explicação de Jumeil sobre suas razões para vir a Bagdá — encontrar-se com a liderança iraquiana —, mas acrescentou que ele, como líder tribal mushaqi, também iria se encontrar com todos os outros xeques mushaqi que tinham vindo de todo o país. Os mushaqi espalhavam-se por toda parte no Iraque. Perguntei-lhe se ele e os outros xeques esperavam receber armas para lutar antes de retornarem a suas casas.

— Nós temos armas — respondeu ele. — Logo, não esperamos receber armas de fogo, mas sim diretrizes sobre o que fazer. — Perguntei-lhe o que ele achava que fosse acontecer. Mushaqi deu uma resposta ambígua. — Não esperamos que a América termine este problema facilmente, mas devemos ficar unidos de qualquer maneira. — Observei que na maioria das guerras havia um vencedor e um perdedor. Qual lado ganharia aquela guerra?

Mushaqi disse: — Temos certeza de que a América perderá, pois a razão está do nosso lado. Estamos em nossas casas, em nossas terras. — Outro homem interrompeu para dizer:

— Agora até as crianças odeiam os americanos. Isso é porque os civis são as vítimas. Não é certo. Portanto, nem Deus concorda com eles. Então por que fazer isso?

Um xeque que disse chamar-se Hassan al-Daraji, de Ramadi, uma cidade 80 quilômetros a oeste de Bagdá, ergueu a voz:

— Eu sou o líder de setecentas pessoas — anunciou. Indicando as dezenas de homens de vestes compridas reunidos em volta, explicou que todos os seus colegas xeques representavam números semelhantes de pessoas. — Nós elegemos o presidente, o que significa que o queremos, por que então os americanos vêm aqui para mudá-lo? Se quisermos mudá-lo, podemos fazê-lo nós mesmos.

Como ele achava que a guerra ia terminar?, perguntei a Daraji.

— Só Deus sabe — disse ele, apontando para o céu. — Deus decide se morremos ou vivemos. Ele dá a alma, e ele a leva.

Um jovem aproximou-se mim. Tinha um rosto forte, musculoso e a cabeça sem chapéu. Disse chamar-se Mujabel Sahel Awad al-Halaj, e que era filho de um dos xeques. Vinha da aldeia de Al-Hawijah, próxima de Kirkuk. Em voz alta, declamou:

— Todas as pessoas de Al-Hawijah apóiam Saddam Hussein e estamos prontos para defender o grande Iraque. Bush, Blair e Sharon visam primeiro a segurança de Israel, porque nosso grande líder Saddam Hussein sempre ameaça Israel, e em segundo lugar estão atrás do petróleo. Nós elegemos o presidente Saddam Hussein e o amamos, e estamos dispostos a fazer qualquer coisa por ele.

Quando terminou seu discurso, perguntei a Halaj como andavam as coisas em Al-Hawijah: estavam calmas, havia lutas? Ele fez um gesto de pouco caso com a mão.

— Só os curdos estão ameaçando, mas não nos preocupamos com eles.

— Então você é árabe?

— Sim, árabe! — respondeu orgulhosamente Halaj.

Ele disse que tinha 25 anos e expressou sua ânsia de matar soldados americanos e britânicos.

— Se pegarmos quaisquer soldados americanos em Al-Hawijah, nós os cortaremos — fez um movimento de fatiar — e os mataremos como ovelhas.

— Não farão prisioneiros?

— Não — gritou Halaj. Seus olhos faiscavam. — Nós os cortaremos — fez de novo o movimento de fatiar, mais vigorosamente do que antes — e depois os jogaremos para os cachorros. — Interpretou o gesto de jogar uma coisa fora com uma das mãos, como se acabasse de lançar uma cabeça decepada para uma matilha de cães famintos à espera.

Nesse ponto, dois homens de aparência rude em roupas civis surgiram e perguntaram o que estávamos fazendo, com ar hostil e desconfiado. Os xeques começaram a se afastar. Sami me disse que precisávamos partir. Na entrada do hotel, um grande número de xeques subia em dois micro-ônibus que os esperavam, a caminho, imaginei, de uma audiência com alguém em uma posição de autoridade.

Naquela noite, o vice-presidente Ramadan fez sua terceira aparição desde o início da guerra. Dessa vez criticou o presidente Bush e o primeiro-ministro Blair sobre os argumentos que haviam usado para justificar sua invasão ao Iraque. Repetiu, como tantas autoridades iraquianas em meses recentes, que seu país não tinha mais quaisquer armas ilegais.

— O Iraque está completamente livre de armas de destruição em massa — disse no seu modo suave — e é vergonhoso as pessoas, sobretudo os agressores, perpetuarem essa mentira. — Disse recear que os invasores "plantassem" tais armas no Iraque para justificar suas afirmações.

Ramadan retornou com bravura ao assunto da guerra em si, advertindo americanos e britânicos que até então eles só haviam lutado contra membros de tribos iraquianas e milicianos baathistas; ainda teriam de enfrentar o exército do Iraque na batalha, lembrou-lhes, e salientou que este estava bem armado, com "equipamento moderno". Então fez um apelo aos árabes de outros países do Oriente Médio.

— Seus irmãos no Iraque não precisam de comida ou remédio. Não deixem que seus governos os transformem em coletores de caridade. Em vez disso, aumentem bastante a pressão sobre os governos que estão colaborando com a agressão, e enviem seus voluntários para o martírio no Iraque. — Segundo ele, já havia mais de 6 mil voluntários "nessa batalha de honra, mais da metade deles para o martírio, e vocês verão notícias de suas ações nos próximos dias".

Um repórter perguntou a Ramadan que planos tinha o regime do Iraque para os 6 mil mártires voluntários.

— Cada um cumprirá o seu dever, com o objetivo de matar o maior número de soldados inimigos possível — explicou. — Eles estão sendo organizados de acordo com um plano, e não vamos revelar os detalhes. Esperem e vejam o que farão se tentarem e planejarem uma ocupação de nosso país.

O amigo de Sabah, o barbeiro Karim, fechara sua lojinha quando o bombardeio havia começado, mas em 1º de abril havia reaberto. Naquela tarde, levando Paul junto conosco, Sabah e eu fomos lá para fazer barba e cortar o cabelo. Primeiro tivemos de obter permissão do oficial da Mukhabarat no ministério, Khadum. Depois de interrogar Sabah com todo o cuidado sobre quem era o barbeiro, onde se localizava, e havia quanto tempo que o conhecia, ele se virou para mim, deu um leve sorriso e disse:

— Podem ir. — Quando chegamos, Karim acabava o serviço em dois clientes, homens mais velhos que tiveram os cabelos e bigodes recém-tingidos de preto. Os iraquianos são exigentes com a aparência pessoal, e não gostam de cabelos grisalhos. Os bigodes são obrigatórios. Um dos homens já acabara. Em pé, deixava secar a tintura preta espessa nos bigodes e cabelo; o outro ainda estava na cadeira de barbeiro. Era um oficial do exército, a julgar pelo uniforme. Ele nos disse, em inglês:

— Olá, olá? — e um instante depois, quando se levantou, nos cumprimentou mais uma vez. Tinha um revólver dourado num coldre. Disse: — O Iraque só precisa de paz. Só de paz. — Despediu-se então de nós e partiu com o amigo.

Na rua, todo mundo começava a olhar para o céu. Era possível escutar o alto rugido que fazem os B-52 quando estão próximos. Alguns momentos depois, ouviram-se duas explosões altas, e o prédio dilapidado em frente se sacudiu e as janelas cobertas de plástico vibraram com violência. (Depois, descobrimos que fora um disparo espetacular num dos palácios do conjunto presidencial, mansão que se supunha ser propriedade de Udai, primogênito de Saddam.) Mas Karim, impassível, ignorou tudo isso, e, um por um, junto com nossas barbas e cortes, depilou-nos as faces, orelhas e testa à sua moda. Embora eu detestasse essa parte dos serviços de Karim, ele sempre insistia em fazê-la, e eu achava difícil recusar, pois do contrário ele acharia que não fizera um trabalho completo. Nesse dia, ele também me fez um corte de cabelo extremamente curto, quase à escovinha — da mesma forma que muitos iraquianos usam os cabelos nos meses quentes. Ficou muito contente por eu lhe permitir fazer isso.

No trajeto de carro até a barbearia de Karim pela Abu Nawas, passamos pelo meu antigo hotel, o Al-Safeer, e notei que onde antes ficavam as grandes vidraças do andar térreo erguera-se uma parede de concreto recém-construída. Na volta para o Palestine, pela rua Sadoun, vi que quase todas as lojas tinham bem cerradas suas persianas de segurança de aço, tipo sanfona, e grandes Xis de fita adesiva colados nas janelas. Alguns quarteirões mais adiante, vi que o Ministério da Defesa Aérea fora totalmente arrasado: agora não passava de uma confusa pilha horizontal de blocos e colunas de concreto cinzento. Uma ou duas colunas e uma arcada continuavam de pé, inclinadas em ângulos estranhos, e na frente, a grande estátua de Saddam estava totalmente intacta.

Com nossos movimentos por Bagdá estritamente reduzidos, minha sensação da cidade também se tornou mais circunscrita. Era uma sensação deprimente, desorientadora. Jornalistas visitarem sozinhos locais recém-bombardeados era oficialmente tabu. Isso significava que, todo dia, mesmo que nos dessem permissão para sair, nossos motoristas e acompanhantes do governo tinham de inventar novas rotas para que não víssemos o que acontecera durante os bombardeios da noite anterior, ou então tentar nos dissuadir de sair. Nossas excursões de almoço, que antes nos haviam proporcionado uma pequena sensação de liberdade, envolvendo percursos por vários bairros, haviam praticamente acabado. Só dois restaurantes em Bagdá continuavam abertos ao público, e agora até eles exigiam a presença de um acompanhante oficial. Quase todos os dias, para evitar a chateação de solicitar permissão, eu simplesmente despachava Sabah para nos comprar comida em um ou outro lugar.

Desde que o Ministério da Informação fora bombardeado ele se tornara uma área de acesso proibido. Dois repórteres, um australiano e um sul-africano, que haviam ido até o local sozinhos para inspecionar a destruição na manhã seguinte ao segundo ataque aéreo, haviam sido sumariamente expulsos do Iraque. Depois disso, em vez de simplesmente atravessar a ponte Sinak, que transpõe o Tigre na rua que passa pelo ministério, Sabah passou a usar outras pontes mais distantes.

Assim que nos mudamos para o Sheraton, Sabah trocou o quarto que tinha ali por um vizinho de porta ao meu. A cada dois ou três dias, ele ia à sua casa para uma visita, mas sempre voltava após algumas horas. A casa estava abarrotada, reclamou. Além de sua própria esposa e filhos, e os de vários de seus filhos e de alguns irmãos — e além da mãe de idade avançada —, todos os quais moravam em duas casas vizinhas, ele agora tinha uma das irmãs e os quatro filhos dela hospedados em casa. Haviam deixado sua casa porque moravam próximos à refinaria de petróleo Al-Doura, local de muito bombardeio. Então, em 31 de março, alguns pedaços de um míssil caíram na rua diante da casa de Safaar e Diyah, seus dois filhos adultos, que moravam juntos num quarteirão adiante. No dia seguinte, eles se mudaram para ficar com o resto da família. Pelos meus cálculos, havia agora trinta pessoas do clã de Sabah morando nas casas anexas, com um total de cinco quartos para todas elas.

À medida que transcorriam os lentos dias de bombardeio, notei que muitas das pessoas à minha volta contraíam pequenos incômodos de saúde, como dores de cabeça e nas costas. Também sofriam perda de apetite, e comiam menos do que antes. Os fumantes fumavam mais do que de hábito. Um funcionário do Ministério da Informação chamado Wali apareceu no trabalho certo dia com uma tala no pescoço e contraindo o rosto de dor. Todo mundo reclamava de esgotamento; ninguém, incluindo eu, estava dormindo muito mais de três ou quatro horas por noite.

Sami, nosso novo acompanhante, era diabético. Descobri isso numa noite em que estávamos fora procurando um suposto bombardeio, com civis mortos, e ele entrou em um inoportuno estado de choque insulínico, que o deixou incapaz de falar ou compreender o que alguém lhe dizia. Isso aconteceu exatamente quando chegamos ao bairro atingido. Havíamos encontrado alguns milicianos do Partido Baath local reunidos na rua e paramos para lhes perguntar o que acontecera. Sami fora incapaz de explicar o que eles diziam, e não me respondia quando eu falava com ele. Foi um momento desnorteante, passando a ser um pouco alarmante porque os milicianos não sabiam quem éramos, e pareciam cautelosos conosco. Começaram a falar rispidamente em árabe com Sami, que não tinha condições de responder. Já estava bem escuro e fôramos de carro até lá sem primeiro obter permissão oficial.

Felizmente, fôramos seguidos. Uma grande caminhonete GMC Suburban parou junto de nós alguns minutos depois e dois homens saltaram. Um deles andou a passos largos e falou peremptoriamente com os milicianos, que se afastaram um pouco. Então se virou para mim e disse que devíamos segui-lo em nosso carro. Perguntei quem ele era. Ele respondeu que era do Ministério da Informação e nos seguira porque não era sensato nem seguro para nós estar onde estávamos. Algum fogo antiaéreo pipocou próximo, desenhando no céu arcos vermelhos de balas traçantes, não longe de nós. Entramos em nosso carro e seguimos o outro até o Palestine. Aparentemente ele não comunicou nossa transgressão, pois não ouvi mais nada a respeito.

Na manhã seguinte, levei Sami para ver Ala Bashir. Eu vira Bashir pela última vez vários dias antes, na manhã em que o Ministério da Informação fora bombardeado, quando eu comparecera à minha terceira e última sessão de fisioterapia com Nabil. Depois, Nabil me disse que eu não precisava mais de tratamento durante algum tempo. Minhas costas pareciam melhores, mas eu tive a impressão de que ele estava tentando me dissuadir de ir lá por algum outro motivo, algo relacionado à guerra. Passei para vê-lo, mas ele estava com outras pessoas, e notei que a atmosfera em seu hospital mudara. Havia uma tensão no ar, mas eu não sabia por quê. Não pudemos conversar à vontade, e achei constrangedor tentar marcar um encontro. O estado de Sami agora me dava uma desculpa válida para tornar a vê-lo.

Com Sami presente, expliquei o que acontecera. Bashir disse que os sintomas que eu descrevia eram muito sérios, e advertiu Sami que ele poderia entrar em coma se voltassem a ocorrer. Aconselhou-o a consultar seu próprio especialista e descobrir se estava tomando a dosagem certa de insulina; suspeitava que fosse esse o problema. Agradeci a Bashir, formalmente, e disse esperar que pudesse passar lá nos próximos dias para vê-lo. Ele balançou a cabeça e disse, muito cordial, que também esperava que eu pudesse. Foi tudo muito formal. Tive a clara sensação de que minhas visitas se haviam tornado incômodas para ele, e que eu na certa não deveria mais retornar.

Depois perguntei a Sami o que ele queria fazer. Ele explicou que era um problema meio complicado. O especialista que o acompanhava fechara a clínica e deixara Bagdá enquanto durasse a guerra. Mas ele disse que conhecia outro médico, e prometeu ir vê-lo. Fez isso, e me disse no dia seguinte que o médico recomendara que ele alterasse a dosagem e tentasse dormir mais. Um dia ou dois depois, perguntei-lhe se estava sentindo alguma melhora. Ele balançou a cabeça. A mudança na dosagem ajudara, disse. Mas ele estava se sentindo muito cansado. Era incapaz de conseguir dormir mais de três horas por noite devido aos bombardeios noturnos. Por causa do diabetes, precisava em geral de dez horas de sono. Encolheu os ombros. Não podia fazer nada, e era isso.

Naquela noite, ouvimos algumas notícias maravilhosas. Matt McAllester, Moises Saman, Molly Bingham e dois europeus que também haviam desaparecido do Palestine chegaram em segurança à fronteira jordaniana. Soubemos que haviam sido mantidos incomunicáveis durante oito dias em Abu Ghraib, a prisão nos arredores de Bagdá, antes de finalmente serem libertados. A acusação, claro, fora de trabalharem para a CIA. Alguns dias antes, eu encontrara Udai al-Taiee sozinho, parado do lado de fora do Palestine, fumando um cigarro, e aproveitei a oportunidade para me informar sobre o caso dos jornalistas desaparecidos. Quase uma semana se passara, e não havia nenhuma notícia deles, e todas as indicações eram de que tinham sido presos e estavam sendo secretamente mantidos em algum lugar. Essa era a suposição com que trabalhávamos. Eu disse a al-Taiee que precisava conversar com ele sobre algo importante. Ele respondeu, brusco:

— Pode falar. — Virou-se de lado para mim, olhando para o outro lado, mas de vez em quando me disparando um olhar. Expliquei que aqueles de nós que continuavam em Bagdá estavam muito preocupados com os nossos amigos, dos quais dei os nomes, e disse que se qualquer coisa acontecesse a eles seria uma publicidade muito ruim para o Iraque. Al-Taiee me interrompeu. Reclamou dos boletins de notícias recentes, em que se dizia que o Iraque estava mantendo jornalistas na prisão. Estava muito chateado com isso, disse, porque, pelo que sabia, não era verdade. Não sabia nada sobre o caso. Eu disse, da forma mais incisiva possível, que as pessoas sobre as quais estávamos falando eram jornalistas, nada mais, e que se "outras pessoas" achavam que poderiam ser "qualquer outra coisa", estavam cometendo um grande engano. Qualquer coisa que ele pudesse fazer para deixar nossos colegas em segurança seria melhor para todo mundo. Muito em breve, continuei, todo jornalista em Bagdá seria obrigado a publicar o que sabia, porque, como ele observara, o desaparecimento dos jornalistas se tornara uma notícia internacional. Quando acabei, al-Taiee assentiu vigorosamente com a cabeça, dizendo: — Vou examinar isso — e afastou-se.

Apesar das notícias animadoras sobre nossos amigos desaparecidos, continuávamos sob coerção. Algumas noites antes, o "tradutor" Saad, designado à força para John Burns, a quem ele não via havia vários dias, entrou de repente no quarto dele e de Tyler no Palestine acompanhado de agentes de segurança. Depois de esbofetearem John e Tyler, Saad revelou que era, na verdade, um agente do serviço secreto, e acusou John de ser um espião. Depois de fazer mais algumas ameaças e promessas de voltar, o computador e o telefone por satélite do John — além de muito de seu dinheiro — foram-lhe tirados. Daí em diante, John passou a levar uma espécie de existência clandestina, mudando-se de um quarto para outro dentro do hotel, mantendo-se fora de vista, e pedindo emprestados telefones e computadores dos amigos a fim de poder enviar suas matérias. (A certa altura, John arranjou um encontro com Udai al-Taiee e falou com ele sobre o incidente. Al-Taiee, como sempre, fingiu não saber de nada. John o advertiu das conseqüências possíveis caso lhe acontecesse alguma coisa. Alguns dias depois, como a esfinge de sempre, Udai al-Taiee liberou John e devolveu seu equipamento, mas não o dinheiro.)

Na quarta-feira, 2 de abril, décimo quarto dia da guerra, juntei-me a uma excursão de ônibus organizada pelo governo para jornalistas. Levou-nos uns 90 quilômetros para o sul até a cidade de Hillah, próxima às ruínas da antiga Babilônia. Era a primeira dessas viagens organizada fora da capital, e com boletins nos avisando de que tropas americanas e britânicas haviam atravessado o rio Eufrates a sudeste de Karbala e avançavam depressa para Bagdá, em uma coluna de blindados de 50 quilômetros de comprimento, nenhum de nós sabia bem o que esperar. Mas para os agrupamentos de soldados e seus bivaques barricados com sacos de areia à beira das estradas, grupos ocasionais de tanques e plataformas para peças de artilharia camufladas ao longo da estrada nas escassas copas dos eucaliptos, era como se a guerra ainda não houvesse chegado.

Fazia um dia bonito, ensolarado, de céu azul. Eu não via um céu verdadeiramente azul havia muitos dias, por causa da fumaça dos incêndios de petróleo em volta de Bagdá. Perto de Hillah, avistei o grandioso palácio de calcário de Saddam voltado para a Babilônia, a vários quilômetros de distância. Hillah era uma cidade iraquiana bem típica: um desenho regular de casas marrons, de telhados planos, e algumas mansões mais antigas, cercadas por terras de cultivo. As ruas de Hillah eram como uma visão de coisas passadas. Homens e mulheres ao ar livre, as lojas todas abertas, e vi muito poucos soldados.

Fomos levados a um hospital, onde nos mostraram dezenas de vítimas civis de um aparente bombardeio a uma aldeia próxima, dois dias antes, e também os sobreviventes de um ônibus destruído por estilhaços de metralha. Disseram que muitas pessoas haviam morrido nos dois incidentes. Em um quarto, um homem que perdera a perna direita estava estendido ao lado de outro cujo braço fora amputado. O homem que perdera o braço estava sendo cuidado pela esposa, que trouxera consigo seu minúsculo bebê de talvez um mês. Deitado na cama, preso com uma tira de pano, o bebê dormia. A mãe apontou para uma parte coberta da cabeça da filhinha, e me disse que ela também havia sido atingida por um estilhaço de metralha. O marido explicou que eles estavam no carro quando apareceu um comboio americano.

— Não tivemos medo, porque sabíamos que os americanos não atacariam civis — disse ele. Mas um tanque havia disparado contra seu carro. O homem com a perna perdida protestava de forma muito branda contra o ataque americano:

— Se os americanos quiserem vir aqui como turistas, como costumavam fazer, nós lhes damos boas-vindas. Mas eles não deveriam fazer isto. — Quanto ao membro perdido, fez pouco caso, em tom de bravata: — Eu sou iraquiano. Estamos acostumados com coisas assim.

Na volta a Bagdá, notei um trecho de árvores dinamitadas, chamuscadas, onde alguns caminhões do exército iraquiano haviam sido escondidos. No céu um avião americano deixava um rastro de vapor. Todo mundo fixou os olhos no rastro, de sobreaviso, até ficar óbvio que a aeronave não vinha em nossa direção, mas se afastava de nós. Tirei uma soneca e só voltei a despertar quando chegamos a Bagdá. Ao nos aproximarmos do centro da cidade, ouvimos duas fortes explosões do outro lado do rio; vimos as nuvens de fumaça cinzenta elevando-se pelo céu. Erguemos a cabeça para identificar onde as bombas haviam caído, mas nosso motorista nos levou para longe da área, ziguezagueando por ruas pouco conhecidas, até voltarmos ao hotel. Quando chegamos, ficamos sabendo que em nossa ausência aviões militares haviam bombardeado a Feira de Comércio Internacional de Bagdá e danificara muito a maternidade Crescente Vermelho do outro lado da rua, em frente à feira, matando sete pessoas. Um iraquiano que eu conhecia chamado Muhammad estava muito abalado com o ocorrido. Disse que na hora do bombardeio vinha dirigindo pela mesma rua com a mulher, próximo ao local, e vira quando as janelas de outros carros voaram pelos ares, e um ônibus na frente do seu foi esmagado "como um maço de cigarros". De olhos arregalados, contou que deixara o motor ligado e correra com a mulher em busca de abrigo num prédio próximo.

Sabah nos levou em seu carro para ver o que acontecera. Grande parte da Feira de Comércio, um parque de diversões com pavilhões permanentes de países, como Turquia e Síria, havia desaparecido. Talvez uma dúzia de estruturas fora arrasada. A fumaça subia dos montes de vigas de metal e de concreto desabadas. Todos os edifícios em volta, inclusive a maternidade Crescente Vermelho, haviam sido seriamente danificados. Todas as janelas haviam voado pelos ares num raio de dois quarteirões, e via-se vidro quebrado espalhado por toda a parte. Circulamos por ali, achando que poderíamos parar e conversar com algumas pessoas, mas percebemos um grupo de iraquianos com aparência violenta sentado em dois veículos de combate — metralhadoras pesadas montadas numa base giratória na carroceria de uma caminhonete — e decidimos que talvez não fosse sensato continuar ali.

Quando voltamos para o Palestine, senti uma nova tensão elétrica no ar. Soldados em posições de sentinelas e nas beiras das estradas seguravam as armas nas mãos e pareciam ansiosos; examinaram-nos, impacientes, quando passamos. Outros vigiavam o céu. Sabah dirigia muito rápido — rápido demais — para conseguirmos voltar para o hotel. Notei que todas as fachadas de lojas em três quarteirões ao longo da rua que passa entre os muros do perímetro do palácio republicano estavam despedaçadas. Vidros e pedaços retorcidos de metal jaziam emaranhados nas calçadas. Algumas das lojas pareciam ter sido saqueadas. Vi que o interior de um pequeno restaurante administrado por curdos (que serviam um delicioso frango assado ao limão antes da guerra) tivera todas as janelas estouradas. As venezianas metálicas de segurança, tipo sanfona, estavam amontoadas na frente, e o conteúdo do restaurante havia sido roubado.

Mais tarde, ouvi as notícias da BBC num rádio de ondas curtas, informando que Karbala caíra para as forças da coalizão, que também atacavam a cidade de Kut. A BBC dizia que a batalha por Bagdá era iminente. À noite, Salaar, meu antigo acompanhante oficial, apareceu e me perguntou se eu sabia o que estava acontecendo. Eu lhe disse o que ouvira na BBC. Ele arregalou os olhos e exclamou:

— Karbala! Você quer dizer a cidade? Eles a tomaram? — Assenti, explicando que não eram notícias confirmadas, mas o que a BBC estava divulgando. Ele pareceu chocado. Aproximou-se e, em voz baixa, perguntou: — Então me diga, o que acha que eles vão fazer? Vão sitiar a cidade ou entrar e ocupá-la por seções? Pergunto porque, se for a primeira opção, vai ser muito sangrenta. Não ligo para morrer, mas me preocupo com a minha família.

Eu lhe disse que honestamente não tinha a menor idéia, mas esperava, para o bem de todos, que os americanos e britânicos tivessem um plano de ação que evitasse o cerco a Bagdá. Mas a perspectiva de uma carnificina iminente na cidade me enfurecia e não consegui me conter. De modo meio injusto, aproveitei a oportunidade para descontar em Salaar. Lembrei-lhe que fora o seu governo que escolhera não ceder e levar a uma última luta defensiva em Bagdá. Era uma decisão de muito sangue-frio, continuei, porque significava que grande número de civis iria morrer. Salaar assentiu e disse:

— Sim, eu sei. — Seus olhos pareciam aflitos. Em voz muito baixa, disse: — Alguns do exército vão lutar. Alguns vão fugir. Espero que isso acabe bem rápido.

Naquela noite, Sahaf disse que o tipo de atrocidades civis que víramos em Hillah estava acontecendo em toda parte no Iraque. Também acusou a coalizão de lançar armadilhas em forma de canetas e lápis nas cidades e aldeias iraquianas. Oficiais iraquianos estavam distribuindo avisos para que as pessoas nas áreas afetadas não as pegassem. Com um olhar revoltado, disse:

— Armadilhas em lápis, para matar crianças e qualquer outra pessoa! Que tipo de criminosos estamos enfrentando? — Também acusou os americanos de darem rasantes sobre os túmulos sagrados do imã Ali e do imã Hussein em Najaf e Karbala, respectivamente, para danificá-los. — Estão tentando rachar esses túmulos sagrados — continuou — e isso será desprezado pelos muçulmanos xiitas no mundo inteiro. — Enquanto isso, a "heróica resistência iraquiana" vinha infligindo derrotas aos "mercenários invasores" por toda parte no Iraque. Ele deu uma contagem de suas perdas província por província em estilo telegráfico que se assemelhava assustadoramente à previsão do embarque de tropas feita pela BBC no fim da noite.

O dia seguinte foi quente e agradável, com exceção da fumaça. O sol brilhava, pássaros cantavam e gorjeavam por toda a cidade. Até os *jihadis*, que haviam começado a surgir ultimamente nos hotéis em maior quantidade, pareciam bastante relaxados. Um deles estava parado nos degraus do Sheraton quando entrei no hotel. Tinha rosto largo, olhos enviesados, barba rala e o turbante verde amarrado em um formato que fazia o pano pender como uma cota de malha nos ombros. Vestia um manto que lhe chegava às panturrilhas e tinha na cintura um cinto trançado no estilo do exército. O cabo prateado de um longo punhal curvo projetava-se do cinto. Era como se um dos soldados de Gêngis Khan houvesse sido transportado no tempo e depositado ali diante de mim. Parecia um centro-asiático, talvez uzbeque, mas descobri depois que vinha do Iêmen.

Sahaf apareceu para seu habitual boletim à imprensa no Palestine. Riu da idéia de que as forças americanas haviam tomado Karbala ou estavam em algum ponto próximo de Bagdá.

— Eles não estão nem a 150 quilômetros daqui — bufou. — Estão em marcha, presos em todos os lugares, não estão em lugar nenhum... São uma serpente no deserto. É só uma ilusão. Não estão nem em Um Qasr!

Essas alegações são apenas um disfarce para seu fracasso. Não tomaram nenhuma cidade iraquiana. Estamos numa guerra de atrito com essa serpente e eu acho que vamos deixá-la muito cansada.

No final da tarde, a linha do horizonte fora quase totalmente obscurecida pela fumaça. Os minaretes, cúpulas e edifícios em forma de samovar de Saddam mal eram visíveis em meio à névoa, que passava de marrom e preto para azul e cinza à medida que a luz do dia enfraquecia. As pontes sobre o Tigre que dominavam o centro da cidade começaram a desaparecer na neblina, e o rio adquiriu uma brilhante cor dourada. O Tâmisa devia ter tido essa aparência na época vitoriana, envolto em névoa e na fumaça da queima de um milhão de fogueiras de carvão. De algum lugar não distante vinham estalos, constantes, o barulho da artilharia. As barragens de artilharia se intensificaram, e de repente todas as luzes no hotel se apagaram. A cidade do nosso lado do rio ficou completamente às escuras. Era como se alguém houvesse desligado um interruptor. Então ficou preta, com exceção do Túmulo do Soldado Desconhecido em forma de disco voador, iluminado com suas faixas de luz fluorescente nas cores da bandeira iraquiana. Ardeu por alguns minutos, e então suas luzes também se apagaram. Toda Bagdá estava no escuro, com exceção de algum ocasional farol e das chamas subindo dos incêndios de petróleo.

O que estávamos ouvindo, como descobrimos depois, era a batalha pelo aeroporto de Bagdá. Na manhã seguinte, 4 de abril, fui ao hospital Yarmuk, ao sul do centro da cidade, para onde muitos dos feridos haviam sido levados. Havia muito poucos civis nas ruas; viam-se sobretudo homens com armas. As enfermarias do hospital estavam cheias de rapazes de cabelo à escovinha com jalecos ensangüentados. Um deles disse que era membro das forças especiais da guarda republicana e fora atingido no pulmão no aeroporto. Chamava-se Omar Bahaldin e tinha 23 anos. O fluido era drenado do seu pulmão para um jarro de plástico no chão. Mantinha os joelhos erguidos e balançava-os de um lado para o outro. Imaginei que isso fosse porque ele estava sentindo dor, mas tentava não demonstrar.

— Não estamos com medo — disse ele. — Eu só estou ferido neste momento, mas quando melhorar, vou lutar e lutar, vezes sem conta, até virar mártir.

Um homem numa cama ao lado se contorcia e gemia de dor. Parecia estar semidelirante. O sangue gotejava de um tubo preso ao seu corpo para uma panela. O ferido gemeu e disse, inúmeras vezes:

— Eu não agüento mais. — O irmão, agachado no chão próximo a ele, segurava seus ombros, com lágrimas escorrendo pelas faces.

— Precisa resistir mais. Você é um bom homem. Agüente firme.

Um homem mais velho, seu tio, segurava-lhe os pés com as duas mãos.

— Você é um leão — ele disse ao ferido. — Nós nos orgulhamos de você.

Do lado de fora, no corredor, um grupo de mulheres angustiadas, de preto, aconchegava-se umas às outras. Quando passei, elas se curvaram e uma se lamentou, sem se dirigir a ninguém em particular:

— Nós estamos tão tristes, tão tristes. — Um homem com a perna empapada de sangue também aguardava, chorando. Enfermeiras com jalecos ensangüentados passaram por mim empurrando homens feridos em macas, deixando para trás um pungente fedor de suor. Parei na entrada de uma enfermaria onde um homem gritava. Um médico escavava em seus ferimentos com um fórceps. O homem parecia fora de si de dor. Um parente pusera a cabeça em seu tórax para confortá-lo.

Nesse dia, Sahaf apareceu mais tarde do que de hábito para seu boletim à imprensa. Desculpou-se e explicou que se atrasara porque estava tentando conseguir as informações mais atualizadas possíveis para nós. Confirmou que os "criminosos" americanos e britânicos haviam sido lançados de aviões no aeroporto internacional Saddam, no sul da cidade, e em vários lugares a oeste e ao sul de Bagdá.

— Todos esses grupos têm um objetivo, o aeroporto internacional Saddam, que é agora seu cemitério. Decidimos deixar que as forças invasoras permaneçam nesses lugares, para pegá-los lá — disse. A guarda republicana agora se juntara à batalha, disse ele, e os invasores estavam isolados uns dos outros e "atolados" em pequenas ilhas, onde vinham ficando mais "fracos a cada hora que passava". Sahaf então fez uma referência meio confusa ao filme *Mera Coincidência*. Parecia achar que o filme ajudava a explicar por que os americanos atacaram o aeroporto. — Lançar esses homens de aviões é uma operação espalhafatosa; uma tentativa exibicionista de mostrar ao mundo que seu plano de choque e pavor está dando certo — continuou. — Mas eles lançaram seus animais no deserto para serem mortos. — Ele previu uma matança. — Talvez hoje à noite mostremos a eles outro Dien Bien Phu. As estimativas iniciais são de que será difícil para qualquer um sair vivo. Prometeu "ataques não-convencionais, não necessariamente de nossas forças armadas". Confirmou que estava falando de ataques suicidas, ações de "mártires". Quando lhe perguntaram sobre informações de que um carro-bomba matara naquele dia três americanos no norte de Bagdá, ele respondeu: — Estou muito triste por não terem sido trinta deles.

Ao sair do boletim, peguei um exemplar do *Iraq Daily*, que encolhera de oito para quatro páginas desde o começo da guerra, mas ainda era impresso e distribuído. O jornal sempre publicava um aforismo atribuído a Saddam Hussein na primeira página, e notei que o exemplo de sabedoria do ditador escolhido naquele dia também tinha a serpente como tema. Parecia ser uma das citações favoritas do jornal, pois eu já a vira publicada muitas vezes antes. "Não provoque uma serpente antes de tomar a decisão e reunir a capacidade de cortar-lhe a cabeça. De nada valerá dizer que não foi você quem começou o ataque se ela o atacar de surpresa. Faça os preparativos necessários em cada caso individual e confie em Deus."

A energia elétrica fora cortada em toda Bagdá por 24 horas, mas estranhamente algumas luzes voltaram naquela noite ao complexo do Palácio Republicano e em vários outros bairros no lado oeste do rio. O nosso lado do Tigre continuava às escuras. Ouvimos mais uma vez o estrondo de artilharia nos subúrbios da cidade. O que parecia fogo de combate, com metralhadoras e morteiros, foi ouvido de repente dentro dos terrenos do palácio. Uma bomba caiu no complexo, e as armas continuaram a disparar por algum tempo e se calaram. Parecia que qualquer coisa poderia acontecer em Bagdá naquela noite.

Assim que começa, uma guerra adquire uma espécie de vida orgânica própria. Tem recuos e fluxos impossíveis de serem previstos, e também um modo de se expandir e de se contrair. Em poucos dias, o equilíbrio que faz pender o progresso da guerra para um lado ou para outro começa a virar, e fica claro que uma nova tendência começou. Foi o que aconteceu quando os americanos tomaram o aeroporto de Bagdá depois de pesado combate na sexta-feira, 4 de abril. Na manhã seguinte, sábado 5, despertei antes do amanhecer. Soprava uma brisa fresca. Um galo cantava de alegria. Ao longe, eu ouvia o que parecia artilharia.

Por volta desse horário, uma coluna de tanques e blindados americanos entrava na cidade vindo do sudeste pela estrada de Hillah e dirigia-se para os subúrbios meridionais de Bagdá num grande arco (aquele que eu percorrera apenas dois dias antes), para juntar-se aos americanos já entrincheirados no aeroporto nos subúrbios residenciais do sudoeste. Ao longo do caminho, travaram combate com forças militares iraquianas, deixando uma linha irregular de destroços explodidos e fumegando em sua esteira.

Eu só sabia disso por rumores, e por boletins de notícias do exterior, porque durante todo o dia Sahaf e os altos *apparatchiks* do ministério mantiveram um muro de negações e cortinas de fumaça em torno do que realmente vinha ocorrendo. No entanto, entre a comitiva iraquiana de acompanhantes oficiais, motoristas e tradutores que faziam parte de nossa existência encalhada no Palestine e no Sheraton, rumores haviam circulado, e com eles, uma atmosfera de pânico generalizado. O combate em torno do aeroporto causara muitas vítimas civis em bairros adjacentes, diziam, e quando esse rumor se espalhou, pessoas com famílias no sul da cidade começaram a fugir. Naquela manhã, Sabah achou um quarto para uma de suas filhas e os filhos dela no Sheraton — como fizeram muitos outros iraquianos que trabalhavam com jornalistas. Enquanto isso, seus filhos Safaar e Diyah evacuaram o restante da família, inclusive a esposa e a mãe idosa, para um prédio de apartamentos de um amigo na zona nordeste de Bagdá, que parecia mais segura. Os iraquianos que tinham condições de fazê-lo começavam a fugir tardiamente da cidade. Muitos estavam indo para a cidade de Baquba, a uma hora de carro a nordeste de Bagdá, que parecia ser o único ponto da bússola onde as tropas americanas ainda não haviam penetrado.

À tarde, o ministério organizou uma excursão em um ônibus tipo Potemkin ao subúrbio de Mansour, alguns quilômetros ao sul, do outro lado do rio. Conduziram-nos em volta da bombardeada Feira de Comércio e nos trouxeram de volta. A viagem inteira durou mais ou menos 25 minutos. Parecia que havia cada vez menos coisas da cidade que pudessem nos mostrar com segurança e continuar afirmando que ainda estavam no controle. A essa altura, a maioria de nós já entendia o que de fato estava acontecendo, e insistimos abertamente com nossas escoltas para que nos levassem até o aeroporto, que agora, segundo eles, voltara ao seu controle. Eles prometeram tentar organizar alguma coisa.

No domingo, 6 de abril, Bagdá pairava num limbo inconcluso. O regime do Iraque não mais parecia completamente no controle das coisas, mas os americanos também ainda não haviam aparecido. Udai al-Taiee nos autorizou a viajar em nossos próprios carros, mas com os acompanhantes, para um lugar nos subúrbios do sul onde, segundo ele, veríamos "uma coisa especial". Quando chegamos lá, encontramos um grupo de soldados iraquianos postados em torno de um tanque americano destruído dentro de uma cratera enegrecida da rodovia que levava, alguns quilômetros adiante, ao aeroporto.

Junto com Salaar, meu antigo acompanhante oficial, que se oferecera para ir comigo, eu me adiantei e olhei o buraco na estrada e o casco do tanque, obedientemente, e ouvi as afirmações de um homem de al-Taiee, de que os destroços provavam o que eles vinham dizendo desde o princípio: que os americanos tinham sido obrigados a debandar sob fogo cerrado dos iraquianos e estavam entrincheirados no aeroporto, cercados e sob ataque sustentado. Algumas crianças e homens que moravam nas casas próximas nos disseram timidamente que tinham visto o tanque ser destruído por mísseis antitanque dos soldados iraquianos — e que os outros soldados americanos do comboio então fugiram desabalados. Mas a grande cratera na estrada parecia sugerir que ele fora atingido por um míssil lançado do ar. (Como de fato havia sido. Por boletins de notícias, soubemos que o Pentágono dizia que o tanque fora avariado, e para impedir que ele caísse nas mãos de iraquianos enviara seus próprios jatos para destruí-lo.)

Enquanto os soldados posavam no tanque destroçado e jornalistas trepavam em volta, filmando, tomando notas e tirando fotos, dois jatos militares americanos, F-18 ou F-16, surgiram de repente e mergulharam, passando a rugir acima de nossas cabeças, a uns 30 metros de onde estávamos. Os soldados iraquianos ficaram apavorados e foram se esconder nas bordas da rodovia. Depois de alguns minutos, a maioria deles voltou. Mais ou menos cinco minutos depois, os jatos reapareceram e tornaram a passar por nós, voando em outra direção — e mais uma vez os soldados fugiram. O comportamento dos soldados assegurou-me de que a guerra estava quase acabada, que o fim do jogo estava chegando depressa.

Quando voltávamos para o carro, Salaar sussurrou que se solidarizava com o terror dos soldados, que afinal eram em sua maioria jovens recrutados. Então ele me perguntou, nervoso, com que rapidez eu achava que os americanos ocupariam o resto da cidade. Parecia genuinamente confuso, porque eles tinham apenas "sondado" os subúrbios do sul e tornado a desaparecer.

— Por que eles simplesmente não vêm? — perguntou. — Tenho certeza de que se viessem em peso, isto acabaria muito depressa. — O exército iraquiano, disse ele, era quase inexistente; muitos dos soldados, entre eles seu próprio irmão mais moço, já haviam desertado e estavam escondidos. — O regime está em declínio, está acabado — explicou Salaar. — Por que eles arriscariam a vida por ele agora? — Alguns Guardas Republicanos ainda lutariam, mas até mesmo entre eles havia desertores, ele soubera, e não achava que estivessem à altura do esmagador poder de fogo americano. — Deveriam acabar logo com isso — disse. — Há civis demais morrendo. — Salaar também me disse estar muito preocupado com a segurança de sua própria família, porque o exército iraquiano pusera armas antiaéreas num lugar muito perto de sua casa, e ele receava que o bairro fosse bombardeado pelos americanos como outras partes da cidade.

Salaar então me perguntou, muito ansioso, o que eu achava que os americanos planejavam fazer com pessoas como ele.

— Eu suponho que talvez possa ser preso — disse ele. — Eles poderiam achar que sou do serviço secreto ou algo assim. Não sei o que esperar. Não sei... o que você acha? — Esquadrinhou meu rosto à procura de uma resposta. Tentei tranqüilizá-lo o quanto pude dizendo que se ele fosse apenas um funcionário público, na certa ficaria bem. Ele prestou atenção e assentiu, mas a ansiedade não deixou seu rosto.

Naquela noite, ouvimos o barulho da batalha que vinha do sul de Bagdá. Mais tarde, nas primeiras horas da manhã de segunda-feira, estourou uma fuzilaria dentro do complexo do palácio presidencial, do outro lado do rio. Pouco antes do amanhecer, caí no sono.

NOVE

Fui acordado com o barulho de combate pesado ali perto. Eram oito da manhã. Olhei para fora da sacada e vi explosões dentro dos terrenos do palácio, na margem oposta do Tigre. Labaredas de chamas e erupções de fumaça preta subiam dos jardins de algum dos palácios, elevando-se rapidamente. Meus ouvidos tiniram com o estrondo de muitas armas disparadas ao mesmo tempo, metralhadoras, tanques e mísseis, e de bombas sendo lançadas.

Numa larga restinga de areia que se estendia ao longo da margem do rio, abaixo do complexo do palácio, vi várias dezenas de soldados iraquianos uniformizados, alguns caminhando, outros seguindo a passos rápidos. Enquanto eu os olhava, todos começaram a correr em direção à estrada que passa acima da berma de concreto à beira do rio. Ao fugirem, formaram uma longa linha ziguezagueante de talvez uns cinqüenta homens que se deslocavam em diferentes velocidades. Dois deles usavam apenas roupas de baixo. Alguns saíram a nado pelo rio e rastejaram pelas moitas de junco na margem para chegar a uma cerca de segurança de metal que descia dos terrenos do palácio até a água. Não compreendi do que os soldados estavam fugindo. Então percebi que quatro grandes tanques americanos, pintados de cáqui, tinham subido e estacionado no alto da margem, a apenas algumas centenas de metros dos soldados em fuga. Uma fuzilaria implacável de balas tracejantes começou a levantar poeira da margem e da praia arenosa abaixo. Ouviram-se mais explosões, e fumaça preta começou a subir encapelada do que pareciam dois incêndios de petróleo na praia. Após mais alguns minutos, só consegui entrever as silhuetas de alguns homens, soldados americanos, agachados e disparando o que pareciam ser metralhadoras, protegidos atrás dos tanques — era difícil ver com exatidão. Estavam acontecendo coisas demais ao mesmo tempo para eu absorver. Olhei com binóculos e julguei ver o que pareciam ser soldados iraquianos ainda na praia, em trincheiras, as cabeças apenas visíveis acima do chão. Um ou dois pareciam revidar os disparos. Notei pela primeira vez que a praia inteira, sobretudo ao longo da linha do rio, fora esburacada com trincheiras e fortificações.

Olhei a rua Abu Nawas lá embaixo. Estava toda vazia, a não ser por dois cachorros grandes que corriam lado a lado no meio da rua. Poucos minutos depois, vi um iraquiano, um sujeito corpulento em roupas civis, andando cautelosamente do meu lado da rua, portando uma arma numa das mãos. Passou por um homem mais velho que carregava algumas sacolas nas mãos, como se houvesse saído às compras da manhã. Então, um câmera e um repórter que reconheci como alemães saíram do Palestine e atravessaram a rua na direção do rio. Aventuraram-se até uma curta distância dentro da faixa do parque público e começaram a filmar a batalha. Vi alguns iraquianos se aproximarem deles, seguidos por um soldado com uma arma. Quando se juntaram aos jornalistas, iniciou-se uma furiosa altercação. O soldado agarrou o câmera e o arrastou. Parecia tentar forçá-lo a entrar num caminhão de carroceria aberta dirigido por outro soldado. O outro alemão, o repórter, tentava deter o soldado. Ouviram-se gritos raivosos, e vi o soldado apontar a arma. Achei que fosse atirar no câmera. Outros iraquianos juntaram-se à confusão. Pareciam estar tentando resgatar os jornalistas. Todos gritavam, puxavam e empurravam. Por fim, o soldado soltou o câmera e baixou a arma, e os iraquianos que tinham ajudado os alemães os escoltaram de volta à segurança no Hotel Palestine.

O barulho da batalha transformou-se em um muro de som. Parecia uma sinfonia. Grande parte era estouro e estrondo; ruídos pesados das explosões saídas de tanques e aviões, rasgos explosivos de foguetes — mas também um ruído ritmado, como um grande tambor de aço sendo martelado mecanicamente, e, várias vezes, um forte barulho de esmigalhamento. Sob tudo isso, de vez em quando, o leve pipocar dos tiros de armas automáticas. Várias vezes ouvi um imenso rugido crepitante, como o estalo de pipocas metálicas, que se repetia sem parar e foi se tornando muito alto; percebi mais tarde que devia ser a explosão de um depósito de munição. Era um ruído novo para mim, assim como o barulho de algo sendo moído, que se verificou depois vir de jatos de caça A-10 Warthogs voando baixo, que disparam 4 mil balas por minuto. Ouviam-se também uns rugidos de jatos de combate F-18, ou algo que soava como eles, voando baixo. Esses jatos, muito rápidos e barulhentos, haviam começado a sobrevoar Bagdá nos últimos dois dias, substituindo os B-52 de vôo alto da última quinzena. Vez por outra lançavam bombas ou mísseis nos terrenos do palácio e tornavam a subir a toda velocidade, estridentes.

A fumaça dos incêndios na praia foi colhida por uma súbita rajada de vento do sul. Foi carregada por cima do rio para o hotel, e alguns minutos depois nos envolveu numa mortalha amarela de neblina, poeira e fumaça. Era o início de um novo *turab*, que havia estranhamente coincidido com a batalha do palácio. A tempestade de poeira obscurecia quase tudo, mas a batalha continuou praticamente durante o dia todo.

Por volta do meio da manhã, decidi deixar meu poleiro na sacada e ir até o Palestine saber o que estava acontecendo. Os elevadores do Sheraton não funcionavam mais, então desci correndo os 12 andares até a rua. Repórteres aglomeravam-se em volta da entrada do Palestine. Fiquei sabendo que Muhammad al-Sahaf aparecera e dera uma breve coletiva de imprensa — a mais breve de todas até então —, na qual negara categoricamente que houvesse tropas americanas em qualquer lugar de Bagdá.

— Eles têm a mente doente mesmo — dissera ele. — Comunicaram que entraram com 65 tanques no coração da capital, eu os informo que isto está muito longe da realidade. Essa história é apenas parte da doença em suas mentes. Não há entrada alguma de tropas americanas e britânicas em Bagdá. — Eles estavam sendo "chacinados" e rechaçados, afirmou, acrescentando pitorescamente que "estavam se suicidando nas portas de Bagdá. Vamos incentivá-los a cometer seu suicídio. Como disse o presidente Saddam Hussein, 'Deus lhes concederá seu enterro nas mãos dos iraquianos'". A menos de 500 metros de onde Sahaf falava, havia diversos tanques Abrams dos EUA, mas esse fato não parecia ter importância para ele. Sahaf fez então um pequeno sermão para a mídia sobre a necessidade de exatidão e verdade em seus relatos das notícias, e destacou jornalistas, sobretudo da Al Jazeera, por dizerem mentiras sobre o que viam. Parecia que a Al Jazeera estivera transmitindo notícias ao vivo do combate de sua própria mansão situada na margem oposta do Tigre, algumas centenas de metros rio acima do complexo do palácio. Antes de sair, Sahaf dissera a todos:

— Tenham a certeza de que Bagdá é muito segura, muito segura; Bagdá é grandiosa.

Nos últimos dias, eu vinha me perguntando, com curiosidade cada vez maior, o que motivava Sahaf, o último oficial superior iraquiano que qualquer um vira desde a captura do aeroporto, a fazer aquelas surpreendentes afirmações. Só me restava concluir que ele acreditava que não fôssemos tão diferentes, afinal, dos cidadãos do Iraque, que perderam havia muito a capacidade de chamar uma mentira de mentira ou de contradizer qualquer coisa que lhes dissessem oficialmente. Talvez Sahaf achasse que, se falasse com bastante bonomia e aparente convicção, acreditaríamos nele.

Uma excursão de ônibus para o corpo de imprensa foi organizada. Intrigado, juntei-me a ela, querendo saber aonde poderiam nos levar para confirmar as incríveis afirmações de Sahaf. O ônibus seguiu pela rua Sadoun, um quarteirão mais distante do rio do que a Abu Nawas. (Da rua Sadoun não se podia ver o rio, nem os tanques americanos no outro lado.) Fiquei chocado ao ver que carros ainda circulavam pela rua, e dois quiosques de calçada, que vendiam cigarros e balas, haviam continuado abertos ao público. Quando foi atravessar o Tigre, nosso motorista evitou a ponte mais próxima, a Jumhuriyah, que transpunha o rio num ponto bem perto dos muros do palácio, e continuou dirigindo até chegarmos à segunda ponte rio acima, a Sinak, na rua que corre atrás do Ministério da Informação. A maior parte da cidade estava deserta, com exceção de alguns combatentes aqui e ali, em grupos de dois e três, quase todos vestidos com roupas civis e *keffiyah* xadrez vermelho e branco enrolados como turbantes na cabeça. Alguns, portando dispositivos lança-granadas e carregados de mísseis extras, atravessavam a rua em direção ao palácio presidencial. Fizeram para nós o sinal de V da vitória. O ônibus levou-nos três quarteirões depois do Ministério da Informação, virou à direita e percorreu uns 200 metros até a rodoviária central, que estava vazia, e então refez o caminho no sentido inverso. A rua fora obstruída por soldados onde em geral se seguia para o Hotel Al-Rasheed. O boato era que o Al-Rasheed fora ocupado durante a noite pelos americanos. Nossa excursão terminou dez minutos depois de começada.

De volta ao Palestine, perguntei a um dos poucos funcionários do ministério ainda acessível (vários haviam desaparecido desde que o aeroporto fora tomado) qual fora a finalidade da excursão. Ele me disse que era para desmentir as afirmações americanas de que tinham ocupado o Ministério da Informação. Quando perguntei sobre o Al-Rasheed, ele apenas sacudiu a cabeça e fingiu não me ouvir. Então disse, entusiasmado, que o ministério esperava nos levar para ver um lugar nos subúrbios do nordeste, onde os iraquianos haviam matado "centenas de americanos".

— Seus corpos estão por toda parte — continuou, deliciado. — Nós já os teríamos levado até lá, só que os americanos deixaram muitas bombas de fragmentação. Por isso é perigoso demais para vocês. Temos de retirá-las. Assim que o fizermos, têm minha palavra, vocês vão constatar o que eu lhes disse.

Eu não sabia dizer se esse funcionário acreditava realmente no que dizia, como Sahaf parecia acreditar, ou se estava fingindo. Em seu caso, decidi, era na certa só atuação. Ele tinha um olhar insincero, e seus olhos não se fixavam nos meus por muito tempo.

Ao cair da tarde, a poeira se dissipou, e eu pude ver o rio do outro lado. Dois tanques ainda continuavam lá, e julguei ver a figura de um homem sentado com as pernas pendendo do muro bem em frente aos tanques. Examinei com binóculos. Era um soldado americano. Parecia descansar, apreciando o rio, visivelmente despreocupado com os franco-atiradores. Logo depois, outro soldado juntou-se a ele. Por algum tempo, os dois ficaram sentados ali, balançando as pernas sobre a margem. Foi um dos momentos mais surrealistas que eu já presenciei: via bem ali meus conterrâneos, mas um rio nos separava. Por enquanto, habitávamos duas realidades inteiramente opostas em cada um dos lados de uma guerra. Eu ainda estava no Iraque de Saddam. Se houvesse uma passarela para pedestres sobre o rio, eu poderia tê-los alcançado a pé em cerca de dez minutos. Meu devaneio foi interrompido pelos ruídos de mais explosões vindas dos terrenos do palácio atrás dos americanos. Pelos binóculos, vi os dois soldados se levantarem e se encaminharem para o alto da margem, até um edifício semi-escondido pelas árvores, onde se juntaram a outros soldados. Depois perdi-os de vista.

Alguém, um americano, imaginei, disparou em alguma coisa na margem, onde os soldados iraquianos haviam se entrincheirado mais cedo naquele dia. Uma intensa fuzilaria irrompeu daquele local, e vieram então os ruídos de várias pequenas explosões — outra troca de munição, quase com certeza. Mais uma vez, ouvi o rugido crepitante de estalos, e, como se acompanhassem o ritmo, faíscas brancas e projéteis que formaram rápidos traços luminosos saíram voando para todos os lados; alguns desenhavam no céu arcos bem altos, logo se abrindo com ímpeto em curvas espiraladas, como fogos de artifício, caindo no rio.

No meio da tarde, Sabah se ofereceu para nos trazer alguma comida do Al-Saah, um restaurante popular em Mansour, do outro lado do rio, onde havíamos comido várias vezes. Era um dos lugares favoritos de Sabah, com seu interior revestido de mármore preto brilhante e acabamentos de cromo, e os pratos expostos em quadros de néon. Suas ofertas variavam da culinária iraquiana à imitação de refeição ligeira americana: frango frito descrito como "à moda de Kentucky", hambúrgueres e batatas fritas. Junto com o Lathikia, onde havíamos topado com Udai al-Taiee no início da guerra, era um dos únicos restaurantes que continuavam abertos ao público em Bagdá. Sabah levou um tempo enorme para voltar, e quando o fez, chegou nervoso, a respiração pesada, como sempre ocorria quando dominado pela emoção.

Assim que recuperou a respiração e se acalmou, Sabah explicou que o Al-Saah fora bombardeado apenas cinco minutos depois que ele saíra de lá. Tinha feito o nosso pedido — frango *tikka* para dois — e comera alguma coisa enquanto esperava. Passara uns vinte minutos lá até nossa comida para viagem ficar pronta, e então pegara o carro para voltar ao hotel. Rodara uns 800 metros, disse, quando houve uma tremenda explosão atrás dele. Como todos os demais na rua, parou imediatamente o carro no meio-fio. Todos olhavam para trás e diziam que o Al-Saah tinha sido bombardeado. Ele não voltara, mas seguira direto para o Sheraton. Fomos até lá assim que pudemos, após obter a permissão de Udai al-Taiee para ir em nosso próprio carro.

As janelas do Al-Saah e de todos os prédios em volta tinham voado pelos ares. Havia torrões de terra, detritos e cacos de vidro por todo lado — a confusão se estendia por quarteirões. Cortinas ondulavam fora das janelas quebradas; as tabuletas das lojas estavam quebradas e tortas, e os interiores das lojas cobertos de pó e tombados em volta como se houvessem sido atingidos por um furacão. Vi um menino pequeno pegar um troféu: uma luminária ornamental de rua, caída na calçada em frente ao Al-Saah. Pessoas passavam aturdidas ao redor. Várias tomaram a pé uma rua lateral, e nós as seguimos. Na esquina, vimos uma loja de vestidos de casamento com as janelas despedaçadas. Diversos manequins em longos brancos de cetim jaziam lado a lado no chão, como pessoas dormindo juntas. A rua lateral levava a um bairro residencial de casas particulares. A rua estava coberta de pedaços de alvenaria e mais torrões de terra e vidro. Uns 100 metros à frente, junto ao jardim frontal de uma casa devastada, cheio de escombros, terra e grandes pedaços de tijolo e concreto, uma multidão de pessoas se reunira num espaço aberto. Ali paradas, olhavam alguma coisa. Transpus a confusão de detritos para me juntar a elas. O que estavam olhando era uma enorme cratera. Do outro lado, alguns trabalhadores de uma equipe de salvamento empurravam parte do entulho fumegante, enquanto uma escavadora girava em volta, tentando retirá-lo. O buraco tinha uns 10 metros de profundidade por uns 20 de diâmetro. Observei a cabeceira de metal de uma cama na cova, e um anúncio de mesa de bilhar. O que parecia o capô de um carro despontava, coberto de lama e entulho, acima da superfície de uma poça de água barrenta no fundo. As casas em volta da cratera pareciam todas ter os andares de cima destruídos, e as fachadas esburacadas pela explosão e salpicadas de terra.

Desorientado pelo que via, perguntei a um iraquiano ao meu lado o que havia no lugar do poço antes do bombardeio.

— Quatro casas — disse ele em voz baixa. Era extraordinário. Não se via mais nada discernível que sequer se assemelhasse a uma casa. Apenas a enorme cratera e o entulho empilhado em volta, no qual pessoas — trabalhadores de salvamento frenéticos em macacões azuis, fotógrafos e espectadores curiosos — subiam com dificuldade.

Uma mulher de meia-idade e olhos arregalados, que falava inglês, aproximou-se. Disse que se chamava Maria Marcos, era secretária na embaixada alemã em Bagdá e morava logo abaixo no mesmo quarteirão. Contou que acabara de desligar seu gerador quando ocorreu a explosão. As quatro casas que ficavam ali haviam desaparecido, e junto com elas as famílias que nelas moravam. Disse que ao todo nove pessoas haviam morrido. Só um corpo fora resgatado com vida até então.

— Não temos medo deles — repetiu ela várias vezes. Parecia em estado de choque. Ali perto um homem chorava desconsoladamente nos braços de outro. Agarrava-se ao outro homem com os dois braços e o corpo inteiro, como alguém tentando salvar-se de um afogamento. Outros três estavam sentados no meio-fio, lágrimas escorrendo-lhes das faces. Então ouviu-se no céu o rugido aéreo que se parecia com um jato F-15, e várias das pessoas paradas em volta da cova correram desabaladas. O caça passou e não retornou.

No jardim desfeito da casa ao lado da cratera, um rapaz que disse se chamar Ayad, universitário de 20 anos, explicou que estava mais embaixo na rua quando ouvira um bramido e vira um míssil amarelo grande, mais ou menos do tamanho de uma palma de tamareira, atingir com estrondo a rua e explodir numa luz branca. Atingira a casa vizinha à de seu avô. Apontou para um velho que perambulava em volta da varanda da casa com a camisa manchada de sangue e parte da cabeça coberta com uma atadura ensangüentada. A casa que o míssil acertara em cheio pertencia a Um Salman, uma viúva, disse, que morava ali com dois filhos e duas filhas. Tinham uma loja de gravuras perto dali. Observei que Ayad, de camisa xadrez, usava um uniforme de faxina no estilo militar e botas, e perguntei-lhe se estava envolvido na defesa de Bagdá.

— Não. — Ele deu uma risadinha, ajeitando os óculos. — É só a última moda. — Enquanto conversávamos, um vizinho chegou até nós e disse:

— Só um animal faz uma coisa destas; um ser humano não faz isto. — E foi embora de novo.

A mãe de Ayad, Neda, mulher de fisionomia agradável usando um vestido tradicional, convidou-nos a visitar a casa devastada do pai. Explicou que ele, engenheiro aposentado, tinha 74 anos. Construíra pessoalmente a casa, e morava ali fazia 43 anos. Ela disse que estava tentando convencê-lo a sair dali, mas o pai continuava dizendo que queria ficar. Eu o via perambulando em torno da parte externa. Neda mostrou-nos o lugar. O interior fora quase todo destruído. Havia entulho, reboco quebrado e terra por toda parte, e a escada estava enterrada sob vários centímetros de reboco e cimento quebrados. O reboco se soltara da maioria das paredes, deixando os tijolos expostos. Sorrindo, e num inglês capenga, Neda disse:

— Acho que isso veio de Deus. Acho que talvez Deus queira que soframos isso. Estou satisfeita com isso. — Entendi que queria dizer com essas palavras que agradecia o fato de nenhum de seus parentes próximos haver morrido, e que ela não sentia ódio algum por ninguém pelo que acontecera.

Só mais tarde, de volta ao Sheraton, ouvi a notícia do exterior de que o Pentágono confirmara o lançamento de quatro "bombas de penetração" visando à destruição de casamatas numa casa em Mansour, após ter recebido a informação secreta de que Saddam e seus filhos Qusai e Udai se encontravam lá. Parecia plausível. Mansour era o bairro onde Saddam Hussein fizera sua gravação de vídeo improvisada alguns dias antes, transmitida mais tarde na televisão iraquiana. O vídeo mostrara-o saltando de um carro e caminhando pela rua, os moradores excitados erguendo-lhe as mãos em saudação. Os espectadores haviam identificado a área como parte de Mansour. Algumas agências de notícias também noticiavam que Saddam e seus filhos haviam almoçado no Al-Saah.

Perguntei a Sabah o que achava daquelas informações. Ele fez que não com a cabeça, descrente. Não achava que fossem verdadeiras. Soubera, à maneira como fazem os iraquianos — verbalmente, por intermédio de amigos e vizinhos —, que Qusai, o filho mais moço de Saddam, almoçara no Al-Saah, mas não com Udai, nem com o pai deles, Saddam. E isso fora na véspera. (A maioria dos clientes do Al-Saah era de jovens de classe média e alta, mas famílias também o freqüentavam, assim como oficiais militares. Diziam que os filhos de Saddam Hussein eram fregueses regulares, mas ele nunca os vira lá.)

Surpreendentemente, ninguém no Al-Saah havia sido morto, embora várias pessoas tivessem sido cortadas por cacos do vidro. No quarteirão seguinte, uma menina de 8 anos sofrera um grave corte na garganta de um estilhaço lançado pelos ares.

Acordei no dia seguinte com ruídos de combate pesado que vinham da direção do complexo presidencial. Ouvi bombas caindo e vi explosões na linha do horizonte do outro lado. Uma bola de fogo vermelha e preta subiu da cavidade aberta no telhado da sede do Partido Baath, um edifício de pedra maciça em reconstrução desde sua destruição por bombas americanas em 1998. Houve mais explosões perto do Hotel Al-Rasheed, e em toda a extensão acima e abaixo da margem do rio do outro lado, em frente ao Sheraton e entre as duas pontes mais próximas, a Jumhuriya, ao lado do palácio, e a Sinak, que atravessa o Tigre perto do Ministério da Informação. Tudo naquela área parecia estar sendo atacado por bombas, mísseis, tanques e metralhadoras.

Na ponte Jumhuriya, dois tanques surgiram. Avançaram hesitantes e depois pararam, atarracados como grandes feras predatórias, girando as armas de um lado para o outro. Em toda a volta e atrás deles, e nos céus acima de nós, a batalha continuava. Eu via projéteis brancos luminosos desenhando arcos no ar em sua direção, aparentemente vindos das forças iraquianas. Localizei um avião, claramente visível no céu acima de mim, um AC-10 Warthog de aparência atarracada, sobrevoando numa lenta curva ascendente acima do rio, e ouvi o enorme ruído triturante dos disparos de suas armas. O avião passou mais cinco vezes, e todas as vezes com aquele bramido triturante. A cada passada, parecia atingir um quadrante diferente da cidade. Na terceira ou quarta, vi a fachada do Ministério do Planejamento, um grande prédio cor de ferrugem de dez andares, na borda da ponte Jumhuriya, voar pelos ares em mil explosões de luz branca e o que pareceram vidros voando. Então surgiu um caça rugindo baixo que alvejou um edifício na margem oposta, causando uma terrível explosão e o arremesso de uma fumaça preta que continuaria a subir em ondas até o fim do dia. Julguei ter ouvido o barulho das hélices do rotor do helicóptero, mas não consegui ver nada.

Bateram na minha porta. Era James, o camareiro sudanês do hotel. Fiquei espantado ao vê-lo. A maioria dos serviços do Sheraton, incluindo lavanderia, água e eletricidade, fora interrompida ou desativada por completo. Os elevadores já não funcionavam havia vários dias. Mas James tinha vindo limpar meu quarto. De maneira circunspecta, perguntou-me se eu vira os dois helicópteros. Fez-me um sinal e, usando suas chaves-mestras, abriu a porta de outro quarto do hotel no lado leste. Apontou pela janela para um local a uns 8 quilômetros de distância. Vi claramente dois helicópteros de bombardeio Apache, cor de metal, sobrevoando em círculos, como libélulas, uma parte da cidade. Enquanto observávamos, o chão embaixo deles explodiu numa dezena ou mais de erupções de chama e fumaça. James explicou que estavam atacando a guarnição militar do Al-Rasheed, que tinha seu próprio aeroporto.

Voltei para meu quarto, e da sacada vi quando os tanques na ponte e outros escondidos do campo visual atrás deles começaram uma assustadora barragem de fogo em volta do Conselho da Juventude e Esporte, um dos feudos de Udai Hussein, um enorme edifício no nosso lado do rio. Pareciam estar sendo atingidos por franco-atiradores no edifício, e durante vários minutos dispararam bombas sobre o prédio, atingindo quase todos os andares. O edifício começou a arder com chamas em diversos lugares. Eles viraram os canhões e começaram a disparar em direção à cidade, do nosso lado da ponte Jumhuriya. Poeira e fumaça subiram da área em torno do meu antigo hotel, o Al-Safeer, e do bairro próximo onde Karim tinha sua pequena barbearia. A cidade trepidava com o barulho das explosões.

Alguém no corredor gritou que o Palestine havia sido atingido por um disparo. Desci a escada correndo para olhar lá fora e vi um grande grupo de pessoas, na maioria jornalistas, afluindo à entrada do hotel. Parecia que transportavam pessoas em macas. Desci desabalado a escada até a rua e a atravessei correndo para o Palestine. O mesmo oficial iraquiano que se regozijara sobre os soldados americanos mortos na véspera parou-me para exclamar com júbilo:

— Agora nem sequer os jornalistas estão a salvo dos americanos!

Uma multidão aglomerava-se em volta da entrada de automóveis, parecendo chocada e nervosa. Fiquei sabendo que o quarto da Reuters, no décimo quinto andar do hotel, e outro quarto no décimo quarto logo abaixo dele haviam sido atingidos por alguma coisa, ninguém sabia o que, e que três repórteres sofreram graves ferimentos. Eram as pessoas que eu vira sendo transportadas. Já tinham sido retiradas às pressas e levadas para o hospital quando cheguei. A maioria dos repórteres com quem falei achava que fora um ataque iraquiano e estava preocupada com o que isso poderia significar para nossa segurança. Todo mundo usava os coletes à prova de bala, e os que tinham capacetes também os haviam posto. Enquanto circulávamos por ali, chegou a notícia de que as dependências da Al Jazeera e da televisão de Abu Dhabi, ambas situadas em imensas mansões na margem oposta do rio, onde a luta estivera ocorrendo durante toda a manhã, também haviam sido bombardeadas, e que pelo menos um repórter da Al Jazeera morrera. Um carro parou, e um amigo, o fotógrafo francês Jerome Delay, precipitou-se a toda para fora. Tinha as feições distorcidas. Logo desabou nos braços de vários amigos, gritando:

— Eu o perdi, eu o perdi — soluçava em grande sofrimento. Ele fora ao hospital com o amigo Taras Protsyuk, o câmera ucraniano da Reuters, o mais gravemente ferido dos repórteres. Protsyuk acabara de morrer. Mas ninguém sabia ainda do destino dos outros jornalistas feridos, José Couso, câmera espanhol da Telecinco de Madri, e Paul Pascuale, técnico de satélite britânico da Reuters.

Começou uma briga entre um repórter espanhol descontrolado e Udai al-Taiee. O repórter responsabilizava, enfurecido, os iraquianos por dispararem um míssil no Palestine. Isso foi negado vigorosa e veementemente por al-Taiee, que insultou o espanhol e em seguida afastou-se, furioso, cercado por vários de seus aduladores. O interessante no bate-boca é que foi a primeira vez que algum de nós viu uma autoridade iraquiana desafiada de maneira aberta e irritada em público, e embora al-Taiee mantivesse uma certa compostura execrável, pareceu abalado. Observei que ele era a única autoridade iraquiana de alto escalão ainda por perto. Todos os outros, como Khadum, supervisor da Mukhabarat do ministério, e Mohsen, chefe titular do Escritório de Imprensa Estrangeira, haviam desaparecido.

Circulei pelo hotel para inspecionar os estragos. Pelo que vi, parecia que o hotel fora atingido por trás, do centro de Bagdá, o que só poderia significar fogo iraquiano. Em todo caso, eu não concebia que os americanos houvessem disparado contra um hotel onde sabiam que o corpo de imprensa internacional se achava congregado.

(Eu estava errado. Mais tarde, soubemos que de fato o hotel fora atingido por um projétil disparado por um dos tanques na ponte Jumhuriya. Os americanos acharam que estivessem sendo atacados por um franco-atirador localizado no Palestine, e disseram que não tinham a menor idéia de que havia jornalistas no hotel. Ninguém no Palestine acreditou que isso fosse verdade.)

Com vários outros repórteres, dirigi-me ao hospital Al-Kindi, onde, diziam, havia muitos civis feridos nos combates daquele dia. Também era o lugar para onde fora levado José Couso para tratamento de emergência. Quando chegamos, encontramos um fotógrafo espanhol em estado de choque parado do lado de fora. Disse que Couso estava na mesa de operação. Perdera um grande pedaço da perna, mas achava que o fêmur ainda estava intacto e podia ser salvo. Eles haviam passado a noite anterior bebendo e fumando, disse-nos o fotógrafo. Repetiu isso várias vezes, de uma maneira aturdida. Nós entramos.

Topamos com o Dr. Osama Saleh, o médico que me levara alguns dias antes para ver Ali, o menino mutilado. Ele me reconheceu e apertou-me a mão. Estava muito angustiado. Disse que aquele fora o pior dia que já tivera como médico. No mínimo uns cem feridos haviam sido trazidos e internados desde a manhã. Três crianças morreram em suas mãos. Uma delas, desabafou, tinha só 3 anos. Perguntou-nos, num tom de fúria controlada, calma:

— Vocês acham que isso se justifica? Acham? — Continuou dizendo que nada, nenhum motivo, justificava uma guerra que matava crianças. — A criança que morreu poderia ter sido meu próprio filho — disse. Contou-nos que tinha trazido sua família para morar com ele no hospital. Seus olhos se encheram de lágrimas, mas ele se controlou. Perguntei-lhe sobre Ali. Ele disse que não sabia onde ele estava, que outros médicos tratavam dele agora. Parecia sobrecarregado. Nós nos despedimos e nos dirigimos para o necrotério.

O necrotério era uma casa pequena, com portas de aço duplas, situada na área coberta de detritos nos fundos do hospital. O atalho de concreto que levava a ele estava salpicado de sangue. Aqui e ali, eu vi agulhas hipodérmicas descartadas. Diante do necrotério, encontramos um assistente com roupas imundas. Via-se uma grande mancha de sangue no chão perto dele, junto com um tufo espesso de cabelo humano preto e duas macas de metal sobre rodas ensangüentadas. O assistente falava com dois homens que reconheci como repórteres da Al Jazeera. Tinham vindo identificar o corpo de Tareq Ayoub, amigo seu, que fora morto naquela manhã. Ayoub era um repórter jordaniano que chegara a Bagdá apenas dois dias antes, e fizera a mim, a John Burns e Paul McGeough o favor de trazer em mãos algum dinheiro em espécie de que precisávamos desesperadamente. Seu corpo jazia no necrotério com cerca de outros vinte cadáveres ensangüentados numa pilha desordenada, todos amontoados sem cuidado, de modo muito semelhante a vísceras de animais descartadas. Um dos repórteres começou a nos explicar que antes da guerra a Al Jazeera fornecera ao Comando Central Americano a localização exata de seus escritórios em Bagdá, e recebera a garantia do Pentágono de que eles não seriam alvejados. A rede tomara essa precaução, explicou, porque durante a guerra no Afeganistão os americanos haviam bombardeado o escritório da Al Jazeera em Cabul. Ele começou a falar sobre seu amigo, Tareq Ayoub, mas caiu em prantos e se afastou.

No pronto-socorro, cerca de duas dezenas de médicos e enfermeiras tratavam de oito ou mais emergências simultâneas, em cubículos contíguos azulejados de branco com cortinas verdes. Era um pandemônio. De um dos cubículos vinham os gemidos angustiados de uma mulher e o ruído de punhos batendo numa parede. As enfermeiras se movimentavam em volta chorando abertamente, e as expressões dos médicos pareciam tomadas de dor. Um homem foi trazido para fora em uma maca de rodas e deixado no corredor ao meu lado. Fora queimado da cabeça aos dedos do pé, a pele uma massa preta e vermelha de carne carbonizada. Tinha o rosto coberto com bandagens. Imaginei que estivesse morto, mas então percebi que ainda respirava, pois o peito nu subia e descia. Um homem com o rosto muito inchado e ensangüentado foi trazido para fora numa cadeira de rodas. Num dos cubículos, uma mulher, despida da cintura para baixo e coberta de sangue, era limpa com uma esponja por uma enfermeira. Por mais que a enfermeira limpasse, não parecia capaz de estancar o sangue. O corpo da mulher ficou com uma cor alaranjada. Um soluço dilacerante irrompeu. Vi duas crianças, irmão e irmã, sendo cobertos por assistentes numa maca onde jaziam juntos. Antes de o pano cobri-la, vi que a menina estava coberta de sangue. O irmão parecia adormecido. Mas estavam os dois mortos. Parada ao lado dos filhos, a mãe estava fora de si, tomada de dor. Era a mulher que eu ouvira gemendo e golpeando as paredes. Então quase todos os espectadores em volta da mãe, incluindo os médicos e as enfermeiras, caíram em prantos. Comovido, fui para fora e sentei-me. Chorei. Afastado alguns metros de mim, o pai das crianças soluçava desconsoladamente curvado sobre os braços.

Dois soldados, que pareciam recém-chegados do combate, encaminharam-se às pressas até a entrada, indagando sobre um amigo. Os médicos lhes disseram que poderiam entrar, mas só se deixassem suas armas. Engrinaldados com foguetes antitanque, ambos carregavam fuzis automáticos. Discutiram, mas acabaram concordando em deixá-los do lado de fora. Uns dez minutos depois reapareceram, com a aparência transtornada e revoltada, e pegaram as armas.

No carro de volta ao hotel, notei que as ruas pareciam extraordinariamente vazias de pessoas, e quase não se viam soldados a postos nos bivaques barricados com sacos de areia ao longo do percurso. Uma família seguia devagar a pé por uma calçada, carregada de sacos e malas, afastando-se do centro da cidade. No Palestine, ouvimos a notícia de que José Couso morrera. Paul Pascuale, o outro ferido, esperava a amputação de uma das pernas num outro hospital, informaram. Pessoas diziam que os fuzileiros navais dos EUA haviam dominado a guarnição militar do Al-Rasheed e avançavam dali para o centro da cidade. Informou-se que um outro contingente estava chegando pelo norte. Os tanques que ficaram a manhã toda na ponte Jumhuriya e bombardearam o Palestine haviam desaparecido.

Soprava uma brisa fresca agora, e eu me sentei na sacada do meu quarto de hotel olhando os grandes pássaros pretos de pescoço comprido que voavam em círculos. Andorinhas-do-mar brancas adejavam em volta dos juncos no Tigre. Um falcão solitário, ou talvez uma águia, passou ao sabor do vento bem alto acima de mim. Ao se aproximarem do crepúsculo, dois jatos F-18 chegaram sobrevoando e repetidas vezes pairaram, mergulharam e dispararam seus projéteis sobre o Conselho de Juventude e Esporte, algumas vezes individualmente e outras juntos. Avistei um deles chegar rasgando o céu num mergulho a pique. Um foguete estourou rompendo sua cápsula, brilhou intensamente no ar, atingiu em cheio o edifício e explodiu. O jato arremeteu a toda, lançou-se mais uma vez para cima e afastou-se após haver acertado seu alvo. Numa das passadas do jato, ouviu-se um farfalhar súbito das árvores na margem do rio, uns 300 metros mais a leste, descendo a Abu Nawas. Era um míssil balístico orientado pelo calor, que pairou acima num rastro de vapor branco, perseguindo o jato americano mais próximo. Após alguns segundos, desapareceu nas nuvens. Errara. O F-18 saiu das nuvens e afastou-se incólume. As idas e vindas do F-18 duraram cerca de quarenta minutos, até o jato desaparecer voando. A noite caiu, e no gramado da frente do Hotel Palestine realizou-se uma vigília com velas pelos jornalistas mortos naquele dia.

Na manhã de quarta-feira, saí para ver o que estava acontecendo. Tudo parecia meio silencioso demais. Ao amanhecer, houvera uma breve barragem de fogo de tanque feita pelos soldados americanos estacionados do outro lado do Tigre, dentro do complexo do Palácio Republicano. Eles dirigiram os disparos contra uma área frondosa da margem do rio a uns 300 metros da Abu Nawas, do outro lado do Sheraton. No mesmo lugar onde eu vira o míssil de defesa antiaérea errar o disparo no caça-bombardeiro, na tarde anterior.

No Palestine não havia uma autoridade visível sequer, apenas alguns acompanhantes de nível subalterno, e eles pareciam perdidos. Sungsu Cho, um jovem fotógrafo coreano que começara a trabalhar comigo, me disse que ouvira dizer que o saque se tornara generalizado na Cidade de Saddam, um bairro xiita miserável a nordeste de Bagdá. A Cidade de Saddam tinha reputação de ser um foco de descontentes xiitas. Uma insurreição ocorrida ali em 2000 fora sufocada brutalmente pelos guardas republicanos de Saddam; sempre fora um lugar difícil de visitar como jornalista estrangeiro. Com o motorista porra-louca de Sungsu, que era da Cidade de Saddam e tinha um BMW, partimos a toda pela cidade. Não se viam soldados nem polícia em lugar nenhum. Uma caminhonete branca passou por nós. Na carroceria havia mais ou menos uma dezena de jovens que pareciam soldados, mas usavam roupas civis. Embora na parte de trás houvesse um suporte de encaixe de metralhadora, a arma se fora. Pareciam estar fugindo. Passamos por um caminhão que puxava um Mercedes branco sedã sem os pneus, fazendo um terrível estardalhaço quando as rodas descobertas raspavam no concreto. Carros passavam aleatoriamente nos dois sentidos em cada lado da rodovia dividida, e todo mundo parecia estar especialmente com pressa.

Passamos pelo Ministério do Petróleo e em seguida, um pouco mais adiante, pelo do Transporte. Pouco antes do balão rodoviário onde se entra na Cidade de Saddam ficava o Ministério do Comércio. O quadro com o cartaz afixado de Saddam na entrada fora quebrado, e um grupo de rapazes e homens afluía do prédio para a avenida principal, empurrando móveis de escritório com rodinhas carregados de aparelhos de ar-condicionado e ventiladores de teto. Vários seguiam ao lado, devagar, com cavalos puro-sangue amarrados aos carros com cordas, trotando atrás. Um menino os acompanhava a meio galope pelo acostamento num magnífico puro-sangue preto.

No balão de tráfego, caminhonetes eram carregadas com todo tipo de artigos por homens frenéticos e algumas mulheres. Quando nos desviamos para a Cidade de Saddam, uma bomba explodiu num armazém cerca de 200 metros à nossa frente. Passamos pelo que parecia uma delegacia de polícia onde fora ateado um incêndio. Pessoas saqueavam também esse prédio. Paramos logo atrás de um grupo de homens que enchia um caminhão de coisas. Sungsu saltou do carro e aproximou-se a pé. Ao fazê-lo, vários homens foram correndo ao seu encontro. De *dishdasha* cinzenta e com uma expressão hostil, um barbudo aproximou-se e gritou alguma coisa em árabe. Khifa, um tradutor que fora conosco, disse que se não tirássemos já Sungsu dali ele o mataria. Khifa chamou com insistência Sungsu, que voltou relutante para o carro. Nesse momento, um jovem iraquiano, na calçada do outro lado, atravessou correndo a rua para dizer, polidamente, que o comportamento que observávamos não era representativo dos iraquianos, nem das pessoas da Cidade de Saddam. Nós agradecemos, demos uma rápida meia-volta e saímos logo dali.

Ao voltarmos, vi que os andares superiores do Ministério do Transporte estavam em chamas. Saía fumaça da sede do Comitê Olímpico iraquiano, e também de um prédio moderno de escritórios, de uns dez andares, um pouco recuado da estrada principal. Seu diretor fora Udai Hussein, e dizia-se que pessoas eram torturadas e mortas com regularidade no edifício. Udai tinha um grande estábulo, e quando vi mais cavalos presos a cordas sendo retirados dos terrenos murados percebi que eram provavelmente dele.

Depois de voltar ao hotel, recuperei meu colete à prova de fogo antiaéreo e, com John Burns, Tyler Hicks e Paul McGeough, preparei-me para fazer uma segunda corrida à Cidade de Saddam em dois carros. (Sabah se recusara a ir, dizendo que era perigoso demais.) Antes de sairmos, notei um grande grupo de jovens iraquianos em roupas civis sentados na entrada do Palestine. Eram, como eu soube mais tarde, soldados desertores, que evidentemente tinham ido até ali em busca de refúgio e pedido dinheiro a algumas pessoas antes de desaparecerem mais uma vez sem ser notados. Bem em frente ao Sheraton, um grande grupo de *jihadis*, voluntários árabes de outros países que tinham vindo lutar por Saddam Hussein, seguia a pé pela rua, afastando-se do prédio. Agora pareciam também decididos a fugir. Nenhum levava armas, nem nos olhou quando passamos. Contei uns sessenta deles.

Durante os cerca de quarenta minutos em que eu me ausentara, o saque se multiplicara. Numerosas turbas saqueavam agora os armazéns do Ministério do Comércio. As chamas nos andares superiores do Ministério do Transporte se propagaram, e o prédio do Comitê Olímpico era rapidamente consumido por um furioso incêndio. Vimos pessoas nos telhados de outros edifícios retirando freneticamente aparelhos de ar-condicionado soltos. Ao longo da estrada, mais cavalos roubados e mais homens e meninos empurrando cadeiras de rodinhas cheias de equipamentos de escritório. Outras pessoas haviam empilhado móveis e os descarregavam em caminhonetes. Caminhões passavam por nós rebocando carros roubados atrás. Ao alcançarmos a passagem da ponte que demarcava a fronteira entre Bagdá e a Cidade de Saddam, notamos que um grupo de fuzileiros navais dos EUA já havia chegado.

Ainda estavam estacionando quando nos aproximamos deles, um grupo de quatro ou cinco gigantescos Veículos Blindados Leves verdes de transporte de pessoal, cheios de mochilas, caixas de refeições prontas para comer e armamento variado. Delas surgiram uns 25 jovens americanos de porte atlético, com capacetes e coletes à prova de fogo antiaéreo, e armados. Tinham os rostos cobertos de poeira. Seu comandante lia um mapa e dizia-lhes onde deveriam se posicionar. Dois grupos logo ocuparam os bivaques barricados com sacos de areia abandonados pelos iraquianos em cada lado do cruzamento, enquanto outros chegavam de um lado e de outro para receber ordens.

Nós os cumprimentamos com um "olá" e explicamos quem éramos, e todos eles retribuíram o cumprimento, mas mantendo os olhos no tráfego caótico composto quase inteiramente de saqueadores, que avançavam pela estrada para a Cidade de Saddam. Os fuzileiros navais começaram a tentar bloquear o tráfego. Dois deles saíram com as armas para a estrada. Quando os motoristas viam quem eram, começavam a buzinar, fazendo sinais com os polegares erguidos, e gritavam "Bush Bom", sorrindo e acenando. Outros pareciam inseguros. Quando não paravam os carros a tempo, os fuzileiros se punham em posição, prontos para atirar, e apontavam os fuzis diretamente para eles. Um carro que puxava outro atrás com uma corda colheu um dos fuzileiros na corda, arrastou-o e quase o derrubou antes de conseguir parar. O motorista se desculpou profusamente, e com linguagem de sinais, tentava dizer que sentia muito, muito mesmo. O fuzileiro naval se desvencilhou da corda e acenou com a cabeça. Um carro que vinha no outro sentido parou, e um homem lá dentro gritou repetidas vezes: "Bem-vindo, meu amigo!", e sapecou beijos de alegria nas faces de Paul e de John. Parecia não lhes importar quem éramos, ou então eles não sabiam diferençar soldados de repórteres. Um jovem iraquiano aproximou-se de mim, mostrou-me uma espécie de medalha militar e disse, em inglês: "Saddam animal", e se afastou. Grupos de jovens iraquianos passavam por nós, sorriam, erguiam os polegares em sinal de satisfação, diziam "Abaixo Bush", ou "América boa", antes de seguirem em frente. Não ficou claro para mim se sabiam o significado do que diziam ou se achavam que isso fosse um ritual que devessem representar.

Os fuzileiros estavam tendo dificuldade em manter as coisas sob controle, e começavam a ficar nervosos. "Porra, venham já pra cá!", gritou um deles para vários outros parados do outro lado da estrada. Queria que o ajudassem a parar o tráfego. Quando um carro continuou em frente depois de ter recebido sinal para parar, um dos fuzileiros navais pôs a arma em posição de disparo e berrou: "Pare a porra do seu carro já!" O carro parou.

Enquanto os fuzileiros redirecionavam o tráfego, afastando-o da entrada para a Cidade de Saddam, instalava-se uma atmosfera meio carnavalesca. Pessoas gritavam e agitavam bandeiras brancas. Um homem curvou-se para fora da janela do carro e rasgou ostensivamente duas notas de 250 dinares gravadas com o retrato de Saddam, e jogou-as no chão aos pés de um dos fuzileiros navais. O fuzileiro pareceu perplexo. Expliquei o que era, e ele exclamou:

— Ah, droga. Gostaria que não a tivesse rasgado. Eu precisava levar uma dessas como suvenir para um amigo meu. — Eu lhe disse que não se preocupasse: havia muitas notas de dinar por toda parte. — Que bom — disse ele, e retomou o direcionamento do tráfego. Um homem passou ao longo do tráfego empurrando um sofá sobre rodízios e acenando satisfeito. Um garoto conduzindo uma empilhadeira, que parecia fora de controle, girou em círculos perto dos fuzileiros navais, fazendo-os saltar para trás; o garoto sorriu extasiado, fazendo ao mesmo tempo expressões faciais para mostrar que não pretendia agredi-los. Passou um caminhão puxando um carro de polícia roubado, a janela de trás despedaçada. Um homem empurrando uma cadeira de executivo com aparelhos de ar-condicionado empilhados parou e gritou: "Senhor bom bom!" antes de afastar-se estrada abaixo com todos os demais saqueadores satisfeitos. Ao fundo, chamas despejavam-se do Ministério do Transporte, e o incêndio já engolira todo o andar superior.

Deixamos os fuzileiros navais e retornamos de carro a um distrito do governo que estava sendo saqueado. Do lado de fora do Comitê Olímpico, que se transformara num inferno, um homem que disse chamar-se Abu Montazar parou para dizer:

— Estou muito feliz por Saddam ter sido liquidado. Nos livramos de Saddam com a ajuda de vocês, mas por que destruirmos nosso país? — Fez um gesto abrangendo o edifício em chamas, o caos em toda a volta.

— Os americanos podem ficar aqui por algum tempo para ajudar os iraquianos a reconstruir a paz, mas depois disso devem partir. A paz no Oriente Médio não deve ser conseguida às custas do povo iraquiano. Os americanos deveriam nos ver como seres humanos, não apenas como petróleo.

Uma grande atividade ocorria nas ruas diante dos armazéns do Ministério do Comércio. Ao nos aproximarmos, uma rajada de disparos de armas fez alguns saqueadores arrancarem a toda em suas caminhonetes carregadas. Alguém deixara para trás várias caixas de tênis da marca chinesa Very, e logo outros homens vieram correndo experimentá-los. Contudo, na maioria das caixas só restara um pé. Alguns homens e meninos surgiram chutando bolas de futebol, ainda envoltas em plástico, para parentes à espera num veículo. Uma procissão de fuzileiros navais americanos, de outro grupo, passou em enormes jamantas de transporte de tropas, que pareciam feras, e em tanques. Haviam pintado nomes para suas máquinas com tinta em *spray* nos canos das armas, entre eles "Assassino", "Carnificina", "Aço Frio", "Trem Louco", "Rebelde", e um dizia: "Tem Petróleo?"

Perguntei a Khifa, o tradutor, como se sentia em relação a tudo que víamos.

— Estou muito, muito feliz — respondeu ele. — Mas não sei por quê, também sinto vontade de chorar. Tudo bem que Saddam Hussein se foi, mas receio que os americanos tenham de pôr um outro Saddam Hussein no poder para manter o controle aqui. Foi exatamente o que aconteceu em 1991, e por isso Saddam se tornou tão necessário depois. Você sabe por quê? Porque ele representava a polícia. Agora, olhe em volta, não há ninguém, nenhuma autoridade, nenhuma polícia. E este é o resultado. — Khifa parecia aflito. Momentos depois, acrescentou, mais calmo: — Só vou ter certeza de que as coisas mudaram quando vir a cabeça de Saddam Hussein.

Voltamos ao bloqueio de estrada dos fuzileiros navais na periferia da Cidade de Saddam. Eles pareciam haver conseguido afinal manter as coisas sob controle. Tinham agora estacionado seus veículos blindados nas duas pistas da rodovia, por isso saltamos e fomos a pé para evitar problemas. Tornamos a nos identificar e dissemos que desejávamos que eles nos deixassem transpor seu bloqueio em nossos carros. Eles concordaram, e pedimos a nossos motoristas que avançassem devagar. Quando o fizeram, os motoristas acenaram e sorriram excessivamente para os fuzileiros.

Conversei com dois jovens cabos simpáticos. Eles disseram que eram da Primeira Divisão de Fuzileiros Navais de Camp Pendleton, na Califórnia. Cada um, observei, tinha caneta e escova de dentes enfiadas no bolso do uniforme. Um deles, Jim Higareda, era um méxico-americano de Redlands, Califórnia, de pele cor de azeitona e grandes óculos. Disse que tinha 23 anos. Seu amigo, Pete Regan, era um jovem magro, louro, de olhos azuis e rosto sardento. Tinha 22 anos e era do Brooklyn. Disse que o pai era bombeiro da Equipe de Salvamento Três, do Bronx, e morrera em 11 de setembro. Disse isso de forma trivial, da mesma maneira que me dissera seu nome e idade.

Pete Regan reconheceu não ter muita noção de onde estava. Tentei dar-lhe uma idéia resumida, mas ele encolheu os ombros, dizendo:

— Chegamos pelo leste, atravessamos uma merda militar abandonada, e simplesmente nos largaram aqui. — Perguntei-lhe o que queria dizer com "nos largaram aqui". Ele apontou com a cabeça para os vários Veículos Blindados Leves de transporte de pessoal ali perto, e explicou que cada um levava uns 21 fuzileiros navais, que se sentavam ali e nunca sabiam aonde estavam indo, só os comandantes e os pilotos sabiam; e fora assim nessa manhã. Em um minuto estavam na entrada de Bagdá, à noite, e então a rampa da carreta se abriu e agora ali estavam eles, naquele cruzamento na periferia da Cidade de Saddam. Vinham-se deslocando daquela maneira desde o Kuwait durante as últimas três semanas. Perguntei-lhe o que haviam achado do Iraque até então. Pete Regan sorriu e disse:

— É um monte de lixo, um pé no saco. — Jim Higareda disse a Pete:

— Bem, teve aquele lugar que atravessamos ontem à tarde, como se chamava? — Pete deu de ombros, sem expressão. Jim Higareda continuou: — Era muito legal. — Virou-se para mim e explicou: — Me lembrou algumas partes bem no interior do México.

Os dois não viam a hora de voltar para casa. Nenhum deles conseguira falar com as famílias desde fevereiro, viviam em grande movimento e atividade. Jim Higareda disse que estava louco para ir às montanhas, "e não fazer nada, por uns dois dias". Sorriu diante dessa idéia. Tinha os dentes muito brancos.

Uns 100 metros mais adiante, no balão do tráfego, alguns dos camaradas de Jim Higareda e Pete Regan tentavam conter uma multidão crescente de iraquianos entusiásticos. Cem ou mais iraquianos, na maioria adolescentes e rapazes, se juntavam e avançavam em direção ao bloqueio, todos gesticulando, dando vivas e tagarelando com os jovens fuzileiros navais. Estes, embora parecessem tolerar a coisa de bom humor, estavam tendo problemas para controlar a multidão. Em meio a isso, um dos fuzileiros, com um pedaço de papel nas mãos com palavras árabes, tentava estudá-las para apresentar uma frase inteligível. Não se saía muito bem na missão, pois um grupo de jovens iraquianos amistosos continuava dando-lhe empurrões e fazendo perguntas em árabe. Ele tentou explicar o que era o papel em suas mãos. Repetiu-lhes a "tradução", em voz alta, em inglês, várias vezes. Todos pareciam muito curiosos e achando graça da situação, e quando saí ainda continuavam aguardando ansiosamente para ouvir o que ele tinha para lhes dizer.

Mais adiante na estrada continuava o butim, e a maioria dos principais prédios agora estava em chamas. Mas no Ministério do Petróleo um esquadrão dos fuzileiros navais postara-se em posição de combate de um lado e do outro da entrada, e o saque parecia ter quase parado. Alguns meninos iraquianos excitados e nervosos ainda perambulavam em volta, tentando travar conversa com os fuzileiros. Um dos iraquianos enfiou um pneu de borracha no braço estendido da estátua de Saddam Hussein que ficava diante do ministério, como se fosse incendiá-lo. Um potro arrastando uma corda despontou feito um raio ali perto, perseguido por homens, e afastou-se dando pinotes da estrada, onde quase foi atropelado por um carro. Assustado, prosseguiu a meio galope para a pista seguinte, onde mais carros se desviaram para evitá-lo, e mais homens se juntaram à perseguição. E assim o cavalo continuou, ziguezagueando por toda a extensão da rodovia, escapando por pouco de carros e caminhões e dos homens que o perseguiam. Da última vez que o avistei, continuava livre e trotando à beira da estrada. Parecia ter deixado seus perseguidores para trás.

Um homem obeso num terno espalhafatoso surgiu ao meu lado. Falava um inglês meio afetado e parecia um comerciante iraquiano em boa situação, mas disse que era farmacêutico. E que seu nome era Muhammad Samarrai.

— Por favor — exortou. — Todas as pessoas educadas não estão satisfeitas com a seqüência de acontecimentos neste país. — Perguntei-lhe o que estava querendo me dizer. — Roubo — disse ele, gesticulando em volta de nós. — Isto é coisa de gente sem instrução. — Tinha um olhar de repreensão no rosto de que não gostei. Eu lhe disse que não era soldado, mas jornalista. Ele não pareceu convencido, e continuou repetindo o que dissera. Quando eu saí, agradecendo-lhe suas opiniões, Samarrai me chamou: — Só queremos que as pessoas vivam sob qualquer sistema. Qualquer sistema é melhor do que isto. — Pareceu-me que Samarrai era provavelmente um legalista do *ancien régime*, e estava revoltado com os americanos. Por causa deles, compreendi o que ele estava querendo dizer: Saddam não estava mais ali para manter as pessoas em seu lugar.

Dirigimo-nos de volta ao centro da cidade e ao longo da rua Abu Nawas. Nossa equipe original fora para lados diferentes, e eu agora viajava apenas com John Burns. Sabah concordou em nos conduzir; sentia-se culpado por não ter ido comigo à Cidade de Saddam. As janelas do Hotel Al-Safeer haviam sido arrancadas pela explosão, mas fiquei grato por ver que o prédio não fora atingido pelos tanques na batalha do dia anterior. Perto da barbearia de Karim, vários homens tentavam empurrar um Toyota Land Cruiser branco do governo para dentro de uma garagem, para escondê-lo. Parecia que o bairro inteiro se reunira para vê-los. O saque se espalhara para o centro da cidade. Na rua de Sadoun, via-se vidro quebrado por toda parte. Alguns meninos transportavam tapetes persas enrolados num carrinho de mão. Aproximamo-nos da ponte Jumhuriya, sem saber se poderíamos atravessá-la, mas ela fora obstruída por uma barricada de detritos e parecia perigoso tentar. No balão de tráfego seguinte, perto da entrada para a ponte Sinak, alguns adolescentes e homens jovens armados, parecendo nervosos, acocoravam-se atrás de sacos nos dois lados da estrada. Claramente, os americanos ainda não haviam chegado ali. Seguimos em frente, passando por um distrito pobre onde as lojas eram saqueadas, e inúmeros rapazes de aparência violenta circulavam com olhar predatório. Sabah começou a protestar sobre o perigo de prosseguir; duas horas antes, disse, naquele mesmo lugar, uma turba parara o carro de alguns outros repórteres, espancara-os e roubara seu equipamento, o carro e todo o seu dinheiro.

Viramos à esquerda na rua que levava à ponte seguinte, mais ou menos um quilômetro adiante. Era uma das ruas ladeadas de colunas do centro antigo da cidade. Estava deserta. Chegamos com o carro até a metade da ponte, onde nossa rota foi obstruída por entulho e detritos. Um homem mancando muito veio até nós e disse-nos que ali era perigoso. Os americanos tinham disparado e matado alguém que tentara atravessar a ponte. Conduziu-nos até o cadáver. Ensangüentado, sob um saco de aniagem, zumbindo com moscas, o cadáver de um homem jovem jazia ao sol na esquina da rua. Tiros começaram a pipocar aqui e ali das ruas adjacentes. Voltamos para nossos carros e rodamos mais um quilômetro, até a quarta ponte que transpõe o Tigre, em busca de alguma maneira segura de cruzar para o lado ocidental. A caminho, desviamo-nos no meio da rua de uma velha enrugada de *abaya* preto carregando um cabide de chapéus revestido de cromo, obviamente saqueado.

No balão de tráfego que conduzia à ponte seguinte, havia uma dezena de homens usando roupas civis, alguns com *keffiyahs* na cabeça. Portavam armas automáticas e alguns tinham mísseis antitanque nas mãos. Não nos pararam. Vimos carros passando pela ponte, e os seguimos. Do outro lado, vimo-nos na avenida que levava ao Ministério da Justiça. Uns 250 metros além do ministério, avistamos as grandes formas cáqui pesadas e desajeitadas dos tanques Abrams. Pareciam ter parado, mas os canhões apontavam para nós. Um homem correu na rua e acenou para recuarmos. Ligamos rápido os carros para que os tanques não atirassem em nós, e tornamos a seguir pela rua principal que sai da ponte, fora da visão dos tanques. Fomos quase imediatamente cercados por uma dúzia de homens ou mais, dos quais um nos disse que, com Saddam ou sem Saddam, iriam combater os americanos. Os outros homens gritaram seu assentimento, e alguns entoaram momentaneamente: "Abaixo Bush."

Dois homens que usavam *keffiyahs* como balaclavas lançaram-se furtivamente pelo nosso lado da rua com dispositivos lança-granadas. Olharam em nossa direção e gritaram alguma coisa para os homens à nossa volta, antes de desapareceram numa rua lateral na direção dos tanques americanos. Claramente iriam tentar emboscá-los. Sabah e Khifa exortaram-nos a entrar logo em nossos carros e partir. Os homens ao redor também nos enxotaram, gesticulando com as mãos. Manobramos mais uma vez o carro e partimos a toda para a ponte, e a atravessamos desabalados de volta. Khifa disse que os homens eram *fedaim*, e haviam gritado "Limpem a área", e que aquele outro lhe sussurrara, em tom alarmante: "Tire-os já daqui."

No trajeto de volta ao hotel, passamos pelo primeiro grupo de atiradores que havíamos visto antes, perto da ponte Sinak. Um deles nos viu e gritou, irado, em inglês: "Saiam! Saiam! Saiam!" Sabah disse que aqueles atiradores não eram iraquianos, mas *jihadis* árabes de outros países. Dois carros eram empurrados lentamente pela rua Sadoun por saqueadores que não tinham as chaves para ligá-los. A dois quarteirões dos hotéis Palestine e Sheraton, vimos que os dois lados da avenida à nossa frente estavam bloqueados por veículos blindados. Os fuzileiros navais americanos haviam chegado ao centro da cidade.

Dizendo a Sabah que nos seguisse bem devagar, John e eu saltamos do carro e nos encaminhamos em direção aos fuzileiros navais. Ao nos ver, um iraquiano parado à beira da estrada com um bando de outros homens e mulheres e crianças chamou-nos para perguntar se éramos americanos. Quando respondemos que sim, que John era inglês e eu americano, todo o grupo começou a nos saudar e nos aplaudir, batendo as mãos como se estivessem numa apresentação teatral. "América boa", o homem gritou várias vezes.

O nome escrito no cano do primeiro tanque que alcançamos era Kitten Rescue (salvamento de gatinho). Os fuzileiros navais haviam cercado a praça Fardous e os hotéis Palestine e Sheraton com suas máquinas de guerra, e a atmosfera em torno deles era festiva e ansiosa. Uma multidão de homens jovens e meninos iraquianos animados havia se reunido. Todos olhavam a estátua de Saddam Hussein acima, em seu pedestal. Dois garotos iraquianos treparam ali e tentaram empurrar a estátua para derrubá-la. Depois de alguns minutos desse esforço inútil, alguns fuzileiros dirigiram um veículo blindado com um guincho pelos degraus da praça acima, quebrando-os sob suas esteiras de metal. Enquanto o guincho era levantado, um fuzileiro naval surgiu do veículo de transporte de pessoal, trepou no guincho e sacou uma bandeira americana, com a clara intenção de pendurá-la na estátua. Retirou a bandeira minutos depois, porém, como se alguém lhe houvesse dito que não era uma coisa diplomática a se fazer. Logo apareceu uma bandeira iraquiana, que foi pendurada na ponta do guincho. Um dos jovens iraquianos no pedestal ajudou a pôr o cabo do guincho próximo ao corpo de Saddam e, após grandes ruídos de descarga do motor, em movimentos para a frente e para trás, o veículo puxou-o até derrubá-lo para a frente, de cara para baixo. A estátua pairou suspensa no ar por alguns minutos, até que os fuzileiros lhe deram um outro bom empurrão e ela se desprendeu toda, menos os pés de bronze de Saddam, que permaneceram no pedestal. A multidão de homens e meninos iraquianos correu para a frente, a gritar excitada, pulou sobre a estátua de Saddam e começou a golpeá-la com os sapatos.

Mais ou menos uma hora depois, eu estava no saguão do Sheraton esperando o elevador, que tinha misteriosamente recomeçado a funcionar. Dois árabes de meia-idade, talvez iraquianos, o aguardavam comigo. Examinaram-me com atenção. Um deles, com a aparência de um comerciante de classe média, estava muito ocupado em encher a boca de arroz que comia de um prato de papel com um garfo plástico. Quando terminou, jogou o prato e o garfo no chão. Parecia um comportamento incomum, mas de certa forma condizente com o dia. Depois que terminou de mastigar, o homem me olhou e disse, em inglês perfeito:

— Bem, os iraquianos resistiram bastante, não? — Como o tom de voz era incisivo, eu apenas assenti sem ser receptivo. O elevador se abriu e nós três entramos, e subimos calados direto para o décimo andar, onde eles saíram. Já do lado de fora, deram meia-volta. O segundo homem, que tinha a aparência de um funcionário público, manteve a porta do elevador aberta com as mãos. Franzindo as sobrancelhas, perguntou:

— Então, a guerra acabou, *khalaz*... terminou?

Encolhi os ombros e disse:

— Talvez, assim parece.

— É mesmo? — replicou ele. — E Saddam Hussein?

— Não sei — disse eu, neutro. — Talvez esteja morto.

— Morto? Você acha? Mesmo? — Tinha os olhos frios, o sorriso tenso e sarcástico. Soltou a porta do elevador.

DEZ

Na manhã de quinta-feira, quase todo o centro de Bagdá estava sendo saqueado. Na margem leste do rio Tigre, onde os fuzileiros navais haviam chegado no dia anterior, o saque se transformara numa atividade generalizada. Apenas o lado ocidental da cidade continuava livre de saqueadores, porque as pontes estavam bloqueadas por tanques Abrams da Terceira Divisão de Infantaria do Exército dos EUA. A dois quarteirões do Palestine, topei com bandos de pessoas invadindo lojas e levando a mercadoria em carrinhos. Edifícios vinham sendo incendiados. Era o caos.

Com a esperança de encontrar Ala Bashir, que eu não via fazia uma semana, parti para seu hospital, o Al-Wasati. A rua que levava ao hospital era ladeada por diversas outras instalações médicas, que estavam sendo descaradamente despojadas. Caminhões eram carregados com todo tipo de equipamento, e as pessoas, frenéticas, empurravam ou puxavam artigos para fora. Via-se lixo por toda parte. Eu ouvia disparos ocasionais de armas, e via alguma fumaça subindo de dois edifícios. Não avistei nenhum fuzileiro naval americano em qualquer lugar.

No saguão do hospital de Bashir havia muitas pessoas feridas deitadas em catres encostados na parede do outro lado, com parentes cuidando delas. Dois homens mortos, cobertos com mantas, jaziam em catres no chão perto da entrada principal, e três outros gravemente feridos estendiam-se ao lado deles. Um dos feridos era o motorista de uma ambulância da maternidade Crescente Vermelho; fora atingido por disparos de um fuzileiro naval num bloqueio de estrada. A ambulância avariada fora estacionada diante da porta principal do hospital. Fui recebido por Sunduz, assistente de Bashir; ela parecia cansada e ansiosa, mas sorriu de alívio ao me ver.

Perguntei por Ala Bashir. Ela sacudiu a cabeça, pesarosa, e apressou-se em me conduzir à ante-sala da sala de operações de emergência. Um minuto depois surgiu o vice de Bashir, Dr. Waleed. Parecia esgotado. Suas mãos envoltas em luvas cirúrgicas verdes brilhavam com sangue fresco. Ele as ergueu no ar. Estava trabalhando sem parar fazia 36 horas, e sem dormir, disse-me. Um fluxo constante de pessoas feridas chegava o tempo todo para tratamento, e ele estava sozinho. A maioria de sua equipe médica não aparecia para trabalhar havia dois dias. Ele não sabia por quanto tempo mais poderia continuar assim. Não sabia o que fazer. O Al-Wasati era o último hospital funcionando no centro de Bagdá, disse, aflito. Todos os outros haviam sido saqueados, e agora o seu também corria perigo de ser invadido. Várias incursões haviam sido feitas por saqueadores durante a noite, e acontecera uma outra tentativa alguns minutos antes de eu chegar. O hospital não tinha mais sentinelas; todos os guardas haviam desaparecido dois dias antes. A única proteção do Al-Wasati era um jovem estudante de medicina que oferecera seus serviços. Durante a noite, o estudante ficara de guarda e jogara pedras nos atacantes para mantê-los afastados, mas era apenas uma questão de tempo até eles voltarem com mais homens e invadirem o lugar. Waleed me pediu ajuda. Prometi retornar ao Palestine para ver se conseguia que os fuzileiros navais americanos fizessem alguma coisa.

Waleed me agradeceu, puxou-me para perto dele e sussurrou-me agoniado no ouvido. Disse que seis dias antes, na sexta-feira, 4 de abril, no dia em que o aeroporto de Bagdá caíra para os americanos, Saddam Hussein mandara chamar Ala Bashir. Waleed fizera Bashir ir num carro com seu próprio motorista particular. Nem Bashir nem o motorista haviam reaparecido. Ele temia o pior. Perguntei se achava que Bashir talvez pudesse estar com Saddam na hora do bombardeio que ocorrera em Mansour três dias antes. Ele não sabia, mas disse:

— Não acho que Saddam Hussein esteja morto. Não sei quanto a Ala. Mas estou muito preocupado com ele. — Propôs que fôssemos juntos procurá-lo. Sabia onde morava uma irmã de Bashir, no lado ocidental da cidade. Se Bashir ainda estivesse vivo, especulou Waleed, talvez estivesse lá. Faríamos a viagem na manhã seguinte, se as pontes sobre o Tigre estivessem abertas.

Antes de eu sair, Waleed me disse que tinha um paciente britânico. Pediu a Sunduz que me levasse para vê-lo; tinha de retornar à sala de cirurgia. Ela me levou a uma enfermaria com aparência suja. Acabei constatando que o paciente era Paul Pascuale, o técnico da Reuters ferido no ataque de tanque ao Palestine em 8 de abril. Estava com uma péssima aparência: tinha a cara salpicada de feridas de metralha; as feridas maiores no peito haviam sido costuradas e as pernas envoltas em espessas ataduras. Mas ele não perdera a perna, como se temera a princípio. Pascuale estava consciente, mas parecia meio desorientado. Dois de seus colegas iraquianos da Reuters haviam chegado e estavam à cabeceira da cama. Disseram-me que estavam tentando fazê-lo ser evacuado do Iraque, mas com todo o caos em que se encontrava a cidade, parecia que isso levaria dois dias. Perguntei se haviam falado com os fuzileiros navais dos EUA. Eles sacudiram a cabeça; ainda não haviam conseguido encontrar ninguém com autoridade para abordarem. Um deles levou-me a um canto para me dizer que Pascuale não sabia que seu amigo Taras estava morto; implorou-me que mantivesse o segredo. Conversei com Pascuale por vários minutos. Ele me disse que na noite anterior diversos *jihadis* palestinos feridos tinham compartilhado seu quarto. Ele passara uma noite insone, temendo que a presença dos muçulmanos provocasse um ataque americano ao hospital. De manhã, alguns homens haviam chegado para retirá-los, o que fora um alívio. Mas ele sabia que o hospital estava sem guarda e que saqueadores vinham tentando invadi-lo. Depois perguntou-me à queima-roupa sobre seu amigo Taras. Como ele estava? Menti. Disse-lhe que Taras tinha sido ferido e levado para um outro hospital. Eu mesmo ainda não o vira, continuei, mas ouvira dizer que passava bem. Pascuale balançou a cabeça, visivelmente aliviado com a notícia. Saí dizendo-lhe que voltaria logo.

Retornei às pressas ao Palestine. Um jipe do exército estacionado diante do hotel tinha a seu lado o que pareciam dois oficiais de alta patente. Sentinelas fuzileiros navais impediram que eu me aproximasse. Expliquei quem eu era e que se tratava de uma emergência. Um dos oficiais, homem enorme e musculoso com um charuto na boca, fez-me sinal para avançar. Apresentou-se como coronel Bryan McCoy. Eu não sabia disso então, mas ele comandara o ataque dos fuzileiros navais à cidade e era naquele momento o oficial de mais alto escalão em Bagdá. Expliquei-lhe a situação no Al-Wasati. Ele me escutou com toda atenção. Parecia desconhecer inteiramente os saques que vinham ocorrendo nos hospitais de Bagdá; era óbvio que nunca ouvira falar do Al-Wasati. Achando que poderia ajudar a convencê-lo a enviar tropas para proteger o hospital, eu lhe disse que havia um cidadão britânico internado lá. Expliquei-lhe que Pascuale era um dos jornalistas que haviam sido feridos quando o tanque americano bombardeara o Palestine. Ele não fez nenhum comentário sobre isso, mas assentiu. Ele e um oficial subalterno retiraram um mapa militar de Bagdá e estenderam-no no capô do jipe. Ele pediu que eu lhe mostrasse onde ficava o hospital. Tentei, mas acabei tendo dificuldade para explicar. Disse-me para esperar 15 minutos, até ele arranjar um pelotão. Eu poderia conduzi-los até lá? Eu disse que sim. Enquanto esperava, localizei um francês com quem já me encontrara antes e que trabalhava para a Première Urgence, organização que presta ajuda de emergência em hospitais, e que oferecera seus serviços durante a guerra no hospital de Bashir. Expliquei o que estava ocorrendo. Ele concordou em vir comigo. Com Sabah ao volante, o francês e eu encabeçamos um comboio de três ou quatro jipes militares e dois veículos blindados, com uns 15 ou vinte fuzileiros navais, para o hospital.

O saque se intensificara durante nossa ausência. Um caminhão e uma geladeira quase obstruíam um lado da rua, e o carro de Sabah mal conseguiu passar pelo espaço livre. O veículo atrás de nós empurrou a geladeira, afastando-a do caminho, depois esmagou-a no meio ao passar por cima. Os fuzileiros navais apontaram suas armas para os saqueadores. Quando chegamos ao Al-Wasati, os fuzileiros saltaram e se agacharam em posições de combate voltados para o hospital. Vi Sunduz, algumas enfermeiras e civis parados na entrada, parecendo absolutamente petrificados. Gritei para os fuzileiros que era o hospital que precisava de proteção, e eles deram meia-volta e assumiram posições no portão da entrada voltados para a rua. Conduzi o comandante do pelotão, um jovem tenente americano chamado Danner, até o hospital para ver o Dr. Waleed, que estava mais uma vez operando. Ele apareceu. Ficou imensamente aliviado ao nos ver, e agradeceu, efusivo, ao tenente Danner por ter vindo. Disse que houvera um tiroteio perto da entrada do hospital durante a minha ausência de quarenta minutos. Felizmente, ninguém fora morto nem ferido. Depois levei Danner para ver Pascuale. O tenente lhe disse palavras confortantes e tranqüilizou-o de que ficaria seguro. Os fuzileiros navais ocuparam o perímetro do edifício e nos prometeram permanecer ali por aquela noite. Eu disse a Waleed que retornaria no dia seguinte para ir com ele procurar Ala Bashir.

O lado ocidental de Bagdá continuava sendo uma área interditada para nós. Algumas pessoas pareciam ter conseguido atravessar, mas outras haviam sido repelidas por fogo americano. Sungsu Cho, o fotógrafo coreano, tentara transpor uma das pontes sobre o Tigre, mas fora rechaçado por disparos de soldados americanos no outro lado. Alguns civis iraquianos que haviam tentado cruzá-las em seus carros haviam sido mortos. Do meu quarto de hotel, eu via seus veículos atingidos parados diante dos tanques. Continuava havendo algum combate pesado em bolsões em torno da cidade, e ainda não estava inteiramente claro quais partes da cidade estavam nas mãos dos americanos e quais não.

Juntei-me a vários fotógrafos numa ida a Jadriyah, um bairro residencial no sul de Bagdá que tinha a virtude de ficar no mesmo lado do rio que o Palestine. Era uma área em que muitas das autoridades superiores baathistas, entre elas Tariq Aziz e a maioria de parentes de Saddam, tinham suas mansões. Procurávamos um complexo de palácios em que diziam que Udai Hussein morava. Levamos um longo tempo para chegar lá, porque várias avenidas principais estavam bloqueadas por vigilantes com armas que impediam agressivamente a passagem de carros, para deter saqueadores. Tomamos ruas laterais e atalhos para evitá-los.

Várias dezenas de fuzileiros navais haviam armado emboscadas num balão de tráfego onde uma grande estátua de bronze de Saddam fora derrubada. Contornamos a carcaça queimada de um caminhão de munição iraquiano cercado por centenas de foguetes, alguns dos quais parecendo ainda não ter explodido. Reconheci o balão como perto do Hotel Al-Hamra, e compreendi que era meu único ponto de referência para o bairro. Eu começara a me dar conta do pouco que na verdade conhecia Bagdá. Nosso conhecimento da Cidade de Saddam fora tão estritamente circunscrito antes da guerra que poucos de nós sabiam sequer os nomes de vários de seus palácios, ou as finalidades de vários de seus prédios governamentais. Durante as últimas 48 horas, eu vinha me deparando com lugares que nem sequer sabia que existiam. Numa de nossas idas ao Hospital Al-Wasati, por exemplo, Sabah e eu havíamos passado por um hotel de médio porte, o Al-Sadeer, que ficava apenas a uns cinco quarteirões do Palestine. O hotel estava em chamas, e um guarda corria em volta, a rechaçar com disparos de sua arma alguns saqueadores. Casualmente, Sabah observou que o hotel era o lugar onde a maioria dos *jihadis* árabes recrutados por Saddam morara durante as últimas semanas. Perguntei-lhe por que ele nunca me dissera isso antes. Ele deu de ombros e sorriu. Apontou para um grande prédio de apartamentos numa rua transversal à Sadoun. O prédio, disse, abrigara alguns dos guerrilheiros da organização iraniana Mujahedin-i-Khalq, que Saddam subsidiava. Ele deu uma risadinha.

Quando chegamos a poucas quadras do palácio, deixamos nosso carro na avenida principal e seguimos a pé por um bairro residencial que tinha todas as ruas entrincheiradas com barricadas e guardadas por residentes armados com aparência suspeita. Olharam-nos com cautela, mas nos cumprimentaram. Uma mulher na casa dos 40 anos, usando roupa ocidental, encaminhou-se até mim; parecendo muito irritada, disse:

— Por favor, quero lhe dizer uma coisa, por favor! — Parei. Ela gritou: — O que a América está fazendo a Bagdá? Por que veio? — Pareceu-me que tinha pouco a lhe dizer, portanto não disse nada. Afastando-se, furiosa, ela gritou: — A América é estúpida.

Chegamos aos portões de um grande complexo de palácios. Um grupo de jovens fuzileiros navais recostados em volta da entrada fez sinal para que entrássemos. Lá dentro, encontramos cinco palácios neoclássicos abobadados, feitos de pedra calcária, com vistosas entradas em colunas. Parecia haver um palácio para cada membro da família de Saddam Hussein. Dois deles haviam sido pesadamente bombardeados, tendo partes dos telhados desabado sob montes desordenados de destroços. Encontramos fuzileiros navais americanos por toda parte, remexendo nos interiores, e do lado de fora alguns deitados em canteiros de flores, ouvindo rádio, e outros passeando. Disseram-nos que haviam chegado na noite anterior. Pedaços de ornamentos com gregas e painéis de portas de madeira decorados com metal e incrustações esmaltadas espalhavam-se por toda parte. Um grande candelabro de cristal, coberto de poeira cinzenta, despedaçara-se nos detritos do saguão de um dos palácios.

Na parede da entrada de outro dos palácios, um fuzileiro naval pichara: "Texas" e "Suicídio 1/7" (Primeiro Batalhão, Sétimo Regimento). No quintal, vi uma piscina e uma reprodução em pedra da estátua da Vênus de Milo. Dois leopardos de porcelana com os dentes à mostra guardavam a entrada do palácio seguinte. Este tinha os pisos revestidos de mármore e uma enorme escadaria de mármore branco que se dividia triunfantemente na metade, dominada por um imenso retrato de família de Saddam: a mulher, as duas filhas e os dois filhos em anos anteriores, mais felizes. Pelas idades retratadas no quadro, imaginei que datasse do início da década de 1980. Todo o retrato fora criado de finíssimas lâminas de mármore de cores diferentes; mármore cor-de-rosa fora usado para os rostos e as mãos da família Hussein.

Esse palácio tinha uma clínica dentária privada e um salão de beleza em tons de malva e cor-de-rosa, com fotos de Britney Spears espalhadas pelo chão. No andar de cima havia enormes banheiros com torneiras douradas e banheiras rebaixadas, acessadas por degraus. A decoração era em estilo *chinoiserie* e reprodução de mobiliário francês antigo, exageradamente dourada. Num dos quartos, perto de uma grande janela com vista para o Tigre, ficava um sofá de dois lugares esculpido em teca com uma coleção de bonecas de menina em cima. Um outro quarto era todo cor-de-rosa e exalava perfume. Reparei que todos os palácios davam para o rio, tendo a vista obscurecida por altas cercas de metal guarnecidas de pontas. Patinetes de crianças estavam caídos no chão de algumas salas de estar. Num dos aposentos, uma serra elétrica McCullough novinha em folha repousava num sofá ao lado da cama, a caixa amarela no chão. Havia mais quatro serras iguais, ainda nas caixas, no *closet.* Uma geladeira em outro quarto estava estocada com fileiras de cremes de beleza para pele e olhos da Clarins; havia também um engradado de quiuís iraquianos e latas de bebida de ginseng coreanas. No mesmo quarto, via-se uma televisão Sony de tela enorme, um aparelho de ginástica, várias caixas de óculos Christian Dior e, no chão ao lado da cama, um livro de fotografias intitulado *A Day in the Life of Spain* (Um Dia na Vida da Espanha).

Eu mesmo acabei saqueando uma coisa. Localizando uma almofada para as costas numa cadeira no quarto, peguei-a e levei-a comigo. Eu já não fazia as hábeis sessões com o terapeuta Nabil havia uns dez dias, e a dor na minha lombar retornara.

Encaminhamo-nos para outro palácio, onde um fuzileiro naval disse aos fotógrafos para não tirarem fotos das tropas, porque eram do "Serviço (secreto)". Passamos por um oficial da marinha que defecava num engradado de leite, lendo um exemplar da *Playboy.* Acenou para nós quando passamos. Alguns jovens fuzileiros navais, conversando em volta de um jipe militar enfeitado com fotos do que parecia um anúncio de perfume com duas mulheres numa pose íntima, interpelaram-me para perguntar se eu tinha alguma notícia da guerra.

— Não temos a menor idéia do que está acontecendo — disse um deles. Contei-lhes o que sabia. Um deles parecia muito interessado, e os outros, entediados. Um jovem fuzileiro dentro do veículo perguntou-me se era verdade que Madonna e J-Lo haviam morrido juntas em algum acidente. Não que eu soubesse, falei. O fuzileiro exclamou:

— Que bom, cara, eu bem que gostaria que a Madonna estivesse aqui agora. — Riu de uma maneira libidinosa, infantil, e o mesmo fizeram seus amigos.

Ao sairmos do complexo residencial, passamos por alguns fuzileiros navais sentados no meio-fio da entrada de automóveis do palácio, comendo refeições prontas. A maioria fumava charutos. Acenaram de maneira amigável.

— São charutos cubanos? — perguntei. — Do estoque particular do homem? — Alguns dos fuzileiros deram um sorriso maroto e ergueram o polegar.

— Só o melhor para nós — disse um deles, sorrindo. Fora do palácio, na avenida que passava ao longo da fileira de mansões à margem do rio, vimos homens com aparência de malfeitores em carros cruzando com os nossos. Alguns dos carros vinham carregados de objetos saqueados. Os homens nos encaravam. Atravessamos a toda para o outro lado do tráfego e voltamos pelas pistas laterais. Os homens nas barricadas, embora de cara amarrada, deixaram-nos passar. Ouvimos fogo de artilharia aqui e ali.

No trajeto de volta ao hotel, notei que o céu estava mais uma vez azul. Os incêndios de petróleo de Saddam haviam parado de arder. Mas na linha do horizonte eu via novas nuvens de fumaça preta, encapelando-se acima dos edifícios do governo que haviam sido incendiados. Ninguém parecia estar apagando-os. Motoristas avançavam a toda na contramão das ruas, de encontro ao tráfego próximo, e ultrapassando por qualquer lado que lhes desse na telha, como se não houvesse mais leis.

Na praça Fardous, os fuzileiros navais haviam estabelecido novas e estritas medidas de segurança, estendendo barreiras de arame farpado de pontas cortantes nos acessos ao Palestine e ao Sheraton. Na rua Sadoun, eles controlavam os bloqueios de estrada parando e vasculhando todos os carros que tentavam entrar na área. Sabah tentou se esquivar disso furando a fila de carros à espera, em direção a alguns fuzileiros na rua. Sorrindo, insinuante, deu um adeusinho e chamou: "Ei, Gus!" (Gus e Jim eram nomes que Sabah passara de repente a usar alternadamente desde a véspera, proferindo-os em voz alta sempre que topava com um fuzileiro naval) e fez-lhe o sinal do polegar erguido. Os fuzileiros navais olharam-no sem expressão, então um deles ordenou-lhe bruscamente que recuasse e parasse como todos os demais. Sabah obedeceu, mas depois teve um ataque. Freou o carro, furioso, e abriu a porta com violência. Estava furioso. Chega, explodiu, não agüentava mais, iria embora para casa, era demais. Eu lhe disse para se acalmar, explicando que os fuzileiros faziam aquilo apenas por motivos de segurança, que mal haviam saído da batalha, que eram jovens, temiam homens-bombas, e assim por diante.

— Mas eles me conhecem! — gritou Sabah. — Eu acabei de passar por aqui faz apenas uma hora. — Apontou para um fuzileiro próximo — Falei com ele. — Por fim, ele cedeu e entrou na fila de carros à espera.

O orgulho de Sabah estava profundamente ferido. Durante anos, sua vida girara em torno dos mesmos rituais seguros e conhecidos. Todo dia, por vários anos, ele ganhara a vida dirigindo de sua casa ao Al-Rasheed, ao Ministério da Informação e de volta para casa. Sentia grande satisfação nos jeitinhos que encontrara para dobrar as normas a seus próprios caprichos, como os retornos proibidos na rua em frente ao Al-Rasheed, e os estacionamentos de seu carro nos espaços reservados aos clientes VIP do hotel, em troca de pequenas gorjetas para policiais iraquianos. Tudo isso terminara precipitadamente, e agora ele tinha de submeter-se às ordens dadas por rapazolas armados de 19 anos do Kentucky e do Tennessee, que não falavam a sua língua.

De volta ao Sheraton, o gerente do hotel estava na entrada, parecendo aflito. Perguntei-lhe qual era o problema. Ele respondeu:

— Vi minha bela cidade ser destruída, primeiro por Saddam Hussein, e agora por essa gente. — Apontou para os fuzileiros navais na rua. — Por que isto precisa acontecer? Quem vai reconstruí-la? Por que isto acontece sempre ao Iraque? É por causa do nosso petróleo?

Na manhã de sexta-feira, 11 de abril, o exército dos EUA retirou seus tanques das pontes sobre o Tigre. Quase imediatamente, uma inundação de veículos afluiu à outra margem do rio, e começou o saque do oeste de Bagdá.

Eu ficara acordado até o alvorecer naquela manhã. Após o sono de algumas horas, acordei ao meio-dia, mas ainda me sentindo exausto. Mandei um recado ao Dr. Waleed de que deveríamos esperar mais um dia para começar nossa caça a Ala Bashir. À tarde, decidi ir ver como Ali, o menino queimado e sem braço, estava indo no Hospital Al-Kindi. Quando Sabah e eu chegamos, encontramos os portões fechados com correntes e um grupo de iraquianos de turbantes e vestes postados na frente deles. Um enfermeiro entre eles informou-me que o hospital fora ameaçado por uma turba de saqueadores e a equipe de funcionários fugira. Os pacientes do Al-Kindi haviam sido transferidos desde então para outros hospitais. Disse-me que o menino, Ali, ainda estava vivo, e estava agora num hospital na Cidade de Saddam. Pedi a Sabah para me levar até lá. Tivemos um bate-boca. Sabah disse que era perigoso demais ir à Cidade de Saddam. Irritei-me com ele e disse-lhe que, se não quisesse me levar, eu iria procurar outro motorista que quisesse. Ele acabou calando a boca e se pôs a dirigir, mas furioso comigo.

Transpusemos um ponto de fiscalização controlado por fuzileiros navais nos arredores da Cidade de Saddam, e entramos. Quase em seguida, a rodovia se desfazia numa pista pessimamente pavimentada com grandes buracos e poças enormes de água estagnada. Passamos por centenas de pessoas dirigindo-se a pé à favela, sobrecarregadas com artigos roubados das expedições de saque à cidade. Comecei a me sentir nervoso quando vi barreiras mais adiante na rua — obstáculos em ziguezague feitos de barris de petróleo bruto, móveis e blocos de cimento. Jovens de aparência desordeira postavam-se ao lado delas com barras de ferro nas mãos. Nas ruelas entre os casebres que ladeavam a estrada, vi homens com armas. Numa das ruelas, identifiquei um motor de carro roubado; noutra um ônibus vermelho grande, de dois andares, um dos novos ônibus de passageiros da cidade que Saddam importara recentemente da China.

No primeiro bloqueio, os homens parados ali gritaram com Sabah e tentaram abrir minha porta e me puxar. Ele lhes falou com veemência. Soltaram minha porta e continuamos dirigindo devagar. Sabah olhava fixamente para a frente e não dizia nada. Respirava de uma maneira tensa, os lábios comprimidos. Transpusemos mais duas dessas barreiras e chegamos ao primeiro dos dois hospitais da Cidade de Saddam. Um grande grupo de jovens armados circulava atrás dos portões fechados, e alguns deles avançaram para nós quando nos aproximamos. Pareciam hostis, mas depois que Sabah conversou com eles, explicando por que tínhamos vindo, abriram as portas, examinando-me atentamente o tempo todo. Trancaram os portões atrás de nós. Eu saltei do carro e fui logo cercado. Vi que os homens vasculhavam o carro de Sabah. Começaram a me fazer perguntas em árabe, muito desconfiados de mim. Quem eu era? Era americano? Por que viera até ali? Sabah lhes respondeu, mas comportava-se de uma maneira estranhamente passiva, e mantinha-se afastado de mim.

Fiquei muito receoso, mas tentei esconder isso. Um rapaz com aparência de estudante religioso abordou-me e gritou para mim em inglês que a Cidade de Saddam e os hospitais estavam agora sob o controle de estudiosos religiosos islâmicos. Eu estava ciente disto?, perguntou.

Comecei a reviver uma experiência particularmente apavorante que tivera vários anos antes, em Gaza, quando uma turba de palestinos me agarrara num momento de confusão, durante um confronto com o exército israelense, no qual um jovem palestino tinha sido fuzilado e morrido de hemorragia. Seus amigos me empurraram por uma ruela abaixo até um canteiro de obras atrás de uma mesquita semiconstruída e me jogaram contra uma parede. Acusaram-me de ser israelense, judeu. Não acreditaram em mim quando eu disse que não era. Continuaram gritando: "*Yahud, yahud*" — judeu, judeu, e todos começaram a pegar pedaços de concreto e pedras. Tive certeza de que iriam me apedrejar até a morte, quando alguém na borda da multidão levantou a voz em minha defesa. Disse que me reconhecia. Aquela pessoa, estou convencido, salvou a minha vida.

O estudante religioso na Cidade de Saddam me olhou com expectativa, esperando minha resposta. Não, respondi-lhe, não sabia da ocupação islâmica do hospital. Repeti que tinha vindo ver Ali, o menino queimado. Ele me disse que o menino não estava lá, mas em outro hospital. Eu gostaria de me encontrar com o xeque que era agora o encarregado do hospital? Sim, respondi, tentando parecer interessado. Após alguns instantes, dois imãs com turbantes, vestes longas e barbas descuidadas surgiram do meio da multidão. Um deles pareceu ser a autoridade. Embora eu assentisse com a cabeça enquanto ele falava, não ouvia realmente o que dizia, a não ser para registrar o fato de que ele e os homens à nossa volta eram seguidores do clérigo xiita militante Moqtada al-Sadr. O xeque disse que, segundo a crença deles, os Estados Unidos haviam perversamente orquestrado o saque de Bagdá, que ainda estava ocorrendo, e por causa disso eles estavam assumindo o controle da segurança pública e dos serviços essenciais na Cidade de Saddam. (Dois dias depois, os homens do Sadr haviam ocupado a favela, com sua população de cerca de 2,5 milhões de pessoas, rebatizando-a como Cidade de Sadr, nome de seu falecido pai, um reverenciado imã que fora assassinado por ordens de Saddam.)

Após ter dito o que queria, o xeque voltou para dentro do hospital, e eu fui deixado com a multidão. Nesse momento, um homem atravessou a multidão e encaminhou-se em minha direção. Tinha um rosto conhecido, e não parecia ser iraquiano. Reconheci-o como um apresentador árabe da televisão Al Jazeera. Aproximou-se de mim, e em bom inglês, numa voz baixa, disse:

— O que está fazendo aqui? — Expliquei por que viera, mas disse que agora tudo o que queria era ir embora. Ele resmungou: — Eu também. — Então me perguntou, muito baixinho: — Você é americano? — Eu disse que era. Ele virou a cabeça de um lado para o outro, parecendo aflito. Explicou que fora ao bairro pobre porque soubera da ocupação dos hospitais por Sadr, mas não gostara da atmosfera. Estava tentando negociar com os vigilantes uma escolta armada para sair. Tinha um olhar ansioso no rosto. Disse-me para ficar onde eu estava. Tive de abrir caminho pela multidão até me ver ao lado do carro de Sabah, mas havia milicianos a toda minha volta, encarando-me e falando entre si. O árabe retornou um momento depois, e disse, tenso:

— Entre em seu carro e siga-nos.

Parece que os homens de Sadr haviam recusado liberar um veículo com escolta, mas concordado em mandar um de seus homens junto conosco, no carro do árabe. Sabah e eu saímos do hospital e o seguimos, tentando manter o carro o mais grudado no dele possível. Nós os vimos tendo uma discussão acirrada em voz alta na primeira barreira, onde os vigilantes pareceram relutantes em nos deixar passar, mas depois de alguns minutos eles seguiram, e nós também recebemos sinal para avançar. Depois do último bloqueio, o homem de Sadr saltou do carro do árabe. Continuamos em nossos dois carros. Algumas centenas de metros depois da saída da Cidade de Saddam, o carro do homem da Al Jazeera roncou e saiu disparado em alta velocidade. Sabah e eu dirigimos em silêncio por vários minutos. Então ele me lançou um olhar de "eu-avisei" e, quebrando o silêncio, disse:

— Sr. Jon Lee... — e pôs-se a balançar a cabeça significativamente. Desculpei-me com ele e prometi dar-lhe ouvidos dali em diante. Ele sorriu, e exalou um forte suspiro. Girou um dedo junto à têmpora e disse: — Sabah, é ele o louco? Ou louco é o Sr. Jon Lee? Quem é o louco? Não mais Cidade de Saddam. Combinado?

(Nunca mais encontrei o homem da Al Jazeera, mas vários meses depois, em setembro de 2003, eu assistia ao noticiário da noite da BBC em casa, na Inglaterra, e reconheci seu rosto na tela da televisão. O homem foi identificado como Tayssir Allouni, um espanhol nascido na Síria, e acabava de ser preso em sua casa em Granada, na Espanha, sob acusação de ser um "mensageiro" de alto nível da Al Qaeda.)

Na manhã seguinte, sábado, retornei ao Hospital Al-Wasati para buscar o Dr. Waleed. Os fuzileiros navais americanos continuavam lá, guardando o lugar. Waleed parecia muito mais relaxado do que dois dias antes. Disse-me que os fuzileiros navais lhe haviam prometido permanecer no hospital indefinidamente, até que a situação se acalmasse. Indaguei sobre Paul Pascuale. Waleed me disse que ele fora evacuado para a Grã-Bretanha na véspera.

Quando saímos do hospital, observei que alguns dos fuzileiros navais guardavam quatro iraquianos ajoelhados no chão com a cabeça voltada para a parede, as mãos apoiadas atrás, na nuca. O Dr. Waleed explicou que os homens estavam dirigindo uma ambulância roubada da maternidade Crescente Vermelho e os fuzileiros os haviam capturado. Encontramos vários outros fuzileiros navais conversando com um grupo exaltado de jovens iraquianos. Um dos médicos de Waleed traduzia o que eles diziam. Os iraquianos pediam aos fuzileiros navais que os ajudassem a procurar seus parentes. Apontavam para um prédio de aspecto bastante feio e sinistro vizinho ao Hospital Al-Wasati, que eu de fato nunca notara antes. De uns quatro andares de altura, perdera todas as janelas de cima a baixo até a base. Era um edifício da Mukhabarat, diziam, e havia uma prisão nos andares superiores. Fora evacuado e as celas já haviam sido vasculhadas, mas eles acreditavam que houvesse uma prisão subterrânea secreta no subsolo do prédio. Vizinhos da área afirmaram que tinham ouvido gritos vindos do edifício apenas dois dias antes. Queriam a ajuda dos fuzileiros navais para encontrar a masmorra secreta que julgavam existir ali.

Conduzidos por um jovem tenente, seis ou sete fuzileiros com armas e lanternas encaminharam-se para o prédio com os iraquianos. O Dr. Waleed e eu os seguimos. O lugar estava escuro, sem eletricidade, e a superfície do andar térreo tinha vários centímetros de esgoto *in natura* fedorento. Subimos as escadas e examinamos algumas das celas, cujas portas estavam abertas. Eram medonhos cubículos úmidos. Um fedor insuportável emanava deles. Era um fedor conhecido, e então entendi por quê: sentira aquele cheiro em alguns dos jardins zoológicos de países muito pobres, o fedor de sujeira, suor e excremento acumulados.

Encontramos o dispensário, e os fuzileiros navais começaram a examinar alguns dos remédios e o livro-mestre. O Dr. Waleed traduziu os rótulos para eles. Os jovens americanos ficaram chocados com as condições do lugar, e especularam em voz alta sobre a possibilidade de os prisioneiros terem sido usados como cobaias para experiências médicas secretas pelo regime de Saddam. O Dr. Waleed refutou a idéia, mas observou que a muitos dos prisioneiros tinham sido receitados medicamentos para o tratamento de parasitas, infecções e gastroenterites, males característicos de pessoas mantidas em cadeias do Iraque.

Os fuzileiros começaram a descer com dificuldade os lances de escada escuros, com a intenção de encontrar alçapões ou alguma câmara secreta que pudessem levá-los às masmorras. Um pequeno grupo de iraquianos à procura de irmãos, pais e primos os seguia em total arrebatamento, com olhos extáticos; acompanhavam os passos dos americanos como pessoas que acreditavam haver encontrado seus salvadores. Num dos lances de escada topamos com uma grande caixa cheia de longas tiras de pano barato — as vendas dos prisioneiros.

Waleed e eu já víramos o bastante. Ao nos despedirmos, o Dr. Waleed disse ao jovem tenente americano que encabeçava o grupo que agradecia o que ele e seus camaradas estavam tentando fazer, mas era inútil, porque na verdade não acreditava que houvesse celas subterrâneas. Quando nos afastamos, Waleed me disse:

— Todos neste país querem acreditar na existência dessas prisões subterrâneas, pois têm esperança de encontrar seus parentes desaparecidos vivos. Não acredito que haja nenhuma. As pessoas por quem procuram estão na certa mortas.

Enquanto voltávamos em direção ao hospital, Waleed me contou a história de um colega seu que desaparecera após ser inexplicavelmente levado pela Mukhabarat alguns anos antes. Depois de uns dois anos reaparecera, macilento e com a saúde debilitada. Perdera a metade do seu peso normal. Informara que fora mantido naquela mesma prisão, vizinha ao hospital. Uma ou duas vezes, por um motivo ou outro, era levado a salas no subsolo com janelas gradeadas, e retiravam-lhe a venda. Ele vira o Dr. Waleed e alguns de seus outros colegas indo e vindo do hospital, alheios. Durante todo aquele tempo, disse Waleed, nem ele nem qualquer dos médicos tinha a menor idéia de que o colega estava ali.

Sabah nos levou à outra margem do rio para o lado ocidental de Bagdá sem incidente algum. No outro lado, quase todos os edifícios do governo por que passamos estavam sendo saqueados, e inúmeros ardiam em chamas. Diante do Hotel Al-Rasheed, vimos que, apesar de todas as advertências, o prédio sobrevivera intacto à guerra, mas agora também estava sendo espoliado. Muitos carros e caminhões haviam parado na frente dos degraus da fachada, e víamos homens saírem carregando móveis pela porta da frente. Sabah ficou chocado com aquela visão. O Al-Rasheed era o último bastião de sua vida anterior que permanecera intocado. Todos havíamos esperado que os americanos ocupassem o Al-Rasheed para usá-lo como uma de suas bases. Mas não vimos nenhum americano em qualquer lugar próximo ao lugar para impedir que fosse pilhado.

— Por que, Sr. Jon Lee? — exclamou Sabah em queixoso atordoamento. Eu não tinha respostas para lhe dar. Também me sentia desanimado e furioso com o fato de meus compatriotas ficarem apenas ali olhando, sem nada fazerem, enquanto Bagdá era saqueada e incendiada. Nada fazia sentido.

Logo depois do Al-Rasheed, passamos por um grupo de homens empurrando macas com rodízios roubadas de hospital, junto com frascos e tubos de soro intravenoso, pelo lado da estrada. Passamos por outro grupo que se comportava alegremente, vestido como a caminho de um baile à fantasia, com chapéus pontudos enfeitados, paletós longos com ombreiras e botões de metal, como os usados por militares em desfile.

Prosseguimos cautelosamente pela cidade, sem nenhuma noção clara de quais áreas eram seguras e quais não. Aqui e ali, continuavam a ocorrer trocas de tiros. O Dr. Waleed perguntou se poderíamos dar uma parada na casa de sua família, que ficava ali perto. Explicou que estava vazia desde a semana anterior, depois que ele conseguira retirar a mulher e os filhos da cidade. Mandara-os para Samarra, cidade ao norte de Bagdá, perto da terra natal de Saddam, Tikrit, onde tinha parentes. Começava a preocupar-se, contudo, devido à notícia de que os americanos estavam prestes a lançar uma ofensiva contra Tikrit. Não soubera da família desde que haviam partido, e não tinha meios de contatá-los por telefone.

A casa de Waleed continuava intacta, graças a alguns vizinhos vigilantes. Enquanto conversávamos com eles, vimos saqueadores seguindo nas duas direções. Disparos ressoaram. Waleed explicou que os residentes estavam disparando suas armas como avisos para que se afastassem. Ao longo da rua, dezenas de rapazes caminhavam a pé. A maioria tinha o ar de quem já vinha andando fazia horas. Pareciam sedentos e com calor. Todos se dirigiam para o sul.

— São soldados — disse Waleed. Apontou para algumas peças descartadas de uniforme militar estendidas na rua. Seus vizinhos assentiram, e disseram que, desde o dia anterior, várias centenas de soldados vinham tomando o caminho de casa em Bagdá e em cidades mais ao norte. Todos eram de unidades de exército da linha de frente de batalha que haviam preferido largar as armas e abandonar seus postos a combater, e trocado os uniformes por roupas civis. Waleed interpelou dois dos homens em trânsito. Confirmaram-nos que eram *askari* — soldados. Um disse que viera de Kirkuk e dirigia-se para Basra, no extremo sul do Iraque.

Ao nos prepararmos para partir, Waleed avistou pessoas movendo-se em volta no jardim de duas casas adiante da dele. Chamou-as de uma forma amistosa. E elas retribuíram acenando para ele. Sorrindo radiante, Waleed observou:

— É incrível. Essa era a casa de um antigo amigo meu, Ali Bilal, cujo filho foi preso pela polícia secreta de Saddam em 1980, acusado não sabemos do quê. Jamais retornou. Claro que foi morto. Mais tarde, o regime obrigou a família a deixar a casa e proibiu-os para sempre de voltar a morar nela. Faz

23 anos desde que foi desalojada. Aquelas pessoas devem ser membros da família, mas já faz tanto tempo que não as reconheço. — Indicou umas pichações recentes no muro do jardim com tinta aerossol. Traduziu-as: — "Esta é a casa de Ali Bilal. Sua família retorna de cabeça erguida." — Enquanto nos afastávamos, Waleed sorria feliz, dizendo repetidas vezes: — Isso é bom. É muito bom.

De volta ao carro, Waleed deu para Sabah as direções da casa da irmã de Ala Bashir. Atravessamos um balão de tráfego que sofrera grandes estragos de uma pesada fuzilaria no dia anterior entre *fedaim* árabes e os americanos. Tomamos algumas ruas laterais residenciais, entramos num bairro de classe média e transpusemos duas barreiras controladas por homens locais, alguns com armas. Rumamos para a rua onde morava a irmã de Bashir, e o Dr. Waleed apontou, animado, para uma casa discreta de dois andares atrás de um muro de jardim, e disse:

— É aqui. — Curvou-se para a frente para olhar enquanto parávamos ao lado. — Tenho medo de que ele não esteja aí. — As palavras de Waleed transmitiam um presságio ameaçador. Já tínhamos conversado sobre o que achávamos que poderia ter acontecido a Ala Bashir: eu, por exemplo, quase esperava descobrir que ele fora seqüestrado por Saddam e já estava morto, ou com o ditador, vivendo como fugitivo. Não havia carros diante da casa e ninguém visível no jardim da frente. Apenas um grande caminhão estacionado do outro lado da rua, que parecia haver sido roubado.

O Dr. Waleed disse-me para esperar no carro. Saiu e foi até a porta da frente da casa. Uma moça, que eu soube mais tarde ser uma das sobrinhas de Bashir, apareceu e abriu a porta. Waleed entrou. Minutos depois voltava ao portão, sorrindo radiante e fazendo sinal para eu entrar.

Quando entrei, Ala Bashir veio subindo a entrada de automóveis, vestindo *jeans* e camisa xadrez. Tinha um enorme sorriso no rosto e uma expressão de imenso alívio. Em geral homem reservado, que evitava demonstrações públicas de emoção, abraçou a mim e a Waleed, e beijou-nos na face. Observei que tinha a roupa desleixada e o rosto com a barba por fazer; parecia que não se barbeava havia mais de uma semana. Eu sempre vira Bashir com a aparência escrupulosamente arrumada, o rosto bem barbeado, camisas recém-lavadas e passadas. Ele disse que estava muito contente em me ver, e acenou para que eu entrasse. Perguntei-lhe sobre a barba por fazer. Bashir segurou o queixo e riu, parecendo sem graça.

— Pretendia me barbear hoje. Vou raspá-la hoje à noite. — Ocorreu-me que talvez ele não tivesse lâminas de barbear, e eu disse que poderia lhe trazer algumas. — Não, não, tenho, sim, só que... — Não terminou, ergueu os braços como se tudo que lhe acontecera fosse demais para explicar.

Soheila, irmã de Ala Bashir, cumprimentou-me tímida e meio cautelosa. Era uma senhora baixinha, de olhos inteligentes e cabelos brancos cortados bem rentes sob um lenço preto. Seu marido, Abu Ahmed, um homem magro de óculos, professor de inglês aposentado, apertou-me a mão e conduziu-nos até a sala de estar. A esposa e as filhas ficaram na cozinha, preparando o chá.

Durante vários minutos, Bashir não parou de sorrir. Explicou que na sexta-feira, 4 de abril, tinha ido, como de hábito, ao hospital presidencial no lado ocidental da cidade, dentro do complexo do palácio. Explicou-me, pela primeira vez, que era um dos membros da equipe médica particular de Saddam, e que uma vez por semana comparecia para dar seu plantão de 24 horas, que ia das oito da manhã de um dia às oito da manhã do seguinte. Seu plantão coincidira com a batalha pelo aeroporto de Bagdá, o que ele soube ouvindo as notícias de rádio da BBC. Obtivera permissão para sair mais cedo nesse dia — às seis da tarde — porque sua mãe idosa, que morava com outra de suas irmãs, não estava passando bem, e ele queria ir vê-la. Bashir recebeu ordens para permanecer na parte ocidental da cidade, e por isso concordou em voltar mais tarde para casa, no bairro de Al-Jihad, não muito longe do aeroporto. Deveria permanecer lá à inteira disposição até receber mais informações.

Bashir interpretou essa ordem como significando que estava sob algum tipo de sobreaviso presidencial, pois, como explicou:

— Sei que o presidente jamais saía do oeste de Bagdá, o que significava que ele queria que eu ficasse próximo. — Em casa, no sábado, ouvira o barulho do combate no aeroporto, e também notícias de que este fora ocupado pelos americanos. Por volta das seis da tarde, um dos homens do primeiro escalão da segurança do presidente foi à sua casa. Quando viu quem era o oficial, Bashir compreendeu que Saddam o enviara em pessoa. O oficial o instruiu para que o acompanhasse "imediatamente, imediatamente" a Kadhimiyah, um bairro periférico afastado, na margem ocidental do Tigre, onde havia uma unidade médica presidencial secreta usada apenas em ocasiões de emergência nacional. O homem mandara-o arrumar uma mala com algumas roupas e levá-la consigo. A ordem e a atitude tensa do oficial alarmaram Bashir, que resolveu tentar escapar. Ele explicou:

— Eu sabia que, se fosse, isso significava que jamais voltaria. — Não acreditava que seria levado de fato à clínica, disse, mas a algum esconderijo secreto de Saddam. Sabia que o presidente tinha muitas casas clandestinas em Bagdá, pois estivera em algumas delas com ele durante a Guerra do Golfo.

Bashir disse ao oficial para ir na frente, que ele iria pegar algumas de suas coisas e o seguiria em seu próprio carro dentro de alguns minutos. "Por favor, vá o mais rápido possível", dissera o homem antes de apressar-se a sair. Em vez disso, Bashir disse a seu motorista (o chofer desaparecido de Waleed) para levá-lo à discreta casa da irmã Soheila, mais ou menos confiante de que a gente de Saddam não conhecia sua localização. E estava escondido ali desde então. (Após deixar Ala Bashir, o motorista fora para sua própria casa no leste de Bagdá. Na manhã seguinte, os americanos haviam entrado na cidade, e ele ficara encurralado lá. Por isso não conseguira retornar ao Hospital Al-Wasati.)

Eu levara comigo meu telefone por satélite Thuraya. Perguntei a Bashir se ele queria ligar para sua mulher e filhas em Amã.

— Ah, sim, obrigado — exclamou, agradecido. — Elas não têm a mínima idéia de a quantas ando. — Ele não falava com a família havia dez dias. Saímos para o jardim, onde podíamos obter um sinal claro de satélite. Eu digitei o número que ele me deu, depois lhe entreguei o telefone e me afastei, para dar-lhe privacidade. Seus parentes haviam se reunido ali fora, diante da porta da frente da casa, para assistir. Ala Bashir falou com uma voz suave, tranqüilizadora, e riu muito. Após alguns momentos, encerrou a ligação.

— Elas ficaram muito aliviadas — disse, rindo. — Tudo está bem agora, sabem que estou bem. — Num tom de falsa repreensão, acrescentou: — O que é que dá nas pessoas, por que têm de chorar quando estão felizes? Nunca entendi isso. — Balançou a cabeça, ainda sorrindo.

Enquanto estávamos sentados conversando, outro visitante chegou. Era Samir Khairi, amigo de Ala Bashir no Ministério do Exterior. Eu não o via desde a véspera da guerra. Samir, vestindo um terno, estava muito elegante. Cumprimentou-nos calorosamente. Ele também viera na esperança de encontrar Bashir. Depois que se puseram a par dos acontecimentos pessoais um do outro, a conversa passou para a última notícia, de que os americanos haviam bombardeado a casa da família de Barzan al-Tikriti, meio-irmão de Saddam, na cidade de Ramadi, a oeste de Bagdá. Barzan era o ex-chefe da inteligência iraquiana e, pelo que eu sabia, um velho e íntimo amigo de Ala

Bashir. Os americanos especulavam que Barzan morrera no bombardeio. Samir virou-se para mim e disse:

— Sei que isso não é verdade. Barzan ainda está vivo. — Não disse como sabia disso. Mais tarde, depois que Samir foi embora, Bashir revelou-me que Samir era, de fato, um oficial muito antigo da Mukhabarat, e trabalhara de forma intermitente com Barzan durante muitos anos. Seu recente cargo à frente do ministério era apenas fachada. Tanto Samir quanto Bashir também disseram que acreditavam que Saddam Hussein ainda estivesse vivo.

Bashir explicou que a mesquita de Adhamiyah, onde Saddam fora localizado na quarta-feira, 9 de abril, por volta da mesma hora em que os fuzileiros navais dos EUA derrubavam sua estátua na praça Fardous, ficava num bairro bem em frente ao Tigre, do outro lado de Kadhimiyah, para onde Bashir recebera ordens de ir no dia 5 de abril. Disse acreditar que a escolha daquele bairro por Saddam era muito significativa. Comentou que Adhamiyah era uma antiga fortaleza baathista, de fácil acesso a Kadhimiyah por uma ponte. Os dois bairros situavam-se ao longo do rio, e ficavam nos limites externos da cidade, oferecendo meios fáceis de fuga. Salientou que, no norte de Bagdá, o vale do rio Tigre tinha comunicação direta com a cidade natal de Saddam, Tikrit, e que uma grande área rural ao longo do caminho era domínio de um líder tribal que era um aliado muito próximo de Saddam.

Depois de passar várias horas com Bashir, fui embora, prometendo voltar no dia seguinte. Sabah e eu voltamos ao Sheraton, onde John Burns e Paul McGeough propuseram que fizéssemos uma excursão para visitar o palácio Al-Salaam, que, como a maioria dos outros palácios, estava sendo espoliado. Era um dos mais simbólicos edifícios triunfais de Saddam, com quatro enormes cabeças de bronze idênticas dele, como capacetes, vigiando atentas dos parapeitos em forma de estrela; aquela era a nossa primeira oportunidade de ver seu interior. Ele fora atingido por mísseis de cruzeiro alguns dias antes, na campanha de bombardeio americana, e tínhamos visto sua abóbada destruída, mas só de longe.

Os portões do palácio estavam abertos, e avançamos com o carro, passando por saqueadores que empurravam seu butim em carroças. Entramos pelos degraus da frente, onde um bando rebocara para fora um conjunto inteiro de móveis de sala de estar, réplicas barrocas Luís XIV folheadas a ouro, com estofados dourados. Estava pronto para ser carregado num caminhão e levado. Lá dentro, vários grupos de homens trabalhavam metodicamente nos aposentos que, ao que parecia, haviam ocupado como seu próprio domínio, empilhando e transportando para fora sofás gigantescos, espelhos, mesas de banquete e decorações de parede. Outros ocupavam-se retirando apliques do banheiro e luminárias de salões e quartos que já haviam sido esvaziados de tudo mais. Aqui e ali, em recantos sombrios do palácio, fogueiras haviam sido acesas para os homens enxergarem na escuridão. Subimos ao andar superior, onde mísseis cruzeiro haviam esburacado o telhado. A vista da cidade era gloriosa. Os bustos de bronze maciço de Saddam continuavam encarando o exterior, vigilantes, em todos os lados.

Decidimos ir de carro até o Museu do Líder do Triunfo, que ficava próximo, onde se achavam expostos os inestimáveis presentes, entre eles a arma que eu vira antes que matara o coronel Gerard Leachman. Enquanto nos aproximávamos, por uma avenida dividida, passamos por uma caminhonete que parecia ter se chocado com violência contra pequenas árvores do canteiro do meio. Com os pneus estourados, tombara desordenadamente à beira da pista. Ao contornarmos o veículo, vi um homem e dois meninos, claramente seus filhos pequenos, com uma pá e algumas outras ferramentas. Percebi que havia um cadáver, ou talvez dois, caídos meio para fora da caminhonete. A princípio achei que pai e filhos estavam ali para recuperar parentes que haviam morrido, ou planejavam enterrar os mortos. Então percebi que tentavam desenterrar a caminhonete para erguê-la e colocá-la sobre blocos de pedra. Tinham um pequeno caminhão de carroceria chata ali perto. Imaginei que tentariam de algum modo pôr a caminhonete na parte traseira do caminhão. Eram saqueadores. A uns 200 metros, um tanque do exército dos EUA estava estacionado numa rua lateral à sombra. Vi a silhueta de um soldado americano com capacete no topo, o operador da torre de tiro da metralhadora, aparentemente descansando.

Subimos a pista que levava à escada do Museu do Líder do Triunfo. Um caminhão grande e vários carros haviam parado, e cerca de duas dezenas de homens entravam e saíam, atarefados em retirar artigos do museu e encher os veículos com eles. Alguns pareciam trabalhadores, empregados por outros homens parados perto do caminhão. Olharam-nos furtivamente. Entramos. Um homem circulava em volta das vitrines agora vazias onde ficavam os objetos expostos no salão de entrada, quebrando o vidro com uma barra de metal. Saía fumaça dos recantos inferiores do museu, onde balançava o pêndulo do relógio. Os Kalashnikovs dourados haviam desaparecido. Fogueiras haviam sido acesas aqui e ali, e alguns homens manuseavam tochas. Não nos demoramos. Quase tudo se fora das salas de exposição — todos os relógios incrustados e tronos e armas inestimáveis. Só restavam alguns quadros de Saddam, em poses variadas. Voltamos para o lado de fora.

Um dos trabalhadores carregava um fuzil de franco-atirador revestido de ouro do museu, que reconheci como o presenteado a Saddam pelo ex-chefe da KGB soviética. Aproximei-me para ver a arma. Os homens pararam o que faziam e me olharam, cautelosos. Fiz gestos apaziguadores, para indicar que eu só queria olhar. Deixaram-me olhar a arma por um segundo, e tornaram a retirá-la. Um dos homens no caminhão brandiu outra arma valiosa. Era um fuzil muito mais antigo, de cano duplo, e se parecia muito com a arma de Leachman, mas talvez não fosse. Vi que um dos homens parados perto de mim tinha um revólver enfiado na calça sob a camisa. Ele me encarava de uma maneira que não gostei. Agradeci e voltei ao lugar onde me esperavam John, Paul e Sabah, e disse-lhes que era melhor sairmos dali. A fumaça agora jorrava do museu. Vários carros com homens dentro atravessavam a pista nos dois sentidos.

Passamos de carro pela caminhonete com os cadáveres, onde o homem e seus filhos ainda continuavam trabalhando com esforço em seus preparativos para roubar o carro. O tanque continuava estacionado logo adiante na rua.

Visitei Ala Bashir todo dia durante as duas semanas seguintes. Ele ainda não sabia ao certo o que fazer, e por enquanto resolvera fingir-se de morto. Parecia grato pela minha companhia, que lhe dava uma espécie de ligação com o mundo exterior. Também concordou em me falar sobre seu longo relacionamento com Saddam Hussein. Nós nos reuníamos em geral na sala de visitas, deixados a sós pelos parentes, que nos interrompiam de vez em quando para servir-nos copinhos com café turco, e, no início da tarde, chamar-nos para o almoço. O cunhado de Bashir, Abu Ahmed, plantava mudas no jardim que tinha uma figueira, uma tamareira, um sofá de dois lugares e um canteiro de cravos vermelhos recentes. A irmã de Bashir, Soheila, era muito protetora do irmão; preocupava-se com sua segurança, e não queria que ele se afastasse da casa. Um dia, quando ele sugeriu que fôssemos conversar em sua própria casa, para variar o cenário, ela se opôs, inflexível, à idéia. Ele deu de ombros e disse que a decisão cabia a mim;

para ele tanto fazia. Refutou qualquer idéia de que pudesse estar em perigo, embora eu tivesse minhas dúvidas a respeito.

Abu Ahmed já confidenciara a Sabah que Ala Bashir era tão identificado nas mentes das pessoas como "o médico de Saddam Hussein" que ele e sua mulher temiam que pudesse ser alvo de assassinato. Mencionou um incidente de vários anos antes, quando Bashir fora atacado e esfaqueado duas vezes por um homem posteriormente capturado e condenado a muitos anos de prisão em Abu Ghraib. O esfaqueamento fora motivado por política, disse. Ele parecia temeroso que o atacante houvesse sido solto durante a anistia da vitória do referendo de Saddam Hussein, em outubro de 2002, e os parentes de Bashir achavam possível que buscasse vingança. Não era a primeira vez que eu ouvia a história do ataque; dois meses antes, Bashir me falara das facadas, mas me dissera que o atacante fora um de seus pacientes que era desequilibrado mental. Conhecendo a tendência de Bashir de minimizar a importância de tudo, imaginei que a versão dos fatos de seu cunhado talvez fosse a mais verdadeira, e disse-lhe que achava melhor que continuássemos nossas conversas ali mesmo.

Num de nossos primeiros encontros, questionei Bashir sobre sua amizade com o ditador do Iraque.

— Como pôde você, um homem de sua cultura e erudição — perguntei — ter um relacionamento tão próximo com Saddam Hussein, sabendo de todas as coisas que ele tinha feito?

Bashir fechou os olhos por um instante, e após uma pausa, disse:

— Talvez, de forma muito sucinta, eu possa dizer que... foi o meu talento como artista plástico que me levou a essa situação. Em fins da década de 1970, conheci o conselheiro militar de Saddam Hussein, quando ele ainda era vice-presidente. Chamava-se Ghassam Ibrahim. Era um homem muito corajoso e honesto... foi assassinado depois por Saddam Hussein, claro... Eu tinha feito uma exposição de arte, e Saddam escreveu sobre ela no jornal, dizendo que minha arte era "inigualável". Ghassam me disse que Saddam vinha falando de mim, e ofereceu-se para me levar para conhecê-lo, mas recusei. Não gosto dessa coisa de conhecer pessoas porque são poderosas. Barzan al-Tikriti também costumava ir às minhas exposições, e comentou a mesma coisa sobre o quanto Saddam Hussein admirava minha obra.

O primeiro encontro de Bashir com Saddam só aconteceu em 1983.

— No início da década de 1980, durante a Guerra Irã-Iraque, trabalhei muito com os feridos na guerra, e inventei algumas técnicas novas de cirurgia plástica. Fiz os primeiros reimplantes de mãos e dedos no Iraque. Em 1982, o ministro da Saúde convidou 25 dos mais destacados médicos do Iraque a um encontro com o presidente, e fui incluído nesse grupo. "O Presidente quer elogiar seu trabalho", disse-me ele. Então fui. O Presidente fez um discurso e apertou a mão de todos. Foi assim. Logo depois, um de seus guardas me procurou e disse para eu ir falar com o presidente. Eu fui. Ele disse: "Fiquei realmente surpreso ao saber que você era o mesmo Ala Bashir artista." Elogiou meu trabalho e disse: "Estamos muito orgulhosos de você." Logo depois, fui escolhido como um dos médicos de sua equipe particular.

"Era estranho, sabe, porque ele tratava os médicos com superioridade. Mas sempre me viu como alguém à parte. E sempre me dizia, e várias vezes em público, diante de outras pessoas: 'Não o vejo como médico, mas como artista, como homem de cultura.' Às vezes, em algumas ocasiões, chamava-me só para conversar. Certo dia, apareceu no hospital... eu estava lá com outros médicos fazendo alguma coisa... com seu filho Qusai. Ficamos de pé, porque esse é o costume no regime; não se podia ser visto sentado na presença do presidente. Então ele se aproximou de mim e disse, na frente de todos: 'Ele é um cirurgião brilhante, um grande artista e, acima de tudo, um grande homem.' E saiu. Depois, Qusai voltou-se e disse: 'O que você fez para o meu pai? É a primeira vez que ouço meu pai falar assim de alguém!' Ele ficou muito surpreso.

"Certa vez, no final da década de 1980, uma senhora me entrevistou na TV, e no dia seguinte o chefe da guarda presidencial mandou me chamar. Disse que o presidente assistira ao programa e ficara muito impressionado. E Qusai também. Então, na época, comecei a me perguntar o que tinha naquela entrevista que o interessou. No estúdio, haviam pendurado uma pintura minha que eu fizera sobre o destino do homem; mostrava um homem segurando no alto um pássaro de aparência sinistra, como um corvo, tentando morder o rosto do homem. É uma imagem muito forte. Eu tinha explicado à entrevistadora que a pintura representava a luta do homem com o destino, e nessa batalha o homem sempre perdia. Também disse que quando os homens passam a ter muito poder e começam a se julgar imortais, então tudo se acaba, eles perdem a batalha. Para dar um exemplo do que eu queria dizer, citei um famoso poeta iraquiano, Mutanabbi, talvez um dos nossos maiores poetas de todos os tempos: 'A mais amarga experiência para um homem livre é fazer amizade com alguém de quem ele não gosta.'

"Saddam Hussein tinha gostado da entrevista, mas seu chefe da guarda me disse que ele havia ficado muito irritado com a apresentadora, porque ela me perguntara sobre minha calvície. Ele achou que isso tinha me aborrecido ou encabulado. Emitiu ordens para que ela fosse suspensa da TV por seis meses. Mas eu não me aborreço com esse tipo de coisa, e disse isso ao homem do presidente, mas ele retrucou: 'São ordens do presidente.'" — Ala Bashir encolheu os ombros.

— Em 1º de fevereiro de 1991, durante a Guerra do Golfo, que me lembro que começou em 17 de janeiro, Saddam Hussein sofreu algum tipo de acidente, e eu ia vê-lo dia sim, dia não. Ele nunca disse exatamente o que havia acontecido, mas me pareceu um acidente de carro. Ele tinha um corte enorme, profundo, no lado esquerdo do queixo, até o osso, e o dedo mínimo pendia da mão quase todo arrancado. Seu genro, Saddam Kamal, irmão de Hussein Kamal, ambos os quais, como você sabe, ele mandou matar depois, também foi ferido no lábio inferior, e uma senhora, que eu sabia que era sua segunda esposa, Samira Shahbander, também se feriu. Tinha uma fratura facial e um corte profundo na sobrancelha direita. Então eu o tratei e também os demais, e visitava-os dia sim, dia não durante algum tempo, e tínhamos longas conversas. Um dia ele disse: "Passei a lhe conhecer muito bem desde a entrevista à TV que você deu em 1986. Embora tenha dito apenas poucas coisas, eram todas essenciais à vida."

Observei que Bashir não respondera à minha pergunta. Só estava me dizendo por que achava que Saddam Hassein se sentira atraído por ele, mas nada sobre suas próprias motivações. Mudei a linha de ação e perguntei-lhe sobre a personalidade de Saddam Hussein. Ele disse:

— Ele é na verdade muito sensível e emotivo, embora pareça muito duro. E tem uma personalidade muito desconfiada. Temos de escolher as palavras com muito cuidado quando estamos com ele.

— Você tinha medo dele?

— Não, nunca em minha vida tive medo dele. Sei que muitos tinham, mas, não sei por quê, eu simplesmente não tinha.

— Mas você sabia das coisas que ele fazia.

— Sabia, sim — respondeu Bashir.

— Então, como se sentia em relação a ele?

Depois de uma pausa muito longa, Bashir respondeu:

— Acho que ele fez muitas coisas ruins ao Iraque... Mas em nossas conversas ele me respeitava muito, e eu lhe falava livremente, de uma maneira que, pelo que sei, ninguém mais fazia. Barzan al-Tikriti me disse que nem ele ousava falar com o presidente daquela maneira. "Ele sente profundo respeito por você", Barzan me disse certa vez. "Você o enfeitiçou com alguma magia?"

— Alguma vez usou esse respeito que ele sentia por você para tentar influenciá-lo?

— Não — respondeu Bashir. — Porque ele era muito desconfiado de tudo e avaliava tudo o que a gente dizia. — Pareceu pensativo, como consciente de que essa explicação era insatisfatória. Depois de um momento, disse: — Ele ficou muito deprimido com a insurreição do povo contra ele em 1991. Acreditava realmente que o povo do Iraque o amava. Fui vê-lo em Radwaniyah, o palácio perto do aeroporto. Ele falou da rebelião e disse: "Eu não acho que eles sejam realmente iraquianos." Eu não disse nada. Fiquei muito surpreso. Ele jamais falara daquele jeito comigo antes. Perguntou: "Por que acha que essas pessoas fizeram isso?" Eu respondi: "Não sei. Sou médico e meus relacionamentos com outros tipos de pessoas são muito limitados." Ele continuou: "Tudo bem, mas quero a sua opinião sobre o que aconteceu." Eu perguntei: "Lembra-se de cinco anos atrás, quando você escolheu uma pintura da minha exposição e depois pediu que eu viesse vê-lo? Eu vim, mas você estava numa reunião com seus generais e muito ocupado, e por isso não cheguei a lhe dizer o que eu queria. Eu gostaria de ter-lhe dito o seguinte: 'Se você entrar num quarto e vir dois homens mortos, fuzilados, e for informado de que um é mártir e o outro traidor, como pode saber a diferença entre eles?'

"Saddam me olhou e perguntou: 'Eu os conheço?' Respondi: 'Não.' E ele perguntou: 'Então como eu saberia a diferença?' Eu disse: 'A verdade não se mostra na superfície, superficialmente. A aparência nem sempre é a verdade. Se confiarmos nas pessoas pelo que nos dizem, vamos cometer erros.' Em seguida eu disse: 'Se me perguntasse aqui e agora o que eu penso de você, eu diria: "Você é nosso presidente, nosso líder, e nos sacrificaremos por você." Como sabe se estou lhe dizendo realmente a verdade?' Ele não disse nada, ficou apenas me olhando fixamente por muito tempo. Depois disse: 'Vamos dar uma caminhada no jardim.' O dia estava bonito, era primavera, esta mesma época do ano, e parara de chover pouco antes. Aquele palácio tinha jardins imensos. Passeamos, e ficamos calados por muito tempo. Então ele disse que queria pedir minha opinião sobre uma coisa em que vinha pensando havia uns três dias. Falou durante mais de vinte minutos. Falou sobre a insurreição e disse: 'Essas pessoas que estão no sul não são de origem iraquiana.' Eu não entendi exatamente aonde ele queria chegar. Então ele acrescentou: 'Eles não têm moral alguma, suas mulheres são promíscuas, e se não têm moral, significa que podem fazer qualquer coisa.' Achei que ele estava se referindo a seus sentimentos em relação aos xiitas, embora ele não o dissesse em termos tão abertos. A intifada tinha apenas começado, portanto nessa época ele ainda não havia reagido. Então se referiu ao islamismo, e disse que os povos do sul não eram verdadeiros crentes. Perguntou-me o que eu achava. Respondi: 'Tem razão', só isso."

— Por que você disse "tem razão"? — perguntei a Bashir.

— Porque ele esperava que eu dissesse alguma coisa, e eu não podia dizer "Você está errado!". Lembro-me de que enquanto ele falava olhando para a frente, eu examinava sua orelha. O sol entrava direto nela, e parecia cheia de cera. Por isso eu não estava na verdade prestando muita atenção no que ele dizia, concentrado no ele que dizia. Mas ele falava sobre ser árabe, sobre o islamismo, e parecia tentar apresentar uma razão para a revolta contra ele...

— Por que você não disse: "Você está errado"?

— Não acho que ele estava num humor para alguém se opor a ele. Percebi isso... Você sabe, essa é a nossa história, muito antes dele, há centenas de anos, as pessoas no Iraque não têm podido dar suas opiniões com franqueza.

— O que acha que ele concluiu depois das palavras que você lhe disse?

— Acho que deduziu de tudo que lhe falei que as pessoas são hipócritas. Depois eu disse: "Acho que a civilização iraquiana está profundamente enraizada no passado; a civilização deste país remonta a 5 e 6 mil anos. Embora sua religião seja o islamismo, acho que quando os árabes do Iraque adotaram o islã, há 1.400 anos, eles absorveram parte da doutrina e dos ensinamentos, mas conservaram muito de sua própria cultura." Ele não disse nada. Então me perguntou por que eu dera ao meu filho mais velho o nome de Sumer. Respondi-lhe que porque eu achava que os iraquianos deviam se orgulhar de sua civilização.

"Na manhã seguinte, e durante dois dias consecutivos, publicaram-se artigos no jornal baathista *Al-Thawra*. Não eram assinados, mas foram escritos por ele, e tudo nos artigos era exatamente o que ele me dissera no jardim. Acho que ele estava expondo seus argumentos para justificar a repressão que impôs ao sul."

O relato de Ala Bashir sobre a caminhada no jardim do palácio com Saddam Hussein e a sua fixação na orelha de Saddam mais do que no que ele dizia pareceram-me verdadeiros. Aquilo parecia coerente com o homem que eu passara a conhecer. Ele era sensível e dispersivo grande parte do tempo, um homem que vivia em sua própria cabeça, mais um artista que um homem de ciência. Mas eu me perguntava se sua divagação naquele momento, quando Saddam parecia racionalizar o que logo seria a supressão brutal da intifada xiita, também não fora um ato arbitrário. Sem a menor dúvida, ele deve ter tido um inesperado e assustador vislumbre da mente do tirano a quem era obrigado a servir e, concentrando-se na orelha do Grande Líder, podia escapar momentaneamente para a ilusão de seu papel neutro como o médico que examinava os calos de Saddam, e que de vez em quando era obrigado a responder a suas perguntas sobre arte. Mas Bashir não se esquecera daquele momento, e o fato de lembrá-lo para mim uma década depois parecia indicar que talvez a questão do compromisso moral não lhe fosse afinal tão abstrata.

Quase todos os dias, Samir Khairi aparecia para uma visita. Outras pessoas também começaram a aparecer. Circulara a informação de que Ala Bashir sobrevivera à queda de Saddam, e uma torrente de amigos, colegas e gente em busca de conselhos veio vê-lo. Um deles era um enfermeiro que eu reconheci do Hospital Al-Wasati. Ele chegou se desmanchando em sorrisos e beijou Bashir, que aceitou seu cumprimento, meio sem graça. Sentamo-nos juntos à mesa da cozinha de Soheila. Poucos minutos depois, o enfermeiro informou ao "Dr. Ala" — como a maioria dos iraquianos respeitosamente se dirigia a ele — que estava de luto. Sua esposa, explicou, morrera de doença no dia anterior, e ele também iria enterrar em breve o filho que fora morto na cidade de Kut. Bashir murmurou algumas palavras de condolências, e eu também expressei meus pêsames. O enfermeiro cerrou os olhos e assentiu com a cabeça sua gratidão. Perguntei se seu filho fora morto por acidente pelas tropas dos EUA enquanto circulava de carro, o tipo de coisa que parecia acontecer bastante desde que os americanos haviam entrado em cidades do Iraque. O enfermeiro sacudiu a cabeça. Não, seu filho morrera combatendo os americanos. Era membro de uma unidade da milícia do Partido Baath em Kut. Ele disse isso de forma trivial e sem reprovação. Seu filho morrera cumprindo seu dever, e estava terminado.

Noutro dia, o visitante de Bashir foi um oficial de alta patente do exército iraquiano, um homem circunspecto no início da casa dos 60 anos. Usava roupas civis. Após as apresentações, Bashir explicou que seu amigo era um major-general, e ex-diretor de cirurgia cardíaca do Hospital militar Al-

Rasheed, parte do complexo que eu vira sendo alvejado por metralhadoras de helicóptero em 8 de abril. O oficial médico disse-me que estava de sobreaviso em casa, como muitos dos colegas, à espera de uma intimação pelos americanos para voltar ao trabalho. Mas não sabia quando seria. Seu hospital sobrevivera ao bombardeio, mas fora depois inteiramente pilhado por saqueadores. Conversamos sobre os saques contínuos na cidade. Ele e Bashir trocaram teorias de conspiração; os dois pareciam dar crédito a notícias de que as forças armadas americanas haviam em alguns casos permitido a entrada de saqueadores, e até mesmo ajudado, mas colocaram a culpa final, como vinham fazendo muitos dos iraquianos, nos "kuwaitianos" que se dizia acompanhar os americanos e que, segundo os mexericos generalizados circulando por Bagdá, orquestravam o saque com o espírito de vingança pela pilhagem das cidades do Kuwait pelo exército iraquiano em 1990. Mantive-me circunspecto quanto a essas alegações, nas quais não acreditava, mas expressei meu pesar pelos saques, sobretudo ao museu nacional do Iraque, cuja pilhagem fora divulgada em cadeia internacional poucos dias antes. Disse que esperava que os fuzileiros navais logo pusessem as coisas sob controle, antes que se dilapidasse ainda mais o patrimônio do Iraque com esses roubos. Parecendo descrente, o oficial médico lançou-me um sorriso amargo.

— Que importância tem isso agora? Já roubaram o país inteiro.

Nessas conversas, Ala Bashir sempre adotava uma perspectiva exaltada. Dava crédito a alguns dos boatos transmitidos pelos amigos, como o sobre os kuwaitianos, mas punha a culpa final em seus compatriotas iraquianos. Não media as palavras.

— Acho que esses saques fazem parte da natureza inata dos iraquianos — dizia. — Antes de o Iraque ser um Estado, esta terra era um deserto habitado por beduínos, e eles sobreviviam invadindo os acampamentos uns dos outros, roubando seus pertences e animais. Nada mudou. Toda vez que há uma guerra no Iraque, e entre todos os árabes, na verdade, eles roubam e saqueiam. Lamentavelmente, isso é parte de nossa natureza.

Certa manhã, um médico do hospital de Bashir apareceu com notícias dos vários pacientes feridos a bala nas enfermarias do Al-Wasati. Bashir escutou-o com visível impaciência, e depois de alguns minutos conduziu-o para fora. Voltou-se para mim e disse, enojado:

— Essa gente toda é saqueadora. Nossos pacientes agora são todos ladrões. Por que devemos tratá-los? Eu disse ao médico que ele deveria se recusar a tratá-los. — Ele sacudiu a cabeça. Embora irritado, tinha no rosto uma expressão impassível.

Alguns dias depois de nossa reunião, Ala Bashir saiu da casa da irmã pela primeira vez para almoçar na casa de Samir Khairi em Mansour. Fomos em meu carro, com Sabah ao volante, as letras protetoras em tempo de guerra "TV" em fita adesiva amarela ainda coladas nas janelas. Ala Bashir deixou claro que preferia chamar menos atenção sentando-se no banco de trás.

A pedido dele, fizemos uma parada na casa da secretária de sua clínica particular. Mulher baixinha, de cabelo tingido de louro, ela ficou radiante ao vê-lo são e salvo. Por intermédio de Bashir, perguntou timidamente se poderia usar meu telefone por satélite Thuraya para falar com parentes em Detroit. Quando a ligação se completou, ela, a irmã e a mãe revezaram-se na conversa e caíram em prantos de felicidade. Todos riram quando a mãe da secretária, uma senhora corpulenta, de voz grossa, pegou o telefone, pois ela decididamente berrava no aparelho, e o que quer que tenha dito deixou todas pálidas e rindo baixinho. Ala Bashir também riu, e explicou que ela dizia aos parentes preocupados: "Não se preocupem, estamos seguras, e de qualquer maneira, temos metralhadoras para nos defender!"

Nos dias seguintes, Bashir começou suas primeiras saídas curtas sozinho, verificando sua casa no bairro de Al-Jihad e visitando o Hospital Al-Wasati para cumprimentar os colegas. Um de seus antigos motoristas, o ex-prisioneiro de guerra chamado Jihad, reaparecera, e dirigia agora uma pequena caminhonete japonesa branca, sem identificação, em vez do Toyota Land Cruiser novinho em folha do governo no qual conduzia o "Dr. Ala" pela cidade antes da guerra. Aquele carro identificaria imediatamente Bashir como alguém poderoso da era Saddam. Na verdade, sempre que ficávamos engarrafados no trânsito, algumas pessoas em carros ao lado reconheciam Bashir e o encaravam.

Em 19 de abril, saímos juntos para visitar o hospital e a casa de Bashir. Ele se sentou no banco de trás do meu carro, como sempre, e mandou seu motorista Jihad seguir-nos na caminhonete. Antes de deixarmos a casa da irmã e do cunhado, vi que os dois estavam preocupados com a saída dele, e assegurei-lhes que o traria são e salvo. Sorriram, mas pareciam preocupados. Quando o carro se afastou, perguntei a Bashir se achava que tinha motivos para se preocupar, e como sempre ele descartou a idéia de que enfrentava qualquer perigo real de alguém.

Passamos por seu monumento, *A União*, que se erguia numa ilha de tráfego na borda ocidental da cidade, um tipo de portão de acesso a Bagdá para os viajantes que chegavam pela estrada da Jordânia. A própria embaixada jordaniana ficava apenas uns 200 metros mais adiante. Reparei que o monumento chamava a atenção com tantas perfurações de bala, e alguém acrescentara umas pichações em árabe em volta da base. Ele não comentou a desfiguração de sua obra; parecia totalmente impassível. Perguntei-lhe o que diziam as pichações. Eram *slogans* políticos, disse-me, traduzindo: "Viva Talabani" (um dos principais líderes políticos curdos) e a outra "Viva Sistani" (o grande aiatolá dos xiitas.) Observou:

— Sabe, Jon, os verdadeiros problemas estão apenas começando no Iraque. Os americanos podem ter conquistado ou libertado o país, ou seja lá o que for, mas agora têm um trabalho realmente árduo pela frente. Acho que vai ser muito, muito difícil os americanos lidarem com todos os partidos e grupos étnicos. Precisam agir depressa para as coisas voltarem a funcionar e impedir que esses diferentes grupos entrem no vácuo.

Vimos algumas pessoas andando pelo acostamento da estrada, carregando bandeiras verdes e pretas. Eram peregrinos xiitas, indo de Bagdá a Karbala, 80 quilômetros ao sul, como parte da festa religiosa anual de Arbayeen, para comemorar o fim dos quarenta dias de luto pela morte de seu venerado mártir, o imã Hussein. A visão dos peregrinos transtornou Ala Bashir.

— O maior problema que eles precisam resolver o mais rápido possível são essas pessoas religiosas. Os americanos devem pô-las logo em seu lugar ou elas vão causar inúmeros problemas. — Embora por nascimento fosse xiita, Bashir era um virulento anticlerical. Nos últimos dias, dissera-me repetidas vezes que considerava muito importante que o Iraque pós-Saddam permanecesse um Estado oficialmente secular, e se afligia com o ressurgimento xiita, com a ocupação por Moqtada al-Sadr da Cidade de Saddam, que começara a se manifestar desde a derrocada de Saddam. Acreditava tratar-se de um jogo de poder dos clérigos linha-dura do Irã para expandir sua influência no Iraque, e disse que não seria contra se os Estados Unidos decidissem lançar em seguida uma invasão no Irã. — E não apenas eu — continuou. — Acho que muitas, muitas pessoas no Iraque apoiariam isso, porque todo mundo sabe que o Irã é o maior desordeiro na região inteira. Isso é um fato.

Quando chegamos à casa de Bashir, notei que todos os carros haviam sumido da parte coberta de seu jardim da frente, isolada da rua. Ele os mudara para um lugar seguro, disse, antes que o saque começasse. Uma de suas próprias esculturas ficava junto à porta da frente, um bronze abstrato de um homem. Tinha o rosto decepado e o erguia, como uma máscara, numa das mãos. Na sala de estar, vi que Bashir retirara a maioria dos retratos da parede, inclusive os da família, as fotos do casamento do filho, e uma dele ao lado de Saddam. Vidros quebrados espalhavam-se no chão perto das janelas da sala de estar, perfuradas com grandes buracos — "Do bombardeio", explicou ele. Conduziu-me até a cozinha, onde as portas da geladeira estavam escancaradas. Antes da guerra, ele as esvaziara e dera todo o conteúdo do refrigerador aos vizinhos. Não houvera eletricidade em parte alguma de Bagdá durante as duas últimas semanas, e a casa estava às escuras.

Atravessamos os fundos da casa até seu escritório, localizado num anexo do outro lado de um pequeno espaço aberto. O estúdio de pintura ficava no andar de baixo. Havia uma grande estante cheia de livros de arte — identifiquei um sobre ícones russos e outro sobre Max Ernst — e tomos médicos. No chão, viam-se baldes cheios de pincéis e tintas. Em frente à escrivaninha erguia-se uma grande tela num cavalete. Era um de seus quadros, disse, pintado em 1980. Mostrava uma mulher nua reclinada, com nádegas voluptuosas, estendendo a mão para segurar um pássaro, tendo um homem parado em pé acima dela. Lembrava *O Sonho*, de Rousseau. Um recorte de revista emoldurado estava pendurado na parede. Mostrava-o sorrindo ao lado da cama de um paciente. Ele explicou que era de uma operação que fizera em 1983, em que reimplantara com sucesso a mão do homem no retrato. Seu paciente era um técnico húngaro que estivera trabalhando no Iraque e perdera a mão num acidente industrial.

— Foi o primeiro reimplante bem-sucedido de um membro no Oriente Médio — disse, orgulhoso. Aquela fora a cirurgia pela qual ele fora selecionado como um dos destacados médicos do ano e convidado a encontrar-se com Saddam Hussein. Ele e todos os demais médicos haviam sido presenteados com um carro novo por Saddam. Ele me disse que fora a primeira e única vez que aceitara um presente do ditador.

Subimos e fomos até outro quarto, onde Bashir mantinha um estoque de quadros emoldurados e algumas pequenas esculturas de terracota. A maioria reproduzia cabeças humanas, várias distorcidas em formas surrealistas, e corvos. Ele me mostrou uma estatueta de corvo com o bico aberto e mais três bicos saindo do papo. Explicou:

— Isto para mim expressa a necessidade de gritar, alertar. Às vezes a gente sente que não importa o quanto grita, não basta. — Uma outra peça mostrava duas cabeças, um homem e uma mulher, lado a lado. Os olhos do homem estavam fechados, e os da mulher abertos. Enfiado na argila abaixo dos dois havia um corvo. Ele disse que a peça fora inspirada por um casal conhecido, velhos amigos que haviam sido muito íntimos durante vários anos, mas que depois se divorciaram inexplicavelmente. A mulher confiara-lhe mais tarde que jamais conseguira dormir em seus anos de casamento, mas ficara deitada acordada, pensando. A peça simbolizava o dilema da mulher, disse. Quanto ao corvo, era o "guardador de segredos", explicou, um recurso que usara para descrever o abismo indizível entre o casal.

No carro, saindo de seu bairro, um grande encrave suburbano de casas marrons, a maioria moradias modestas mas confortáveis de um único andar, com jardins murados, Bashir disse-me que aquela área fora um loteamento comprado pelo sindicato dos médicos do Iraque para seus membros, na década de 1970. Naqueles dias, ficava no deserto, além dos limites exteriores de Bagdá. Os médicos que quisessem morar lá podiam comprar lotes e construir casas subsidiadas por suas mensalidades sindicais. Vários haviam vendido os lotes desde então e outros se mudaram, mas muitos médicos ainda moravam ali, e aquele continuava sendo um bairro solidamente de classe média. Tomamos a rodovia principal. Do outro lado, apontei para uma fileira de pequenas e suntuosas mansões de novos-ricos, em estilo Nova Babilônia, preferidas pelos cupinchas de Saddam — lugares de mau gosto, com fachadas espalhafatosas, decoradas com abóbadas, colunas monumentais e portas da frente gigantescas. Era claramente um bairro novo, e havia várias outras mansões, algumas ainda em construção, no terreno descampado atrás das casas ladeando a rodovia.

— Todas aquelas casas — disse Bashir — são dos guardas de Saddam Hussein.

No Hospital Al-Wasati, a equipe de funcionários cumprimentou Ala Bashir com surpresa e reverência característica. Sunduz acompanhou-o com olhos de adoração, e depois saiu apressada para preparar o chá. O vestíbulo estava cheio de camas hospitalares com homens e meninos feridos, a maioria com ferimentos bastante ensangüentados. Observei um menino com um braço recém-amputado. Fora ferido, soubemos, num dos últimos bombardeios americanos na semana anterior, mas quase todos os demais, disse Bashir, eram saqueadores feridos ao serem flagrados roubando ou em tiroteios uns com os outros. O espetáculo indignava-o, e ele me disse com irritação que não queria ficar ali por muito tempo:

— Um hospital de cirurgia reconstrutora, cheio de ladrões — queixou-se num tom amargo e irônico. Entramos em seu consultório, de onde o retrato de Saddam havia sido retirado da parede. Um retângulo amarelo marcava o lugar onde ele estivera pendurado na parede verde-claro. O busto de Saddam sumira de sua mesa.

Sunduz trouxe-nos o chá. Ela vinha dormindo no consultório desde que começara a guerra; pusera sua cama, arrumada com esmero, encostada num canto. Bashir me disse que estava preocupado com o futuro de Sunduz, pois não sabia se poderia continuar trabalhando no hospital. Alguns membros da equipe de funcionários sentiam ciúmes dela por causa de seu estreito relacionamento com ele. Ele teria de pensar no que poderia fazer por ela.

Bashir conversou com Waleed e outros membros de sua equipe e perguntou sobre alguns pacientes, mas parecia sentir-se muito pouco à vontade, e ansioso para sair. Seu cunhado, Abu Ahmed, surgiu na sala de espera. Saíra, parecia, para verificar seu próprio negócio, uma loja de móveis feitos sob encomenda, mas tive a impressão de que estivera seguindo Ala Bashir pela cidade para protegê-lo. Perguntei-lhe sobre sua loja. Disse-me que fora até lá e encontrara tudo bem. A loja não fora saqueada; ele tomara a precaução de retirar os móveis do *showroom* antes de a guerra chegar a Bagdá. Mas iria mantê-la fechada por enquanto. Era inútil reabri-la, pois não havia clientes para comprar nada. Deu de ombros. Quando saímos do hospital, Abu Ahmed entrou em seu próprio carro e seguiu-nos para casa.

A última vez em que Bashir vira Saddam Hussein fazia dois meses, por volta da época em que Colin Powell apresentava a defesa americana contra o Iraque à ONU e o rei Abdullah da Jordânia tentava conseguir que os EUA oferecessem a Saddam refúgio seguro num país árabe.

— Saddam tinha vindo ao hospital visitar a tia — explicou. — Ela estava gravemente doente. Perguntou-me como eu ia, e a quantas andava a construção do novo Centro Saddam.

O ditador percebeu Bashir olhando atento para um sinal crescendo em sua face esquerda.

Deveríamos tê-lo extraído alguns meses antes — explicou Bashir —, mas ele havia adiado a operação. Dissera: "Se eu fizer agora, as pessoas vão dizer que tenho câncer ou vou fazer cirurgia plástica, e circularão muitos boatos." Dessa vez ele disse: "Percebi que você não pára de olhar meu sinal; vamos removê-lo quando esse problema", referia-se à guerra, "estiver terminado". Achei-o cansado. E parecia-me mais velho, e de fato, pelo estado de sua pele e pelas rugas nas mãos, acho que ele era na verdade mais velho do que sua idade declarada. Oficialmente ele nascera em 1937, mas acho que era mais velho. A mão de uma pessoa revela muito sobre sua verdadeira idade.

Insisti mais uma vez com Bashir no seu relacionamento com Saddam Hussein. Perguntei-lhe se em algum momento ele se preocupara com o que as pessoas pensavam de sua proximidade com o ditador.

Ele admitiu que a constante lisonja de Saddam a ele o deixara sempre em situação muito incômoda, e até o prejudicara.

— Essa atenção extra era ruim para mim — disse. — Seus guardas e o filho Udai não gostavam de mim. Sabiam que eu não me importava com eles. Mas sabiam que ele me respeitava e por isso tinham medo de tocar em mim. — Acrescentou que pensara na possibilidade de deixar o Iraque "várias, várias vezes".

— Por que não o fez? — insisti.

— Bem, eu pensava que este é meu país, e também é muito fácil simplesmente ir embora...

Fiquei impaciente. Disse a Bashir que, para seu próprio bem, ele precisava enfrentar honestamente aquele antigo relacionamento com Saddam. Ele me escutou, balançando a cabeça. Disse:

— Vou lhe dizer a verdade. Não sei quanto a Saddam Hussein, mas todas as pessoas em volta dele cometeram um erro. Todas ajudaram a transformá-lo em quem era. Os que o cercavam, elogiando-o, sobretudo os líderes do Partido Baath: foram eles quem criaram essa situação. E sim, claro, ele não os impediu de criá-la, e creio que... esse foi seu erro... Um dia perguntei-lhe sobre todos os retratos de si mesmo erguidos em todo o Iraque... porque na verdade, você sabe, vários são medonhos... Ele não os desencorajava. Disse-me: "Deixe que expressem seus sentimentos." Mas o essencial é que os que incentivaram esse culto da personalidade eram os líderes do Partido Baath e dos serviços de segurança... Nos últimos anos, acho que ele chegou a um ponto em que não se via mais como um presidente, mas como um xeque, o líder de uma tribo, e agia como tal, e punha de lado as leis da nação. Julgava-se o pai da nação e tudo o que dizia e fazia era certo.

— Que você pensava realmente de Saddam? — perguntei. — Ele era um homem bom por trás de tudo isso, você o respeitava?

Bashir ponderou a pergunta por muito tempo.

— Para ser franco, acho que ele foi uma vítima de si mesmo e das pessoas que o cercavam. Ele é igual a qualquer outro ser humano. Tem algumas coisas boas e outras más. Penso que depende das circunstâncias e do ambiente que fazem essas características se manifestarem mais de um jeito ou do outro. Acho que seu erro fatal foi permitir o poder supremo que conquistara superar todas as coisas boas que existiam em seu íntimo. Ele chegou ao poder ainda jovem... com apenas trinta e poucos anos. Era jovem demais para ter o poder absoluto de um país rico como o Iraque, e isso não é uma coisa fácil. As pessoas haviam sido reprimidas. Eram ignorantes, dominadas por idéias e pensamentos supersticiosos. Era como se a nação vivesse à parte do século XX, e mesmo agora muitos têm idéias como se ainda continuassem vivendo no século XVII. Portanto, acho que não é justo julgar esse homem como se fosse alguém da Europa ocidental ou dos Estados Unidos. Ele não tinha nenhum conhecimento científico. Jamais viveu no Ocidente.

Bashir ficou mais relaxado quando indaguei sobre os hábitos pessoais e a vida diária de Saddam. Quando estava em casa, disse, Saddam usava roupas informais: *jeans*, ou uma *dishdasha* iraquiana.

— Ele quase nunca dormia na mesma casa em dias consecutivos, e tentava não seguir rotinas. Nunca dormia nos palácios, como todo mundo imagina. Ia apenas para visitas e períodos curtos. Vivia em movimento. Para passar o tempo, nos últimos anos, recebia pessoas. Lia todos os jornais e lia livros, a maioria sobre política. Ultimamente, acompanhava tudo que era escrito sobre ele, e nos últimos dois anos escreveu três livros. Escreveu-os ele mesmo, e depois os deu para alguém aprimorar o texto. E estava sempre na televisão, falando por longos períodos sobre quase tudo, até mesmo coisas muito triviais. Eu não achava que isso fosse muito sábio. Um dia lhe disse: "Não sei como você consegue falar por tanto tempo de assuntos tão insignificantes." Ele me olhou. Acho que não ficou muito satisfeito. Disse: "Desde meus dias na prisão, quando eu lia muito, tenho muitas idéias sobre as coisas."

— Você sente pena dele agora?

— Bem, eu esperava que isso acontecesse... que ele fosse derrubado... se não este ano, então no próximo. Se não pelos americanos, pelos iraquianos. Porque o sistema estava corrompido de cima a baixo. Mas preciso dizer o seguinte: ele não concordava com o abuso de cargos dos guardas e parentes. Mas no fim, fizeram o que se viu. Ninguém ousava contar-lhe sobre a corrupção de Udai, por exemplo. Udai não apenas era violento, mas um criminoso. Um dia, mandou um homem pegar um dos nossos elevadores do hospital, para seu hospital, o Olímpico, do qual se apossara, roubara do Estado, na verdade, sem conhecimento do pai. Transformou-o num hospital particular, para ganhar dinheiro. E trouxe cirurgiões franceses para operarem lá. Mas ele não tinha equipamento algum para os médicos trabalharem, e então começou a pegar instrumentos de outros hospitais. Eu recusei quando ele tentou levar um dos nossos. Um dia seu assistente chegou e disse: "Eu gostaria de levar seu elevador, que não está funcionando, para o hospital de Udai." Recusei. Disse que o elevador seria consertado e que precisávamos dele para nosso hospital. Udai ficou furioso. Mandou seu assistente de volta, que me ameaçou. O presidente ficou sabendo disso e formou um comitê para investigar como Udai havia adquirido seu hospital. Nos escritórios da administração do palácio, vi uma carta de Saddam Hussein ao filho, dizendo-lhe para abster-se dessas ações e deixar a propriedade pública em paz. "Por suas ações, as pessoas não apenas têm falado contra você, mas contra mim", disse. Mas no fim nada foi feito, e o hospital Olímpico tornou-se até mesmo oficial. Deixar Udai fazer o que fez foi um dos maiores erros de Saddam, porque humilhou muitos iraquianos, muitos oficiais. Udai, acho, era 90% do problema de Saddam.

Perguntei a Bashir se ele se arrependia de ter sido médico de Saddam.

— Como médico, a gente precisa tratar uma pessoa, seja ela boa ou má — respondeu ele. — É exatamente igual a ser eletricista: fazemos nosso trabalho como médico, só isso.

— Mas você sabia das coisas que ele havia feito...

— Sim! — disse Bashir. — Às vezes eu pensava comigo mesmo: "Ele é um criminoso", e tinha um diálogo comigo mesmo: "Será este o mesmo homem que faz essas coisas?" Concluí que ele devia ter dupla personalidade... Um dia ele me pediu que eu tratasse de um menino queimado que lhe fora trazido em busca de ajuda pela mãe. Era uma queimadura antiga, no rosto, que o deixara horrivelmente desfigurado. Então ele me chamou e, descrevendo o menino, perguntou-me o que eu poderia fazer por ele. E começou a chorar. Verdade! Pegou lenços de papel e enxugou o rosto. Estava chorando de verdade.

Bashir disse que só vira a "outra" personalidade de Saddam uma vez.

— Um dia fui chamado para ir vê-lo. Eram umas dez horas da manhã. Ele estava diferente. Em geral tem uma pele muito clara, você sabe, aquele tom de pele branco-esverdeado, mas dessa vez estava com o semblante escuro, arroxeado e congestionado, e parecia muito cansado. Cumprimentei-o. Ele não sorriu, nem disse nada. Eu fora lá examiná-lo por causa de uma operação que fizera em seu pé alguns dias antes. Em geral ele me cumprimentava, perguntava pela minha família e convidava-me para sentar, e nós conversávamos sobre coisas atuais, às vezes bebíamos chá... Dessa vez, porém, não houve nada. Assim, fui direto ao que me levara lá. A única coisa que ele me disse foi: "Estou muito cansado, quero ir dormir." Mais tarde nesse dia, compreendi o que era. Um líder muito importante do exército fora executado. O próprio Saddam talvez houvesse participado do seu interrogatório. Chamava-se Kamal Sachet. Foi acusado de traição. Isso aconteceu por volta de 1998... Às vezes, você sabe, ele mandava executar pessoas e depois se descobria que era falso... um erro... e a pessoa era oficialmente ressuscitada de "traidor" para "mártir". Essas coisas são tratadas com discrição e em geral se apresentam desculpas à família, que é quase sempre compensada e recebe uma gorda pensão. Se o homem for um traidor, a família não ganha nada, nem sequer uma pensão.

Ala Bashir revelava um certo orgulho ao recordar as palavras elogiosas de Saddam. Não pude deixar de pensar que a constante lisonja do ditador tivera um efeito sedutor. Quando lhe perguntei o que achava que Saddam via em sua arte, ele respondeu:

— Não sei. Ele nunca explicou.... Sempre a elogiava, dizendo que era "genuína". Dizia: "Eu não a compreendo, mas é genuína e honesta, e acho que é a melhor arte deste país." Certa vez chegou até a dizer: "Da história do Iraque." — Bashir riu ambiguamente. Acrescentou: — E ele nunca me obrigou a fazer coisa alguma. Mas pediu que eu fizesse coisas, com muita delicadeza. Por exemplo, em 1991, disse-me que tinha tido um sonho. E contou: "Sonhei que estava andando numa floresta. Estava escuro. De repente vi uma enorme cobra avançando em minha direção. Eu e meus guardas matamos a serpente. Cortei a cabeça dela e algumas gotas de seu sangue mancharam minha roupa." Disse: "Gostaria que você fizesse uma pintura sobre esse sonho." — Bashir concordara em pintar seu sonho, mas, como com o *Épico de Saddam* mais tarde, não se apressou em fazê-lo.

— Seis meses depois ele me viu e perguntou sobre a pintura, e eu disse que tinha feito alguns esboços, mas a verdade era que não gosto de fazer retratos, nem qualquer coisa que me pedem. Então em 1996 fui vê-lo por causa de uma lesão de pele que ele tinha e Saddam disse: "Escute, Ala, e aquele quadro? Você vive dizendo 'dois ou três meses', e já estamos esperando há muito tempo; faz cinco anos." Parecia meio contrariado. Eu disse: "Já estou quase terminando o esboço." Então fui para casa e terminei, e pedi a um amigo, um bom pintor, que me ajudasse a pintar o quadro. Ele pintou, de fato, e eu dei os toques finais. Depois eu lhe entreguei o quadro e ele ficou muito feliz. Pendurou-o no Museu do Líder do Triunfo, onde todos os seus presentes pessoais eram expostos.

Contei-lhe sobre minha visita ao museu, e disse que todas as obras de arte haviam sido roubadas ou destruídas. Ele assentiu, em silêncio. Com exceção desse quadro do sonho de Saddam, disse-me, jamais fizera um retrato de Saddam Hussein. Acreditava ser o único artista iraquiano que podia fazer essa afirmação. Culpava os bajuladores em torno de Saddam pelo frenesi nacional de retratos e esculturas do presidente. Tampouco a arte e a decoração em seus palácios eram escolhidas por Saddam, disse.

— Era o pessoal no escritório da administração do palácio, os encarregados de decorar e mobiliar seus palácios, que escolhia as obras de arte. Compravam de inúmeros artistas iraquianos... A única coisa sobre a qual me pediram opinião foi o palácio Salaam, com as quatro cabeças, onde ele exibe em cima da cabeça a mesquita de Al-Aqsa, o Domo da Rocha. Quando elas estavam em fase de conclusão, o pessoal da administração do palácio me disse que o presidente fora vê-las e dissera que não gostara da forma como se encaixavam no prédio, e disse: "Mandem chamar Ala. Eu quero a opinião dele."

"Então dei minha opinião. Falei que era um lixo. Eles haviam posto as cabeças de bronze projetando-se espetadas para fora do edifício, de uma forma que precisavam ser suportadas por barras de metal. Parecia uma montagem publicitária para a Mitsubishi, ou coisa que o valha! Ainda instalaram espadas cruzadas feitas de bronze e uma série de palmeiras também de bronze ao longo do telhado entre as cabeças. Ficou muito feio. Eu disse que aquelas coisas não combinavam com o palácio e recomendei que retirassem tudo, inclusive as cabeças. Uma semana depois, o sujeito do palácio disse que o presidente aparecera e ouvira o que eu dissera e concordara: 'Talvez ele tenha razão.' Ordenara a remoção das palmeiras e das espadas, mas conservara as cabeças." Bashir deu uma de suas risadas ambíguas.

Alguns dias depois, encontrei Bashir com um ar meio preocupado. Isso era muito raro, pois ele em geral mascarava muito bem seus sentimentos. Perguntei-lhe se havia algum problema. Ele assentiu. Disse-me que estivera assistindo ao canal Al Arabiya na TV por satélite de seu sobrinho e vira a filmagem do interior saqueado e vandalizado do Centro de Artes Saddam, a galeria nacional de Bagdá. Quase duas dúzias de seus melhores quadros faziam parte da coleção permanente da galeria, disse. Ele viu que seus trabalhos haviam sido reduzidos a tiras. Aquilo o deixara muito deprimido.

— Eu me exercitei para não ser triste, porque tudo na vida é provisório. Mas a destruição que vi me confirmou como os seres humanos são ignorantes. Basicamente, não estamos muito longe da Idade da Pedra. —

Comentou que Barzan al-Tikriti adquirira 12 de seus quadros, e que eles deveriam ter igualmente desaparecido, pois a casa de Barzan em Bagdá também fora saqueada e incendiada.

Ala Bashir falou-me de um sonho que tivera uns oito anos antes.

— Havia um céu e um deserto enormes. Milhares de pessoas se espalhavam por esse deserto. Todas estavam despidas. Em pé, cada uma delas lavava um corpo nu estendido numa mesa diante de si. Eu estava atrás delas. No primeiro plano, vi pessoas escavando a terra, à procura de corpos. Escavavam para retirá-los e levarem os corpos de seus próximos. Vi mulheres, crianças e homens, todos chorando, tentando todos levar os corpos à mesa e lavá-los. Fiquei muito assustado. Depois eu também estava escavando, à procura de meu pai, e sentia muito medo, meu coração batia acelerado e o peito me apertava. Eu me perguntava como estaria o corpo dele. Finalmente encontrei-o. Eram apenas ossos, cobertos de pele, mas não pude reconhecê-lo, e o levei a uma mesa para lavá-lo. Então minha mulher me sacudiu e me acordou. Vi que eu tinha as mangas da camisa enroladas para cima. Estava suando e exausto. Parece que eu enrolara as mangas para não ficar respingadas enquanto eu lavava o corpo. Esse sonho nunca saiu da minha cabeça. Não sei, mas talvez fosse uma visão do Iraque agora. As pessoas em toda parte estão procurando seus próximos desaparecidos. Comentou que a cunhada percorrera toda Bagdá com a filha, ajudando-a na busca pelo marido desaparecido fazia uma semana. Haviam-no encontrado afinal dois dias antes, disse, enterrado na beira de uma estrada.

Cheguei à casa de Soheila certa tarde e encontrei toda a família reunida na entrada de automóveis, parecendo aflita. Um dos carros estava cheio de impressões de palmas de mãos ensangüentadas. Explicaram que haviam sacrificado um carneiro para agradecer a Deus por um milagre que ocorrera. O ritual e as impressões eram um antigo costume iraquiano. Soheila apontou para a janela de trás e para a janela lateral esquerda traseira, e vi as perfurações de balas. Na tarde anterior, uma das filhas de Soheila, seu marido e o filho pequeno haviam usado o carro para ir ao mercado próximo. O filho, que tinha uns sete anos e era muito pequeno para sua idade, se sentara no banco de trás, atrás do pai. De repente ressoaram disparos. Parecia que eles haviam avançado direto para o meio de um tiroteio entre duas quadrilhas de criminosos armados pelo espólio de um roubo. Uma bala entrara no carro dois ou três centímetros acima da cabeça do filho e saíra pelo vidro de trás. Se não fosse um menino tão pequeno, a bala teria arrancado o tampo de sua cabeça. (Alguns dias depois, um dos sobrinhos de Soheila por casamento, um homem que eu conhecera numa de minhas visitas à casa, foi morto num incidente semelhante.)

Ala Bashir vinha ficando cada vez mais preocupado com o contínuo caos em Bagdá e a visível má vontade, ou incapacidade, dos americanos para restaurar a ordem. Preocupava-o sobretudo a crescente presença pública de fundamentalistas muçulmanos, um grupo que Saddam sempre conseguira manter sob controle. Ele disse que vira na televisão via satélite imagens de uma manifestação antiamericana ocorrida na véspera (dias depois da derrubada da estátua de Saddam, elas haviam se tornado um acontecimento diário na praça Fardous) em que as pessoas gritavam: "Islã! Islã! Não à América! Não a Saddam!" Esse tipo de *slogan* o alarmava muito, disse, acrescentando:

— Para os americanos, agora começa o segundo estágio. O primeiro foi a mudança do regime de Saddam, e ela parece definitiva. Acabou. Agora vem a fase seguinte, onde eles estendem sua influência às diferentes partes da sociedade iraquiana. O negócio é que embora Saddam fosse muito duro e incisivo, ele também enfrentou problemas com as diferentes etnias e seitas iraquianas. Como então os americanos vão lidar com elas? Eles vieram com a língua da liberdade e dos direitos humanos, portanto não podem ser duros demais, ou serão acusados de ser iguais a Saddam. O que me preocupa é que eles não parecem ter um plano de ação. Por que deixaram tudo assim tão solto? Deixaram tudo sem nenhuma ordem, nenhuma segurança, já faz quase um mês agora. Jon, as turbas estão vagando por Bagdá, sem ninguém que se oponha a elas. Isso é muito estranho.

Na manhã de 20 de abril, enquanto Ala Bashir e eu conversávamos na sala de visitas da casa de sua irmã, os americanos apareceram. Uma das sobrinhas veio à porta dizer que um carro parara no portão da frente. Bashir pediu licença, saiu, atravessou a entrada de automóveis e abriu o portão. Olhei pela janela e vi três homens ocidentais brancos junto a uma caminhonete com o adesivo "TV" colado. Mas não eram jornalistas. Um deles usava uma calça cáqui, um tipo de colete preto de combate e um dispositivo mecânico na cabeça com um microfone acoplado, formando arcos em volta da boca, e carregava um fuzil de repetição. Andava de um lado para o outro, rondando a porta aberta do jardim e vigiando a rua, enquanto os outros dois falavam com Ala Bashir. Todos pareciam americanos. De botas esportivas e com o tipo de roupas informais que os americanos usam. Um deles tinha barba. Estavam fora do alcance do meu ouvido, por isso não pude escutar o que diziam. Uns vinte minutos depois foram embora, e Bashir voltou para dentro de casa.

Parecia meio exaltado. Disse: "Era o Charles." Charles era o nome de um americano amigo de seu primo Faleh, nos Estados Unidos. A segunda ligação que Bashir fizera em meu telefone Thuraya, depois que eu o encontrara, fora para Faleh. Na última vez que eu estivera com Bashir, durante o bombardeio de Bagdá, ele me disse que seu primo telefonara advertindo-o que tentasse sair da cidade se pudesse. Mas era tarde demais então. Até eu encontrá-lo na casa da irmã, Bashir não tivera mais nenhum contato com o primo, nem com qualquer outra pessoa fora do Iraque.

Após falar ao telefone com Faleh, Bashir agradeceu-me efusivamente e disse que o primo ficara muito grato e queria que eu ligasse para ele e lhe desse meu número, pois desejava me agradecer pessoalmente. Faleh também quisera saber se estaria tudo bem se alguns amigos dele, "pessoas que ele diz que querem me ajudar", fizessem contato com Bashir por meu intermédio. Mais tarde eu liguei para Faleh e lhe dei meu número. Ele foi muito amável e disse que agradecia minha ajuda, e o que queria acima de tudo era ter certeza de que o primo estava seguro. "Há outras pessoas que se importam com Ala e querem ajudá-lo", disse-me ao telefone. Elas entrariam em contato. No dia seguinte, quando eu estava com Bashir, recebi um telefonema de um americano que dissera chamar-se "Charles" e pedira para falar com ele. Entreguei-lhe o telefone. Depois, Bashir explicou que Charles era um homem que ele conhecia de suas várias viagens aos Estados Unidos, amigo do primo Faleh, com quem se encontrara socialmente algumas vezes.

Charles disse a Bashir que estava no Kuwait e logo chegaria a Bagdá. Informou-o de que ele e algumas "outras pessoas" que já estavam na cidade queriam conhecê-lo. Também perguntara se eu me incomodava de enviar-lhe as coordenadas GPS da casa da irmã de Bashir usando meu Thuraya, para que pudessem localizá-lo. Fiz isso. Quatro dias depois, Charles e os dois amigos apareceram.

— Então, quem é esse Charles? — perguntei a Bashir assim que ele entrou voltando do encontro no portão.

— Ele me disse que trabalhava para uma empresa de petróleo — respondeu Bashir. Lancei-lhe um olhar cético. Ele captou meu olhar e disse: — Mas suponho que provavelmente sejam todos da CIA. — Animando-se, acrescentou que se surpreendera ao reconhecer o segundo homem, não o da arma, mas o outro, de roupas civis. — Ele foi à minha exposição em Nova York, em 1998 — disse. Bashir fizera uma exposição naquele ano na Assembléia Geral da ONU, subvencionada pela delegação iraquiana, e recebera permissão para viajar e participar da abertura. Parecendo perplexo, acrescentou: — Mas o negócio é que, como ele estava sempre com os iraquianos da ONU, imaginei que trabalhasse com eles. Não o reconheci na hora, porque ele agora está de bigode. Fala um árabe perfeito, com sotaque libanês.

Sugeri a Bashir que era possível que o segundo homem fosse um agente da inteligência infiltrado na delegação americana da ONU no Iraque. Após ponderar um instante, ele disse:

— Sim, é possível. Lembro que, uns seis meses depois, dois dos iraquianos na embaixada pediram asilo.

Contou-me em seguida, rindo, que convidara os americanos para entrar, dizendo que tinha um amigo em casa, outro americano, e mencionara meu nome. Charles declinara respondendo:

— Não, obrigado, vamos ficar apenas aqui. — Haviam lhe explicado que tinham vindo apenas para fazer o contato inicial, em nome do primo, para ver se ele estava seguro. Teriam vindo antes, disseram, mas haviam ficado muito ocupados. Voltariam mais tarde na mesma noite, avisaram. — Disseram que queriam minha opinião sobre inúmeras coisas. — Também me perguntaram se havia algo que pudessem fazer por ele. — Eu disse que se pudessem me ajudar, visitando minha família na Inglaterra — onde estavam dois de seus três filhos (a esposa e a filha continuavam em Amã, mas tinham vistos de visitante do Reino Unido) — eu ficaria muito grato. Responderam que falaríamos disso e de várias outras coisas quando retornassem.

Comentei com Bashir que desconfiava que nossos dias juntos agora estivessem contados. Se seus visitantes fossem, como eu acreditava, da CIA, pretendiam interrogá-lo e sem a menor dúvida pedir sua colaboração para ajudá-los a encontrar Saddam Hussein e outros fugitivos iraquianos. Ele riu, descartando a idéia, e assegurou-me que, fossem eles quem fossem, ele era dono de si mesmo, e eles não poderiam impedi-lo de me ver. Eu estava pessimista e lhe disse isso.

Foi exatamente como pensei. Assim que começaram as reuniões de Ala Bashir com os americanos — às vezes na casa de Soheila, mas em geral em sua própria casa no bairro de Al-Jihad, e em locais não especificados em outras partes — passamos a nos encontrar com menos freqüência, e ele foi ficando cada vez mais vago sobre o conteúdo de suas discussões. Mostrava-se incomodado quando eu o sondava, por isso parei de fazê-lo. Tive certeza de que lhe haviam pedido que não me contasse nada. Depois de alguns dias, porém, perguntei-lhe à queima-roupa o que eles queriam dele. Bashir disse-me que não haviam sido muito específicos, mas uma de suas idéias era que ele poderia ser útil, por exemplo, ajudando na reconstrução do danificado Ministério da Saúde do Iraque. Ele tinha uma expressão pouco sincera no rosto, e não parecia feliz. Sentia-se claramente culpado por mentir para mim, e por isso parei de insistir que se abrisse comigo. Continuamos a nos encontrar, sem tensão, para almoços com seus parentes e conversas sobre sua vida passada, a família, Saddam, e suas visões da vida. Dia sim, dia não, íamos à casa de Samir Khairi.

Com a queda de Saddam, a casa de Samir transformou-se num tipo de ponto de encontro concorrido, com uma multidão de amigos chegando, saindo e ficando num fluxo constante, fofocando sobre os americanos e os fatos mais recentes, e também conspirando e ruminando sobre seus próprios futuros. Como de hábito, a TV estava ligada no volume máximo, e todos assistiam aos canais de notícias por satélite, alternando entre a Al Jazeera, Al Arabiya, CNN e BBC. Sempre que Bashir e eu aparecíamos, Samir em geral nos obrigava a ficar para refeições iraquianas excessivamente abundantes de arroz, carneiro, saladas, beringela, feijão vermelho, preparadas com molhos variados, seguidos de café ou chá e mais conversa. À noite, tomava-se araca, ou uísque.

Quase todos os amigos de Samir eram pessoas como ele, da nomenclatura do *ancien régime*, a maioria antigos membros do partido baathista, oficiais militares, ou funcionários do Ministério de Relações Exteriores que haviam ficado de repente desempregados e se perguntavam o que o futuro lhes reservava. Um deles era o irmão do próprio Samir, capitão da Força Aérea, que fugira de Tikrit antes da chegada dos fuzileiros navais dos EUA e esperava receber a qualquer momento uma intimação para voltar ao trabalho. Num outro dia, conversei com um piloto de caça da Força Aérea iraquiana. Ele me falou de um amigo seu que estivera na prisão e acabara de voltar para casa. Durante anos, servira como uma espécie de cafetão ou aliciador de mulheres para Udai Hussein. Alguns meses antes, haviam tido um desentendimento, e Udai punira o amigo mandando cortar-lhe a ponta da língua. O surpreendente era que o tal oficial seu amigo, disse ele, estava começando a pronunciar sons e voltar a falar. Era difícil entendê-lo, mas a cada dia que passava ele falava de forma mais compreensível.

Outro dos visitantes assíduos de Samir era Muhammad Jaffar, um vizinho seu que falava muito bem inglês. Homem irritantemente falastrão, editor de revistas de indústria e comércio e ex-diplomata, deleitava-se em salientar tudo que os americanos haviam feito de errado desde sua chegada. Vaticinava apenas ruína e sofrimento para os americanos no Iraque.

— O futuro é negro — disse-me Jaffar, sorrindo com afetação. Quando lhe perguntei por que, respondeu que, como os americanos obviamente não conheciam nada da sociedade iraquiana, cometiam muitos erros. — Estão sentados numa bomba-relógio — disse, observando a crescente agitação dos clérigos xiitas e o fato de os americanos não agirem rápido o bastante para cortar-lhes as asas. Ato contínuo, disse-me que ao mesmo tempo, para pessoas sensatas como ele, o "novo Iraque" oferecia boas oportunidades de negócios. Esperava expandir sua empresa editorial e, se tudo corresse bem, até lançar uma nova revista de economia do Oriente Médio. Eu disse a Jaffar que ele parecia se contradizer. Ele sorriu e comentou alguma coisa sobre "a dualidade" do caráter iraquiano. — Essa é outra coisa que os americanos não entendem. — Sorriu para mim, como se guardasse um segredo que talvez fosse revelar em alguma ocasião futura.

Ouviram-se grandes exclamações de escárnio de Samir e seus amigos, inclusive Bashir, no dia em que o ministro de Finanças iraquiano foi capturado e posto sob custódia pelas forças armadas americanas. Quando o apresentador do noticiário da CNN citou autoridades do governo Bush dizendo que esperavam que a captura os ajudasse a encontrar os bilhões de dólares que Saddam supostamente roubara do Iraque e estocara em contas estrangeiras, Bashir disse:

— Esse sujeito é um ninguém, um nada. Não vão encontrar coisa alguma por intermédio dele. Acham mesmo que Saddam Hussein e sua família usavam esse homem para esconder seu dinheiro? — Todas essas transações, disse ele, eram feitas diretamente pelos membros da família Hussein ou por seus representantes pessoais.

No dia em que Barzan al-Tikriti — que não havia, afinal, sido morto — foi capturado pelos americanos e a notícia transmitida na televisão, Samir ficou extático.

— Bom! Bom! — gritou. Mais tarde, quando saí de sua casa, acompanhou-me até lá fora. Enquanto meu carro se afastava, ele avançou e fez sinal para que parássemos. Aproximou-se da janela ao meu lado, curvou-se para dentro e disse em voz baixa:

— Se os americanos quiserem saber qualquer coisa sobre esse homem, diga-lhes que estou disposto a colaborar.

Samir fizera várias referências a Barzan nos últimos dias. Resmungou que ele já fora seu melhor amigo, mas o traíra, jogando-o na prisão sem motivo algum, e ele jamais o perdoaria por aquilo. Não dei quaisquer outros detalhes. Mas alguns dias depois, quando falou comigo no jardim, consegui fazê-lo sentar-se num canto tranqüilo de sua sala de estar, enquanto Ala Bashir e outros amigos assistiam à Al Jazeera, e conversar francamente comigo sobre Barzan, e sobre sua própria carreira na Mukhabarat.

Samir nasceu em Mosul em 1951, filho de um coronel da polícia. Estudara direito em Bagdá e obtivera um doutorado em lei constitucional em 1981. Por volta dessa época também começara a envolver-se com jornalismo, que descrevia como o outro grande amor de sua vida, trabalhando como editor de um jornal em Bagdá. Pouco antes de ele obter seu doutorado, Barzan al-Tikriti, que era então o chefe do aparato do serviço secreto de Saddam, chamara-o e perguntara-lhe o que ele planejava fazer. Samir dissera-lhe que queria lecionar na Faculdade de Direito da Universidade de Bagdá.

— Ele me convidou para ser editor de uma nova revista de língua árabe em Paris, intitulada *Kul al-Arab* (Todos os Árabes), com distribuição internacional. O dinheiro vinha do serviço secreto iraquiano, mas me disseram que não seria um órgão iraquiano, e sim um jornal para todos os árabes. — Samir aceitara, mudara-se para Paris e trabalhara como editor da revista de 1983 até 1991. — Foi um sucesso incrível, com distribuição para todo o mundo de língua árabe. — Sorria, visivelmente orgulhoso de sua realização. Então, em 1991, quando começou a Guerra do Golfo, ele fora preso pela polícia francesa, acusado de espionagem. Mantiveram-no dois dias na prisão e depois o deportaram de volta ao Iraque.

Depois de voltar a Bagdá, Samir foi nomeado diretor do Departamento de Pesquisa do Instituto Presidencial, uma sucursal da Mukhabarat, onde seu trabalho oficial era redigir resumos de livros e de publicações estrangeiros para Saddam Hussein, e também fazer análises para o presidente sobre assuntos internacionais. Permaneceu no emprego até 1993, quando Barzan, àquela altura embaixador do Iraque em Genebra, foi nomeado conselheiro político de Saddam Hussein. Samir foi trabalhar como diretor do escritório de Barzan no Ministério de Relações Exteriores. Sua verdadeira função, explicou, era servir como a ligação entre Barzan e o presidente. Continuou lá até 1998.

— Então Barzan voltou para o Iraque e os problemas entre nós começaram. Ele quis que eu me envolvesse com ele em uma tentativa para se tornar uma força política contra o filho de Saddam, Udai, a quem odiava. Udai se casara com a filha dele, e depois de apenas três meses a deixara. Eu não quis fazer parte de seu problema com Udai. Ele tinha esperanças de tornar-se o número dois abaixo de Saddam, mas não era realista. Depois dos filhos, Udai e Qusai, que eram o segundo e terceiro, várias outras pessoas, mais importantes do que ele, vinham antes de Barzan. Por isso, em 1999, ele criou um problema para mim e mandou que me pusessem na prisão. Fiquei preso dois meses e quatro dias. Os homens do presidente tinham medo de falar com ele sobre mim; o presidente nunca soube disso. Acabaram dizendo a Barzan que eu tinha de ser libertado, porque não tinham motivo algum para me manter preso. Fiquei na prisão de Mukhabarat em Mansour, e para ser franco com você, não foi tão ruim assim. Deram-me um quarto bom, com TV por satélite, e me deixavam ir para casa, discretamente, a cada dois ou três dias. Essa era uma das coisas estranhas de nossa ditadura, meu amigo. — Ele riu, com ar de confidência, como um estudante contando a um amigo que fez gazeta.

Apenas seis meses depois de sua libertação, Barzan convidou Samir a comparecer a uma cerimônia fúnebre para a esposa falecida, que morrera de câncer dois anos antes na Suíça, onde seu corpo fora conservado num refrigerador enquanto ele preparava um túmulo para ela em Owja, a aldeia da panelinha presidencial perto da cidade de Tikrit.

— Ele insistiu para que eu fosse — disse Samir. — Eu não queria ir. Fui conversar com meu pai, e por uma das poucas vezes na minha vida aceitei seu bom conselho. Ele disse que eu deveria ir, que era óbvio que Barzan queria me pedir desculpas. Então eu fui. E foi exatamente o que aconteceu. Ele me pediu desculpas.

Após sua paz formal com Barzan, Samir voltou ao emprego no escritório de pesquisa presidencial. Naquela época, não tinha mais ligação alguma com o escritório. Enquanto isso, continuou Samir, o presidente passara a valorizar seu trabalho.

— O presidente tinha grande respeito por mim. Sempre lia tudo o que eu escrevia, e três vezes mandou-me meio milhão de dinares como gratificação pelo meu trabalho. — Ele permanecera nesse cargo até dezembro de 2002, quando, como um prêmio pelo seu trabalho, comunicaramlhe que ele seria nomeado embaixador e lotado no Ministério de Relações Exteriores, onde trabalhou como assessor de imprensa de Naji Sabri al-Hadithi.

Samir gabou-se um pouco sobre o trabalho que fizera para Saddam Hussein. Suas análises haviam se concentrado nas relações do Iraque com os Estados Unidos.

— Não posso lhe mostrar agora, porque ainda sou leal ao Estado, mas quero lhe dizer que escrevi três relatórios para o presidente no ano passado, o último há apenas três meses. Dizia ao presidente que os americanos atacariam o Iraque e que não tínhamos nenhuma chance de resistir a eles. — Mas o braço direito e chefe dos guarda-costas de Saddam, o general Muhammad Abed, recusara-se a entregar seus relatórios ao presidente, disse Samir. — Como todos os demais, ele tinha medo de dizer-lhe a verdade.

Perguntei a Samir por que ele estava disposto a colaborar com os americanos contra Barzan.

— Não é por causa de nada que ele tenha me feito — disse Samir, enfático. — Acredite em mim. É porque quando foi chefe da Mukhabarat, ele matou pessoas inocentes demais. E você precisa contar isso aos responsáveis nos Estados Unidos. Ele deve ser levado para Guantánamo; é um criminoso. Matou muita, muita gente inocente, quantas exatamente eu não sei, mas centenas.

— Pessoalmente?

— Presenciava as cerimônias de matança, sim.

— Então como você pôde trabalhar para ele, e para Saddam, sabendo o que sabia sobre eles e sobre o que faziam?

— Realmente eu não tinha escolha. — Samir encarou-me com intensidade, e sua voz tinha um tom suplicante. — Porque, como me conheciam, eu temia por minha família, minha mãe, pai, irmãos, irmãs, até meus primos. Se eu saísse do país, eles iriam machucá-los. E se eu ficasse aqui e não trabalhasse para eles, poderiam me matar a qualquer momento. Você sabe que eles mataram gente demais, Jon Lee.

Enquanto Ala Bashir jamais se juntara ao Partido Baath, Samir era baathista e muito orgulhoso do fato.

— Entrei para o Partido Baath em 1973, e até agora acredito nos princípios do partido — disse-me ele. — Os princípios da unidade árabe, da economia socialista e da liberdade. Mas esses princípios nunca foram cumpridos por causa da tomada do poder por Saddam Hussein em 1979, quando ele se tornou presidente. Até então, ele fingira respeitar esses princípios. Mas quando se apoderou do partido, em 1979, executou mais de 22 pessoas, que eram os verdadeiros líderes. Durante anos, Saddam Hussein disse que o Partido Baath era a autoridade suprema no Iraque. Isso não era verdade. Era uma família que detinha o poder, a dele, e ele usou o partido para dar legitimidade política à família. O partido tornou-se uma espécie de aparato do serviço secreto; era esse o papel que exercia na sociedade iraquiana. Saddam Hussein formou o grupo de comando do partido como o único com autoridade na sociedade, mas de fato nunca deu uma oportunidade à *intelligentsia* que tinha feito parte do partido em 1968 (data da revolução baathista). Os que receberam postos de comando não eram nada. Na verdade, Jon Lee, os princípios do Partido Baath são muito bons para nossa sociedade, defendendo a liberdade, a autonomia e o respeito a todas as religiões... Por isso é que várias das pessoas de formação superior, como eu, se tornaram baathistas na universidade. — Ele esperava com fervor, disse-me Samir, que os americanos vissem que os baathistas tinham um papel a desempenhar no Iraque e mantivessem o partido vivo.

Certa manhã, Ala Bashir, Samir e eu conversávamos na casa de Soheila, quando Sabah irrompeu de repente na sala de estar. Era um comportamento incomum. Em geral, ele me esperava no carro, ou então no jardim. Muito agitado, trazia agarrada uma pasta de papel pardo cheia de papéis. Foi direto até Bashir e atirou a pasta em seu colo. Falava depressa, as faces afogueadas de emoção, e a voz alta. Ouvi as palavras "Taher" e "Mukhabarat". Bashir continuou impassível ao começar a examinar os papéis na pasta, como claramente Sabah lhe pedira que fizesse. Samir parecia ter se imobilizado na cadeira.

Sabah atravessou a sala e desabou ao meu lado no sofá. Respirava de uma maneira ofegante. Agarrou meu braço, e em seu inglês capenga disse-me que tinha comprado o dossiê do irmão desaparecido, Taher, de um oficial da Mukhabarat que morava perto de sua casa. O agente estava vendendo os arquivos de prisioneiros e desaparecidos às famílias. O de Taher lhe custara 100 dólares.

— Jon Lee — começou ele, com a voz entrecortada —, eles mataram Taher assim, com corda. — Envolveu o pescoço com as duas mãos. Soluçou um pouco, mas conseguiu se controlar, e ficou olhando para Ala Bashir com expectativa. Queria saber o que fora feito com o corpo do irmão, mas se sentia nervoso demais para ler corretamente os documentos. Bashir logo encontrou a página relevante. Leu-a em voz alta. Era a certidão de óbito.

Taher havia sido executado, disse Bashir, por ser membro do partido comunista iraquiano. Fora executado mais ou menos um ano depois de desaparecer, mas o documento não dizia onde o corpo estava enterrado.

Sabah baixou a cabeça por um momento. Então se levantou, agradeceu a Bashir, tomou a pasta dele e saiu. Bashir e Samir ficaram ali sentados, em silêncio.

Certo dia, Ala Bashir pegou um livro, *Lenin's Embalmers* (Os Embalsamadores de Lenin), de sua biblioteca, e pediu-me que o lesse. Era um relato da mumificação de Lenin, escrito por um homem, um judeu russo, que ajudara o pai a realizar o embalsamamento e a dirigir o laboratório no mausoléu dedicado a manter o corpo de Lenin na perpetuidade. Bashir ficara impressionado com a semelhança entre a Rússia de Stalin e o Iraque em que vivia.

— É exatamente a mesma coisa, exatamente! — exclamou. — Fiquei pasmo. — Havia uma fotografia do corpo embalsamado de Lenin na capa, e as fotos dentro do livro mostravam a construção do mausoléu na Praça Vermelha. Na década de 1920, houvera um concurso arquitetônico para a construção de um novo mausoléu, e no livro estavam algumas das reproduções dos projetos finalistas. Pareceu-me haver alguns paralelos excepcionais entre os desenhos criados para o mausoléu soviético e a bestialidade necromântica do monumento *Épico de Saddam* que Bashir projetara. Perguntei-lhe se ele se julgava, num certo sentido, o embalsamador de Saddam. Bashir lançou-me um olhar rápido e virou o rosto. Riu, mas não disse nada.

Explicou que lera o livro quando fora a Moscou visitar o instituto de embalsamamento. Viajara a pedido do amigo Barzan al-Tikriti. Bashir encompridou a mesma história que Samir me contara, de Barzan manter o cadáver da mulher num refrigerador em Genebra durante anos, enquanto lhe construía um tipo de mausoléu em Tikrit.

— Há dois anos, ainda continuava inacabado, e ele me disse que já tinha gastado mais de 5 milhões de libras nele. É uma coisa incrível. Então me pediu para pesquisar a idéia de mandá-la ser embalsamada pelo instituto em Moscou. A idéia era que ele a poria em exposição no mausoléu, mas só para a família e os amigos.

Segundo Bashir, não fora fácil obter permissão para a visita ao instituto, que era um dos edifícios mais seguros em que ele já entrara. Cada porta tinha fechaduras que precisavam ser abertas com chaves especiais. As únicas outras pessoas lá eram alguns assistentes. Descreveu como foi conduzido por um corredor vazio até uma câmara ladeada por cabeças humanas decapitadas. No santuário interno, mostraram-lhe um corpo que estava sendo embalsamado. Os herdeiros dos embalsamadores de Lenin explicaram que sobreviviam fazendo serviços semelhantes para mafiosos russos. A *pièce de résistance* de sua visita foi quando os embalsamadores apertaram um botão, uma seção do piso se abriu e uma plataforma se ergueu das profundezas, com Lenin pousado em seu caixão de vidro. Ele era removido periodicamente do mausoléu na Praça Vermelha, e renovado pelo grupo de cientistas que o preservavam para a posteridade.

Perguntei o que acontecera quando ele levara as informações para Barzan al-Tikriti.

— Pareceu-lhe caro demais — explicou Bashir. Lembrou que o embalsamamento custaria cerca de 5 milhões de dólares.

No final de *Lenin's Embalmers*, o autor especula que ele e o pai escaparam da morte durante um dos mais perigosos períodos da história moderna porque, ironicamente, estavam perto demais da origem do terrível poder que destruiu tantas pessoas. Eles eram úteis. Perguntei a Bashir se ele considerava seu relacionamento com Saddam uma colaboração autoprotetora semelhante à dos embalsamadores judeus de Lenin. Ele se animou e se entusiasmou com o tema.

— Você é muito inteligente por ter observado isso — disse, com um sorriso radiante. Continuando a falar, percebi que seu entusiasmo se devia a uma compreensão errônea de que eu finalmente abraçara suas opiniões sobre o sub-reptício oportunismo dos judeus e seu antiqüíssimo plano para governar o mundo. Bashir disse:

— O livro mostra que os judeus em toda parte, mesmo na Europa, onde são ricos, têm de ser úteis, seja de forma deliberada ou inconsciente, para se protegerem. — Tentei trazê-lo de volta a uma discussão dos paralelos entre sua condição no Iraque de Saddam e a dos embalsamadores judeus na Rússia soviética, mas ele não concordava com nada. — Não há realmente nenhuma comparação — disse. — Acima de tudo, eu venho de uma tribo muito forte aqui, portanto seria muito difícil o pessoal de Saddam me fazer algum mal ou me perseguir. Mas a verdade é que o que me deu proteção contra seus guardas foi o fato de que ele me respeitava muito; respeitava mesmo.

Bashir comentou que via como uma estranha sutileza do destino o fato de haver sido escolhido para ter um relacionamento singular com Saddam Hussein durante duas décadas. Conservara documentos e cartas e anotara coisas, disse, e esperava ser capaz de escrever a história do que acontecera em seu país, para que ela não voltasse a acontecer fosse lá onde fosse.

— É estranho como um sistema pode se tornar tão ruim que ninguém, nem uma única pessoa, consegue mudá-lo.

Durante várias semanas após a queda de Bagdá para os americanos, a cidade permaneceu suspensa num estranho limbo entre seu passado e seu futuro. Não houve um único momento definido de catarse nacional que significasse uma ruptura com o passado. A derrubada da estátua de Saddam na praça Fardous simbolizara muita coisa para as pessoas no exterior, e talvez sobretudo para os americanos que testemunharam o momento nas telas de televisão, e que acreditaram que ele assinalava o fim da guerra no Iraque. Mas para a maioria dos iraquianos, que sabiam que o próprio Saddam evitara a captura e ainda era capaz de infligir grandes danos, o acontecimento fora um espetáculo secundário inteiramente irrelevante. Enquanto isso, eles eram obrigados a assistir, como espectadores passivos, ao saque e ao vandalismo em massa de sua capital. Seus libertadores americanos assistiam passivamente junto com eles.

No mesmo dia em que o general Tommy Franks chegou a Bagdá e deu ao presidente Bush um telefonema congratulatório dos terrenos devastados do complexo do palácio presidencial bombardeado de Saddam, hordas de saqueadores, não muito longe, continuavam espoliando alguns armazéns do governo junto à Feira Internacional do Comércio de Bagdá. Retiravam sacos de 50 quilos de açúcar e de chá nas costas, punham-nos em carros e vendiam-nos a preços reduzidos a motoristas de passagem. Vi um burro novo caído morto na passarela que acompanha a ponte Jumhuriyah sobre o Tigre. Perguntei-me se era o mesmo que ouvira zurrando durante toda a campanha do bombardeio. Não o ouvira desde que a guerra terminara.

Nessa noite, o Ministério do Planejamento, que já fora bombardeado do ar e depois inteiramente saqueado e parcialmente incendiado, de algum modo pegou fogo mais uma vez. No crepúsculo, uma grande coluna de fumaça preta subia das janelas superiores. Na manhã seguinte, ao atravessar a ponte Jumhuriyah para o lado ocidental de Bagdá, notei um camelo novo cor de ferrugem solto. Seguia pela rua ao lado de um pequeno parque com uma escultura de fonte em bronze de meninas iraquianas com jarros de água. O camelo parou placidamente ali na rua, enquanto um grupo de pessoas lhe dava grama recém-cortada para comer. Eu soube mais tarde naquele dia que ele escapara do jardim zoológico no parque Zawra, a cerca de 1,5 quilômetro de distância. Uma unidade de fuzileiros navais estacionados ali alimentava os leões, o tigre e um urso. Dois dias antes, saqueadores haviam aberto as jaulas da maioria dos outros animais e os haviam roubado, com exceção dos macacos, que escaparam pelo parque, onde se instalaram nas árvores.

Certa noite, *Madame* Sabah enviou uma refeição iraquiana especialmente preparada para Paul e eu. Sabah pegou-a em casa e a trouxe para o hotel. Chegou na porta e largou as panelas com a comida. Então, de repente, começou a chorar feito uma criança. Lágrimas escorriam-lhe pelas faces, e ele chorava copiosamente. Seu corpo se sacudia, e ele gemia, soluços dilacerantes, e ofegava. Repetidas vezes chamava em voz alta o nome do irmão Taher. Eu o abracei e confortei até ele parar.

O Al-Rasheed fora salvo, afinal. Após um dia de saque, os americanos se mudaram para lá, cercaram-no com cordas e guardaram-no com tanques. Sabah ficou muito satisfeito ao ver isso, embora não pudesse mais trabalhar no hotel. Em seu nervosismo, deixou escapar que o Serviço de Carros Al-Rasheed, a empresa para a qual trabalhara, era administrada pela Mukhabarat. Durante anos fora obrigado a pagar uma porcentagem de seu salário à polícia.

— Chega de Mukahabarat, chega de comissão. — Ele riu. Não via a hora de ser seu próprio patrão pela primeira vez, disse, e com alguma sorte talvez conseguisse poupar dinheiro o bastante para comprar o carro de seus sonhos: uma caminhonete GMC Suburban, como as usadas pelas equipes de noticiários de TV e pelos motoristas que levavam passageiros pelo deserto de Bagdá à Jordânia.

Depois da queda da cidade natal de Saddam, Tikrit, meu amigo Thomas Dworzak, o fotógrafo, chegou a Bagdá num jipe dirigido por dois curdos iraquianos, com quem vinha descendo do norte havia alguns dias enquanto as cidades sob ocupação do governo começavam a cair. Thomas agradeceu aos acompanhantes, pagou-lhes e disse-lhes que estavam livres para voltar para o norte. Eles sorriram e pareceram perdidos quanto ao que fazer. A tarde já estava bem avançada, disseram, por isso achavam que deveriam encontrar um hotel para passar a noite. Falei-lhes do meu antigo e pequeno hotel, o Al-Safeer, logo adiante na rua Abu Nawas, que acabara de ser reaberto. Eles ainda pareciam confusos. Sabah escreveu-lhes algumas indicações em um bloco com inscrição oficial que apresentaram. Perguntei de onde era o bloco, e eles riram, satisfeitos, dizendo que haviam saqueado a estação de polícia em Kirkuk. Olharam sem expressão para todas as indicações que Sabah lhes dera, e eu lhes expliquei que, se eles se perdessem a caminho do hotel, perguntassem a qualquer um que encontrassem onde ficava o Al-Safeer, e eles lhes apontariam a localização certa. Eles ergueram as mãos para o alto, desculpando-se, e disseram:

— Não falamos árabe, só curdo e inglês. E nunca estivemos em Bagdá antes.

Enquanto essa cena ocorria, uma jovem americana, Marla Ruzicka, que eu vira pela última vez em Cabul depois da queda do Talibã, passou ali por perto. No Afeganistão, ela liderara esforços em busca de indenização para os parentes dos civis mortos em ataques de bombardeio americanos. Organizara certa vez uma acirrada manifestação diante da embaixada dos EUA recém-inaugurada lá, feito que lhe rendera um lugar na lista negra da embaixada. Ficara famosa entre jornalistas e trabalhadores voluntários ocidentais em Cabul por esses esforços e pelos talentos sociais na realização de várias e memoráveis festas de dança. Viera a Bagdá fazer a mesma coisa que fizera na capital afegã, disse, mas acrescentou, com um olhar desanimado, que os problemas do Iraque pareciam “muito mais complexos” do que os do Afeganistão. Entregou-me seu cartão. Lia-se: “Campanha de Compaixão pelas Vítimas do Iraque”. Marla brincou que também vinha tendo conversas com a gerência do Hotel Palestine sobre abrir uma boate ali, e acenou-me um alegre adeus.

Ali perto, alguns fuzileiros navais estavam de guarda atrás da longa espiral de arame farpado com que haviam bloqueado as ruas que levavam aos hotéis Palestine e Sheraton. Além de alojar o corpo de imprensa ocidental, que inchara às centenas de pessoas desde a queda da cidade, e trouxera para a cidade celebridades da mídia como o âncora da CBS Dan Rather e a correspondente da CNN Christiane Amanpour, os hotéis vizinhos haviam se tornado o quartel provisório dos fuzileiros navais dos EUA em Bagdá. Eles estavam em toda parte. As embalagens de plástico marrom de suas refeições prontas emporcalhavam o chão, e viam-se seus tanques, transportes de tropa blindados e jipes estacionados por toda a cidade. A maioria era jovem e educada, dizendo “senhor” ou “senhora” e desculpando-se quando diziam aos jornalistas que entravam e saíam do conjunto do hotel, isolado por cordões, que eles precisavam ser revistados. Quase todos também diziam que estavam cansados e prontos para ir para casa.

Nenhum dos oficiais de alta patente do ex-Ministério da Informação fora visto desde a noite anterior à chegada dos fuzileiros navais. Circulavam vários relatos sobre suas últimas horas no Palestine. Eu soube que, antes de fugir, Udai al-Taiee visitara as principais redes de televisão com alguns de seus capangas e exigira delas enormes somas em dinheiro. Segundo algumas versões, ele escapara com 200 mil dólares. Outras diziam que seu sub, Mohsen, tentara roubar do estacionamento do hotel a cara caminhonete registrada no Kuwait da equipe de TV francesa seqüestrada, mas fora frustrado no ato e depois perseguido a pé pela rua até ficar sem fôlego e ser derrubado. Ali, num ato de covardia final, Mohsen havia implorado a seus caçadores que o deixassem ir, rasgara de forma espalhafatosa seu cartão de filiação ao Partido Baath, e saíra andando, sozinho e derrotado.

Localizei vários dos nossos antigos acompanhantes oficiais, porém. Alguns haviam permanecido e se empregado com jornalistas como guias e tradutores *freelance*. Pareciam haver resistido sem muitos problemas à transição da era Saddam Hussein para a vida sob a ocupação americana. Certa manhã topei com Saalar, meu primeiro acompanhante. Ele parecia uma pessoa inteiramente diferente. Sempre fora um homem meio nervoso, e se vestia de modo bem conservador, mas agora transmitia um ar informal e esportivo, de calça *jeans* e óculos escuros moderninhos. Estava trabalhando para um importante jornal americano, disse-me. Exibia um enorme sorriso.

Certo dia, o barbeiro Karim apareceu no Sheraton. Trouxera uma sacola com todas as suas ferramentas, e queria cortar meu cabelo e fazer minha barba. A barbearia não fora danificada nem saqueada, e sua família passava muito bem, informou, só que não havia mais eletricidade, e sem luz ele não podia usar suas tesouras. Precisava trabalhar, por isso decidira me procurar. Assim que terminou o meu corte, Karim cortou o cabelo de Paul e de Sabah. Depois nós o apresentamos a outros amigos nossos, vários dos quais concordaram que ele lhes cortasse os cabelos, barbeasse e até fizesse suas excruciantes massagens faciais. Todos gostaram dele e lhe deram boas gorjetas, e Karim ficou muito feliz.

Alguns dos iraquianos que eu conheci não sobreviveram aos dias finais da guerra. Um deles foi Salaah, homem educado, bem-humorado e bonito, de cinqüenta e poucos anos. Ele fora o principal comissário de bordo da Iraq Airways, mas desde a Guerra do Golfo, e das sanções da ONU que impediram a frota de decolar, ele se tornara motorista de jornalistas ocidentais. Eu o vira um dia antes da queda de Bagdá, no saguão do Palestine. Estava acompanhado do filho adolescente, que nos apresentara. Quatro ou cinco dias depois, soube que a família de Salaah o estava procurando; ele não voltara para casa desde o dia em que haviam chegado os fuzileiros navais. Passados mais alguns dias, a mulher e as filhas encontraram seu carro na beira da estrada, com ele dentro, morto, aparentemente atingido num fogo cruzado entre fuzileiros navais e *fedaim*. Ele saíra para buscar na lavanderia a roupa do jornalista britânico para quem trabalhava na época, e estava a caminho do hotel para dizer-lhe que era perigoso demais continuar dirigindo para ele, e que iria ficar em casa enquanto durasse a guerra.

Uma semana depois da queda de Bagdá, Sabah foi para casa ver a família. Retornou na manhã seguinte, parecendo que andara chorando. A mãe, a mulher, os filhos, e os irmãos e irmãs haviam todos voltado para casa, disse, e passavam muito bem. Mas um de seus sobrinhos, motorista de caminhão, fora morto, aparentemente atingido por um foguete ou metralhado do ar pelos americanos no dia em que a cidade caiu, ou talvez na véspera. Ficara sumido por vários dias. Seu corpo fora encontrado depois que um vizinho passara de carro e reconhecera o caminhão na beira da estrada, todo perfurado a bala, e o encontrara estendido na rua. Aparentemente, ele passara dois dias sangrando até morrer dos ferimentos. Em meio a todo o caos, ninguém havia parado para ajudá-lo.

EPÍLOGO

Bagdá estava imunda, descuidada e tórrida quando lá voltei na terceira semana de junho de 2003. Havia menos tanques virados e veículos queimados nas ruas da cidade do que dois meses antes, mas grandes montes de detritos ainda se derramavam dos prédios bombardeados, e latas de estanho e sacos plásticos espalhavam-se por quase toda parte. O tráfego era denso e a maioria dos principais cruzamentos estava engarrafada, mas não se viam guardas de trânsito em lugar algum. Ao entrar na cidade de carro, passamos por um comboio blindado de soldados americanos em uniforme de combate completo, armas prontas. Quando Issam, o motorista que me trouxera da Jordânia, pegou uma rua lateral para chegar ao meu hotel, o Al-Safeer, na margem leste do Tigre, encontramos um homem grande com ar beligerante andando pelo meio da rua, com um revólver na mão. Issam contornou-o cuidadosamente.

Poucas horas depois da minha chegada, Sabah soube que eu estava na cidade e veio me ver. Informou-me o que acontecera enquanto eu estivera ausente. Nenhuma das notícias era muito boa. Sua esposa fora parar no hospital com uma crise de pressão, e a do barbeiro Karim sofrera um derrame parcial. Algumas semanas antes, ele próprio fora preso e detido por dois dias no aeroporto de Bagdá, onde os oficiais de alta patente das forças armadas e do serviço secreto do regime de Saddam eram mantidos prisioneiros. Ele fora levado quando soldados americanos que vasculhavam seu bairro haviam revistado sua casa e encontrado na garagem uma grande placa de bronze decorada com um baixo-relevo da cabeça de Saddam. Era uma lembrança de guerra que eu pegara durante a queda de Bagdá e deixara com ele para guardar em segurança. Sabah disse que não fora maltratado, mas tivera de sentar-se com centenas de outros homens no que descreveu como um grande hangar, e só havia bolachas de sal para comer e água para beber. Assim que o interrogaram e ele explicou por que a placa de Saddam estava em seu poder, ele foi libertado e lhe permitiram levá-la consigo para casa. Mas, enquanto ele estivera ausente, a mulher sofrera a crise de pressão, e não tivera condições de fazer muito mais do que descansar desde então.

Quando cheguei, não havia eletricidade na cidade há quatro dias. A explicação oficial para isso era que uma subestação fora bombardeada e ninguém conseguira consertá-la. A falta de eletricidade trouxera falta de água corrente, e, claro, desligara geladeiras e aparelhos de ar-condicionado. Havia também um racionamento no abastecimento de combustível, e enormes filas de carros e irritados motoristas esperavam horas em frente aos postos de gasolina. Como essas calamidades haviam coincidido com o início do quentíssimo verão iraquiano, com temperaturas bem acima dos 40 graus centígrados, os humores estavam seriamente no limite. A segurança também se deteriorara. Não era mais seguro andar pelas ruas do centro de Bagdá para sentar-se e tomar chá em seus cafés, ou percorrer os bazares e papear com os lojistas. Essas eram atividades a que eu me acostumara durante o governo de Saddam, quando, paradoxalmente, Bagdá era um lugar muito seguro para se visitar. Agora, soldados americanos vinham sendo mortos numa média de cerca de um por dia, e não muito depois de minha chegada à cidade um jovem jornalista britânico, Richard Wild, recebera um tiro à queima-roupa na nuca, disparado por um assassino perto do museu de História Natural. Na manhã seguinte, um soldado americano parado diante da Universidade de Bagdá foi assassinado exatamente da mesma forma. Logo depois, na cena do crime, seus colegas furiosos apontavam agressivamente suas armas e xingavam os espectadores e os repórteres que tentavam se aproximar. Em seu jipe militar, um deles rabiscara a giz: "O Culpado Deve Ser Punido."

Duas manhãs depois, corri à Universidade de Mustansiriyah de Bagdá, onde um jipe do Exército dos EUA acabara de ser atacado por alguém que disparara uma granada antitanque. Vários soldados haviam sido feridos. Jovens soldados americanos, nervosos com suas armas, haviam chegado e isolado a área em torno do veículo atingido e incendiado, e estavam ocupados revistando os carros e as pessoas na área. Observei que a maioria dos espectadores iraquianos lançava olhares insensíveis, e alguns pareciam se divertir. Mais tarde nesse dia, quando descrevi a cena a alguns amigos iraquianos, um deles respondeu cruelmente:

— O que é que os americanos esperam! Isso vai continuar assim por muito tempo, enquanto não resolvem a situação. Onde está a eletricidade, a água, e os empregos?

Por volta das dez da noite, uma hora antes do começo do cessar-fogo regular que durava até as quatro na manhã, Bagdá se tornava um lugar estranho, escuro como breu, e silenciosa, a não ser por um ocasional latido de cão e trocas de tiros esporádicas de armas automáticas ou o estardalhaço de helicópteros ao longo do rio. Certa noite, pouco antes do cessar-fogo, quando Sabah me levava de volta ao hotel, demos com uma caminhonete estacionada atravessada na rua, bloqueando nosso caminho. Vários homens em trajes civis estavam em pé na carroceria da caminhonete, e outros haviam se espalhado pela rua. Tinham nas mãos armas automáticas. Sabah parou nosso carro a cerca de uns 5 metros deles, e por um instante eles nos olharam fixamente, e nós a eles. Então, com um movimento quase imperceptível da mão, um dos homens mandou que nos aproximássemos. Sem nada dizer, e muito devagar, fomos até eles, e ao fazermos isso eu vi que a caminhonete tinha estampado do lado o que parecia ser um emblema da polícia. O homem me olhou desconfiado.

— Quem são eles? — perguntei a Sabah.

— Polícia, talvez — respondeu ele, sem saber direito. — Ou talvez Ali Babá — termo genérico no Iraque para ladrões. Sabah deixou claro que não havia nenhuma diferença para ele.

Quando eu partira de Bagdá no final de abril para visitar minha família na Inglaterra, as coisas continuavam tensas, mas o saque generalizado começara a arrefecer, e parecia que os americanos vinham aos poucos impondo o controle à situação. Então, no decorrer de vários dias no final de abril, logo depois que parti, soldados americanos haviam disparado suas armas em multidões de manifestantes, matando pelo menos 17 deles. As mortes, que ocorreram em Faluja, uma cidade sem aspectos marcantes de 20 mil habitantes, 80 quilômetros a oeste de Bagdá, acabaram sendo um histórico divisor de águas. Atacantes iraquianos retaliaram, matando dois americanos e ferindo outros em sucessivas investidas. Ao mesmo tempo, a violência logo se espalhou por outras cidades a norte e oeste de Bagdá, por toda a área muçulmana de predominância sunita conhecida como o Triângulo Sunita, e na própria Bagdá. No final da primavera, já se tornava claro que os americanos enfrentavam no Iraque uma revolta de guerrilha cada vez mais intensa, frustrando seus ambiciosos planos para remodelar o país num Estado democrático amigável.

No início de junho, quando eu estava em casa, na Inglaterra, recebi um telefonema de Ala Bashir. Sua esposa e filha continuavam em Amã, explicou, à espera de vistos para viajar para o Reino Unido. Ele disse que a situação no Iraque estava "muito ruim". Estava pensando em partir logo para juntar-se à família, como eles vinham implorando que fizesse, mas que por enquanto iria continuar em Bagdá, a pedido dos americanos. Disse alguma coisa vaga sobre eles precisarem de sua ajuda para pôr de pé o Ministério da Saúde do Iraque, que fora seriamente saqueado, e fazê-lo funcionar de novo. Eu ainda suspeitava que houvesse mais coisas no interesse dos americanos em Bashir do que ele deixava entrever, mas estava claro que ele não se sentia à vontade falando ao telefone, então ficamos por aí.

— Falaremos quando você voltar a Bagdá — disse.

Alguns dias depois do telefonema de Bashir, decidi retornar ao Iraque. Voei de Londres até Amã, ponto de partida da viagem por estrada de quase mil quilômetros pelo deserto até Bagdá. Quando cheguei, fui visitar a mulher de Bashir, Amal, e sua filha, Amina, que estavam hospedadas num pequeno hotel residencial. Amal confidenciou-me que o marido a visitara na semana anterior. Fora uma viagem muito breve, disse, e ele viera acompanhado por dois americanos, Charles e David, que raras vezes o deixaram fora de seu campo de visão. Perguntei-lhe o que os americanos pareciam querer dele. Tinha a ver com o Ministério da Saúde iraquiano? Amal sorriu e fez que não com a cabeça. Até onde ela percebera, disse, o principal interesse deles parecia ser o que Bashir sabia sobre Saddam Hussein. Arqueou as sobrancelhas num gesto de ceticismo. Ela não confiava nos novos amigos do marido, disse, e ressentia-se por eles o obrigarem a ficar em Bagdá. Por coincidência, acrescentou, o americano chamado David telefonara-lhe para dizer que acabara de chegar a Amã vindo de Bagdá e planejava ir vê-la. Ela o esperava a qualquer momento, disse Amal, e pediu-me com insistência para ficar.

Por curiosidade, fiquei. Cerca de meia hora depois, um americano magro, usando roupas casuais, subiu a rua até o café ao ar livre onde estávamos sentados. David parecia ter quarenta e poucos anos, e trazia em uma das mãos um objeto envolto num saco plástico. Cumprimentou polidamente Amal Bashir e sua filha Amina, apertou minha mão com um sorriso pálido e sentou-se à nossa mesa. Depois disso evitou contato direto com os meus olhos. Exagerando o peso do pacote que trazia, colocou-o pesadamente na mesa, e disse a Amal:

— Seu marido mandou isto. — Ergueu as sobrancelhas numa expressão de fingida desconfiança e brincou: — Eu não sei o que é; talvez seja a arma da destruição em massa que andamos procurando. — Amal e a filha sorriram sem graça da piada de mau gosto. Amal agradeceu a David e explicou que o pacote continha algumas de suas jóias, que o marido não mais julgava seguro deixar na casa deles em Bagdá. David assentiu, e então, ainda me ignorando, pôs-se a falar com Amal em árabe, com um forte sotaque. Após alguns minutos, tentei puxar conversa apresentando-me e perguntando o nome dele. Ele respondeu apenas "David", sem dizer o sobrenome, e tornou a voltar sua atenção para Amal.

Tive a nítida impressão de que David trabalhava para a CIA. Tornei a falar, e perguntei a David se ele acabara de chegar de Bagdá. Ele revirou os olhos teatralmente, assentindo, e disse:

— Ah, sim, acabei de chegar. — Como estavam as coisas, perguntei-lhe. — Muito ruins — disse ele, lançando-me um olhar direto. — Muito, muito ruins. — Parecendo relaxar um pouco, repassou uma lista de problemas: crime desenfreado, graves apagões, falta de combustível e água, e um aumento de ataques às forças armadas americanas. — Está uma bagunça — concluiu. Acrescentou que o moral andava baixo entre os especialistas americanos que haviam sido trazidos para governar o Iraque sob a Autoridade Provisória da Coalizão. — Por causa da situação, do calor, ou das duas coisas, muita gente está indo embora antes do tempo. — Daria tudo certo no fim?, perguntei. David jogou as mãos para cima e lançou-me um olhar sombrio. Perguntei-lhe se ele iria voltar para Bagdá. Ele assentiu. Perguntei se poderia falar com ele quando eu chegasse lá, ou se ele estaria fora do meu alcance. — Ah, acho que estou muito fora do seu alcance — disse ele, lançando-me um débil sorriso.

Eu disse a David que pretendia ir de carro a Bagdá, saindo de Amã cedo na manhã seguinte. Ele me desejou sorte, e recomendou-me ficar atento aos bandidos no trecho de estrada a oeste de Bagdá, entre as cidades de Ramadi e Faluja, na borda ocidental do Triângulo Sunita. A estrada tornara-se perigosa logo após a queda de Bagdá, e parecia que nada mudara. Dois jornalistas que eu conhecia haviam sido atacados e roubados por pistoleiros armados na mesma área apenas uma semana antes. Inexplicavelmente, as forças armadas americanas não patrulhavam a estrada, e os bandidos atuavam com impunidade. Perguntei a David se ele poderia me dar alguma dica especial para garantir minha segurança. Ele encolheu os ombros e balançou a cabeça.

— É tudo muito uma questão de sorte.

Na viagem no dia seguinte, tudo foi bem até alcançarmos um ponto no deserto, cerca de 200 quilômetros a oeste de Bagdá, onde o pneu traseiro direito da caminhonete Suburban GMC em que eu seguia estourou de repente. Viajávamos a cerca de 120 quilômetros por hora, e o carro logo começou a rabear, mas meu motorista jordaniano, Issam, com quem eu sempre fazia a viagem, conseguiu controlá-lo, freando-o devagar com um ruído metálico triturante. Saltou e começou a trocar o pneu por um novo, enquanto eu ficava de olho na estrada em ambos os sentidos. Vi, com alívio, que havia o que parecia ser um posto avançado militar americano a cerca de um quilômetro. Vários jipes militares e transportes de tropa blindados podiam ser vistos em volta de um conjunto de prédios murado. Então vi que dois carros que viajavam em nosso sentido de repente encostaram e pararam. Imaginei que os homens dentro dos carros fossem bandidos avaliando suas probabilidades: os soldados impediriam que nos roubassem, ou eles conseguiriam agir antes que os soldados reagissem?

Antes que qualquer um fizesse um movimento, Issam terminou de trocar o pneu e retomamos a estrada. Meia hora depois, quando nos aproximamos do trecho perigoso da estrada entre Ramadi e Faluja, Issam começou a suar profusamente. Metia nervoso o pé no freio e no acelerador, e me perguntou onde eu escondera meu dinheiro. Apontei para a caixa de lenços de papel que ele mantinha a seu lado no assento, e ele disse:

— Bom. Mas ponha alguns trocados no bolso para dar a eles, em todo caso. — Rodamos num silêncio tenso por cerca de trinta minutos, até ultrapassarmos Faluja e o deserto começar a dar lugar aos pobres arredores cobertos de mato de Bagdá. Por fim, Issam suspirou audivelmente, enxugou a testa, e disse que eu podia retirar meu dinheiro de sua caixa de lenços de papel.

Um dia ou dois depois da minha volta, visitei Bashir na casa de Soheila. Ele foi tão caloroso e amigável como sempre, mas parecia preocupado, nervoso. Perguntei-lhe como ocupava seu tempo. Ele me disse que andara atarefadíssimo, supervisionando a instalação de novas grades de segurança nas portas e janelas de sua casa, que fora recentemente arrombada e roubada quando ele viajara ao exterior em junho. Também fizera algumas operações de cirurgia plástica, a maior parte como favores a velhos amigos. Estava pensando se aceitaria ou não um convite do emir de Qatar, que ele conhecia pessoalmente, para ser o diretor de cirurgia plástica num dos melhores hospitais de Doha. A oferta vinha com um bom salário e moradia de graça. Confessou que se sentia cansado e precisava de uma mudança, e via que nada mais poderia fazer no Iraque. Tudo estava uma bagunça, e ele tinha pouca fé na capacidade dos americanos de restaurar o Iraque e devolvê-lo logo à estabilidade. Talvez o trabalho em Qatar, disse, não exigisse muito e fosse apenas coisa de uns dois meses, enquanto decidia o que fazer em seguida. Enquanto isso, recomeçaria a pintar, e talvez começasse a escrever suas memórias. Talvez fosse juntar-se à família na Inglaterra, talvez não. O maior desejo de sua mulher era que todos se estabelecessem lá, disse, mas ele ainda não se convencera.

Bashir foi mais circunspecto sobre suas transações com os americanos, os misteriosos Charles e David, mas reconheceu que, a pedido deles, permanecera no Iraque e os ajudara, participando das reuniões com iraquianos que conhecia. Da maneira como falou, tive a sensação de que Bashir vinha atuando como intermediário entre os americanos e os iraquianos que pudessem formar alianças com eles e ajudá-los a caçar Saddam Hussein. Ele me falou de uma das reuniões, que ocorrera alguns dias antes. Ele acompanhara David e Charles a um encontro com o xeque Ibrahim al-Jubour, uma eminência da tribo Jubour, um dos maiores clãs tradicionais do Iraque. (As estimativas variam, mas em geral acredita-se que os Jubouris com seus muitos clãs e subgrupos que incluem muçulmanos xiitas e sunitas, cheguem a 5 milhões de pessoas, ou quase 20% da população.) Bashir disse que participara da visita com relutância, porque desdenha o tribalismo do Iraque e havia muito tempo se esquivava de suas próprias ligações tribais, mas como era, pelo sangue, um membro da aristocracia dos Jubouris — tecnicamente um xeque —, sua presença era vista como útil pelos americanos.

Fora uma visita de boa vontade, explicara Bashir, em que David e Charles haviam se apresentado ao xeque Ibrahim e a uma assembléia de xeques inferiores. Segundo Bashir, o xeque dera-lhes as boas-vindas com uma séria advertência, lembrando-lhes o tamanho e a influência dos Jubouris no Iraque, e disse como ficara surpreso, ele e os companheiros, que os americanos levassem dois meses inteiros desde sua chegada ao Iraque para fazer-lhes uma visita. Dissera em seguida que os Jubouris, em princípio, não tinham nada contra os americanos, pois haviam sofrido muito sob a repressão de Saddam e eram gratos aos invasores por expulsá-lo do poder. Eles estavam dispostos a ajudar os americanos a restaurar a estabilidade do Iraque, se fosse isso o que tivessem vindo fazer. "Mas ainda há confusão sobre as suas intenções", dissera o xeque. "Os EUA pretendem restaurar a paz e a prosperidade no Iraque, ou apenas planejam ocupar o país? Porque se estiverem planejando ocupar o Iraque, os Jubouris trabalharão contra vocês."

Diante desse desafio, Bashir disse que os americanos não deram uma resposta direta, mas desconversaram, falando sobre as várias definições do que constituía exatamente uma ocupação. Balançou a cabeça em desânimo. O xeque Ibrahim e seus idosos companheiros não haviam parecido satisfeitos com as evasivas dos americanos.

— A falta de sinceridade, ou de autoridade, para falar claro, ficou bastante óbvia para todos — disse Bashir. Acrescentou que a reunião terminara nesse tom inconclusivo. Tal encontro insatisfatório e a ausência de qualquer outro progresso visível em qualquer outra frente que se pudesse ver, continuou Bashir, haviam-no feito perder a confiança na capacidade dos americanos de endireitar as coisas no Iraque. Embora David e Charles parecessem bem-intencionados, ele achava que tinham pouco poder para fazer qualquer coisa. Os dois, acrescentou, haviam lhe dito que estavam muito deprimidos e pensando em pedir demissão, mas antes pediram que ele fosse com eles a Washington, para falar com algumas "pessoas importantes" lá. Disseram-lhe acreditar que suas contribuições poderiam ajudar na causa deles. Quando lhe perguntei qual era exatamente a "causa" deles, e para qual agência do governo americano eles trabalhavam, Bashir afirmou não saber.

Bashir ficou sentado em silêncio, parecendo absorto. Perguntei-lhe se se sentia em perigo em Bagdá, e disse-lhe que sua esposa achava que sim. Ele deu uma leve risada, pouco convincente, e respondeu:

— Não, eu não me sinto inseguro. — Não se estendeu nesse ponto, mas reconheceu que havia muitos boatos sobre ele. Nos últimos dias, alguns jornais iraquianos haviam publicado matérias sobre ele, repetindo a velha história, muito difundida no Iraque, de que ele fizera uma cirurgia plástica em Saddam durante a guerra e o ajudara a escapar; e também de que fora o criador dos "duplos" do ditador. Com um sorriso amargo, disse que outras das histórias que circulavam eram que ele fugira com Saddam, fizera-lhe uma cirurgia plástica, e depois fora morto pelo ex-ditador, para que sua identidade nova fosse mantida em segredo. Antes que eu saísse da casa, Bashir dissc-mc que provavelmente aceitaria o trabalho em Qatar, mas ainda não tomara uma decisão final. Prometeu me informar em alguns dias.

Quando íamos embora, Sabah me contou que enquanto eu estivera com Bashir, ele ficara conversando com o motorista do médico, Jihad, que confidenciara que uma semana antes um homem armado entrara no vestíbulo do hospital de Bashir, o Al-Wasati, à procura dele. O homem dissera que procurava a *charmuta* ("prostituta") de Ala Bashir para matá-lo. Desde então, Bashir interrompera suas visitas ao hospital e mantivera uma discrição maior que de hábito.

Três ou quatro dias depois, Bashir me ligou pelo telefone por satélite Thuraya que os americanos lhe deram. Havia muitos ruídos no fundo. Ele estava num carro, explicou, a caminho do aeroporto de Bagdá, e iria deixar o país. Desculpou-se por ligar-me na última hora, mas sua partida chegara de forma inesperada; ele não conseguira sequer informar a irmã Soheila. Quando lhe perguntei para onde ia, ele disse que primeiro para Amã; depois, não sabia. Perguntei quanto tempo ficaria fora.

— No mínimo uns dois meses — disse. — Mas manterei contato, de onde quer que esteja.

Mais tarde, fui visitar o Dr. Waleed, o sub de Ala Bashir no Hospital Al-Wasati. Ele não sabia que Bashir deixara o país, e quando lhe dei a notícia, pareceu surpreso e um pouco magoado pelo outro não haver ligado para se despedir. Perguntei-lhe sobre a suposta ameaça de assassinato contra Bashir. Waleed confirmou-a. Um pistoleiro viera ao hospital na semana anterior à procura do Dr. Bashir, disse, e falara "muitas coisas horríveis" sobre ele.

Perguntei a Waleed se ele tinha alguma idéia do que Bashir andara fazendo com os americanos nos últimos dois meses. Tinha alguma coisa a ver com o Ministério da Saúde do Iraque? Waleed riu.

— Foi o que Ala lhe disse? — perguntou ele, sorrindo. Eu disse que sim, embora não tivesse acreditado realmente nele. Waleed assentiu. Então me revelou saber com certeza que Bashir estivera pessoalmente envolvido nas negociações para a rendição aos americanos de pelo menos dois dos iraquianos "mais procurados" do famoso baralho do Pentágono. Acrescentou que sabia disso porque os dois homens eram seus parentes de sangue: um primo e outro, tio. Um era um alto oficial militar, e o outro um funcionário do alto escalão do Partido Baath. — Ala levou-os ele mesmo de carro ao aeroporto — acrescentou. (Os americanos haviam estabelecido uma prisão secreta no aeroporto de Bagdá, onde se dizia que a maioria de seus prisioneiros de alto escalão, homens como Tariq Aziz, era mantida.) Waleed disse isso normalmente, sem opinar sobre se a prisão de seus parentes fora uma coisa boa ou ruim.

Após uma pausa, o Dr. Waleed disse, pensativo:

— Fico triste em ver Ala partir, porque ele é meu amigo íntimo há muitos e muitos anos, mas é provável que seja o melhor para ele. Ele corria perigo aqui. Ele tem um grande problema, você sabe. Seu grande problema é que ele era amigo íntimo de Saddam Hussein. Todos em Bagdá sabem disso. E é verdade, ele era mesmo.

O Dr. Waleed confessou que também pensava muito em sair do Iraque, por causa de suas dúvidas crescentes sobre a capacidade dos americanos de restaurar a lei e a ordem. Nos últimos dois meses, disse, fora chamado repetidas vezes por americanos que queriam seu conselho. Iam de peritos civis que trabalhavam com o administrador americano no Iraque Paul Bremer a altos oficiais militares, e vários homens que ele desconfiava serem agentes da CIA. A pedido deles, falara sobre um amplo leque de assuntos, e dera dicas sobre como negociar com os iraquianos, incluindo as pessoas de Faluja, que descreveu como famosas pela xenofobia e rebeldia a toda autoridade externa, mesmo durante o regime de Saddam. Quase todos os problemas que os americanos encontraram lá, insistiu, resultavam de mal-entendidos culturais. Por exemplo, quando os soldados americanos ocuparam a escola de Faluja, que foi sua primeira base na cidade, explicou, puseram sentinelas no telhado. Isso enfurecera os homens locais, porque significava que os soldados podiam olhar para baixo e ver os pátios internos de suas casas e espiar suas esposas e filhas.

— Você sabe que para um iraquiano tradicional, suas mulheres são a coisa mais sagrada — explicou Waleed. — Outro homem ver sua mulher dessa maneira é uma terrível desonra.

Assim que começaram as matanças em Faluja, o ciclo de violência passara a ser difícil de conter. Para as famílias dos homens mortos, tornou-se uma questão de honra tribal exigir vingança de sangue, e Waleed previa que os falujanos não parariam de matar americanos enquanto não igualassem a contagem. Para interromper esse ciclo, ele recomendara aos americanos procurar fazer amizade com os dois imãs mais influentes da cidade. Se fizessem isso, disse, Faluja talvez pudesse ser pacificada. Balançou a cabeça, frustrado.

— Os americanos são muito bons ouvintes, mas não parecem fazer nada. — Confessou que ficara totalmente perplexo com o comportamento deles e acrescentou: — Até agora, os americanos no Iraque estão usando antolhos; eles não vêem. Sabem disso, e sabem que há um grande abismo entre eles e os iraquianos, e que precisam construir uma ponte sobre esse abismo, mas até agora não o fizeram. Por que, eu não sei. Você sabe?

As opiniões do Dr. Waleed eram típicas de muitos dos profissionais liberais iraquianos que eu conhecia da era de Saddam. A maioria estava agora desempregada, assustada com o caos e a violência duradouros, alienada pelas mudanças que vinham ocorrendo, e furiosa com a incompetência, ou má vontade, dos americanos para pôr as coisas em ordem. Havia os que, como Ala Bashir, estavam fatalmente comprometidos por suas associações anteriores com Saddam ou o Partido Baath, para os quais não havia lugar no novo Iraque. Gostassem eles ou não de admitir — e a maioria não gostava —, a queda de Saddam deixara muitos iraquianos à deriva. A certeza constante de suas vidas precedentes, por mais tediosas e opressivas que fossem, se perdera, e com ela sua noção de finalidade e de fazerem parte de seu próprio país. Em alguns casos, os dilemas eram dilacerantes, e em outros apenas patéticos. Encontrei Samir Khairi em casa, de roupão, tomando araca e trocando ociosamente os canais de televisão. Suas aspirações anteriores de trabalhar para os americanos, das quais me falara após a queda de Bagdá, não se haviam concretizado. Além disso, ele fora riscado da folha de pagamentos do ministério pelos novos administradores da coalizão por causa de sua filiação ao Partido Baath, que fora proscrito. Samir não receberia nenhum salário atrasado, nem pensão futura. Estava pensando em tentar arranjar um emprego de professor no exterior, disse, tentando em vão parecer entusiasmado. Mencionou Abu Dhabi e Argélia como duas possibilidades.

Farouk Salloum, o poeta da cidade natal de Saddam, Tikrit, veio verme certo dia no Al-Safeer. Durante anos, exercera vários altos cargos no Ministério da Cultura do Iraque, mas seu verdadeiro *status* vinha do fato de que Saddam Hussein gostava dele. Nos últimos anos, Farouk na verdade se tornara o poeta de estimação do ditador. Eu o vira pela última vez em meados de março, na véspera da guerra, no jantar que ele oferecera em sua casa, quando ficara sentimental e tocara alaúde, cantando músicas tristes, anunciando aos convidados que no dia seguinte mandaria a nova esposa — uma bela ex-bailarina — e a filha, que ainda engatinhava, para fora do país. Elas seguiriam para Damasco, disse, enquanto ele próprio faria uma visita oficial à Espanha. Na época, parecia razoavelmente óbvio que ele não voltaria.

Tomamos café turco no saguão do Al-Safeer, e Farouk, que embora sorrisse e tagarelasse animado parecia nervoso e pouco à vontade, confirmou que passara a guerra em Damasco com a mulher e a filha. Revelou que decidira mandá-las para lá após saber que pessoas como Barzan al-Tikriti, meio-irmão de Saddam, e Tariq Aziz haviam revalidado os passaportes de suas famílias a fim de mandá-las para a Síria. Disse-me que voltara a Bagdá em 31 de abril, e apresentara-se imediatamente às autoridades americanas.

— Eles sabiam sobre mim, claro; tinham um perfil do serviço de segurança — disse, sorrindo um tanto embaraçado. — E sabiam que eu não era baathista. — Vendo meu olhar questionador, Farouk acrescentou: — Eu fui, até 1991, mas depois abri mão de minha filiação ao partido.

Os americanos haviam-no autorizado a retomar seu antigo trabalho por enquanto, disse, e entregaram-lhe uma credencial — que ele tirou do bolso de cima para me mostrar — que lhe dava acesso à sede da Autoridade Provisória da Coalizão, localizada no complexo do Palácio Republicano de Saddam. Era ainda o diretor oficial de música e dança do Ministério da Cultura, seu último cargo, e recebia o antigo salário, portanto as coisas não iam tão mal assim. Mas Farouk não sabia quanto tempo isso iria durar.

— Fiquei sabendo que o ministério será dissolvido — disse ele — e que haverá um conselho das artes ou algo assim em seu lugar.

Eu estava interessado em saber o que ele realmente pensava de Saddam Hussein agora, já que conversávamos livremente pela primeira vez. Ele assentiu, contrafeito.

— Você sabe que os últimos dez anos foram uma espécie de pesadelo — disse —, porque Saddam mudou depois de 1991 (depois da primeira Guerra do Golfo) e perdeu seu sentimento pela humanidade. — Ele então desconversou, e eu não insisti para que continuasse. Disse que se oferecera para ajudar os americanos em suas transações com os Tikritis, seu povo, e também para ajudá-los a caçar Saddam, mas não o haviam aceito. Não sabia por quê.

Perguntei a Farouk como estava se adaptando ao novo Iraque. Ele disse que se sentia desanimado com algumas das mudanças, sobretudo com os vários "iraquianos novos" nas ruas de Bagdá, os refugiados e exilados que voltavam, e as pessoas pobres que haviam afluído, despejadas dos cortiços e do campo, para viver como invasores nas casas e apartamentos abandonados pelos *apparatchiks* do regime.

— Quando vejo seus rostos, o que vejo são os camponeses da Suméria, e eles deviam retornar à terra — disse. — São saqueadores, ladrões! — Ele achava que os americanos tinham pouco contato com a classe culta do Iraque, e atribuía a culpa pela violência atual em Bagdá tanto aos xiitas quanto aos sunitas. — A resistência é uma combinação da Al Qaeda com os fundamentalistas religiosos xiitas apoiados pelo Irã — afirmou. Acrescentou que ainda esperava que as coisas dessem certo com os americanos, pois qualquer coisa era melhor do que os fundamentalistas religiosos — mas não estava muito otimista.

Também tinha receios quanto à segurança. Quando ainda estava no exterior, durante a guerra, disse que dera uma entrevista à BBC em que dissera que Saddam era o passado e os americanos o futuro. Depois, os amigos de Tikriti lhe informaram que Saddam ouvira o programa e se sentira traído por ele. Farouk também soubera que era alvo dos radicais xiitas no bairro de Thawra, antes Cidade de Saddam, no nordeste de Bagdá. (Notei que, em geral, os xiitas tendiam a usar o novo nome do bairro, Cidade de Sadr —, enquanto os sunitas, como Farouk, insistiam em chamá-lo pelo nome original de Thawra.)

— Eu soube que na mesquita do imã Ali em Thawra meu nome está na parede como alguém a ser assassinado — disse ele. Perguntei-lhe se estava preocupado, e o que vinha fazendo para se proteger. Ele estava tomando cuidado, explicou. — Saio muito pouco de casa. — Eu notara que estava acompanhado de um guarda-costas, um homem parrudo que ficou sentado ali perto enquanto conversávamos.

Uma semana depois, a convite de Farouk, compareci a um espetáculo musical que ele organizara. Era no centro de convenções no interior do complexo de prédios da coalizão, a Zona Verde, e sentei-me na platéia com Amal Jubouri, poeta iraquiana amiga de Farouk. Ela deixara o Iraque em meados da década de 1990 e vivera em exílio auto-imposto na Alemanha, retornando após a guerra. Conhecera Farouk nos velhos tempos, disse-me. Antes da Guerra do Golfo, ele lhe confidenciara que queria fugir do Iraque, mas por algum motivo nunca o fizera. Amal achava que ele pagara um alto preço por essa indecisão. Acreditava que Farouk estava profundamente deprimido por isso, e tinha agora uma grande dificuldade para tornar a se encontrar. Mas sabia que muitos iraquianos não eram tão solidários quanto ela ao dilema dele. Não conseguiam perdoar-lhe seu relacionamento íntimo com Saddam, disse; para eles, ele era um pária.

Olhamos o teatro em volta para ver se localizávamos Farouk, mas não o vimos em parte alguma. Então, mais ou menos na metade do espetáculo, nós o localizamos. Todo vestido de preto, entrara discretamente na sala por uma porta lateral em direção ao fundo da galeria, e estava sentado sozinho. Amal ficou aflita por vê-lo assim. Propôs que no intervalo seguinte fôssemos nos sentar com ele, como uma demonstração de nossa amizade. Concordei. Mas quando a peça que os músicos tocavam terminou, um quarteto de violino, ele tinha desaparecido.

Certa manhã, fiz uma visita a Udai al-Taiee, que fora o *capo* de Saddam para a mídia estrangeira. Curioso para ver como se saíra após a queda do regime a que servira tão bem, localizei-o em seu apartamento. Ficava no andar superior de um dos feios blocos de apartamentos de concreto construídos perto do antigo Ministério da Informação. Não havia eletricidade, por isso tive de subir a pé os dez lances de escada, passando por poças de urina e sacos de lixo não recolhidos. O apartamento de al-Taiee era grande, confortável e impecavelmente limpo, e ele, que vestia uma *dishdasha* informal, acolheu-me com uma demonstração de simpatia e bom grado digna de alguém com amnésia. Apresentou-me à esposa e ao filho adolescente, e convidou-me a me sentar em um sofá em ângulo reto com sua poltrona. A esposa trouxe-nos comida e bebida. Papeamos educadamente durante algum tempo, e então seu capanga, Mohsen, apareceu. Também pareceu surpreso por vê-lo comigo, mas agiu como se tudo fosse normal, e apertou-me a mão como se fôssemos amigos.

Mohsen trazia uma pasta de papéis, observei, e depois que os dois conversaram em árabe por alguns minutos, al-Taiee voltou-se para mim e explicou que faziam representações junto à coalizão em nome dos 5 mil empregados do antigo Ministério da Informação. Todos haviam sido deixados no limbo, sem salários, esperando para saber se seu ministério seria abolido ou não. Enquanto falava, al-Taiee foi ficando indignado. Era direito deles, disse, como funcionários de longa data do governo, receberem o que lhes era devido. Começou a falar com raiva sobre a tola arrogância dos novos administradores da coalizão. Sua mulher e Mohsen intervieram com suas próprias queixas sobre o crime, a falta de eletricidade e o comportamento agressivo dos soldados americanos. Al-Taiee levantou a voz para falar das penúrias de sua nova vida sem salário. A família estava vivendo do pouco dinheiro que conseguira poupar, disse, mas este logo acabaria, e teriam de começar a vender os móveis da casa. Eu me lembrei das conversas que ouvira de que al-Taiee roubara grandes somas de dinheiro de algumas das redes ocidentais de televisão na noite antes da queda de Bagdá. Como se houvesse lido minha mente, ele começou a dizer que soubera que circulavam "falsidades" sobre ele. Falou irritadamente sobre isso por vários minutos, salpicando sua arenga com protestos de que ele e Mohsen tinham sido amigos e aliados da mídia ocidental e se esforçado para proteger jornalistas de maus-tratos. Al-Taiee chegou até a afirmar, com Mohsen assentindo vigorosamente com a cabeça, confirmando tudo que ele dizia, que se opusera a algumas das políticas de Saddam. Concluiu dizendo:

— Tenho a consciência limpa.

Eu fiquei ali sentado, educadamente atento, por bastante tempo, mas ouvir al-Taiee falar daquele jeito era revoltante, e por fim não agüentei mais. Voltando à questão dos salários não pagos, sugeri que talvez, como empregados anteriores do governo de Saddam Hussein, ele, Mohsen e seus colegas não estivessem na lista de prioridades humanitárias urgentes da coalizão. Acrescentei que se, como afirmavam agora, eles haviam sido contrários ao regime de Saddam Hussein, por que o haviam servido até o dia de sua queda?

— Mas nós o fizemos, em segredo — protestou al-Taiee, enquanto Mohsen assentia.

— Onde está a prova? — perguntei.

Eles me olharam sem expressão.

— Há pessoas que sabem — disse al-Taiee vagamente. — Deus é minha testemunha, eu sei o que fiz — acrescentou lealmente, e de novo se calou.

Eu retruquei:

— Talvez sim, mas isso na verdade não basta, basta?

Observei que, enquanto trabalhavam para Saddam, seus capangas haviam assassinado dezenas de milhares de pessoas. Essa sua lealdade ao regime, compreensivelmente, os tornava cúmplices de seus programas de ação repressivos aos olhos de muita gente. Eles não percebiam isso? (Os dois franziam a testa e balançavam a cabeça, discordando do que eu dizia.) Talvez, acrescentei, eles devessem ter saído do país e ido para o exílio, como muitos outros iraquianos haviam feito no correr dos anos.

Eles protestaram.

— Mas não podíamos fazer nada, tínhamos famílias a proteger — disse al-Taiee.

Mal pude acreditar em meus ouvidos quando Mohsen acrescentou:

— Nós estávamos apenas cumprindo ordens. (Poucos dias depois, ouvi a notícia de que a coalizão decidira não restabelecer o Ministério da Informação. Al-Taiee e Mohsen estavam desempregados.)

Khadum, outro oficial que eu conhecia dos velhos tempos, quando ele fora a autoridade superior da Mukhabarat no Ministério da Informação, veio visitar-me certa tarde no Hotel Al-Safeer. Trouxe consigo o filho de 13 anos. Cumprimentou-me calorosamente, como se fôssemos velhos amigos, e apresentou o filho. Com orgulho paterno, bateu de leve na cabeça do menino e informou-me que ele nascera na Virgínia. Explicou que fora designado para um posto na embaixada iraquiana em Washington, até ela ser fechada após a invasão do Kuwait. Disse que esperava obter o mais cedo possível o passaporte americano do filho, e enquanto isso o incentivava a aprender inglês. Enquanto o pai falava, o menino sorria para mim, educado, mas não dizia nada. Por fim, Khadum abordou o verdadeiro motivo de sua visita. Estava desempregado, explicou, e desejava oferecer-me seus serviços como tradutor, ou, acrescentou, "para o que quer que possa precisar". Conhecia pessoas, disse, que, em troca de algum dinheiro, estavam dispostas a me dar documentos que incriminavam o governo. Papéis que revelavam transações passadas ilegais entre governos ocidentais e o regime de Saddam, por exemplo. Também conhecia muitas ex-autoridades do serviço secreto e ex-oficiais militares, acrescentou esperançoso, que estavam muito dispostos a falar por dinheiro. Agradeci-lhe a oferta, mas lembrei-lhe que eu era um jornalista, não um agente da CIA. Ele concordou, mas eu via que não compreendia realmente a diferença. (Algumas horas depois, soube que Khadum fora contratado pela Fox News.)

À medida que os meses se arrastavam, e mais e mais cupinchas do fugitivo Saddam se entregavam aos americanos, ou eram capturados ou mortos (como o foram seus filhos Udai e Qusai em julho), o paradeiro de Naji Sabri continuava sendo um mistério. Sabri não era acusado por crimes de guerra nem era uma das autoridades de Saddam "mais procuradas" no famoso baralho dos americanos. Não fora visto em público desde a véspera dos ataques aéreos americanos a Bagdá, quando dera sua última entrevista coletiva à imprensa. Desde então, muitos boatos haviam circulado sobre seu destino: que fora morto, ferido, e assim por diante. Todos se revelaram falsos. Algumas semanas depois da queda de Bagdá, contudo, eu ouvira notícias que pareciam verossímeis de que ele estava vivo, em algum lugar fora do Iraque. Fizera comprovadas ligações por um celular para alguns amigos pessoais que haviam sido identificadas como vindo de Viena. A especulação era de que ele estava vivendo na Áustria sob a proteção de Jörg Haider, o político austríaco de extrema-direita, com quem fizera amizade durante sua temporada como embaixador. Só em abril de 2004 descobri, por um amigo dele, que na verdade Sabri estava vivendo no Qatar, e que pelo menos por enquanto decidira guardar discrição.

Em 6 de julho, fui de carro até Faluja para descobrir o que estava acontecendo por lá. A cidade estava extraordinariamente tranqüila havia várias semanas. Na base militar nos arredores, encontrei-me com o tenente-coronel Eric Wesley, oficial executivo da Segunda Brigada da Terceira Divisão de Infantaria do exército dos EUA. No início de nossa conversa, Wesley, um homem esbelto, enérgico, de óculos, na casa dos 30, me surpreendeu declarando como quem se vangloria:

— Eu diria que Faluja é uma história de sucesso. — Informou-me que desde que suas tropas haviam assumido a cidade do Terceiro Regimento de Cavalaria Blindada da 101ª Divisão de Transporte Aéreo, em maio, as relações entre os americanos e os falujanos haviam melhorado aos poucos. Como prova disso, observou que não perdera um único homem para fogo hostil. (Em termos estritos, era verdade, embora alguns dias antes um jornalista australiano tivesse morrido dos ferimentos sofridos quando uma das patrulhas de Wesley, que ele acompanhava, fora atacada.)

Wesley atribuía a virada em Faluja ao seu uso de uma tática de recompensas e punições. Entusiasmado, explicou como trabalhava.

— A punição é muito precisa e a recompensa muito ampla. Primeiro, caçamos os caras maus e nos livramos deles. A punição só me dá resultados lineares. O que isso significa é que se eu prender um cara com um foguete, tudo o que tenho é um foguete a menos nas ruas. O inverso da punição é a recompensa. Parte da recompensa é trabalhar junto ao chefe de polícia e às autoridades da cidade. Nós ouvimos as pessoas e tentamos saber do que elas precisam. Por exemplo, conseguimos algumas novas radiopatrulhas para a polícia. E estamos trabalhando junto com o prefeito nos rudimentos da democracia. Mas ele não é nenhum capacho dos americanos; foi escolhido pelos xeques da comunidade. Ora, isso não é o ideal, eu sei, mas é uma das maneiras como estamos tentando usar a cultura da região para conseguir ter sucesso. Também nos reunimos semanalmente com os imãs locais. Se formos bem-sucedidos, esses líderes podem ir aos insatisfeitos e dizer: "Escute, os americanos estão querendo trabalhar com você." — Wesley lançou-me um sorriso satisfeito.

Por volta do meio-dia, saí numa patrulha com alguns dos soldados de Wesley. De antemão, explicaram que íamos patrulhar uma área de Faluja que chamavam de Pequena Detroit. Perguntei por que lhe haviam dado esse nome.

— Porque as pessoas de lá não sorriem — disse um dos soldados, rindo. Em seu mapa, mostraram-me os vários setores de Faluja, para os quais tinham nomes em código como Charlie e Foxtrot, e seus próprios perfis psicológicos dos habitantes. A Pequena Detroit, na parte sul da cidade, não era o bairro mais hostil de Faluja, por exemplo. Apontaram um distrito mais ao norte. — Ali eles são realmente hostis. — Quando perguntei por que determinadas partes de Faluja eram hostis e outras não, os soldados me olharam confusos. — Quem sabe? — disse um dos homens, encolhendo os ombros.

O comandante da unidade, tenente Dan Ganci, de Staten Island, Nova York, era um rapaz baixo, musculoso, com uma voz grave e um sorriso fácil. Diplomado em Westpoint na turma de 2000, mandou-me entrar no veículo da frente do comboio, que consistia em três transportadores de tropas blindados e três jipes. Embarquei e encontrei-me com meus novos companheiros, o especialista Travis Wilhelm, um ruivo de 26 anos de Williamsburg, Pensilvânia, e seu camarada magrela, o soldado raso Zack Freidl, que mascava um naco de tabaco Red Man. Um soldado mais velho estava sentado acima de nós, dentro do reparo do artilheiro, empunhando a metralhadora calibre 50. Todos levavam um fuzil de assalto M-16 e um litro de água fria. Era um dia muito quente, e fazia bem mais de 40 graus.

Seguimos assim os mais ou menos 6 quilômetros de estrada até Faluja. Os transportadores de tropas blindados rangiam nas esteiras metálicas e o motor emitia um rugido que tornava difícil falar. O calor era intenso. Os arredores da cidade eram uma confusão de ferro-velho, oficinas de carros e fábricas. Esse panorama foi dando aos poucos lugar à própria cidade; um amontoado baixo de quadrados e retângulos cor de lama projetando-se de um horizonte de antenas de televisão, minaretes e abóbadas de cerca de uma dúzia de mesquitas. No centro da cidade, deixamos a estrada principal para a Pequena Detroit. Numa esquina de rua onde havia algumas lojas, Ganci parou o comboio e mandou alguns soldados distribuírem volantes impressos em árabe para que os lojistas afixassem na frente das lojas. O tenente Ganci explicou que eles esboçavam as intenções da Autoridade Provisória da Coalizão para retirar progressivamente de circulação os dinares iraquianos — conhecidos como as notas de Saddam por trazerem impresso o rosto do ex-ditador — e substituí-las por uma versão moderna da moeda corrente do Iraque antes da Guerra do Golfo. Essas notas sem a cara de Saddam eram a moeda corrente legal nos territórios curdos autônomos do norte. A idéia era que por volta do fim do ano todo o Iraque tivesse uma moeda corrente única, e não se visse mais um único Saddam.

Enquanto os soldados se espalhavam pelas ruas, irrompeu uma ruidosa comoção. Homens e meninos iraquianos haviam se aglomerado diante de uma pequena casa que vendia *kebab*. Aproximei-me e vi que se travava de um acalorado diálogo entre o proprietário da casa de *kebab*, um jovem iraquiano de barba aparada e *dishdasha* branca, e o oficial de operações de guerra psicológicas da unidade, um homem musculoso na casa dos 30, que usava um chapéu mole verde-azeitona. Junto a ele, sem sucesso, estava o tradutor iraquiano — que Ganci me indicara como "o intérprete de sua unidade". Era um homem magro em trajes civis, que tinha uma pistola no cinto. Cercado por um grupo de jovens, o lojista estava a cerca de 50 centímetros do homem das operações psicológicas e parecia desafiá-lo abertamente. Tinha uma expressão de desprezo e falava um inglês tosco, apontando os impressos nas mãos do oficial.

— O que é isto? — berrava. — Eu não quero isto. Vá embora! Por que está aqui? — Virou-se e disse alguma coisa em árabe a seus amigos, que riram e olharam de soslaio para o homem das operações psicológicas. Parecendo confuso, este perguntou a seu intérprete:

— Que foi que ele disse?

Antes que o intérprete pudesse responder, o lojista, chegando mais perto, disse em inglês:

— Você deve ir embora. Fora daqui. Eu odeio você.

Dando-lhe as costas, o oficial das operações psicológicas disse:

— Eu também odeio você — e afastou-se.

Com a multidão agora estonteada, meio ensandecida, ouviam-se muitos gritos e comentários altos. Encaminhei-me até alguns adolescentes que cercavam dois soldados com maços de impressos. Eles os pegavam e saíam correndo, rindo. Os soldados pareciam perplexos, e era óbvio que não tinham a menor idéia do que lhes diziam. Ouvi uma gritaria atrás de mim, e vi que o homem das operações psicológicas voltara à casa de *kebab*, onde recomeçara a discussão com o lojista.

O iraquiano apontava cruelmente o dedo na cara do americano. Notei pela primeira vez que o oficial de operações psicológicas tinha um *piercing* na língua. O iraquiano gritou em inglês:

— Que é isto? Você é mulher? Por que fazer isto? — Fez um gesto grosseiro com a língua. — Você não é homem?

O oficial, sorrindo, respondeu:

— Claro que sou homem.

— Não! — respondeu o iraquiano, que se virou e disse alguma coisa em árabe aos amigos, que riram e gritaram coisas para o americano.

O oficial de operações psicológicas começou a dar as costas.

— Não, não dê as costas! — gritou-lhe o iraquiano. — Você não é homem?

O oficial tornou a se virar para ele. Tinha um ar inseguro.

— Só mulheres fazem isso — gritou o homem, com escárnio e indicando mais uma vez a boca com o dedo.

O oficial encarou o homem fixamente por um instante, e disse a seu tradutor.

— Diga a ele que é para chupar xoxota. — Sorriu e mexeu a língua libidinosamente para o lojista.

O intérprete ficou chocado e fez que não com a cabeça; não queria traduzir isso.

— Diga a ele! — insistiu o oficial.

Parecendo embaraçado, o tradutor disse alguma coisa em voz baixa ao lojista em árabe. Enquanto ele falava, o oficial de operações psicológicas deu as costas e começou a se afastar, gritando em voz alta:

— Tenha um bom dia!

— Tenha um dia ruim! — gritou-lhe o lojista às suas costas.

Segui o oficial até o lado oposto da rua, onde os veículos do comboio haviam estacionado, e vários soldados os protegiam com suas armas. Ele ficou ali parado, em silêncio, as mãos nos quadris, olhando para a casa de *kebab*, onde o lojista que o insultara ainda falava alto com a multidão de jovens. Perguntei-lhe como se sentia com o que acabara de acontecer. Sem olhar para mim, ele disse, na defensiva:

— Bem, então o porra do cara me odeia, e daí? E eu tenho permissão para retribuir o ódio dele. — Não disse mais nada. Ali perto, o tenente Ganci prestava atenção, calado, enquanto seus soldados distribuíam os últimos volantes.

Dois homens mais velhos, a pele curtida pelo sol, com lenços *keffiyah* na cabeça, aproximaram-se empurrando uma bicicleta. Foram até Ganci e disseram que queriam falar com ele. Sorriam. Ele os cumprimentou polidamente, mas não conseguiram se entender, então Ganci chamou o intérprete. Um dos homens explicou que tinham uma pergunta.

— Claro, perguntem o que quiserem — respondeu Ganci. O iraquia no perguntou a idade dos soldados. Assentindo amavelmente, Ganci disse:

— Têm entre vinte e 25 anos.

Os homens trocaram um olhar entre si e um deles tornou a falar. Tinha no rosto um ar de exagerada simpatia. Estalou a língua e balançou a cabeça.

— Ah, tão jovens! E neste sol quente... Deveriam estar longe daqui, aproveitando um clima diferente.

E o amigo olhou fixamente para Ganci, como se esperasse uma resposta. Ganci retribuiu seu olhar, percebendo a gozação. Perguntou ao intérprete se eles gostariam de conversar sobre mais alguma coisa. Eles começaram a se lamuriar sobre a escassez de gás, gasolina e água. Ganci concordou com a cabeça e sorriu. Já ouvira aquilo antes. Agradeceu-lhes por seu tempo e se afastou. Eles seguiram em frente, empurrando suas bicicletas e sorrindo. Em seguida, um adolescente parrudo aproximou-se de Ganci. Gesticulou e apontou para o lixo que tomava o terreno baldio ao lado das lojas e das casas. Com voz bem alta, perguntou:

— Por que vocês americanos não limpam o lixo?

Com um suspiro, Ganci respondeu:

— Por que não limpam vocês mesmos?

O rapaz disse, com um ar teatral:

— Ah, porque não somos como vocês americanos. Somos um povo selvagem e primitivo. — Ele ria com os olhos. E continuou assim por um instante, até Ganci se cansar dele. Interrompeu o jovem e chamou seus homens e veículos. Mandou-os começar a retirada.

Nós nos afastamos devagar da Pequena Detroit, por um bairro sujo com pátios cheios de sucata. Ao passarmos pelas pessoas na rua, recebíamos reações mistas. Entre os adultos, estas iam de olhares neutros sem expressão a olhares de leve curiosidade, e algumas expressões de franca hostilidade. Crianças pequenas pulavam, gritando excitadas. Alguns faziam o sinal do polegar erguido; outros do polegar para baixo. O especialista Wilhelm, que ia ao meu lado no transportador de tropas blindado, sorria simpaticamente para todos pelos quais passávamos, fazendo um lânguido sinal de polegar para cima.

Enquanto sacolejávamos pela rua, Wilhelm me disse que ele e os outros homens de sua unidade estavam exaustos e prontos para ir para casa. Haviam estado em campo mais tempo do que todos os soldados do exército, desde o setembro anterior, quando tinham sido trazidos do Kuwait. Seu moral estava bastante alto mesmo agora, explicou, porque haviam lhes dito que poderiam ir em breve para casa.

— Faltam só 11 dias para irmos embora, e nós estamos contando os dias, pode acreditar. — Sorriu e acrescentou: — Realmente não está muito ruim para nós agora. Aqui em Faluja foi a primeira vez que pudemos dormir embaixo de um teto. Até chegarmos aqui eram só tendas.

Wilhelm apontou para uma espécie de guincho no corpo do veículo e disse que era a base de um lançador de morteiro. Eles o haviam removido porque não precisavam realmente de um morteiro em Faluja, onde na maior parte apenas faziam patrulhas. Mas o tinham usado muito durante a guerra, disse, e depois acrescentou, orgulhoso:

— Faturamos duzentos mortos com ele.

Perguntei se ele se referia a veículos ou a pessoas.

— Pessoas — esclareceu ele com ênfase, sorrindo da minha ignorância.

Certa vez, explicou, seus batedores haviam detectado um grupo de cem iraquianos escondidos atrás de uma berma, e assim que os artilheiros da unidade fizeram as medições, lançaram os morteiros sobre o ponto.

— Matamos todos eles; foi uma coisa.

Em seguida, apontou para a torreta da metralhadora e disse que certa vez, durante a guerra, nos arredores da cidade de Najaf, ele estava manejando a calibre .50 quando um tanque chegara de repente rolando pela estrada em sua direção.

— Não sabíamos se eram *fadaheen* (como ele chamava os *fedaim* de Saddam) ou outra coisa qualquer, então simplesmente os queimamos! — Wilhelm balançou a cabeça, recordando o momento. Fez uma pausa e riu. — Tenho algumas histórias muito boas, por isso acho que vou beber de graça por algum tempo no bar da minha cidade.

Suas experiências no Iraque haviam-no deixado mais curioso sobre as questões mundiais, disse. Quando acabasse seu serviço, esperava ir para a Universidade da Carolina do Norte em Chapel Hill e estudar relações internacionais. O governo pagaria a conta, já que uma lei garante estudos gratuitos aos ex-combatentes. Perguntei-lhe o que esperava fazer quando se formasse.

— Eu estava pensando em tentar a CIA — disse, sorrindo. — Ou talvez eu queira ser embaixador um dia. Mas suponho que esteja dando um passo maior do que a perna. Quem sabe?

Voltei para Bagdá naquela tarde, mas alguns dias depois retornei à base de Faluja. Soubera que o tenente-coronel Wesley assistiria a uma cerimônia de formatura do primeiro contingente de policiais iraquianos treinados pelos americanos da cidade e esperava acompanhá-lo. Quando cheguei lá, porém, me disseram que a cerimônia fora cancelada. Não me deram nenhuma explicação, mas parecia que o motivo era que a técnica da recompensa e da punição de Wesley começara a funcionar. No dia anterior, uma bomba guiada por controle remoto explodira na frente da delegacia de polícia de Ramadi, 40 quilômetros mais adiante na estrada, matando sete policiais em sua cerimônia de formatura. Enquanto isso, o chefe de polícia de Faluja pedira que os americanos retirassem seus soldados da delegacia, afirmando que a presença deles causava ataques toda noite, e eles haviam concordado em fazê-lo sem protestar.

Na base, o moral não andava bom. O especialista de primeira classe Wilhelm e seus companheiros soldados haviam sido informados de que afinal não iriam para casa como planejavam. Por ordens do Pentágono, sua estada em Faluja fora estendida "por um período de tempo indefinido".

O xeque Ibrahim al-Jubour, parente de Ala Bashir, revelou-se um homem imponente. Usava um adereço de cabeça de tecido branco e vestes pretas soltas com as bainhas bordadas a ouro, e tinha um porte fortemente aristocrático. Ostentava também um magnífico bigode retorcido tingido de preto-azeviche. Intrigado para saber a sua versão do encontro com os americanos, David e Charles, eu o localizei na sede em Bagdá de seu recém-formado Partido do Iraque Unido. Ao entrar em seu escritório, vi um grande retrato emoldurado no chão, encostado na parede. À primeira vista, parecia de Saddam, como aqueles que havia pendurados em todos os escritórios do Iraque antes da guerra. Olhando mais de perto, percebi que era do próprio xeque, numa pose não muito diferente da do ditador anterior.

Depois de trocarmos algumas cortesias rituais, o xeque Ibrahim me perguntou com polidez, mas firme:

— Você é bem-vindo aqui, mas vamos ser francos. Você é funcionário do governo americano, jornalista, ou o que exatamente? — Expliquei que era jornalista e amigo de seu parente Ala Bashir. O xeque assentiu e relaxou. Eu lhe disse que estava curioso sobre suas reuniões com os americanos. Ele respondeu: — Estou me tornando um pessimista, porque os americanos vêm, ouvem nossas propostas e pontos de vista, mas não fazem nada. Nada resultou de nossas reuniões com eles. Parece que vêm apenas fazer o reconhecimento. — Ergueu as sobrancelhas de um modo cético e acrescentou: — Quando perguntei a eles qual era sua intenção ao ocupar o Iraque, ficaram calados.

A queixa principal do xeque, pelo que pude ver, era sua sensação de deslocamento político no novo Iraque. Saddam angariara astutamente o apoio dos líderes tribais do país, apadrinhando aqueles que o apoiavam e punindo os que se opunham a ele. O xeque Ibrahim cumprira pena de prisão por opor-se a Saddam, disse, e julgava merecer um melhor tratamento dos americanos. Em nome da tribo Jubour, disse que usara as reuniões com Charles e David para fazer *lobby* por uma representação no

Conselho Governante iraquiano. Sua iniciativa não tivera sucesso, porém. Assim ele e seus companheiros Jubouris haviam criado o seu partido, tendo a ele como líder.

— Por enquanto, temos nossas próprias atividades políticas, dentro de nosso próprio partido, e não estamos à procura de um papel no conselho — explicou. — Mas eu prevejo que no futuro os americanos vão implorar para ficar perto de nós.

Quando eu me levantava para me despedir, o xeque Ibrahim apertou minha mão e entregou-me uma fotografia sua, magnífico em seu traje tribal. Sorrindo magnanimamente, disse que me considerava "um Jubour honorário". Quando lhe agradeci o gesto, ele declarou:

— Os Estados Unidos têm grande poder tecnológico, mas não parecem muito peritos em política, ou com as pessoas. Os americanos vieram libertar o Iraque, trazer a democracia e remover as armas de destruição em massa. Mas quando chegaram aqui, esqueceram-se dessas coisas, e das pessoas influentes aqui. Diga aos americanos que não sejam cegos, que não ignorem uma tribo com tanta gente, para que seus olhos não sejam prejudicados. Isto é apenas um conselho.

Havia mais na tribo Jubour do que os olhos viam, claro. Um dos sobrinhos do xeque, homem na casa dos 40, me abordou quando eu saía do prédio, e pediu para vir me ver em meu hotel. Mais tarde, apareceu. Disse que se chamava Khalaf al-Jubour, e que era ex-funcionário da Mukhabarat, o serviço secreto de Saddam.

— Sou uma das pessoas do serviço secreto do antigo regime, como muitos membros da família — explicou Khalaf, sem constrangimento. — Dois dos meus irmãos estavam na contra-inteligência. Meu tio era administrador da Mukhabarat. Ao todo, 13 dos meus primos trabalharam na mesma área.

Ele fora pessoalmente encarregado do departamento francês da Mukhabarat, disse, e acrescentou que jamais se envolvera nas operações contra os Estados Unidos. Assim, quando a guerra terminou, apresentara-se aos americanos, que o investigaram e, disse, declararam que estava limpo de todos os crimes de guerra. Ele começou a cooperar com eles, dando-lhes informações e ajudara até mesmo a acertar a rendição de um de seus primos, um ex-oficial dos *fedaim* de Saddam, a brutal milícia comandada por Udai Hussein. O primo o procurara em busca de ajuda depois que os americanos haviam invadido sua casa e feito reféns seu pai e seu irmão, além de confiscarem uma soma em dinheiro. Os americanos prometeram devolver o dinheiro e libertar seus parentes caso ele se entregasse. Khalaf conduzira ele mesmo o primo de carro e o entregara aos americanos no aeroporto de Bagdá, onde havia uma prisão para ex-funcionários do regime.

— Mas os americanos não cumpriram a palavra — exclamou Khalaf num tom de grande indignação. — Mantiveram a família do meu primo presa e não reconhecem que levaram o seu dinheiro. — Eu achei a simulação de ultraje moral de Khalaf um tanto divertida, considerando-se quem ele era. Comentei que achava interessante os americanos haverem adotado a velha tática de Saddam de fazer reféns para atrair desordeiros. Khalaf identificou a ironia em minha voz e sorriu. Admitiu que o que eu dizia era verdade. Mudou logo de assunto e passou ao que de fato o interessava, e que não tinha muito a ver com o seu primo. Os americanos até então haviam se contentado em receber informações dele, mas não o empregaram. Khalaf queria um emprego.

— Há milhares de ex-membros da Mukhabarat desempregados — disse ele. — Isso é um grande problema. Eu aconselhei os americanos a encontrarem uma solução. E há outras milhares de pessoas que trabalhavam na polícia secreta. É possível que se juntem todos à resistência. Minha mulher, que é engenheira, tinha um bom emprego no escritório presidencial, e agora também está desempregada. Temos filhos para sustentar. Os americanos me mandaram ir para casa e ficar lá. O que devo fazer, abrir um escritório e vender informações sobre meu país?

Os líderes tribais desautorizados e os agentes desempregados da Mukhabarat eram apenas parte do complexo mosaico surgido no Iraque pós-Saddam, onde cada partido político, crença religiosa e grupo étnico imaginável agora disputavam seu próprio lugar ao sol. A transformação ocorria a uma velocidade vertiginosa, e com ela Bagdá se transformara em uma Torre de Babel. Certa tarde, passando de carro pelo antigo Ministério da Defesa Aérea, que fora totalmente destruído pelo bombardeio da Força Aérea dos EUA na guerra, notei um aviso grosseiramente pintado na porta da frente, que dizia: ASSOCIAÇÃO DE EX-PRISIONEIROS POLÍTICOS IRAQUIANOS. O Comitê Central do Partido Comunista Iraquiano instalara-se num edifício do outro lado do Tigre, bem em frente ao palácio republicano, agora sede da Autoridade Provisória da Coalizão. Enquanto isso, o ex-partido religioso xiita com sede no Irã, o Conselho Supremo para a Revolução Islâmica no Iraque — liderado pelo aiatolá Muhammad Bakr al-Hakim, com quem eu me encontrara em Teerã antes da guerra — ocupara a propriedade com a suntuosa mansão de Tariq Aziz rio abaixo, enquanto o ex-exilado patrocinado pelo Pentágono, Ahmed Chalabi, instalava-se numa mansão em estilo falso rococó chinês que fora do chefe da Mukhabarat de Saddam. O escritório de Bagdá de Moqtada al-Sadr era, em termos muito condizentes, um prédio mais humilde, e inconvenientemente localizado ao lado da mais popular sorveteria da rua Mansour. Eu vivia tendo de me lembrar que apenas alguns meses antes os membros de alguns desses grupos teriam sido primeiro torturados, e depois fuzilados ou enforcados, se houvessem dado as caras no Iraque.

Desde a guerra, estrangeiros também haviam inundado Bagdá, variando de gente séria, bem-intencionada, a oportunistas descarados. Um grupo que parecia de paramilitares americanos, brandindo revólveres e Kalashnikovs, mudou-se para o Al-Safeer enquanto eu ainda estava lá, junto com seus guarda-costas iraquianos. Quando lhes perguntaram o que faziam para ganhar a vida, diziam misteriosamente que trabalhavam com "sistemas de informação". Alguns universitários britânicos de classe alta, de vinte e poucos anos, juntaram-se e fundaram um jornal bissemanal em inglês, o *Baghdad Bullletin*. Não durou muito tempo. Steffa, uma americana de meia-idade da Califórnia, usara suas próprias economias para viajar a Bagdá a fim de organizar uma conferência de paz. Embora jamais houvesse ido ao Oriente Médio antes e não falasse uma palavra de árabe, explicou, sentira-se compelida a "fazer alguma coisa pela paz". À medida que se arrastavam as semanas do verão, observei que ela vinha passando longas horas escrevendo poesia e surfando pela *web* no novo *cybercafé* do Al-Safeer. Ela confessou que estava achando difícil pôr em andamento seu projeto de paz.

Uma das caras novas mais intrigantes em Bagdá era Ayad Jamaluddin, um clérigo iraquiano xiita de 42 anos. Era um homem esguio, bem-apessoado, de turbante preto e uma túnica longa branca coberta por um casacão preto. Tinha uma barba curta aparada e andava com a postura ereta e a atitude serena que eu passara a associar com os clérigos xiitas. Mas não havia nada de ascético em Jamaluddin. Por exemplo, seu hábito de fumar charutos cubanos Cohibas, que tirava de uma caixa de couro preta escondida em algum lugar de suas vestes. Na garagem da frente de sua casa havia uma coleção de automóveis que incluíam um Cadillac conversível, vários Mercedes-Benz e um Rolls-Royce azul-escuro com bancos de couro creme e uma grade dianteira folheada a ouro. Ele tampouco tinha preocupações com eletricidade. Sua imponente mansão à beira do rio contava com seus próprios geradores avançados que mantinham a iluminação e os sistemas de condicionamento de ar 24 horas por dia. Aquela fora a residência de

Izzat Ibrahim al-Douri, o vice-presidente de Saddam no Partido Baath governante, que desaparecera durante a guerra e ainda continuava foragido. A casa fora totalmente saqueada, mas Jamaluddin, que a requisitara de algum modo, tivera obviamente grande cuidado e despesa para restaurá-la e remobiliá-la.

O interior da mansão, com acabamentos de tijolo verde vitrificado e vitrais e arabescos islâmicos decorativos, tinha magníficos pisos de mármore cobertos com autênticos tapetes persas. Dois canários em gaiolas perto da porta da frente enchiam a casa de cantos. Na sala de jantar, pendia da parede uma esplêndida tapeçaria persa de seda pura feita à mão. O quintal, que dava para o Tigre, fora plantado com um gramado e tamareiras novas, e no gramado erguia-se uma casa de junco em arcos, uma *mudhif* — a tradicional casa de junco dos árabes dos pântanos do sul do Iraque — que Jamaluddin mandara construir por artesãos de Basra. Dois guarda-costas armados de Kalashnikovs vigiavam atentos junto à cerca no fundo do jardim. Alguns degraus levavam a um ancoradouro onde um longo barco de madeira de proa curva se achava amarrado. Jamaluddin me disse que construíra o *mudhif* para realizar reuniões onde pessoas pudessem trocar idéias livremente. Via-o como um símbolo da nova posição do Iraque, como uma ponte entre o Iraque e o Ocidente, e acrescentou, sorrindo:

— Eu adoro o fato de que ele foi construído com juncos dos pântanos drenados por Saddam.

Jamaluddin voltara ao país recentemente após 25 anos no exílio. Em 1979, como o caçula politicamente ativo de um intelectual religioso de Najaf, a cidade santa xiita, fugira do Iraque de Saddam para o Irã, atraído pela revolução de Khomeini, que acabava de triunfar lá. Dois anos depois, Jamaluddin me disse que se desiludira com a revolução iraniana, mas ficara lá para estudar a religião e a filosofia islâmicas. Oito anos depois, fora viver em Dubai, onde servira como representante da instituição de caridade islâmica do mais elevado clérigo xiita do mundo, o grande aiatolá recluso Ali al-Sistani, de Najaf. Sistani, que fora mantido praticamente em prisão domiciliar por Saddam desde fins da década de 1990, representava a escola quietista do xiismo, que se opunha ao islã político defendido por Khomeini e seus discípulos. Agora que estava de volta ao Iraque, porém, Jamaluddin pretendia claramente ter um papel ativo. Dizia-se que mantinha um relacionamento muito estreito com os funcionários americanos da Autoridade Provisória da Coalizão, incluindo seu principal administrador recém-nomeado, Paul Bremer, e já estabelecera sua própria fundação, visando, como disse, promover "uma maior compreensão entre o Iraque e o Ocidente". Ele sugeriu que a fundação acabaria se transformando em um partido político.

Um amigo próximo de Jamaluddin complementou sua história para mim, explicando que o clérigo fora um firme defensor do plano do governo Bush para a guerra contra Saddam. No outono de 2002, os americanos o haviam procurado e pedido seu auxílio para construir uma base xiita de apoio aos Estados Unidos assim que ocorresse a guerra. Ele concordara, e durante a primeira semana de combate fora levado de avião a Najaf pelos militares americanos. Seu trabalho, claro, era conseguir o apoio do grande aiatolá Sistani, oferecendo-se para lhe fornecer segurança. (Sugestão polidamente recusada pelo velho clérigo.) Juntou-se a ele em Najaf Abdel Majid al-Khoei, outro clérigo xiita pró-ocidental que vivia no exílio em Londres desde a morte do seu pai, predecessor xiita do grande aiatolá Sistani, em 1992. Khoei dirigia a Fundação Al-Khoei com sede em Londres, uma rica sociedade filantrópica xiita internacional. Também trabalhava de perto com a CIA, e chegara ao Iraque com uma grande quantidade de dinheiro em espécie para comprar favores para si mesmo e apoio para os americanos em círculos clericais de Najaf. Alguns dias depois, porém, fora brutalmente assassinado naquela cidade por seguidores do jovem clérigo xiita Moqtada al-Sadr, ferozmente antiamericano. O assassinato de Khoei eliminara os planos americanos de formar uma facção legalista viável dentro da comunidade xiita do Iraque.

Moqtada al-Sadr era filho de outro falecido clérigo xiita que fora muitíssimo popular no Iraque, e que havia sido assassinado, aparentemente por ordens de Saddam, alguns anos antes. O jovem Sadr mantinha estreitos laços com um dos clérigos mais linha-dura do Irã, e despontara como um oponente da coalizão logo depois da guerra. Poucos dias depois da deposição de Saddam, Sadr estabelecera uma base de poder em Najaf e no vasto bairro pobre xiita de Bagdá Cidade de Saddam, que ele havia rebatizado como Cidade de Sadr. Seus seguidores eram na maioria xiitas jovens, desempregados e sem instrução, que ele transformou em uma força de ordem independente. Ultimamente, Sadr começara a lançar apelos fanfarrões para que os americanos deixassem o Iraque, e conclamara seus seguidores a se juntar "num exército islâmico" para expulsá-los. Em vista da ameaça a seus planos representada por extremistas religiosos como Sadr, Jamaluddin parecia representar, é claro, um aliado potencial útil dos americanos no Iraque. Jamaluddin, porém, estava imobilizado. Sem Khoei para servir como um líder que pudesse arrebanhar pessoas ao seu redor, ficou isolado. Não tinha nem o nome de família venerável do falecido Khoei, e tampouco uma base de apoio própria entre os clérigos de Najaf. Tudo que poderia realmente fazer por enquanto era tentar sobreviver e construir de algum modo um círculo eleitoral para si mesmo. Jamaluddin não escondia suas afinidades.

— Sem os americanos — disse — nós continuaríamos escravos de um homem, Saddam Hussein. O Iraque não é excepcional; é assim na maior parte do Oriente Médio. Durante 14 séculos, os árabes foram escravos de seus governantes. Não sabem o que é a liberdade. A sociedade tem uma cultura atrasada, e deve ser mudada. A cultura árabe e a islâmica devem ser mudadas. Saddam Hussein é apenas o fruto podre de uma árvore corrompida. Se não quisermos que surja outro Saddam Hussein, devemos desarraigar a cultura opressiva e corrompida em que vivemos.

Eu via por que os americanos gostavam de Ayad Jamaluddin. Ele era um muçulmano ideal, com uma visão transformadora pró-ocidental do futuro do Iraque e do Oriente Médio. Mas, para mim, Jamaluddin era uma anomalia que não parecia ter lugar na nova realidade iraquiana inflexível que surgia rapidamente fora das paredes seguras de sua mansão. Eu não poderia vê-lo sobrevivendo por muito tempo no futuro; não sem muita sorte. Junto com a violência, o sectarismo e a xenofobia estavam em ascensão no Iraque.

Certo dia, viajei a Najaf para rever o belo santuário do imã Ali, genro do profeta, que morrera em 661 d.C. Os capangas à paisana que rondavam vigilantes os terrenos nos dias de Saddam haviam desaparecido. O pátio do santuário estava apinhado de ardentes e emocionados peregrinos de todo o universo xiita: Líbano, Paquistão, Irã e até Afeganistão. Grupos de enlutados carregando caixões entravam e saíam do santuário em busca de bênçãos para os parentes mortos. Enquanto eu observava a cena, um iraquiano me abordou e perguntou, desafiador, se eu era muçulmano. Quando eu lhe disse que não, que eu era cristão, ele perguntou truculentamente o que eu estava fazendo ali. Meu tradutor iraquiano, Salih, um devoto muçulmano sunita de Bagdá, ficou chocado com a grosseria do homem, e falou-lhe no mesmo tom. O homem afastou-se, mas lançou-me um olhar furioso ao fazê-lo.

Mais tarde, Salih desculpou-se profusamente comigo. Começou então a criticar os xiitas, que, explicou, não eram "bons muçulmanos", mas fanáticos primitivos e incultos. Discuti acaloramente com ele a sua atitude, falando-lhe das dezenas de milhares de xiitas cruelmente massacrados em todos aqueles anos por Saddam. Salih balançou a cabeça vigorosamente de um lado para o outro. Mas a prova estava ali a olhos vistos, insisti. E todas as sepulturas coletivas descobertas desde a guerra? Era verdade, ele acabou reconhecendo. Muitas das sepulturas coletivas estavam cheias de corpos de xiitas, mas, declarou, a maioria deles tinha merecido seus destinos, porque eram "saqueadores e ladrões".

Em 18 de julho, Salih e eu fomos a uma cerimônia especial de prece para muçulmanos sunitas. Foi na mesquita da Mãe de Todas as Batalhas, que fica na periferia ocidental de Bagdá, na estrada que conduz à prisão de Abu Ghraib, fora da cidade e, um pouco mais adiante, a Faluja. A mesquita foi construída por Saddam para comemorar o fato de que durante a Guerra do Golfo — "a mãe de todas as batalhas" — ele se escondera numa casa situada no local. A mesquita é cercada por um fosso e tem quatro minaretes internos modelados em mísseis Scud e quatro minaretes externos modelados como Kalashnikovs. Antes da guerra, num pequeno anexo do museu da mesquita principal, havia em exposição um Corão especial. Todos se referiam a ele como o Corão de Sangue, porque se supunha que tivesse sido escrito com o próprio sangue de Saddam.

Era um dia de calor brutal, e havia centenas de homens de solidéus brancos circulando do lado de fora, à espera de que a cerimônia começasse. Uma pequena multidão se formara em torno de um clérigo barbudo que dava uma entrevista à televisão Al Arabiya. Mais tarde, Salih aproximou-se dele e perguntou se ele falaria comigo. Depois de nos apresentarmos, o imã disse que reconhecia meu nome. Sabia que eu tinha falado com seu tio, o xeque Muther Khameez al-Dhari, logo antes de a guerra começar. Ele era o Dr. Muthana Harith Dhari, explicou, um estudioso islâmico e professor de xariá na Universidade de Bagdá. Seu tio era um dos sábios idosos do clã tribal que vivia em Khandhari, do outro lado da rua em frente à prisão de Abu Ghraib, com quem eu me encontrara em março. Eram os descendentes do falecido xeque Dhari, que assassinara o oficial colonial britânico coronel Gerard Leachman em 1920. Mencionei esse fato ao imã, que assentiu, parecendo orgulhoso.

Perguntei-lhe o que era a cerimônia de prece daquele dia na mesquita.

— Tentaremos fazer uma chamada às pessoas para que se unam e desistam do sectarismo — explicou. — Neste momento, não devemos pensar em nós mesmos como sunitas ou xiitas, devemos ser uma coisa só. O Conselho Governante só foi fundado para nos dividir. — Era preciso que os iraquianos se unissem, acrescentou, a fim de resistir à ocupação americana. Naquela semana, o novo Conselho Governante do Iraque, com 25 líderes iraquianos de um apanhado dos partidos políticos do país, prestara juramento. Sabia-se que muitos sunitas estavam aborrecidos porque dois terços dos membros do conselho eram xiitas. Ele explicou que fazendo aquela chamada, cumpria suas obrigações religiosas.

— Como intelectuais, é nosso dever lembrar às pessoas que elas devem resistir à ocupação com todos os meios à sua disposição. Nós não lhes dizemos para usar esta opção ou aquela. Nosso povo é inteligente e sabe o que fazer.

O imã Dhari explicou que a cerimônia de prece fora organizada por um novo grupo do qual ele fazia parte, a Associação de Estudiosos Islâmicos. Tinha sua sede no distrito de Adhamiyah, em Bagdá, predominantemente sunita, e que eu sabia ser considerado pelos americanos como um reduto de legalistas de Saddam. O imã se desculpou. A cerimônia de prece estava para começar, e seu pai, o xeque Harith Dhari, um estudioso religioso como ele mesmo, iria oficiar. Permaneci fora da mesquita, ao sol, para escutar. Logo se ouviu nos alto-falantes a voz aguda de um velho. Salih traduzia para mim. O imã Hareth Dhari começou com o relato de um ultraje recente, um dos muitos que vinham sendo cometidos pelas forças armadas dos EUA, disse. Tinha a ver com uma aldeia onde os americanos haviam feito buscas em todas as casas.

— Revistaram até as mulheres! — gritou o imã. E continuou: — Iraquianos! Vocês concordam com isso?

— Não — ressoou o grito da assembléia.

O imã retomou a palavra:

— Os iraquianos estão perdendo a paciência! Nós advertimos os ocupantes: nossa paciência logo vai acabar. E se eles continuarem a insultar a dignidade dos iraquianos, vão ver a resistência tomar novas atitudes!

Acrescentou que os iraquianos saberiam restaurar sua glória nacional, e como um exemplo do que eram capazes citou a rebelião de 1920 contra os ingleses, durante a qual seu antepassado, claro, se tornara uma figura heróica. Advertiu contra o sectarismo, lembrando à platéia que em 1920 os iraquianos não haviam se importado se eram sunitas ou xiitas.

— Só pensavam em se livrar dos ocupantes. Eles devem ir embora, e nós podemos escolher líderes aptos para nos conduzir. Simplesmente vão embora! — Ele clamou pelo repúdio ao novo Conselho Governante, advertiu contra os assassinatos de vingança de baathistas suspeitos: — "O que passou, passou" — e lamentou a dignidade ferida do Iraque. — Iraquianos! — gritou. — Despertem, parem de dormir! Sejam unidos na luta contra os criminosos, os saqueadores e aqueles que querem que esta bagunça continue.

Depois das preces, ele e outro imã se dirigiram à multidão, que afluiu da mesquita aos jardins. Havia talvez 5 ou 6 mil homens entoando: "Abaixo o colonialismo", "Deus é grande" e "Abaixo os ocupantes". Apesar dos apelos contra o sectarismo, distribuíram-se folhetos que contestavam a veracidade das estatísticas do censo usadas para dar mais cadeiras aos xiitas do que aos sunitas no conselho, com base em sua porcentagem da população. A multidão pareceu ficar muito alterada com essa questão, e até Salih me disse que concordava com eles nesse ponto. Insistiu, como faziam os alto-falantes, que os sunitas não eram uma minoria de um terço da população do Iraque, mas uma maioria de dois terços — caso se incluíssem os curdos sunitas. Não se podia deixar que os xiitas tomassem o poder sem uma eleição. Se o fizessem, estabeleceriam um regime religioso como o do Irã. Um dos imãs gritou:

— Nós enfrentaremos o ocupante do norte ao sul do Iraque, de Basra a Bagdá, Ramadi e Faluja! — À menção de Faluja, que se tornara um símbolo da resistência antiamericana, houve um coro enorme da multidão de: "Viva os falujanos."

Saí novamente do Iraque em agosto, quando começava a horrível onda de homens-bomba em Bagdá, causando dezenas de mortes na embaixada jordaniana, na sede das Nações Unidas, e em vários outros alvos. Um deles foi o aiatolá Muhammad Bakr al-Hakim, feito em pedaços no dia 29 de agosto junto com pelo menos mais cem pessoas, quando dois carros com explosivos foram acionados por controle remoto diante do santuário do imã Ali em Najaf. Depois de voltar para casa em maio, Hakim cumprira seu voto de recomeçar a vida clerical em Najaf e, publicamente pelo menos, abstivera-se da política. Acabara de oficiar as preces de sexta-feira no santuário quando foi assassinado. Hakim foi sucedido como líder do Conselho Supremo por seu irmão mais novo, Abdulaziz, que já representava o partido no novo Conselho Governante iraquiano.

Duas semanas antes, eu me encontrara com Abdulaziz em seu novo escritório em Bagdá, na casa bem guardada que antes abrigara os guarda-costas de Tariq Aziz. Abdulaziz parecia haver se adaptado bem ao seu novo papel como aliado político *de facto* da coalizão, mas não fez nenhum segredo de seu desagrado com a ocupação militar estrangeira de seu país, e expressou esperanças de que ela não durasse muito tempo. Disse-me ainda que estava muito preocupado com as condições de segurança insolúveis no Iraque, e responsabilizou por elas os erros dos próprios americanos.

Alguns dias antes de eu sair de Bagdá, ouvi um boato de que Samir Khairi fora preso pelos americanos e levado para a prisão. Corri à sua casa com Sabah. Os portões de metal haviam sido arrombados e estavam agora isolados da rua com espirais de arame farpado. As portas e as janelas da casa, vi, haviam sido quebradas ou retiradas inteiramente. Perguntamos a alguns vizinhos o que acontecera. Os militares americanos haviam chegado, invadido a casa à força e levado Samir, disseram. Mais tarde, "saqueadores" — não disseram quem — haviam entrado na casa e a pilhado. Tentei descobrir com os americanos da Autoridade Provisória da Coalizão o que acontecera com Samir, mas não consegui nada.

Ala Bashir me telefonou do Qatar. Aceitara a oferta de trabalho do emir, informou-me, e começava a se estabelecer lá. Sua mulher e sua filha haviam obtido seus vistos do Reino Unido, e estavam a caminho para ficar com os dois filhos que moravam na Inglaterra. Falamos de Samir Khairi. Ele já soubera da prisão, disse Bashir, e vinha tentando libertá-lo por intermédio de *seus* contatos, mas não tivera sucesso. Tampouco lhe haviam dito porque Samir fora preso. Era um mistério.

Em novembro, quando voltei de novo a Bagdá, constatei que os sentimentos de muitos iraquianos haviam endurecido ainda mais contra os americanos. Certo dia, almoçando em sua casa, Ali, um homem de negócios sunita, expressou francamente suas opiniões:

— Os homens-bomba suicidas vêm na maioria de fora do Iraque, mas eu diria que, como iraquianos, quando sabemos que uma dessas pessoas matou americanos, ficamos felizes. Ficamos todos felizes. Qualquer um que negue isso está mentindo.

Não apenas os soldados americanos, mas qualquer um suspeito de trabalhar para a coalizão, iraquianos e ocidentais, eram agora considerados inimigos pelos insurgentes. Policiais e políticos foram as primeiras vítimas, mas tradutores, e até lavadeiras que lavavam a roupa de soldados americanos estavam sendo assassinados. Não havia mais lugar verdadeiramente seguro no Iraque. Na mesma manhã em que cheguei, o Hotel Palestine foi atingido por mísseis, engenhosamente lançados de uma carroça camuflada. Ninguém morreu, mas um dos mísseis varou a alvenaria e caiu a apenas 5 metros do quarto de meu amigo John Burns, hospedado lá nessa ocasião. Os outros hotéis, como o meu favorito Al-Safeer, estavam desertos, ou guardados por sentinelas armados e cercados por altos muros de concreto reforçado para impedir carros-bomba. Fiquei na casa de um amigo em Bagdá que tinha seus próprios seguranças armados e uma câmera de vídeo de segurança permanentemente apontada para a rua.

No fim do ano, quase 250 americanos e um número muito maior de iraquianos haviam sido mortos em ação desde que o presidente Bush declarara prematuramente "um fim às hostilidades" no início de maio. Ingleses, espanhóis, italianos, coreanos, tailandeses, japoneses, búlgaros, poloneses, e meia dúzia de outras nacionalidades também haviam contribuído com sua quota de vítimas para a crescente contagem de corpos. A humilhante captura de Saddam em seu "buraco" em Tikrit, em meados de dezembro, elevou as esperanças iniciais de que a revolta antiamericana fosse afinal se abrandar, mas em poucos dias houve mais bombardeios e ataques em todo o país. Após meses de busca por peritos da CIA, não haviam sido descobertas quaisquer armas de destruição em massa escondidas, mas isso agora parecia menos importante do que o fato de que o Iraque se tornara, como havia declarado o presidente Bush, a nova linha de frente na Guerra ao Terror. Mas talvez fosse apenas um exemplo da profecia que se cumpre por si mesma. Antes de eu sair de Bagdá, em fins de dezembro, encontrei-me com alguns iraquianos envolvidos na revolta. Um deles, que se dizia chamar Abu Abdullah, falando um inglês perfeitamente compreensível, disse-me:

— Os americanos devem sair, é só disso que precisamos. Não haverá nenhuma operação terrorista quando eles se forem. Não precisamos dos Estados Unidos para consertar este país, nem para construir este país. Simplesmente vá embora, meu amigo.

Não trabalhei com Sabah nessa viagem. Eu finalmente perdera a confiança nele durante um incidente ocorrido em julho, quando ele estava ao volante de sua nova caminhonete Suburban GMC branca. Vínhamos discutindo sua escolha do veículo por vários dias antes. Eu tinha meus receios quanto a viajar naquele carro; aos meus olhos, ele se parecia demais com os veículos da coalizão, cada vez mais atacados por atiradores. Sabah ignorara minhas preocupações e insistira teimosamente que seu Suburban era seguro. Com relutância, eu cedera. Então, certa manhã, quando atravessávamos o subúrbio de Adhamiyah, havíamos ficado presos no trânsito, quando dois atiradores surgiram a pé atrás do carro e começaram a disparar seus revólveres contra nós. Não era uma suposição irracional pensar que corríamos perigo; Adhamiyah era um foco de resistência aos americanos, e havia conflitos freqüentes no bairro. Os reflexos de Sabah no enorme veículo eram enlouquecedoramente lentos. Quando gritei irritado, insistindo para que saíssemos da linha de tiro, ele cometeu o erro de seguir o carro da frente e sair da estrada principal para um beco sem saída. Acontece que o carro da frente era dirigido pelo homem contra o qual os atiradores estavam disparando. Soubemos disso quando ele parou o carro de repente e saiu correndo, enquanto nós fomos forçados a dar uma laboriosa ré — mais uma vez demasiado lenta para meu gosto — para cima dos atiradores que se aproximavam, e sair em disparada antes que eles abrissem fogo de novo. Depois disso, não me senti mais seguro com Sabah ao volante. À medida que Bagdá se tornava cada vez mais perigosa, eu queria ser conduzido num carro pequeno, rápido e discreto, com um motorista que tivesse os nervos afiados, mão firme, e sobretudo, que fizesse o que eu dissesse. Os tempos haviam mudado. Não era uma questão de amizade, mas de segurança.

Ao deixar o Iraque, parei em Amã para visitar Nasser al-Sadoun. Fazia pouco mais de um ano que nos encontráramos pela primeira vez e ele fizera suas advertências prescientes sobre os planos americanos de ocupar o Iraque após a guerra. Quando lhe lembrei sua profecia, ele deu um sorriso pálido. Estava claro que não sentia orgulho algum por sua previsão haver se cumprido, e passou a me dizer, com o olho do engenheiro para os detalhes práticos, o que achava que os americanos deveriam fazer para remediar a situação.

— Eu acho que eles devem deixar as cidades do Iraque, ficar em acampamentos, e manter-se longe dos cruzamentos de ruas, onde são constantemente emboscados. Mas devem primeiro reintegrar várias divisões do exército iraquiano (desmanteladas em maio pelo administrador da Autoridade Provisória da Coalizão, Paul Bremer) e da polícia iraquiana, e deixá-los fazer o patrulhamento. Quanto mais iraquianos envolvidos, melhor. Os americanos não devem mostrar a cara, mas deixar os oficiais iraquianos cuidarem de tudo, de modo que, se os fundamentalistas começarem a atacar, que enfrentem apenas iraquianos, o que deixará as pessoas irritadas com eles. Os americanos só devem intervir quando necessário. O problema com os iraquianos é que eles são muito orgulhosos de suas responsabilidades, mas se houver alguma outra pessoa no comando, não se importam com nada. Por isso, que ponham os iraquianos no comando. Os ingleses aprenderam essa lição há muito tempo. Retiraram aos poucos sua gente, mesmo dos ministérios, e em 1930 estavam todos fora. — Nasser parou para acender o cachimbo. Deu algumas tragadas e se recostou, aparentemente perdido em pensamentos. Passou-me pela mente que aquele era o primeiro homem que eu encontrava em muitos anos que ainda fumava cachimbo.

Nasser me disse que também vinha pensando um pouco em política. Se os americanos recuassem suas tropas como ele propunha, achava que a maioria dos iraquianos aceitaria a continuação da presença deles no país, para garantir a transição para a democracia. Mas os iraquianos também precisavam de uma figura de proa própria, disse; alguém para guiá-los e a quem respeitassem. Sua opinião, disse ele, era que esse papel podia ser preenchido por um rei hachemita. Seu velho amigo, o príncipe herdeiro Hassan da Jordânia, sugeriu, poderia cumprir esse papel, mas ele sabia que Hassan jamais concordaria em ser posto no trono pelos americanos.

— Só fará isso se os iraquianos pedirem — disse. Nasser disse achar que os sunitas iraquianos e muitos dos xiitas deixariam de lado suas diferenças e se uniriam em torno de uma figura assim, que estivesse acima da batalha política. E enquanto isso, até que as eleições fossem possíveis, continuou, talvez fosse uma boa idéia instalar um militar do regime anterior, alguém não acusado de crimes de guerra, como o presidente iraquiano *de facto*. Citou o general-sultão Hashim Ahmed, o último ministro da Defesa de Saddam, que se entregara recentemente aos americanos, como um candidato possível.

— O exército o respeitará e seguirá. Talvez ele possa ser o homem que conduza o governo de transição. — Nasser disse compreender que o que propunha não era um modelo político ideal, mas os problemas do Iraque eram tais que precisavam de soluções práticas urgentes, e a primeira prioridade era uma liderança iraquiana forte. — Se o governo é fraco, há um risco real de uma guerra civil no Iraque — disse. — O governo deve ser duro e severo. Os assassinos devem ser enforcados nas ruas, para que as pessoas vejam o que acontece se cometerem crimes violentos. Não pode ser como os americanos dizem: "Não haverá mais pena de morte no Iraque." Isso não funciona lá. Se houver um governo forte, com impacto militar, as pessoas vão segui-lo. — Perguntei se ele tinha alguma intenção de voltar à sua pátria. Ele negou com a cabeça. — Faz muitos anos, e tudo mudou — disse. — Meus amigos se foram. Minha vida agora é aqui. — Talvez, quando as coisas se assentassem, ele retornasse para uma visita "como turista", acrescentou, rindo. Sua esposa, Tamara, confessou que não concordava com ele. Nasser encolheu os ombros, numa atitude neutra. Eu sabia que Tamara tinha retornado ao Iraque após a guerra e passava a maior parte do seu tempo lá. Havíamo-nos encontrado algumas vezes em Bagdá, onde ela me falou entusiasmada sobre o que fazia. Começara um trabalho beneficente para órfãos iraquianos, e tinha muitos outros projetos em mente. Disse achar que era seu dever fazer o que pudesse para ajudar a reparar a sociedade danificada do Iraque. Estava claro que, para Tamara, Amã já ficara no passado. Com a queda de Bagdá, ela havia recuperado um lar e um sentimento de que havia algo a ser feito no futuro.

Na noite de 17 de março de 2004, eu estava de volta a Bagdá, num quarto do Hotel Palestine, tomando um café, quando uma forte explosão sacudiu o hotel, derramou meu café e me derrubou da poltrona. O barulho de tiroteio era rotineiro em Bagdá, e ouviam-se explosões quase todo dia. Houvera várias recentes, mas nada que se aproximasse daquela. Era a explosão mais forte que eu ouvia desde o bombardeio de Bagdá durante a guerra, iniciada quase exatamente um ano antes.

Corri até a sacada, de onde tinha uma vista de um trecho do rio Tigre e, do outro lado, do antigo complexo presidencial de Saddam Hussein, transformado na sede da Autoridade Provisória da Coalizão, a chamada Zona Verde. No início, não consegui ver nada. Estiquei o pescoço para fora, para ver o centro da cidade a nordeste, e então vi uma grande nuvem de fumaça cinzenta subindo pelo céu da noite. Fui até o telhado para ver melhor. As chamas saíam de um buraco aberto num bairro de hotéis e pequenos edifícios de apartamentos aproximadamente seis blocos adiante. Parecia um molar arrancado violentamente de uma fileira de dentes.

Juntei-me a dois amigos, repórteres italianos, para ir olhar mais de perto. Quando nos dirigíamos ao local da explosão por uma rua lateral escurecida, encontramos dois rapazes chutando uma bola de futebol de um lado para outro da rua. Um deles parou o que fazia, pegou a bola e, de uma maneira amigável, nos indicou o caminho. E retomou o seu jogo. Um pouco adiante, um táxi parou para nós e entramos. Havíamos percorrido cerca de 200 metros por uma avenida quando chegamos a um cruzamento onde uma confusão de ambulâncias, carros de bombeiros e de polícia convergiam, obstruindo a passagem. Homens histéricos em uniformes policiais e outros à paisana corriam de um lado para o outro gritando e brandindo armas, e fazendo retornar todo o tráfego. Alguns discutiam. Um corria de um lado para o outro com uma pistola na mão. Soldados americanos em jipes e barulhentos veículos blindados passaram por nós rumo à confusão. Parecia que acabavam de chegar à cena. Dissemos ao motorista do táxi que era melhor nos deixar onde estávamos, e assim, sem cobrar nada, ele disse polidamente, em inglês, que "compreendia", e nos desejou boa-noite.

A explosão devastara duas casas de família, um pequeno hotel, o Monte Líbano, bem como um prédio de apartamentos, e destruíra parcialmente um outro hotel pequeno mais adiante na rua. Os edifícios maiores foram chamuscados e tiveram as fachadas de pedra descascadas, os interiores rasgados e retorcidos. As casas tinham sido reduzidas quase completamente a monturos. Uma desmoronara inteiramente. Outra parecia haver sido cortada violentamente ao meio, a pique, como se alguém tentasse cortar um bolo com uma machadinha. A metade de trás da casa continuava de pé, seriamente rachada, e as paredes restantes se inclinavam na iminência de desmoronar, mas com as entranhas visíveis. Um quarto de dormir no segundo andar expunha-se à vista de forma parecida com uma casa de bonecas num museu; a cama pendia sobre a borda, e um tapete estava pendurado do andar superior. Via-se uma cópia emoldurada de uma cena pastoral iraquiana ainda na parede. Ouvi alguém dizer que em algum lugar sob a confusão dos tijolos e alvenaria havia pessoas presas que ainda podiam estar vivas. Parecia difícil de imaginar.

A bomba deixara uma grande cratera na rua de concreto, de cerca de 2 metros de profundidade e uns 18 de diâmetro, no local onde havia explodido. Havia uma sujeira preta por toda parte, montes de detritos, uma árvore derrubada, sem folhas. Fumaça acre erguia-se das brasas. O ar tinha um cheiro úmido, chamuscado. Bombeiros com coletes amarelos e mangueiras disparavam água nas ruínas fumegantes. Contei cinco carros carbonizados na rua. Americanos parecendo paramilitares com coletes contra fragmentos de bomba — talvez agentes do FBI — vieram inspecionar a cratera com cuidado. A cena era um pandemônio de luzes de lanternas, faróis de carros e gritos, empurra-empurra de homens e soldados americanos confusos que tentavam isolar a área. Vi que dois homens feridos tentavam sair capengando, meio carregados; outro, com a *dishdasha* cinzenta ensangüentada, jazia morto ou inconsciente em uma maca metida às pressas numa ambulância à espera. Os soldados americanos e os policiais iraquianos lutavam para conter uma multidão de espectadores, parentes e repórteres. Os carros de bombeiro e ambulâncias partiam e chegavam. Todos tropeçavam no chão subitamente desigual.

Um amigo iraquiano, Salam, surgiu da fumaceira. Veio pisando com cuidado até onde eu estava. Disse-me que fora um ataque de míssil. Eu disse que duvidava, que me parecia um carro-bomba. Salam disse que ouvira um homem afirmar haver visto o míssil. Ouvira dizer que cinqüenta civis haviam sido mortos. Eu aprendera, durante o bombardeio de Bagdá, a não acreditar muito no que ouvia das pessoas na rua, e disse isso a ele. Tudo era confuso demais e circulavam muitas histórias no local para que alguém pudesse saber o que havia acontecido de fato.

Acabei sendo empurrado para fora da área pelos soldados americanos junto com quase todos os demais. Alguns eram educados, outros rudes. Vi-me no meio de uma multidão tocada para fora de um bloco residencial. Entre nós estava um iraquiano aflito que implorava aos soldados que o deixassem passar. Outro que falava inglês observou ao meu lado:

— Ele está tentando dizer a eles que mora logo ali — e apontou para alguns metros adiante. — Mas não querem deixá-lo ir para casa. — Balançou a cabeça desanimado. — São sua gente, você não pode dizer a eles para ao menos serem simpáticos? — disse ele para mim.

Voltei ao Palestine sozinho. Eram só dez e meia da noite, mas não havia mais muitos carros nas ruas, que estavam escuras e sombrias. Todas as lojas estavam fechadas, com exceção de um único quiosque de cigarros à beira da estrada. Os poucos iraquianos pelos quais passei lançaram-me olhares de esguelha, neutros. Senti-me muito vulnerável, e só quando me vi de volta ao interior dos muros que haviam sido erguidos no perímetro do Palestine e fui revistado pelos sentinelas que guardavam o ponto de acesso foi que tornei a me sentir seguro de verdade.

O Iraque era um lugar muito mais perigoso do que fora um ano antes. Os iraquianos haviam sido libertados da ditadura pela Operação Liberdade do Iraque, mas sua recém-obtida liberdade não era algo que pudessem apreciar facilmente. Podiam agora manifestar opiniões, surfar na *web* e ver televisão por satélite, ler todos os jornais que quisessem e entrar no partido político de sua escolha (com exceção do Baath); mas agora, também, os terroristas e criminosos estavam livres para atacar à vontade, aparentemente a quem quisessem, quando e onde quisessem.

A liberdade só tem valor conceitual, a menos que um Estado seja capaz de organizar seus benefícios para os cidadãos. Para que isso seja possível, deve haver segurança. Parece uma fórmula simples, mas era o ingrediente essencial que ainda faltava no Iraque um ano após George W. Bush declará-lo livre do mal. Nenhum iraquiano que eu conhecia se sentia confortável ou protegido pela presença continuada de 130 mil soldados americanos no país. Muito pelo contrário. Por causa dos riscos à sua própria segurança, as tropas americanas viviam no interior de complexos seguros como a Zona Verde, ou de antigos palácios e acampamentos militares de Saddam, protegidos por sentinelas e por muros antibombas. Quando saíam, tinham contato com a sociedade iraquiana por trás da proteção de seus coletes à prova de bala, capacetes Kevlar e armamentos, e andavam em veículos blindados, armas em punho. Na maioria dos dias vários eram mortos em emboscadas ou por bombas na beira das estradas detonadas por controle remoto. Depois de tais incidentes, os soldados muitas vezes abriam fogo, em geral descontroladamente, pulverizando tudo em volta. Com demasiada freqüência, matavam civis iraquianos que estavam ali por acaso, ao alcance de suas balas.

Não era mais seguro para ocidentais viajar pelo país. Só no mês de março, uma série de emboscadas nas estradas do Iraque resultara na morte de pelo menos vinte civis ocidentais, incluindo executivos, construtores civis, clérigos e especialistas em auxílio internacional. Após o bombardeio no Hotel Monte Líbano, aparentemente atacado por hospedar estrangeiros (um empresário britânico estava entre as vítimas da explosão), e os ataques posteriores a outros hotéis pequenos, sem guardas, a maioria dos repórteres ocidentais e outros civis que ainda estavam em Bagdá mudara-se para trás das paredes erguidas em torno do Palestine e do Sheraton, ou então para o Al-Hamra, também agora cercado por paredes antibomba e por guardas armados. As únicas pessoas em Bagdá que vivem sem tal proteção são os iraquianos comuns, e para eles a vida se tornara igualmente arriscada. Quadrilhas de criminosos proliferavam e agiam com impunidade. O número de assassinatos e estupros subira vertiginosamente desde a queda de Bagdá, assim como os roubos de carros e seqüestros. Muitas vezes as vítimas eram crianças.

O filho caçula de Sabah, Ala, de 12 anos, fora seqüestrado no começo do ano. Fiquei sabendo poucos dias depois de minha volta a Bagdá no começo de março. Sabah me localizou, como sempre fazia, e contou-me tudo a respeito. Chorava ao recordar o episódio. Explicou que Ala estava indo a pé de casa para a escola com diversos amigos certa manhã, e alguns homens num carro haviam aparecido e levado o menino. Algumas horas depois, ele recebeu um telefonema anônimo de um homem exigindo 50 mil dólares se quisesse Ala vivo de volta. Era muito mais dinheiro do que ele algum dia poderia ter. Nos três dias seguintes, ele negociou com os seqüestradores e acabou reduzindo a quantia para 6 mil dólares. Teve de vender o Mercedes branco para levantar o dinheiro. No terceiro dia, dois de seus irmãos foram de carro até um local ermo proposto pelos bandidos e entregaram o dinheiro a um carro cheio de homens mascarados. Algumas horas depois, Ala foi deixado à beira da rua a algumas quadras de sua casa, e seguira andando até lá. Disse a Sabah que fora mantido de olhos vendados numa garagem ou oficina, e muito pouco alimentado.

Sabah não o deixara mais voltar à escola desde o seqüestro; mantinha-o em casa.

— Ele está faltando à escola, mas que mais posso fazer, Sr. Jon Lee? — Tornou a se emocionar e caiu em prantos. Perguntei o que tinha acontecido com sua caminhonete Suburban GMC. Sabendo o quanto ele gostava de exibi-la, eu suspeitava que fora o carrão vistoso, junto com o Mercedes, que chamara a atenção dos seqüestradores. Com um olhar tristonho, Sabah me disse que ainda o tinha mas o mantinha parado na garagem desde o seqüestro de Ala. Não saía mais à rua com ele.

Em 4 de abril começou no Iraque uma enorme onda de derramamento de sangue. Uma semana depois, pelo menos setenta americanos e até setecentos iraquianos haviam sido mortos. Era a pior violência que o Iraque via desde a invasão americano-britânica um ano antes, e ela não dava nenhum sinal de que fosse diminuir logo. A inesperada escalada das hostilidades e o enorme número de vítimas causaram um alarme internacional generalizado e suscitaram novas perguntas sobre a maneira como o governo Bush tratava da ocupação do Iraque. Se algum dia houvera alguma dúvida, agora estava bastante claro para todos que os Estados Unidos continuavam travando uma guerra no Iraque.

A nova violência foi desencadeada por vários fatos. Em 31 de março, quatro empresários americanos foram emboscados e mortos ao passarem de carro por Faluja, e então, num espetáculo nauseante, filmado e transmitido pela rede de televisão Al Jazeera, os corpos carbonizados foram despedaçados por uma multidão de homens e meninos, que os arrastaram pelas ruas e penduraram alguns pedaços dos corpos em postes nos acessos a uma ponte sobre o Eufrates. Mais tarde, a Primeira Divisão de Fuzileiros Navais (que recentemente assumira a jurisdição da área de Faluja de uma divisão do exército dos EUA) cercara a cidade com o objetivo de capturar ou matar os homens responsáveis pelas mortes dos empresários. Mas quando entraram lá, em 5 de abril, encontraram forte resistência e sofreram pesadas baixas. Sua ação policial logo se transformou num prolongado sítio, enquanto eles explodiam, bombardeavam e metralhavam a cidade com helicópteros artilhados, F-18s, e tanques. Dezenas de milhares de civis fugiram da cidade.

Ao mesmo tempo, abriu-se uma nova frente e, pela primeira vez, a coalizão teve de enfrentar o combate não apenas com insurgentes sunitas, mas também com xiitas. Em 4 de abril, os seguidores armados de Moqtada al-Sadr lançaram um ataque às tropas espanholas e salvadorenhas da coalizão estacionadas em Najaf, matando um soldado salvadorenho. A revolta seguiu-se ao aprisionamento por tropas americanas de um dos auxiliares de Sadr, acusado de envolvimento no assassinato de Abdel Majid al-Khoei um ano antes. Após a luta em Najaf, os combatentes de Sadr, que também usavam turbantes e roupas pretas e se autodenominavam Exército de Mahdi, insurgiram-se em todo o sul e centro do Iraque, atacando e matando tropas da coalizão e tomando postos policiais em meia dúzia de cidades e nos diversos distritos de Bagdá, incluindo a Cidade de Sadr. Enquanto os americanos retaliavam com tanques e helicópteros, Sadr convocava os companheiros xiitas a revoltar-se contra os invasores estrangeiros de sua mesquita em Kufa, cidade vizinha a Najaf. Alguns dias depois, ele se mudou para sua casa, num beco da própria Najaf, muito perto do santuário do imã Ali. Várias centenas de iraquianos e dezenas de soldados da coalizão foram mortos antes que os combatentes de Sadr fossem desalojados de suas posições recém-conquistadas e recuassem de volta para Kufa e Najaf.

Os americanos anunciaram que o próprio Sadr era procurado pelo assassinato de Khoei, e que o matariam ou capturariam caso ele não se entregasse. O exército dos EUA mandou dois mil soldados cercarem Najaf. Sadr continuou firme, e desafiou os americanos a entrarem na cidade santa xiita atrás dele. Se o fizessem, advertiu, desencadeariam uma *jihad* em todo o Iraque — o que era claramente o seu desejo. No fim da segunda semana de abril, a luta pesada reduzira-se a escaramuças isoladas em Faluja e Najaf, quando um grupo de xeques tribais, líderes religiosos e outras figuras se apresentou para mediar. Políticos xiitas, entre eles Abdulaziz al-Hakim, tentaram acalmar as coisas entre os americanos e Sadr no sul, enquanto o imã Dhari e outros clérigos muçulmanos surgiam como mediadores e um tipo de frente política dos mujahadin sunitas que atuavam dentro e em torno de Faluja. No entanto, os grupos de resistência que operavam nas sombras ali aumentaram as tensões, entregando-se a uma farra de seqüestros, fazendo cerca de cinqüenta reféns estrangeiros, incluindo trabalhadores de socorro, ativistas dos direitos humanos, empresários, soldados e jornalistas. Alguns dos reféns eram soltos após algumas horas, mas os seqüestradores mantinham outros, sobretudo, parecia, qualquer um que viesse dos países envolvidos na coalizão.

A imponente mesquita de Kadhimiyah, encimada por sua cúpula dourada, um dos principais santuários xiitas no Iraque, domina o epônimo distrito de Kadhimiyah, uma das áreas mais antigas e mais agradáveis de Bagdá, com ruas largas ladeadas de antigas mansões e cultivadas com tamareiras. Há sempre muitos peregrinos, entre eles inúmeros do Irã, em volta da mesquita, e clientes se aglomeram nas ruas do velho bazar que a circunda, famoso por seus ourives. Uma larga rua de pedestres forma um passeio público até a mesquita, em geral cheio de atividade, local outrora preferido pelas famílias com filhos, casais castos, grupos de peregrinos e vendedores ambulantes de sorvetes e refrigerantes. As pequenas lojas ao longo da rua vendem doces, couve-flor em conserva, azeitonas, castanhas, pistaches, tapetes e tapeçarias bordados a ouro com inscrições do Corão e imagens do imã Ali e do imã Husein, retratos heróicos em que os imãs reverenciados aparecem como homens bem-apessoados, robustos, com olhos que se derretem de compaixão.

Na segunda-feira, 5 de abril, segundo dia da revolta de Sadr, a área em volta da mesquita parecia extraordinariamente tranqüila, comparada com os outros bairros xiitas da cidade. Eu já fora à Cidade de Sadr, onde uma grande multidão num funeral se enfurecera ao ver ocidentais. Estava com Samantha Appleton, uma jovem fotógrafa americana que trabalhava comigo, e Franco Pagetti, um fotógrafo italiano. Quando a multidão começou a se descontrolar, decidimos ir embora. Fomos em seguida a Al-Shulla, outro bairro xiita de Bagdá, onde centenas de combatentes circulavam diante do escritório do partido de Sadr, fortemente armados e parecendo muito nervosos. Do outro lado da rua, uma multidão de homens e meninos saltava brandindo adagas e gritando sobre o casco fumegante de um veículo militar americano. Uma casa fora bombardeada por um helicóptero, e a fumaça ainda ondulava acima do telhado onde ela fora atingida. Saímos quando essa multidão também enlouqueceu e um grupo de rapazes começou a esmurrar nossos carros.

Ao nos aproximarmos de Kadhimiyah, uma bandeira preta pendurada na rua com letras em inglês dizia: A PAZ ESTEJA COM VOCÊ, HUSEIN, HERÓI QUE SE REVOLTOU CONTRA A TIRANIA. Enquanto subíamos de carro ao lado dos ônibus de peregrinos perto da mesquita, despachei Salam na frente para descobrir se nós seríamos bem-vindos. Ele era um xiita safo e bem-humorado que em geral trabalhava com Samantha. Em minha viagem anterior ao Iraque, em novembro e dezembro, Samantha e eu tínhamos começado a trabalhar juntos, e Salam para nós dois como motorista e tradutor ocasional. Ele voltou pouco depois e nos fez sinal para que seguíssemos. Estava parado com alguns homens vestidos com a camisa e a calça pretas do Exército do Mahdi. E armados. Fomos recebidos de forma perfunctória e atravessamos o passeio até um *husseiniyah*, centro comunitário xiita, que se tornara o escritório da filial local de Sadr. Várias centenas de metros adiante no passeio surgiam as grandes abóbadas douradas polidas da mesquita. Não havia muitas pessoas em volta. Mais combatentes nos revistaram na porta. O interior do pátio era um tumulto de homens e meninos com armas, todo vestidos de preto. A maioria também usava lenços verdes na cabeça, mostrando sua prontidão para a batalha.

Fomos conduzidos até uma sala ladeada de cadeiras e pôsteres de Moqtada al-Sadr. Um dos pôsteres, mostrando-o carrancudo e agitando um dedo furioso, tinha uma estranha semelhança, a não ser pela maior robustez de Sadr, com as fotos de Che Guevara em seus momentos mais implacáveis de "Os ianques são inimigos da humanidade". Um homem barbudo, de manto e turbante pretos, que parecia ter trinta e poucos anos, apresentou-se como o xeque Raed. Explicou que seu nome, em inglês, significava o "trovão". Na verdade parecia gostar muito do fato, então o cumprimentei devidamente. Ele explicou que trabalhava com o xeque Hazem al-Arraji, lugar-tenente de Sadr em Kadhimiyah. Pedi-lhe que me contasse o que estava acontecendo.

— Nós seguimos a palavra do nosso líder, Moqtada al-Sadr, então o que você vê aqui hoje é uma manifestação para mostrar nosso apoio a ele — disse Raed. — As escolas estão fechadas por solidariedade a nós; os estudantes universitários estão vindo perguntar se podem se juntar a nós.

Perguntei-lhe o que achava do juramento de Paul Bremer de capturar ou matar Moqtada al-Sadr e sua descrição dele como um "proscrito". Raed respondeu:

— Moqtada al-Sadr não é um proscrito. Bremer é o proscrito. Sadr é um iraquiano. Bremer não é. Talvez nós capturemos Bremer primeiro. Se tentarem fazer isso, eles irão para o inferno.

Um homem de aparência jovem, enérgico, sentado ao lado de Raed, inclinou-se para a frente e me disse:

— Nós *todos* somos Moqtada al-Sadr.

Após alguns minutos, o chefe de Raed, Hazem al-Arraji, entrou e sentou-se num canto. Era um homem bonito, na casa dos 30, usava, como Raed, veste e turbante pretos e tinha barba, um nariz grego e olhos inteligentes. Observei que sorria muito. Falava timidamente um pouco de inglês, numa voz rachada, baixa. Explicou que vivera no Canadá por um curto período. Fora para o exílio depois que Saddam assassinara o pai e dois irmãos mais velhos de Moqtada al-Sadr em 1998. Como o falecido imã al-Sadr fora seu mentor espiritual, a Mukhabarat também queria matá-lo, por isso ele fugira para o Irã e a Síria e terminara em Vancouver, onde passara dois anos. Voltara ao Iraque após a guerra, no ano anterior. Puxou a calça larga preta para cima, para mostrar-me uma bandagem no pé esquerdo. Explicou que caíra e se ferira durante um tiroteio na véspera entre homens de Sadr e guardas de segurança iraquianos e americanos na rua Sadoun, perto do Hotel Palestine.

Enquanto falávamos, os combatentes do Mahdi no pátio do lado de fora começaram a entoar *slogans* de apoio a Moqtada. Perguntei a Hazem se uma insurreição total havia começado. Ele respondeu profeticamente:

— Onde quer que os americanos tentem fechar os escritórios de Sadr, o povo tentará defendê-lo. — Perguntei-lhe outra vez. Ele negou com a cabeça, e disse: — As pessoas apenas estão agindo em autodefesa, mas se as forças americanas continuarem, isto vai se transformar numa intifada. Esta manhã Bremer chamou Moqtada de proscrito. Quando ele disse isso, acho que criou um abismo ainda maior entre nós. — Perguntei-lhe o que aconteceria se os americanos tentassem capturar Sadr. Ele sorriu e disse: — Eles não vão conseguir.

— Por quê?

— Porque há cerca de 10 mil pessoas armadas em volta dele.

Nossa conversa foi interrompida várias vezes por homens que entravam para entregar bilhetes a Hazem ou sussurrar-lhe ao ouvido. O celular dele tocava sem parar. Teve início uma comoção do lado de fora. Hazem explicou que precisava ir embora. Aparentemente, uma coluna blindada americana se aproximava de Kadhimiyah, e havia especulação de que pudessem estar planejando um ataque.

— Eles vão *tentar* — disse Hazem sorrindo, as sobrancelhas arqueadas, enquanto saía.

Subi o passeio até a mesquita com um dos homens de Hazem, Haydar Husseini, que falava inglês. Tinha vinte e tantos anos. Vários combatentes do Mahdi nos acompanharam. Um deles carregava uma espada; os demais tinham armas de fogo. A mesquita fora isolada por tropas americanas na noite anterior. Haydar explicou que americanos em tanques haviam entrado em Kadhimiyah e estendido rolos de arame farpado.

— É a primeira vez que ela fica fechada desde que Saddam a construiu, em 1991 — ele disse, com reprovação. Diante do arame que isolava a mesquita, um pequeno amontoado de peregrinos iranianos rezava. Uma mulher e um menino inválido, que parecia ter vindo em busca de uma cura milagrosa, estavam deitados em uma estreita faixa de gramado do lado de fora. Haydar disse:

— Quando você derrama gasolina na rua e põe fogo nela, o que acontece? Provoca uma explosão. Na última noite, eles tentaram fazer isso. Entraram em Kadhimiyah com tanques e tentaram nos fazer atirar neles, mas não o fizemos — afirmou. — Queremos a paz. Eles querem nos provocar e nos transformar em terroristas. Fecharam a mesquita. Mas não disparamos. — Com ar pensativo, acrescentou: — Eu não sei o que vai acontecer, mas não quero a guerra. Se ela começar, não vai parar nunca. Mas se eles insistirem, nós lhes diremos "Bem-vindos!".

Disse que, como Hazem, ele passara vários anos em exílio itinerante — na Síria, Turquia, Jordânia e Irã. Fora estudante na escola de línguas da Universidade de Bagdá — estudara holandês — quando teve de interromper os estudos para fugir. Seu crime fora bater num oficial dos fedaim de Saddam. Não disse por que o fizera. Riu.

— Depois eu fugi. — Voltara ao Iraque logo antes da guerra e permanecera na clandestinidade. Perguntei-lhe quando se juntara a Moqtada al-Sadr. Ele me olhou atento. — Em 9 de abril de 2003 — o dia em que Bagdá caiu para os americanos e a estátua de Saddam foi derrubada na praça Fardous. Perguntei *por que* jogara sua sorte com Sadr. — Sadr quer um Iraque livre, quer mesmo — disse ele. — Quer que vivamos livremente. Todos os outros partidos políticos só olham para seus interesses pessoais. Não se importam se as pessoas são mortas, feridas ou capturadas pelas forças dos EUA. — Ele responsabilizava os americanos pela criação de uma divisão sectária no Iraque, com a representação proporcional que havia sido imposta ao Conselho Governante. Acrescentou: — Eles tentaram criar uma guerra entre os sunitas e os xiitas. Mas não conseguiram. Somos todos irmãos. Todos nós — encarou-me para dar ênfase — somos iraquianos.

No dia seguinte, 6 de abril, Samantha, Franco e eu viajamos de carro até Kufa, onde se dizia que Sadr estava enfurnado na mesquita onde em geral oficia suas preces. Viajamos em dois carros. As estradas estavam cheias de peregrinos xiitas que começavam suas caminhadas — em alguns casos, desde Bagdá — para Karbala, onde durante quatro dias se realizaria o festival religioso de Arbayeen, assinalando o fim do período de luto de quatro dias pelo imã Hussein que começa todo ano no aniversário de sua morte. A maioria dos peregrinos, vestida de preto, carregava bandeiras de cores diferentes. Vi um grupo de pessoas que usavam vistosos trajes alegóricos e conduziam um camelo coberto de pano multicolorido. Nas cidades e aldeias ao longo da estrada, os moradores haviam armado tendinhas, tabuleiros e cozinhas ao ar livre com grandes panelas de arroz e sopa, de acordo com o costume xiita de oferecer comida, bebida e descanso de graça aos peregrinos religiosos. Extraordinariamente, não havia comboios militares americanos na estrada.

Não havia sinal de problemas ou de milicianos de Sadr até alcançarmos uma frondosa curva na estrada nos arredores de Kufa, onde encontramos um ponto de revista ocupado por uma dezena ou mais de homens armados, de turbante, a maioria mascarada com *keffiyahs* e usando o turbante preto que era a marca registrada do Exército Mahdi. Tinham a energia nervosa e os movimentos furtivos de animais ferozes, e comportavam-se de modo meio selvagem. Todos brandiam metralhadoras e Kalashnikovs aos carros que passavam. Nós seguíamos atrás de um comboio de sete ambulâncias do Crescente Vermelho que haviam acabado de chegar. Enquanto esperávamos, teve início entre os combatentes um cântico de exaltação pró-Sadr. A eles se juntaram os motoristas das ambulâncias. Parecia que eles haviam decidido se juntar ao levante, e levado suas ambulâncias a Kufa para oferecer seus serviços. Com acenos, os motoristas de ambulância foram autorizados a avançar, e então os combatentes se juntaram à nossa volta. Mandaram-nos saltar do carro. Salam explicou que éramos jornalistas. Depois de algum debate, deram-nos permissão para passar.

Atravessamos o Eufrates por uma ponte e passamos por dois combatentes de Sadr que montavam guarda nos acessos. Um deles usava um colete à prova de metralha do governo dos EUA, com a palavra *police* escrita em letras amarelas em inglês e alguma coisa árabe escrita em cima. Salam explicou que a inscrição em árabe era nova, e dizia "Exército Mahdi" em vez de "Forças Policiais Iraquianas". A atmosfera em Kufa era tensa, com combatentes postados por toda a praça em volta da mesquita de Sadr, e não nos demoramos ali. Aparentemente, Sadr havia se mudado para Najaf, e nos dirigimos para lá, depois de passar pelos bloqueios em torno do santuário do imã Ali, onde o principal sub de Sadr dava uma entrevista coletiva à imprensa num pequeno tribunal numa viela. Ele fez várias afirmações, incluindo, de forma inacreditável, que o grande aiatolá Sistani dera sua bênção ao levante. Quando acabou a entrevista, os combatentes do Mahdi dançaram em círculo, gritando "Abaixo a América, Abaixo Israel" para os fotógrafos e operadores de câmera.

Decidimos que seria melhor se voltássemos a Bagdá enquanto ainda houvesse luz do dia. Um dos oficiais de Sadr deu-nos um bilhete dizendo que tínhamos permissão para fotografar os combatentes no ponto de controle fora de Kufa na volta, mas quando chegamos lá nem todos ficaram satisfeitos com o bilhete, e houve grande gritaria e armas brandidas. Samantha e Franco fizeram algumas fotos assim mesmo, e já íamos saindo quando apareceu um velho, parecendo um xeque local. Seguiu-se uma nova série de gritos e armas brandidas, as câmeras foram confiscadas, e fomos todos metidos em nossos carros e levados de volta à mesquita de Kufa, onde Salam e o xeque desapareceram por cerca de uma hora enquanto os combatentes nos vigiavam com graus variados de hostilidade. Embora isso houvesse ocorrido dois dias antes da captura dos primeiros reféns estrangeiros, japoneses, nos arredores de Faluja, e do início da onda de seqüestros políticos, foi bastante aflitivo.

Por fim, depois de talvez uma hora, Salam saiu da mesquita com um ar ansioso, e eles nos deixaram partir. A noite caíra, e nenhum de nós achava bom estar na estrada após escurecer. Quando estávamos na metade do caminho para Bagdá, Salam explicou que, dentro da mesquita, um jovem combatente beligerante que parecia estar no comando mandara seus homens nos prenderem, mas Salam o dissuadira. E também disse que vira John Burns dentro da mesquita. Fiquei perplexo com a notícia e perguntei-lhe por que não me dissera antes. Ele se desculpou muito, explicando que simplesmente não pensara nisso tão atento estava em tirar-nos dali, e que de qualquer maneira Burns não parecia estar em apuros. Contudo, isso acabou se revelando uma avaliação excessivamente otimista, pois quando chegamos a Bagdá, soubemos que Burns e diversos membros da equipe da *Times* na verdade haviam sido detidos. Mais cedo naquela noite, seu tradutor conseguira dar um telefonema por satélite antes de confiscarem o aparelho.

Salam, com sentimento de culpa por não dar importância à situação de Burns, ofereceu-se para ir a Kadhimiyah e falar com Hazem al-Arraji, o amigável clérigo de Sadr com quem havíamos nos encontrado no dia anterior, para ver o que poderia fazer para pedir a libertação do pessoal da *Times*. Localizou Hazem por volta da meia-noite, e Hazem pegou o telefone e acertou para que os reféns fossem libertados. Hazem explicou que se acreditava que o grupo da *Times* fosse de espiões e que os homens que os prenderam haviam planejado executá-los.

Dois dias depois, eu estava em meu quarto no Palestine quando Franco Pagetti me telefonou do saguão para dizer-me que Hazem al-Arraji estava lá embaixo, sendo preso por soldados americanos. Tinha vindo dar uma entrevista a um jornalista italiano, e quando saía do hotel alguém o dedurara como uma alta autoridade do fugitivo Moqtada al-Sadr. Desci correndo e vi Hazem no meio de uma multidão que se empurrava e gritava, incluindo um cordão de soldados americanos de capacete que tentavam arrastá-lo para fora. Ele falava ao celular enquanto a confusão à sua volta ia ficando cada vez mais caótica. Um grupo de xeques com lenços de cabeça que haviam participado de uma reunião de "clãs tribais" numa sala de conferência do vizinho Sheraton entrou na confusão. Forçaram caminho por entre a multidão e gritaram que não iriam permitir que prendessem Hazem. Os soldados americanos disseram que não pretendiam prendê-lo, mas apenas "falar com ele". Uns 15 minutos depois, toda a multidão, com Hazem no centro, entrou na sala de conferência onde os xeques tribais haviam realizado sua reunião. Hazem sentou-se e continuou a dar telefonemas no celular, enquanto a multidão circulava em volta dele, mas os soldados acabaram conseguindo fazê-lo se levantar e sair da sala. Levaram-no embora em um transporte de pessoal blindado.

— Você entende o que vai acontecer agora? — perguntaram-me amigos iraquianos, incrédulos. Eles previram manifestações violentas de xiitas na Cidade de Sadr dentro de poucas horas e, muito possivelmente, ataques contra o complexo do hotel. Aquilo parecia um erro político incrível, pois fora justamente a prisão de um outro deputado de Sadr que conduzira ao levante xiita. Liguei para John Burns para lhe dizer o que tinha acontecido e lembrei-lhe que fora Hazem quem dera o telefonema que o libertara. Ele disse que entraria em contato com alguns altos funcionários na Autoridade Provisória da Coalizão, e algumas horas depois Hazem foi libertado, mas não antes de ser levado para o aeroporto, onde as forças armadas americanas mantêm uma prisão, e submetido a um *checkup* médico, escutar seus direitos e obrigações como preso detido, e ser posto numa cela por cinco horas. Por fim, como explicou mais tarde, um alto oficial militar americano chegou e disse-lhe que ele estava livre, desculpando-se por sua prisão, que disse haver sido um "erro". Hazem foi levado de volta para o Palestine, onde deu algumas entrevistas e disse que, apesar de tudo, fora bem tratado.

No escritório central de Sadr em Kadhimiyah, dois dias depois, não havia homens armados, uniformes pretos ou armas à vista. O pátio estava cheio de homens, mas calmos. Hazem e eu gracejamos um com o outro sobre nosso relacionamento como especialistas em mediação de reféns, e eu perguntei-lhe quais poderiam ter sido as conseqüências caso sua detenção houvesse se prolongado. Teria havido, como todos temêramos, um recrudescimento da violência? Ele fez que sim com a cabeça.

— Quando fui preso — disse — muitos milhares de pessoas vieram para cá, e começaram a partir para o Palestine. Outros se reuniram na Cidade de Sadr. Tenho certeza de que lutariam contra os americanos, mas eu não queria isso. — Disse que achava que o "problema" entre Sadr e os EUA tinha sido resolvido. — Esta manhã ouvi Colin Powell dizer na televisão que quer apenas que a milícia do Mahdi seja dissolvida. Os americanos estão mudando de linguagem.

Acompanhei Hazem às preces de meio-dia de sexta-feira na mesquita de Kadhimiyah, que acabava de ser reaberta. Um caixão coberto com pano verde passou por nós. Vinha da mesquita, onde fora abençoado. Hazem parou, murmurou algumas palavras de prece em deferência aos enlutados, e seguiu em frente. Os homens que controlavam a mesquita abriram caminho para nós e fomos aspergidos com água de rosas por um homem que trazia um frasco com uma bomba de pressão. Vários milhares de homens estavam sentados à espera no grande pátio interno da mesquita, e enquanto Hazem contornava a multidão de seus seguidores, todos os homens começaram a cantar "Salve Moqtada, abaixo a América, abaixo o Conselho Governante", e a dar socos no ar. As preces de sexta-feira transformaram-se num comício político quando primeiro o xeque Raed e depois Hazem falaram demoradamente. Vários homens erguiam retratos de Sadr. Ao longe, do outro lado do pátio, eu via grupos de peregrinos iranianos que iam e vinham. Alguns ignoraram completamente o comício; outros pararam para prestar atenção e escutar. Depois de cerca de três horas, saí da mesquita com o *entourage* de Hazem. Um homem na multidão tocou o meu braço quando me aproximei da arcada do pátio da mesquita. Perguntou, em inglês estropiado, se eu era americano, e disse ser médico. Sorria.

— Por que a América ainda está aqui? — perguntou, com curiosidade aparentemente genuína. — O que resta para a América fazer no Iraque? — Encolhi os ombros. — Obrigado por nos livrarem de Saddam, e tudo mais — disse. — Mas todos querem que a América... simplesmente vá embora. — Então apertou minha mão. — Adeus — gritou, porque eu fora empurrado para fora pela multidão. — Obrigado.

À noite, retornei ao escritório de Hazem em Kadhimiyah para continuar nossa conversa. Algumas horas antes, a milícia de Sadr se chocara outra vez com as tropas da coalizão em Kufa, e muitos dos seus homens haviam sido mortos e feridos. Pensei que a atmosfera em Kadhimiyah talvez estivesse arrepiante, mas não estava. Hazem recebia, como sempre, constantes ligações no celular, e num determinado ponto anunciou que um refém canadense que fora preso no sul acabava de ser libertado. Pareceu satisfeito, e eu lhe perguntei quem prendera o refém canadense.

— Criminosos — respondeu ele. — Nossos homens conseguiram libertá-lo. — Atribuiu os seqüestros em torno de Faluja a bandidos, e quando eu comentei que alguns dos reféns estavam sendo claramente presos com objetivos políticos em mente, ele disse que, se a "resistência" vinha cometendo tais atos, "estava cometendo um erro". Olhou para mim, e tentou amenizar o tom da conversa. — Não se preocupe. Se você for seqüestrado, eu ajudo a libertá-lo. — Ele riu.

Em 8 de abril, depois de três dias de sítio a Faluja, Samantha Appleton, Salam e eu fomos aos subúrbios ocidentais de Bagdá. Tínhamos ouvido dizer que um enorme comboio civil formado por ambulâncias e caminhões carregados com alimentos e remédios doados aos habitantes de Faluja havia marcado encontro na mesquita Mãe de Todas as Batalhas e se dirigia para a cidade sitiada. Quando Salam nos levou até a mesquita, passamos pelo bairro sunita de Ghazaliyah, onde reconheci um quarteirão de casas numa rua onde eu entrevistara três iraquianos revoltosos num esconderijo, em dezembro do ano anterior. Dirigimos cautelosamente pela rodovia aberta que conduz a Faluja, e vimos que havíamos perdido o comboio civil.

Todos os carros à nossa frente e no outro lado da rodovia, que retornavam a Bagdá, estavam parados. Muitos motoristas haviam saltado dos carros e apontavam para uma coluna de fumaça ao longe, o que significava que alguma coisa fora bombardeada. Alguns deles estavam dando meia-volta e seguindo pela pista do meio. Foi o que fez Salam. Nossa única outra alternativa para alcançar Faluja era tomar a estrada velha, que passa por

Abu Ghraib, a comunidade em torno da tristemente célebre prisão. A idéia de tomar a estrada, porém, não me animava. Dois repórteres do *The New York Times* haviam feito a mesma rota dois dias antes e ficado reféns por várias horas. Pedi a Salam que se dirigisse em vez disso à mesquita da Mãe de Todas as Batalhas. Desde a invasão, ela fora rebatizada, um tanto anodinamente, como "Mãe de Todas as Aldeias", mas continuava sendo um bastião dessa parte da comunidade muçulmana sunita de Bagdá, em geral antiamericana e receosa de que um governo dominado pelos xiitas tomasse conta do Iraque.

Diante dos portões da mesquita, onde dois guardas armados estavam de vigia, havia mais ou menos uma dúzia de caminhonetes e uma dúzia de carros estacionados, carregados com caixas de comida e remédios. Havia também algumas ambulâncias do Crescente Vermelho. Homens circulavam em volta. Quando encostamos, outro carro também o fez, e um homem jovem, com uma expressão aflita, as roupas cobertas de sangue, foi retirado, meio empurrado e meio carregado até a guarita no portão de entrada da mesquita. Disseram-nos que ele viera em um dos caminhões de alimentos do comboio, e fora alvejado pelos americanos.

Entrei nos terrenos da mesquita onde homens carregavam dois grandes caminhões de lixo com os suprimentos doados — sacos de farinha, óleo de cozinha e arroz — de uma série de caminhonetes que continuavam a chegar dos arredores de Bagdá. Uma caminhonete chegou com duas bandeiras negras — bandeiras xiitas — que drapejavam como estandartes de batalha nos mastros. Um iraquiano parado perto de mim viu minha surpresa, e comentou, em bom inglês:

— Está vendo aquilo? É de uma mesquita xiita. — Disse que mesquitas em toda Bagdá estavam recolhendo bens doados pelos cidadãos, sunitas e xiitas, e despachando-os para a mesquita, para serem mandados para Faluja. Acrescentou: — Antes não havia terreno comum entre sunitas e xiitas, mas agora há. A razão é que todos os iraquianos estão fartos da ocupação e da humilhação dos soldados que arrombam suas portas e os roubam, incomodam suas mulheres e espetam armas em suas caras.

O homem sorriu. Parecia simpático. Apertamo-nos as mãos. Ele se apresentou como Mouayed al-Muslih, de 45 anos, engenheiro chefe da linha aérea nacional iraquiana presa ao solo. Era também o chefe do sindicato de pilotos civis e engenheiros do Iraque, acrescentou. Muslih me perguntou se eu era americano. Quando eu disse que sim, ele sorriu e disse que estudara na Universidade de Oklahoma na década de 1970 — onde aprendera inglês. Divertira-se muito lá, disse.

Muslih disse que a maioria dos iraquianos ficara satisfeita com a derrubada de Saddam pelos americanos, e tivera expectativas melhores quanto ao que viria em seguida. Haviam sofrido uma amarga decepção, explicou.

— Amanhã, 9 de abril, é o aniversário da queda de Bagdá, mas agora, você sabe, todos vêem isso como a data que marca o começo da libertação do Iraque. — Percebi que Muslih falava da libertação da ocupação *americana*, numa inversão da linguagem usada pelo presidente Bush para se referir ao papel dos EUA no Iraque. Muslih continuou: — Os iraquianos não têm nada contra o povo americano ou a sua cultura, sabe, mas não querem ser humilhados por soldados americanos.

Fomos interrompidos pelo barulho do pesado fogo de metralhadora que vinha de um ponto na estrada de Faluja, a 100 metros de nós.

— Isso são os americanos — disse Muslih, identificando o som dos armamentos. Continuou com seu raciocínio: — Sabe, os iraquianos não gostam de ser ocupados, e isso vai continuar, porque eles são orgulhosos. Não gostam de ser derrotados. — Disse em seguida o que eu ouvira antes de muitos iraquianos, que acreditara que o que os EUA estavam fazendo no Iraque não era sua própria política, mas alguma coisa orquestrada pelos israelenses, que tinham uma influência nefasta sobre o governo Bush, e que a intenção final de Israel era destruir o Iraque para que ele nunca mais pudesse ameaçar o Estado judaico no futuro. Muslih balançou a cabeça. — Todos nós queríamos mudança e as coisas boas dos Estados Unidos. Mas os americanos nos mostraram sua face má. Aqui estamos nós, você e eu. Eu sou iraquiano, e você americano, e podemos falar um com o outro. Não há nenhuma diferença entre nós. Mas não ponha uma arma na minha cara. Você vê as pessoas nas ruas. Elas ficam quietas quando vêem os soldados americanos, não dizem nada, mas em sua mente pensam diferente. Há muito ódio. O motivo é que você não pode simplesmente retirar a segurança de um povo e não lhe dar nada em troca.

Ele disse que um dos maiores problemas era a falta de legitimidade dos membros do Conselho Governante do Iraque, escolhidos pelos Estados Unidos. Muitos iraquianos não sentiam ter uma voz verdadeiramente representativa no governo.

— Todo mundo odeia esses caras iraquianos do Conselho Governante — disse. — A maioria deles morou vinte ou trinta anos fora do Iraque.

Vários eram ladrões que fugiram após cometer seus crimes e voltaram com a CIA. Os americanos não precisavam dessa gente. Há 25 milhões de pessoas aqui e muitas delas são pessoas boas, qualificadas. Por que não escolheram alguém entre elas? A transferência do poder planejada para 30 de junho não era uma solução para o problema. Enquanto o exército americano permanecer aqui, tudo isso é simples cascata! Os iraquianos nem sequer pensam nessa data. Sabem que haverá apenas uma mudança das caras, e que é tudo só cascata.

Depois de uma pausa, Muslih deixou-me perplexo ao acrescentar:

— Sabe, alguns de nós não querem que os americanos saiam tão depressa assim, mas eles precisam se comportar. Acredite quando digo que a maioria dos iraquianos quer a liberdade e a democracia. Eles querem educação e saúde. E querem relações com os americanos, mas enquanto estes não se comportarem de forma correta, haverá problemas entre nós.

Depois de sairmos da mesquita, Salam levou-me a uma outra, menor, não longe de sua casa no bairro misto sunita-xiita de Al-Salaam. O próprio Salam era xiita, mas tinha muitos amigos sunitas, e me disse que tinha uma boa relação com o imã da mesquita sunita local de Al-Suheil.

Al-Suheil era uma mesquita modesta, cercada por um muro onde observei um pôster do xeque Ahmed Yassin, o principal líder espiritual do Hamas, morto em março pelos israelenses, e cujo assassinato fora "vingado", segundo um comunicado, pelos assassinatos dos quatro empreiteiros americanos em Faluja. Numa parede próxima vi um pôster de Moqtada al-Sadr. Dois caminhões de coleta eram carregados com os alimentos para Faluja, e o imã, um homem de óculos e barba, chamado xeque Fadel al-Gaidy, a quem Salam me apresentou, supervisionava o trabalho. Vários velhos de lenço na cabeça estavam sentados em cadeiras na entrada da mesquita, observando. Acima deles pendia uma bandeira que dizia em árabe: TODOS OS CIDADÃOS DE AL-SALAAM MANDAM COMIDA, DINHEIRO E REMÉDIOS AOS MUJAHADIN DE FALUJA E DE RAMADI. Enquanto eu falava com o xeque Fadel, outros homens e meninos reuniram-se em volta para escutar. Um deles interrompeu exaltado para declamar:

— Sunitas e xiitas estão juntos. Todo o Iraque é Faluja. — Perguntei ao xeque Fadel se isso era verdade. Ele assentiu, e disse:

— O relacionamento entre sunitas e xiitas aprofundou-se desde a derrubada do regime, porque eles têm um inimigo comum.

— Isto é uma *jihad*? — perguntei.

— É — respondeu ele, assentindo. — É uma *jihad*.

— Como vai terminar?

— Vai terminar quando os americanos saírem do Iraque.

Perguntei ao xeque Fadel o que aconteceria se os americanos atendessem às exigências e também saíssem de Faluja. O que aconteceria então?

— A *jihad* vai continuar — respondeu ele solenemente. — Porque os americanos mentiram para o povo do Iraque sobre os motivos da ocupação, porque claramente querem permanecer aqui por muito tempo, e porque tentaram dividir os sunitas e os xiitas.

Fomos interrompidos outra vez por um homem que se aproximou e disse:

— Os EUA devem sair do nosso país — e se afastou.

O xeque assentiu. Tornou a se virar para mim e disse:

— É como em 1920. — Referia-se, é claro, ao ano fatídico da revolta árabe, quando as tribos sunitas e xiitas do Iraque se levantaram juntas contra as forças coloniais britânicas de ocupação. Ele acrescentou: — No ano passado, os americanos mataram muitos civis iraquianos, incluindo crianças, e mandaram muita gente para a prisão. Eles querem matar a civilização iraquiana e roubar o petróleo do Iraque. Mas nós dizemos que certamente os americanos vão sair do nosso país porque todas as religiões do Iraque agora estão unidas em um só poder, e porque no islamismo, no momento, o importante é a *jihad*. E porque nenhum de nós tem medo de morrer. O povo iraquiano sabe distinguir entre a verdade e as mentiras. Os americanos vieram ao Iraque dizendo que nós tínhamos armas de destruição em massa. Não as encontraram. Então agora os americanos dizem que o que realmente importava era libertar o Iraque. — O xeque Fadel balançou a cabeça com nojo. — Os muçulmanos do Iraque têm uma fé forte. Nós queremos liberdades democráticas, mas com o islamismo.

Em 4 de abril, os seqüestradores de Faluja entregaram à TV Al Jazeera uma fita mostrando a execução de um dos quatro seguranças italianos feitos reféns. No comunicado, as chamadas Brigadas Verdes explicavam que haviam matado o homem em retaliação à recusa de Silvio Berlusconi em considerar a retirada dos soldados da Itália da coalizão. O assassinato do italiano lançou uma mortalha sobre cada ocidental que permanecia em Bagdá. Depois disso, nossos movimentos tornaram-se ainda mais restritos. Os tradutores de alguns jornalistas interromperam seu trabalho, e vários motoristas, incluindo Salam, começaram a se recusar a ir a determinadas partes de Bagdá — quanto mais a sair da cidade — por preocupação com nossa segurança. Como nos piores dias da campanha americana de bombardeio um ano antes, o Hotel Palestine tornou-se nosso único abrigo contra o perigo. Desta vez, porém, o perigo era muito maior que antes.

No dia seguinte à execução do italiano, eu me arrisquei a sair para visitar Ayad Jamaluddin em sua casa no Tigre, no sudeste de Bagdá. Aquela ainda era considerada uma parte relativamente segura da cidade, e tinha a vantagem extra de ser fortemente guardada por atiradores que trabalhavam para vários membros do conselho de governo, como Jalal Talabani e Abdulaziz al-Hakim, que tinham casas e escritórios ali perto. Eu não via Jamaluddin desde o verão anterior, quando ele estava muito otimista sobre a criação de uma base política para si mesmo e falava em promover o estabelecimento de uma democracia secular pró-americana no Iraque. Eu estava curioso para saber como ele passara nos meses desde então, e como via as coisas agora.

Jamaluddin tinha mais guarda-costas em volta da sua casa do que eu me lembrava de ter visto antes, e havia agora uma barricada de barris de petróleo cheios de cimento, forçando os carros que chegavam a reduzir a marcha. Lá dentro, viam-se vários carros novos, entre eles um Mercedes-Benz preto à prova de fuzil que um de seus auxiliares me disse que pertencera antes ao príncipe herdeiro Hassan da Jordânia. Jamaluddin tinha ainda o Rolls-Royce, observei, mas coberto por um forro de pano. Os jardineiros regavam com cuidado o gramado verde. Os seguranças de Jamaluddin introduziram-me pelos fundos da casa, no gramado à beira do rio, onde ele estava sentado numa cadeira plástica num canto do pátio de pedra. A fonte de ladrilhos jorrava jatos d'água ao lado do *mudhif* de juncos trançados, e rosas e gardênias floresciam nos canteiros ao longo dos caminhos. Notei que a cerca de metal ao longo da margem do rio fora elevada e encimada por um tipo de material próprio para telhado, bloqueando a vista do rio, e que havia agora duas guaritas com homens armados nos dois cantos do jardim que davam para o rio. Algumas galinhas-d'angola andavam soltas, e também alguns patinhos.

Jamaluddin fez sinal para que eu me aproximasse, e bateu numa cadeira a seu lado. Vários outros homens, que não foram apresentados, mas pareciam amigos ou seguidores, também estavam sentados em volta. Jamaluddin engordara um pouco. Tinha as faces mais cheias, e uma leve barriga.

Decididamente, estava mais esbelto no verão anterior. Também ostentava mais cabelos grisalhos na barba. Em todos os demais aspectos visíveis, porém, parecia o mesmo. Fumava um Cohiba, e tirara os pés das sandálias para sentar-se de pernas cruzadas na cadeira, como era seu costume. Usava vestes longas e turbante brancos.

Depois de trocarmos algumas gentilezas, perguntei-lhe como ele via a situação, e em particular o que pensava do levante de Moqtada al-Sadr. Ele sorriu e disse, imperturbável:

— Criar um Iraque democrático novo e livre é como dar à luz. — Brinquei que, a meus olhos, parecia muito mais uma cesariana sem anestesia. Jamaluddin riu e respondeu: — Só para Moqtada. — Fez um gesto de descaso com a mão. — Sempre há complicações na construção das democracias, em especial após longas ditaduras. Todas essas questões fundamentalistas (referia-se ao tipo de islã xenófobo político de Sadr) serão abortadas.

Perguntei a Jamaluddin qual ele julgava a melhor forma de lidar com Moqtada al-Sadr.

— Moqtada deve ser abordado politicamente — declarou ele. — Eu acredito em estágios. Primeiro, o mandado de prisão dele não deve ser emitido enquanto não houver um governo iraquiano instalado pata tratar da questão. Depois, a sua e todas as milícias restantes no Iraque devem ser dissolvidas. — Ele desaconselhou um ataque militar americano em Najaf e disse acreditar que deveriam desistir de seus planos de prender Sadr pelo assassinato de Khoei. — Neste momento, a estabilidade do Iraque é o que importa, não o assassinato de Khoei. Se os americanos continuarem, haverá mais violência, muito mais sangue de gente inocente será derramado, e isso conduzirá a muito ódio dos iraquianos aos americanos, e tenho medo disso. Já há ódio demais; não queira Deus que esse ódio se espalhe ainda mais. É muito difícil implantar a democracia no Iraque, e a democracia é um produto americano. Se os americanos forem odiados aqui, todos os seus produtos também serão odiados.

As galinhas-d'angola começaram a gritar, fazendo um barulho terrível. Jamaluddin parou de falar e olhou-as de relance. Ele riu:

— As galinhas-d'angola concordam comigo.

Em fins de abril, quando deixei o Iraque, parti do aeroporto de Bagdá, ainda nas mãos da coalizão. A maioria das estradas que saem de Bagdá havia sido cortada pelos militares dos EUA, e ir de carro para a Jordânia estava fora de questão de todo modo, visto que a rota passava por Faluja, onde a luta ainda grassava, e onde a maioria dos estrangeiros fora feita refém.

Na rodovia que conduz ao aeroporto, passamos pela carcaça queimada de um caminhão-tanque militar americano. Fazia parte de um comboio atacado alguns dias antes. Vários dos comboios da coalizão vinham sendo emboscados ultimamente. Na rodovia próxima, que leva a Abu Ghraib, passando pela prisão e continuando rumo a Faluja, mais caminhões, tanques e jipes militares haviam sido destruídos. Soldados e empreiteiros americanos haviam sido mortos, e vários capturados como reféns.

Em uma barreira de controle para carros, na entrada para a pista que levava ao aeroporto, um soldado americano começou a se irritar com alguns iraquianos num carro por causa de alguma infração. Pareciam ser empregados da coalizão, mas ele os xingou violentamente e ordenou-lhes que descessem do carro. Pareciam desorientados e bastante intimidados. O soldado continuou gritando a plenos pulmões com eles. Outro soldado chegou para ajudá-lo. Não vi o que aconteceu em seguida, porque tive de pegar meu avião. Quando este decolou, subiu a pique em espiral para desorientar mísseis antiaéreos.

Um ou dois dias depois, as primeiras fotos mostrando os sádicos maus-tratos e humilhações sexuais de prisioneiros iraquianos cometidos por soldados americanos em Abu Ghraib vieram a público. Em 11 de maio, em meio à escalada de escândalo, um videoclipe foi transmitido num *site* da internet mostrando a decapitação de Nicholas Berg, um civil americano de 26 anos. No clipe, Berg vestia um macacão laranja semelhante aos usados pelos terroristas acusados presos em Guantánamo pelos americanos. Olhava para a câmera, ajoelhado diante de um grupo de homens armados e encapuzados. Antes de decepar a cabeça do refém com um facão, um de seus captores explicou que a decapitação de Berg era uma retaliação pelos maus-tratos de iraquianos por americanos em Abu Ghraib. O corpo sem cabeça de Berg foi encontrado jogado num viaduto no oeste de Bagdá. Mais tarde, divulgou-se que Berg, especialista em comunicações da Pensilvânia que fora ao Iraque à procura de trabalho, tentara sair de Bagdá no auge do levante. Acreditava-se que a data de seu seqüestro havia sido 9 de abril, o primeiro aniversário da queda de Bagdá. Um ano havia se passado, mas parecia que a cidade não havia realmente caído — ou talvez ainda estivesse caindo.

POSFÁCIO

Em meados de junho de 2004, Ala Bashir me telefonou para dizer que Samir Khairi fora finalmente libertado da prisão de Abu Ghraib. Embora solto em fins de fevereiro, depois de sete meses sob custódia, estava gravemente doente e continuou acamado durante quase dois meses. Quando sua saúde melhorou, ele acabou entrando em contato com Bashir e lhe disse que ainda não tinha a mínima idéia do motivo pelo qual fora detido.

O próprio Bashir morava agora em Doha, capital do emirado árabe de Qatar, onde passara a maior parte do tempo desde que deixara Bagdá. Como eu iria voltar à capital do Iraque para cobrir a "devolução" pela coalização em fins de junho ao recém-designado governo interino iraquiano, providenciei uma escala em Doha para vê-lo.

Em Doha, uma cidade quente e abafada do Golfo Pérsico, encontrei Ala Bashir morando numa hospedaria que pertencia ao xeque Hassan, primo do emir governante, que o convidara a Doha para trabalhar como cirurgião plástico. Bashir me disse que recusara um lucrativo contrato que o xeque lhe oferecera, optando em vez disso por realizar operações caso por caso, para manter maior autonomia. Por enquanto, só o entristecia estar longe da família na Inglaterra, mas ele continuava razoavelmente satisfeito porque tinha livre acesso a um estúdio de arte de propriedade do xeque. Mostrou-me, orgulhoso, uma série de telas enormes que pintara: obras sombrias, surrealistas, exibindo sua marca registrada de corvos e máscaras. Batizara a série de *Máscaras de Caim*, e explicou que tratava da eterna luta entre o bem e o mal nos seres humanos, e de seu relacionamento com o poder.

Bashir me disse que Samir Khairi deixara Bagdá alguns dias antes e estava agora em Amã. Como eu voaria para lá em seguida, telefonamos para Samir. Ele pareceu muito feliz em saber que eu estava chegando, e combinamos de nos encontrar assim que eu chegasse a Amã. Quando Samir chegou ao meu hotel, percebi que estava muito mais magro do que quando o vira pela última vez, e tinha os olhos fundos. Durante as várias horas seguintes, contou-me sua provação. Sua prisão fora tão violenta quanto inesperada. Soldados americanos haviam cercado sua casa, derrubado as portas, o haviam tirado da cama e algemado. Então um soldado deu-lhe uma violenta pancada com o fuzil na lateral do tronco, quebrando-lhe várias costelas. Depois disso, ele começou a ter dificuldade para respirar.

No centro de detenção do aeroporto, primeiro lugar para onde fora levado para ser interrogado, Samir sofreu um grave ataque cardíaco. Foi salvo por médicos militares americanos, que lhe deram tratamento de emergência. Depois disso, foi mandado para um campo de prisão militar em Um Qasr, no extremo sul do Iraque. Passou dois meses lá e sofreu mais dois ataques cardíacos. Então o transferiram para Abu Ghraib, onde ele permaneceu por cinco meses, até que um dia, sem aviso, foi solto. Não podendo ir para casa, que fora toda saqueada, foi para a dos pais. Samir chorou ao se lembrar de quando, após três meses de prisão, soubera que o pai idoso morrera.

Samir não se mostrava realmente ressentido com os americanos. Não o haviam torturado em Abu Ghraib, disse, embora houvesse sabido de rumores sobre os maus-tratos que ocorriam em uma unidade especial da prisão. Falou com afeto de vários oficiais americanos que haviam se comportado de forma humana com ele. Mas continuava abismado e magoado com as terríveis condições nas prisões, que haviam lhe parecido desnecessariamente primitivas e humilhantes. Todo detido iraquiano com quem se encontrou — incluindo os que não se opunham aos americanos antes da prisão — havia decidido combatê-los de uma ou de outra forma quando fosse solto.

Para todos os efeitos, Samir era um homem alquebrado, embora tentasse bravamente escondê-lo. Tinha 52 anos e um doutorado em direito constitucional, mas agora estava no exílio, sem lar, sem dinheiro e doente. Todas as suas economias haviam sido roubadas pelos soldados que o haviam capturado, e ele esperava desesperadamente que uma das universidades na Jordânia o empregasse como professor de direito.

— O que quer que me ofereçam — disse-me ele —, eu aceitarei. — Voltar para o Iraque não era uma alternativa para Samir. Ele era um homem marcado por causa de seu trabalho anterior para Saddam: seu nome constava de uma lista publicada de alvos identificados para assassinato por um grupo militar xiita. Samir estava extremamente preocupado com o futuro do Iraque. Previa violentos distúrbios e uma provável guerra civil caso as tropas americanas permanecessem no país. — Se isso acontecer, como os americanos vão lidar com a situação? Vão voltar às cidades e aldeias e destruí-las mais uma vez? Não podem fazer isso, porque agora os iraquianos, que ficaram muito satisfeitos um ano atrás quando eles chegaram e se livraram de Saddam, não os querem mais lá.

Em 28 de junho, dois dias antes do prazo, a devolução formal da soberania do Iraque ocorreu na Zona Verde de Bagdá, numa iniciativa surpresa destinada a frustrar esperados ataques terroristas. Horas depois da dissolução oficial da coalizão, seu ex-administrador, Paul Bremer, anunciou que o Iraque estava melhor do que quando ele chegara, e deixou Bagdá num vôo de volta a Washington.

AGRADECIMENTOS

Meus agradecimentos especiais a Scott Moyers, da Penguin Press, o primeiro a conceber este livro, por sua paciência ilimitada, incentivo e boa-fé; e a Sarah Chalfant e Andrew Wylie, da Wylie Agency.

Sem os respectivos talentos e esforços extremados de Janie Fleming, Bruce Giffords e Pearl Hanig, da The Penguin Press, este livro talvez nunca houvesse chegado à gráfica, e por isso sou-lhes sinceramente grato.

Sharon DeLano, minha editora na *The New Yorker*, foi uma grande companheira em todas as minhas experiências no Iraque, e minha dívida de gratidão com ela é imensa. Todo o material neste livro saiu de minhas viagens ao Iraque para a revista, e leitores familiarizados com meus artigos publicados talvez reconheçam alguns dos episódios e personagens que apresentei aqui. Sou profundamente grato a David Remnick, editor-chefe da *The New Yorker*, por seu apoio. Também gostaria de agradecer a Dorothy Wickenden e Pamela McCarthy por seus variados esforços em meu benefício. Muitos outros membros da equipe ajudaram a tornar meu trabalho possível, de maneiras numerosas demais para citar aqui, mas toda sua ajuda foi inestimável. Entre eles estão: Nana Asfour, Daniel Cappello, Gita Daneshjoo, Amy Davidson, Kevin Denges, Perri Dorset, Ben Greenman, Raffi Khatchadourian, Daniel Kile, Risa Leibowitz, Jacob Lewis, Lauren Porcaro, Nandi Rodrigo e Francine Schore. Andy Young mais uma vez veio em meu socorro, checando os fatos deste manuscrito, pegando meus erros com graciosa sagacidade, e transmitindo suas correções com uma esplêndida mistura de tato e bonomia.

Por sua firme camaradagem em tempos difíceis, aqui vão meus mais sinceros agradecimentos a Paul McGeough e John Burns. Durante minhas idas e vindas do Iraque, várias outras pessoas também me demonstraram sua amizade e solidariedade. Entre elas estão Waleed Abdulmajid, Samantha Appleton, Ala Bashir, David Blair, Giovanna Botteri, Sungsu Cho, Tamara Daghestani, Adam Davidson, Jerome Delay, Adriana Dergam, Patrick Dillon, Robyn Dixon, Francis Dubois, Thomas Dworzak, Farnaz Fassihi, Jeffrey Fleishman, Suzanne Goldenberg, Patrick Graham, Jan Hartman, Tyler Hicks, Haitham al-Husseini, Salaar Jaff, Saad Naji Jawad, Kimberly Johnson, Amal Jubouri, Ranya Kadri, Larry Kaplow, Samir Khairi, Yuri Kosyrev, Melinda Liu, Dumeetha Luthra, Matthew McAllester, Salih Mehdi, Merhdad Mirdamadi, Salam al-Muhammadawi, Wamidh Nadmi, Craig Nelson, a saudosa Elizabeth Neuffer, Bob Nickelsberg, Rod Nordland, Farah Nosh, Heathcliff O'Malley, Franco Pagetti, Scott Peterson, Pablo Ruperez, Marla Ruzicka, Nasser al-Sadoun, Farouk Salloum, Moises Saman, Fran Sevilla, Adel Sheikhly, Ali Shukri, Michael Slackman, Wendell Steavenson, Tara Sutton, Scott Wallace e Iva Zimova.

Minha gratidão também a Soheila e seu marido, Abu Ahmed, por seus repetidos gestos de hospitalidade; a Issam, por conduzir-me em todas as viagens de ida e volta entre Bagdá e a Jordânia; e a Abdullah, um perfeito cavalheiro do Sudão, por sua honestidade e ética profissional sem paralelos. Não tenho palavras suficientes para agradecer ao faxineiro anônimo no Sheraton de Bagdá que, logo após a queda da cidade, encontrou e deixou intocado o envelope contendo 10 mil dólares em dinheiro que eu deixara em cima da minha cama desfeita. Essa ação, que ocorreu enquanto Bagdá estava sendo saqueada com impunidade, muito fez para restaurar minha fé na natureza humana. Obrigado também a Jane Scott-Long e Pam Williams por seu apoio muitíssimo apreciado, e a Joel Simon do Comitê de Proteção a Jornalistas por seus infindáveis esforços em nome de todos os jornalistas no Iraque.

Meu afetuosíssimo agradecimento a Vanadia Humphries e Tony Heaton pela incessante ajuda durante minhas várias e prolongadas ausências de casa. E, como sempre, a Erica, Bella, Rosie e Máximo, meus agradecimentos de coração.

ÍNDICE REMISSIVO

Abácida, dinastia, 17
ABC, 136
Abdullah, Abu, 346
Abdullah, rei da Jordânia, 289
Abdulmajid, Waleed, 187, 258, 260, 265, 268-72, 274, 289, 321-2
Abraão, 17
Abu Dhabi, 323
Abu Dhabi, televisão de, 241
Abu Ghraib, 219, 278, 364, 370-2
  libertação de prisioneiros da, 3-5, 68, 110
  maus-tratos de prisioneiros na, 370
Abu Nawas, 57, 76, 147-8, 154, 182, 232, 252
Açores, ilha dos, reunião de cúpula na, 135
Adhami, Muhammed Mothaffer al-, 87, 92
Adhamiyah, mesquita de, 275
Afeganistão, 34-5, 38, 88, 243, 309, 341
  falta de acompanhamento dos EUA no, 104
  governo Karzai no, 104
agentes sufocantes, 31
agressão, *ver* Guerra do Golfo
água corrente, 198, 315, 317
Ahmed (intérprete do autor), 24, 27-8
Ahmed (velho), 41
Ahmed, Abu, 273, 277-8, 289
Ahmed, Ahmed Murtaza, 198
Ahmed, sultão Hashim, 181, 348
AIDS, 38
Al Arabiya, canal, 294, 299, 342
Al Jazeera, 61, 180, 233, 241-3, 267-8, 299, 301, 353, 367
Al Qaeda, 21, 268, 324
Al-Andalus, Hotel, 74, 199
Al-Aqsa, mesquita de, 294
alarmismo, 128
Al-Azamiyah, ponte, 159
Al-Dawa, *ver* Chamada Islâmica
Al-Doura, refinaria de petróleo, 2, 75, 217
Alemanha, 80, 325
Alexandre o Grande, 17
Al-Fanar, Hotel, 76, 83, 158, 199-200
Al-Ghazala, 58
Al-Hamra, Hotel, 83-4, 119, 122, 125, 139, 261, 352
Al-Hawijah, 214
Ali (empresário iraquiano), 345
Ali (iraniano desempregado), 37
Ali (menino iraquiano), 208-11, 242, 265, 267
Ali, imã, 17, 51, 341, 355, 360
Ali, Jawad el-, 25-6
"Ali Químico" *ver* Majid, Ali Hassan al-
Al-Khoei, Fundação, 340
Al-Kindi, hospital, 207-11, 242-4, 265
Allouni, Tayssir, 268
Al-Mansour, Escola Preparatória para Meninos, 23
Al-Mustafa, Centro de Pesquisa Islâmica, 51
Al-Nur, Hospital Geral, 201
Al-Rabe, Apartamentos de Turismo, 159
Al-Rasheed, guarnição militar do, 240, 244
Al-Rasheed, Hospital Militar, 283
Al-Rasheed, Hotel, 55-6, 72-3, 82-3, 118-9, 122, 136, 138-9, 141-2, 146-9, 155, 157-9, 161-2, 167, 173, 196, 234, 239, 265
  como alvo de bombardeio, 80-1, 128, 130-1, 156, 188
  cybercafé do, 81-2, 152
  saque do, 270, 308
Al-Rasheed, Serviço de Carros do, 56, 308
Al-Saah, 235-6, 238-9
Al-Sadeer, Hotel, 261
Al-Safeer Hotel, 83, 119, 122-3, 139, 154, 216, 240, 309, 312, 323, 327, 337, 346
Al-Salaam, Palácio, 197, 275-6, 294
Al-Suheil, mesquita de, 366
Al-Tabeekh, restaurante, 58
Al-Tahrir, praça, 201
Al-Thawra, 282
Álvarez Cambras, Rodrigo, 207
Al-Wasati, Hospital, 65, 141, 257-61, 268, 274, 283-5, 288-9, 321
Al-Wiya, Hospital Maternidade, 186, 189, 198
Amã, 55, 298, 316, 321, 347, 349, 372

Amanpour, Christiane, 309
Amiriya, abrigo antiaéreo de, 70
Anfal, campanha contra os curdos, 135
anistia de prisioneiros, 68
Annan, Kofi, 178
Ansar (acampamento de refugiados), 42
anti-semitismo, 66-7
AP, rede de televisão, 146
Appleton, Samantha, 355-6, 358, 360, 363
Árabe, Partido Socialista Baath *ver* Partido Baath
Arábia Saudita, 12, 22, 106
araca, 103
Arbayeen, 286, 359
Argélia, 323
Arif, Abdul Salam, 166
armadilhas de minas, 224
armas biológicas, 21, 28-9
armas de destruição em massa, 21, 215, 367
 ver também armas biológicas; armas químicas
armas químicas, 20, 25, 28-30
Arnett, Peter, 72, 150
Arraf, Jane, 6
Arraji, xeque Hazem al-, 357, 360-3
arte, 15-7, 70-1
Ashrafi Isfahani (acampamento de refugiados), 43-4
assíria, dinastia, 17
Associação de Estudiosos Islâmicos, 343
Associação de Ex-Prisioneiros Políticos Iraquianos, 337
ativistas da paz, 76-7
australiano, Ministério de Relações Exteriores, 155-6
Autoridade Provisória da Coalizão, 317, 324, 337, 339, 345, 347, 349, 361
Ayad (arquiteto), 86
Ayad (estudante), 237-8
Ayoub, Tareq, 242-3
Aziz, Tariq, 77, 197, 261, 321, 323, 337, 344
 atentado contra a sua vida, 48
 entrevistas coletivas de, 183-4
 entrevistas do autor com, 6, 18-21, 167
 rumor da morte de, 177
Aznar, José María, 135

Baath, Partido, 9, 34, 42, 74, 89, 158, 283, 290, 299, 304, 310, 321-3, 351
Babilônia, 17, 221
Badr, Brigada de, 47
Bagdá, 5, 9-12, 14-5, 55-6, 115, 170, 185, 215
 Adhamiyah, bairro de, 89, 203, 343, 346
 Al-Jihad, bairro de, 69, 273, 285, 298
 Al-Karamah, distrito de, 159
 Al-Shaab, distrito de, 191-3, 195-7
 Al-Shulla, bairro de, 355
 apagões em, 227
 atmosfera antes da guerra em, 135-7
 Bab Al-Mouatham, bairro de, 96
 bazar de ladrões de, 7-8
 bombardeio "choque e pavor" em, 166-7
 bombardeio de 1991 de, 103-4
 bombardeio de, 177, 182, 191-4, 197-9, 201, 207, 297
 bombardeio na feira, 103-4
 derrubada da estátua de Saddam em, 254, 275, 307
 disponibilidade de instalações de telecomunicações em, 198
 edifícios feitos de tijolo, 186
 entrada dos EUA em, 228-30, 231-55, 274, 307
 escudos humanos em, 74-6
 estado de espírito em, 180, 186
 esvaziamento de, 147-8, 152-4
 êxodo de, 138
 explosões em, 349-52
 fuzileiros navais dos EUA em, 309
 Ghazaliyah, bairro de, 363
 homens-bomba e bombardeios suicidas em, 344
 idosos de clãs em, 215
 incêndios de petróleo em, 207
 inundação de estrangeiros em, 338
 Jadiriyah, bairro de, 261
 jornalistas em, 62-3
 Kadhimiyah, bairro de, 273, 275, 355-8, 360, 362-3
 Khandhari, bairro de, 342
 manifestação pró-governo em,134-5
 Mansour, bairro de, 69
 monumentos públicos em, 9-12
 planos para defender, 119
 poeira em, 189, 195
 possível cerco de, 188, 196-7, 223
 prédios em, 196
 preparativos antes da guerra, 152-4
 preparativos para a guerra em, 141-2
 primeiro *cybercafé* de, 81
 protestos em, 5-6
 restaurantes em, 217
 saque em, 257, 260-1, 270, 284, 294-5, 314
 sudaneses em, 148-9
 tanque americano destruído em, 229
 torre do relógio, 11
 vida intelectual de, 101
 xeques tribais em, 214-5
Bagdá, Feira Internacional do Comércio de, 222, 228
Bagdá, Hotel, 211
Bagdá, Universidade de, 87, 172, 193, 301, 314, 342, 358
Bagdá-Basra, linha ferroviária, 94
Baghdah Bulletin, 338
Baghdah Times, 114
Bahaldin, Omar, 225
Bakr, Hassan al-, 9
banhos turcos, 95
Baquba, 228
Barroso, José Durão, 135
Bashir, Ala, 64-9, 98, 117-20, 123, 129-30, 137-8, 140-2, 147, 163-6, 186, 197-8, 204, 219, 257-8, 265, 285-6, 289-90, 300-1, 371
 abertura no relacionamento do autor com, 121-2
 arte de, 70-1, 123-4, 287-8, 293-4, 371
 atentado contra a sua vida, 277-8

e assassinato do irmão, 304-5
encontros com Charles e David de, 297-8, 319-20, 335
escondido de Saddam, 272-4
família de, 69-70
historinha da embaixada iraquiana, 165
interesse em telepatia de, 133
Lenin's Embalmers (Os Embalsamadores de Lenin) e, 305
monumentos criados por, 122
mudança para o Qatar de, 345
partida do Iraque de, 321
relacionamento com Saddam de, 64, 123, 133-4, 258, 273, 277-83, 287, 289-94, 306, 316, 322-3
sobre o plano de guerra de Saddam, 190
sobre os saques, 283-4, 288
sonho de, 295
Bashir, Amal, 69, 316-7
Bashir, Amina, 69, 163, 316-7
Bashir, Sumer, 282
basij (jovens voluntários suicidas iranianos), 40
Basra, 24-5, 41, 43, 93, 95, 163, 178, 184, 187, 190, 271, 339
ataques aéreos contra, 98
BBC, 61, 150, 223, 273, 299, 325
beduínos, 284
Behesht-e-Zahra, cemitério, 40
Bell, Gertrude, 11, 108, 114
Beneath the Veil (*Sob o véu*), 84
Benn, Tony, 200
Benson, Ross, 72, 150
Berg, Nicholas, 370
Berlusconi, Silvio, 367
Big Brother, 74
Bilal, Ali, 272
bin Laden, Osama, 34, 51
Bingham, Molly, 219
desaparecimento de, 188, 200
Birmânia, 38
Black, Conrad, 149
Blair, David, 138
Blair, Tony, 135, 146-7, 215
governo de, 30, 80
blindados, veículos de transporte de pessoal, 330, 333
Blix, Hans, 130
bombardeios suicidas, 334-5
bombas de fragmentação especiais ("cluster bombs"), 195
bonyads (fundações islâmicas), 37
Boston Globe, 176
Botteri, Giovanna, 5
Bradley, Veículos de Combate, 276-7
Bremer, L. Paul, 322, 339, 347, 356, 373
brigada de mártires, 135
Brigadas Verdes, 367
Brown, Soldado Raso S., 96
Burns, John Fisher, 72, 144-5, 147, 149, 151, 157, 162, 166, 173, 188-9, 201, 242, 246, 252-4, 275, 277, 346, 360
acusações de espionar contra, 220
Bush, George H. W., 21
Bush, George W., 75, 77, 85, 105, 112, 127, 135, 137, 146, 215, 307, 346, 351, 365
discurso ao Estado da União (2002) de, 34
governo de, 21, 30, 49, 80
ultimato dado por, 137-8, 141, 155

cambistas, 59, 195
Campanha de Compaixão pelas Vítimas do Iraque, 309
Camus, Albert, 157
câncer, taxas de incidência de, 25
carro-bomba, 226
carteiras de identidades da imprensa, 205
casacão, 38
Casamento do Meu Melhor Amigo, O, 129
Castro, Fidel, 11, 99, 207
CBS Evening News, 189
Ceausescu, Nicolae, 9
Cedar, Hotel,124
Ceilão, Seção Sanitária do, 96
Cemitério de Guerra de Kut, 116
Centurion Risk Assessment Services, 30-2
Chalabi, Ahmed, 338
Chamada Islâmica, 48
Charles (agente da CIA), 297-8, 316, 319-20, 335
Cheney, Dick, 184
China, 164
Chirac, Jacques, 11
Cho, Sungsu, 245, 260
"choque e pavor", campanha de bombardeio, 88
Churchill, Winston, 107
Chuva de Aviões (*Raining Planes*), 78
CIA, 75, 133, 219, 298, 317, 322, 346, 366
Cimino, Michael, 80
Clark, Ramsey, 73, 77, 200
Clash of Loyalties (Choque de Lealdades), 114
CNN, 61, 72, 81, 157, 176, 299
expulsão da, 160
Collier, Robert, 149
Comissão Internacional de Energia Atômica, 131
Comitê de Amizade e Solidariedade Entre os Povos, 74
Comitê de Proteção a Jornalistas, 150, 200
Comitê Olímpico iraquiano, 246-7
Companhia Árabe de Derivados do Potássio, 2
complexo do Palácio Republicano, 13, 81, 119, 170, 173, 207, 227, 245, 273, 324
batalha pelo, 231-40
Conrad, Joseph, 79
Conselho da Juventude e Esporte, prédio do, 240, 244
Conselho do Comando Revolucionário, 14
Conselho Governante iraquiano, 335-6, 343-4, 358, 365
Coração das Trevas (Conrad), 79, 140, 182
Corporação Iraquiana de Rádio e Televisão, 60, 189, 195
cortes de cabelo iraquianos, 65
Couso, José, 241-2, 244
Crescente Vermelho, 257, 268, 359, 264
hospital maternidade do, 222
Cruz Vermelha Internacional, 200
Ctesiphon, 93, 95

Cuba, 165, 207
disidentes legales em, 91
"Cultura da Mudança, A" (Salloum), 101
Curda *faily*, 45
curdos, 21, 33, 36, 49, 135, 214, 309, 344
ataques de gás venenoso a, 142
milícia de, 163
Cuzistão, 41-3

Daghestani, Tamara, *ver* Sadoun, Tamara, al-
Daily Express, 72, 150
Daily Telegraph, 84, 138
Damasco, 323
dança do ventre, 137
Daniszewsky, John, 149
Danner, tenente, 260
Daraji, Hassan al-, 214
David (agente da CIA), 316-7, 319-20, 335
Dawlat Abad, 44-6
Day in the Life of Spain, A (Um Dia na Vida da Espanha), 263
Décimo Segundo Imã, 40, 52
defesa antiaérea, baterias de, 119
DeLano, Sharon, 149, 159
Delay, Jerome, 241
demolidores de casamatas, 198, 238
Departamento de Pesquisa do Instituto Presidencial, 301
desertores, 229, 246
Dezful, 42
Dhari, imã, 343, 354
Dhari, Muther Harith, 342
Dhari, xeque Abdul Wahab Khameez al-, 110
Dhari, xeque Harith, 343
Dhari, xeque Muther Khameez al-, 110-12
Dhari, xeque Taher Khameez al-, 110-1
Dhari, xeque, 108-14, 343
di Giovanni, Janine, 84
Diaz, Cameron, 129
Dillon, Patrick, 78-80, 83, 136, 139-40, 143-4, 157-8, 160, 182
deportação de, 169-70, 176
Diyala, 212
Doha, 318, 371
Dorsetshire, Regimento de, 96
Douri, Izzat Ibrahim al-, 339
Doutrina de Bush, 75
Dubai, 339
Dulaimi, tribo, 107
Dworzak, Thomas, 181, 308

Eichmann, Karl Adolf, 66
"eixo do mal", 34
ElBaradei, Mohamed, 130
eletricidade, 198, 287, 314-5, 317, 326
e-mail, 81-2
embaixada americana no Afeganistão, 309
embaixada da Turquia, 96
embaixada do Quênia, bombardeio na, 73
embaixada iraquiana em Londres, 165-6
embaixada iraquiana em Washington, capital, 327
embaixada jordaniana, 285, 344
Enver, paxá, 105
Épico de Saddam (Bashir), 123, 141, 293, 305
Era de Saddam Hussein, 14
Ernst, Max, 287
Escritório de Imprensa Estrangeira iraquiano, 5, 61, 241
mudanças de pessoal no, 63
escudos humanos, 74-6, 98, 128, 140, 146, 158, 199
sítios de distribuição de tropas,75-6
Essex Regimento de, 96
establishment de defesa, 77
Estados Unidos, 6-8, 21, 23-4, 31, 34-5, 37, 44, 53, 77, 98, 101, 115, 136-7, 146, 165, 178, 183
bombardeio do Talibã pelos, 104
entrada em Bagdá dos, 228-30, 231-55, 274, 306-7
falta de apoio para o levante iraquiano dos, 43
frieza com o Iraque dos, 90
ignorância sobre o Iraque dos, 92, 101
política para com o Iraque dos, 22
relações do Iraque com os, 303
exército dos EUA, 328-9, 354
Terceira Divisão de Infantaria do, 257
exército iraquiano, 229-30, 347

F-15, jatos de caça, 237
F-18, jatos de caça, 233
Faiçal I, rei do Iraque, 109
Faiçal II, rei do Iraque, 1
Fairfield, Inglaterra, 185
Faleh (primo de Bashir), 121, 137, 297
Faluja, 108, 315, 318, 322, 329-35, 353-4, 360, 363-7, 370
Pequena Detroit, bairro, 330-3
Fardous, praça, 199, 254, 264, 275, 296, 307
Fátima, 51
Faw, 163
FBI, 350
fedaim, 253, 272, 311
Fire This Time, The: U.S. War Crimes in the Gulf (Clark) (O Fogo Desta Vez: Crimes Americanos no Golfo), 73
Fisk, Robert, 150
"fogo amigo", 180
Força Aérea dos EUA, 337
Ford, Harrison, 130
Fox News, 328
Franco-atirador, O, 80
França, 80, 115
Franks, Tommy, 184, 307
Freidl, Zack, 330
fundações islâmicas, 37
fundamentalismo islâmico, 90, 102
Fuzileiros Navais dos EUA, 243-4, 247-8, 253-4, 259, 299, 309-11
Primeira Divisão de, 353

Gaidy, xeque Fadel al-, 366-7
Galloway, George, 200
Ganci, Dan, 330, 332-3
Garoto Jegue, *ver* Sloan, Gordon
Garrels, Anne, 84, 149

gás dos nervos, 31
Gaza, 84, 266
Genebra, 301
Ghazali, filhos de, 136, 139, 143
Ghazali, Hamid al-, 143
Ghazali, Majid al-, 143-4
Gilgamesh, 17
Godard, Jean-Luc, 78
Goldenberg, Suzanne, 150
Grã-Bretanha, 6-8, 22, 31, 44, 55, 87, 98, 106-9, 115, 136-7, 146-7, 178, 298, 316, 319
governo colonial no Iraque da, 94-5
invasão do Iraque na Primeira Guerra Mundial pela, 93-5, 163-4
revolta contra a, 87, 92
Graham, Patrick, 149-50
grupos antibélicos, 30
Guantánamo, baía, prisão na, 303
Guarda Especial Republicana, 119, 135
Guarda Republicana, 18, 87, 119, 151, 184-5, 189-90, 225-6, 229, 245
Guardian, 150
Guernica, 70
Guerra ao Terror, 21, 75, 77, 346
Guerra do Golfo, 12, 14, 20-1, 23, 25, 29, 49, 85, 90, 103, 151, 274, 280, 301, 325, 345
reino de terror após, 86, 324
Guerra do Iraque (2003), 6-7, 30, 49, 53, 77, 80
afirmações de Aziz sobre, 183-4
afirmações de campo de batalha competitivas na, 187
afirmações iraquianas de vitórias na, 206
avião dos EUA supostamente abatido na, 179-80
estratégia iraquiana na, 190
exigências da coalizão antes, 115, 118
início da, 121-2
movimentos iniciais de tropas, 163
ocupação dos EUA depois, 91-2
padrões de bombardeio na, 185-6
preparações dos EUA para a, 55
preparativos de defesa na, 115-6
primeiros bombardeios na, 156, 158-9
ritmo da, 55
suposta captura de pilotos na, 174, 177
táticas de "choque e terror" na, 166-7
vítimas civis na, 170-2, 190, 208-12, 221-2, 224, 228, 230
Guerra dos Bôeres, 106
Guerra Irã-Iraque, 25, 33, 41-2, 44-7, 58, 278
armas químicas usadas na, 31
como instigada pelos EUA, 42
voluntários suicidas na, 40-1
guerra preventiva, 75
guerra química, 31
Guevara, Che, 356
guias (acompanhantes oficiais), 59, 61-2, 138, 158, 205, 217

Habré, Hissène, 11
hachemita, dinastia, 8, 109
Hadithi, Naji Sabri al-, 65, 130, 303
Haider, Jorg, 328
Hakim, Abdulaziz al-, 47, 49, 354, 368
atentado contra a sua vida, 50
Hakim, aiatolá Muhammad Bakr al-, 47-51, 337, 344
Hakim, grande aiatolá Mohsen al-, 47
Halabja, 31
Halaj, Mujabel Sahel Awad al-, 214
Hamas, 366
hammam, (banhos turcos), 95
Hamoud, Abed, 71
Hamurabi, 17
Hassan, 105
Hassan, Kassim Mussin, 16
Hassan, príncipe herdeiro da Jordânia, 2, 348, 368
Heche, Anne, 130
Heckfield Place, 30-2
heroína, 38
Hicks, Tyler, 145, 149, 151, 157, 166, 220, 246
Hidden, imã, *ver* Décimo Segundo Imã
Higareda, Jim, 250
hijab, 38
Hikmet, Abu, 25-8
Hillah, 221, 224
Hillal, 63
Hilsum, Lindsey, 150
Hiroxima, 70
história, ensino de, 23
Hitler, Adolf, 29, 66
Holocausto, 66
homem-bomba, 181, 205, 226
hospitais, visitas obrigatórias a, 25
Husein, imã, 97, 202, 286, 355, 359
Hussein, Qusay, 134-5, 138-9, 146, 200, 238-9, 279
morte de, 328
Hussein, rei da Jordânia, 2
Hussein, Saddam, 35-6, 44, 66-7, 77, 88-90, 99, 122, 184, 197, 211, 233, 238-9, 249, 275, 302-3, 310, 323-4, 336-7, 341
aforismos de, 22, 227
aparecimento de, 292
aparições públicas de, após ataques aéreos, 164
ascensão ao poder de, 2
assume poder para si, 8-9
Bashir e, 64-5, 70, 123, 133-4, 258, 273, 277-8, 287, 289-94, 306-7, 316, 322-3
bravura juvenil de, 160
brutalidade de, 18
caçada a, 294, 319
campanha de modernização iraquiana de, 10
capacidade para misericórdia, 19
coleção dos presentes de, 11
culto de, 14-6
deserção de Kamal e, 134
duplos usados por, 158
encontro para o novo hino nacional do Iraque de, 99-100
entrevista de Dan Rather com, 73
esconderijos de, 273
expurgos por, 9, 19
fazer reféns como tática de, 85

ferimentos de, 280
guerra estratégica de, 190
interesse pelo sobrenatural de, 133
invisibilidade de, após a Guerra do Golfo, 14
libertação de prisioneiros de, 3-6
mesquitas construídas por, 14, 158
monumentos construídos por, 70
monumentos públicos de, 122-4
nascimento de, 94
obsessão com o Irã de, 33
obsessão pela construção de palácios de, 11-13
oficiais superiores como reféns de, 133
palácios de, 167, 262-3
possível visão do autor de, 203-4
programa de obtenção de armas nucleares, 134
rede secreta de túneis sob a cidade de, 81
referendo de lealdade a, 56, 67, 86
retransmissões da programação de televisão de, 61
retratos de, 15-6
rumores sobre, 320
saúde de, 207-8
suposto roubo de, 300
teatro político de, 6
ultimato de Bush a, 140-1
valores rurais de, 91
xiitas chacinados por, 342
Hussein, Sajida, 127
Hussein, Uday, 61, 65, 72-3, 83, 134, 208, 216, 238-40, 246, 261, 290-2, 299, 302
morte de, 328
Husseini, Haydar, 357-8

Ibrahim, Ghassam, 278
ighal, 213
imã Ali, mesquita do, 325, 344, 354
incêndios de petróleo, 264
Independent, 146, 150
indústria petrolífera, 77
no Iraque, 8, 88, 184, 367
no Kuwait, 2, 20
Inmarsat, satélite, 82
Internet, 81
cafés, 81, 152
ver também e-mail
intifada, 84
Irã, 30, 324, 339, 341, 344
desconfiança dos EUA no, 34-6
índice de desemprego no, 37
Iraque e, 33-4
mudança de natureza do, 35
possível guerra dos EUA contra o, 33-7
protestos estudantis no, 37
refugiados iraquianos no, 33-4, 41-6
refugiados persas iraquianos no, 44-6
refugiados xiitas iraquianos no, 33-4
repressão no, 37
sistema político no, 36-7
uso de drogas no, 38-9
xariá no, 38
ver também Guerra Irã-Iraque
Iraqi Airways, 56, 310
Iraque Daily, 22, 60, 93, 95, 227
Iraque, 35-6, 41, 47
armas de destruição em massa, 21, 28-9, 30-1
ativistas da paz no, 76-7
cinismo no, 8, 23-4
comparado à União Soviética, 305
corrupção no, 59-60
cultura antiga do, 17
encontro em torno do hino nacional no, 99-100
ensino de história no, 23-4
governo britânico no, 94-5
hino nacional do, 99-100
insurreição de 1991 no, 91-3, 280-1
invasão do Kuwait por, 90
Irã e, 33-4
medo de Saddam no, 6-7, 12-19, 68-9
oferta de "cooperação acelerada" do, 130
pessoas do, *ver* pessoas iraquianas
petróleo no, 8, 88, 183, 367
política americana dos EUA para com o, 22
relações com os EUA, 303
revolta anticolonial de 1920 no, 11-2, 107-9, 343-4, 367
revolução de 1958 no, 8
sanções da ONU no, 20, 76
soldados dos EUA capturados no, 180-1
trabalhadores migrantes no, 57
TV dirigida pelo Estado, 60
xiitas muçulmanos no, 33-4
zonas militares do, 135
iraquianos persas, atrocidades cometidas contra, 44-6
Ishtar Sheraton, 60
Israel, 3, 12, 88, 132, 183, 365
Issam (motorista), 313, 318
ITN, rede de emissoras, 150

Jabbar, Jassim Obeid, 93
Jadiriyah, complexo do palácio de, 83
Jaffar, Muhammad, 300
Jamaluddin, Ayad, 338-41
James (camareiro sudanês), 240
Japão, 98
Jawad, Sr., 23
Jesus Cristo, 40-1, 52
Jihad (motorista), 285, 320
jihad, 367
jihadis, 199, 224, 246, 253
palestinos, 259
Jirinowski, Vladimir, 11
jornalistas, 60, 72-3, 80-2, 98, 158, 221, 310-11
assaltos a, 252
como reféns, 85, 128-9, 138
deportações de, 176
desaparecidos, 219-20
dificuldades de comunicação de, 82, 176-7
dificuldades de viagem de, 115
disfarce como anteparos humanos de, 84
encaixados, 62
excursões de ônibus de, 221, 234
êxodo de, 136, 138-9

frenesi por quarto de hotel de, 81-3
guias oficiais designados para, 12, 61-2
influxo anterior à guerra de, 63
intenções do regime para com, 140
iraquianos, 61
mortes de, 240-4
possível uso como escudos humanos de, 140
pressão para partir do Iraque sobre, 127-8
prisões de, 188
prisões na fronteira de, 145-6, 149
que permaneceram em Bagdá, 150-1
ratas cometidas por, 63
restrições a, 160, 176-7, 205, 217, 367-8
restrições de hotel a, 139-40
subornos dados por, 61-3
treinamento de consciência de armas químicas dos, 30-2
vítimas noticiadas entre, 181
vulnerabilidade de, 85
Jubour, Khalafal-, 336-7
Jubour, tribo, 319, 336
Jubour, xeque Ibrahim al-, 319, 335-6
Jubouri, Amal, 325
Judah, Tim, 149
judeus, 53, 306, 365
ver também anti-semitismo
Jumhuriyah, ponte de, 234, 239, 244, 252, 307

Kabul, 243, 309
Kadhimiyah mesquita de, 355, 362
Kala, 213
Kalthum, Um, 102
Kamal, Hussein, 280
deserção de, 133
Kamal, Saddam, 134, 280
Kaplow, Larry, 149, 200
Karbala, 286, 359
Batalha de, 97, 223-4
Karim (barbeiro), 57, 216, 240, 252, 310, 313
Karzai, Hamid, 104
Kelly, Kathy, 76, 158, 200, 205
Khadum (oficial da Mukhabarat), 63, 65, 216, 241, 327-8
Khairi, Samir, 118-9, 123, 129-30, 142, 274-5, 283-5, 299-305, 323, 345, 371-3
Khalid (guia oficial do autor), 86-7, 91, 96-8, 126-7
Khameini, aiatolá Ali, 34, 36, 47
Khandhari, 109
Khatami, aiatolá Muhammad, 36-7
Khazraji, Nizar al-, 142
Khifa (tradutor), 246, 249, 253
Khoei, Abdel Majid al-, 340-1, 354, 369
Khomeini, aiatolá Ruhollah, 36-7, 40, 47-8, 51, 339
Khorramshahr, 41
Kipling, Rudyard, 94
Kirkuk, 163, 271, 309
Korani, xeque Ali al-, 51-3
Kozyrev, Yuri, 149
Kufa, 358-61, 363
Kut, 105, 115-6
cemitério britânico em, 116-7
cerco de, 94-6, 117, 223, 283
Kuwait, 2, 20-1, 23-4, 26, 42-3, 55, 90, 132, 161, 297, 328
Kuwait, cidade do, 284

Lathikia, restaurante, 173, 236
Lawrence, T. E., 11, 95, 105-8
Le May, Curtis, 79
Leachman, Gerard Evelyn, 11, 105-9, 111-5, 342
assassinato de, 108, 276
Leão (agente da Mukhabarat), 24, 26-7
Lei do Pracinha, 334
Lenin, V. L, 305-6
Lenin's Embalmers (Os Embalsamadores de Lenin), 305-6
Le Petit Soldat (O Pequeno Soldado), 78
Líbano, 341
libertação de prisioneiros, 4-6
prisioneiros desaparecidos, 68
Liu, Melinda, 145, 149
Lloyd, Terry, 181
Los Angeles Times, 86, 149

Madame Sabah, 183, 308
Mãe de Todas as Batalhas, mesquita da, 342, 363, 366
Mahdi, Exército, 356-7, 359-60, 362
Mahdi, *ver* Décimo Segundo Imã
Majid, Ali Hassan al-, 135, 160
Mansour, 228, 238, 285, 302, 338
Mansour, Hotel, 60, 138, 152-3, 157
Maomé, profeta, 1-2, 52, 341
Maquiavel, Niccolò, 36
Marcos, Maria, 237
marj'iya, 52
Marouf, professor, 24
mártires voluntários, 205-6, 215
martírio, 205-6, 215
masgouf, 103
Maude, Stanley, 93-4, 96-7, 114
Mazas, Jacques Féréol, 143
McAllester, Matthew, 84, 166, 219
desaparecimento de, 188, 200
McCoy, Brian, 259
McGeough, Paul, 82-3, 139, 141, 145, 152, 155, 159-60, 173, 175-6, 185, 188, 197, 201, 206, 212, 216, 243, 246, 275, 277, 308, 310
Médicins du Monde, 208
Mehdi, Ra'ad Abdel Latif, 172
Mehrdad (tradutor), 42
Melia Mansour, *ver* Mansour Hotel
Melia, cadeia de hotéis, 60
Mera Coincidência, 226
"Mesopotâmia" (Kipling), 94
Mesopotâmia, Força Expedicionária da, 93
mesquitas, 14
de Saddam, em construção, 158
ver também mesquitas específicas
Meynell, Godfrey, 76
mídia:
advertências do Departamento de Defesa à, 159
alegações de controle sionista da, 66
ver também jornalistas

Mill, John Stuart, 29
Miller, James, 84
Milosevic, Slobodan, 73
Ministério da Cultura e Orientação Islâmica do Irã, 34
Ministério da Defesa Aérea, 217, 337
Ministério da Defesa Aérea iraquiano, 124
Ministério da Informação iraquiano, 5-6, 60, 67, 82, 115, 118, 138, 140, 146, 148, 151, 158-60, 173, 176, 182, 188, 203, 217, 234, 265, 309, 325-8
    como alvo de bombardeio, 157
    destruição do, 204
    excursões de ônibus organizadas pelo, 191-2
    mudança para o Hotel Palestine, 170
    ocupação por agentes de segurança, 138
    pagamentos ao, 145
Ministério da Justiça iraquiano, 253
Ministério da Saúde iraquiano, 299, 316, 321
Ministério de Relações Exteriores iraquiano, 117, 158, 274, 299, 301
Ministério do Comércio iraquiano, 245-6, 251
Ministério do Petróleo iraquiano, 251
Ministério do Planejamento iraquiano, 159-60, 239, 307
Ministério do Transporte, iraquiano, 245-8
mísseis de cruzeiro, 88, 167, 197, 275
mísseis Scud, 12
Mohebian, Amir, 34-6
Mohsen, 63, 170, 241, 310, 326-7
Montazar, Abu, 248-9
Monte Líbano, Hotel, bombardeio do, 349-52
monumentos públicos, 9-12, 70
Moore, Michael, 194
Moran, Paul, 181
Mortalha de Turim, 70
MSNBC, 72
mujahedin, 17, 366
Mujahedin-i-Khalq, 261
Mukhabarat, 8, 18-20, 24, 60, 63, 158, 160, 167, 174, 180, 196, 269-70, 175, 301-4, 308, 327, 336-8
    prisão da, 270, 301
Mukhtar, Mokhaled, 15
mulheres:
    no Irã, 38
    visão dos iraquianos de, 322
Muntafiq, clã, 1-2, 106-7
Museu de História Natural, 314
Museu do Líder do Triunfo, 11, 105, 109, 176, 193
Museu Nacional, 284
Mushaqi, Khalil Salah al-, 212-4
Mushaqi, tribo, 213
Muslih, Mouayed al-, 365-6
Muslim (acompanhante oficial do autor), 109-12, 114-5, 138, 150-1
Mustafa, Salaar, 12-4, 18, 62, 87, 174, 223, 229-30, 310
Mustansiriyah, Hospital Universitário, 170
Mustansiriyah, Universidade de, 314
Mutanabbi (poeta iraquiano), 279
Muyad, 193

Nabil (fisioterapeuta), 187, 189-90, 197, 219, 263
Nabil, restaurante, 136
Nabucodonosor, 17
Nachtwey, Jim, 72, 149, 160, 176
nacionalismo, 102
Nações Unidas (ONU), 92, 118, 136, 178, 289
    Assembléia Geral, 298
    Conselho de Segurança da, 80, 130
    inspetores de armas da, 98, 134
    regime de sanções da, 20-4, 132
    resolução de guerra proposta pela, 137-8
    sede no Iraque, 344
Nadhmi, Wamidh Omar, 89-91
Najaf, 51, 177, 184, 205, 224, 334, 340-1, 354, 359, 369
narguilé, café de, 58
Nasiriyah, 177-8, 184, 187, 190
National Geographic Explorer, 72
National Post, 149
National Public Radio, 149
NBC, 136, 146, 149
Neda, 238
Nelson, Craig, 149
New York Review of Books, 149
New York Times, 72, 144, 360-1, 364
New Yorker, 30, 82, 127, 140, 144, 149
Newsday, 84, 166
Newsweek, 145
Nínive, 17
North Gate, cemitério de guerra, 96-7, 115
Nova York, 298
"Novo Islâmico", estilo de arquitetura, 9
Nuri, Ali, 42

O'Keefe, Ken, 74-6, 98
O'Malley, Heathcliff, 84, 138
oficial de operações psicológicas, 331-2
Olympic, Hospital, 291-2
Omar, Rageh, 150
11 de setembro, ataques de, 75
Operação Liberdade do Iraque, 351
ópio, 38
Organização dos Países Exportadores de Petróleo (OPEP), 131
organizações de direitos humanos, 30
orquestra sinfônica nacional iraquiana, 143
Oscar, cerimônia do, discurso antiguerra de Moore na, 194
Owja, 100, 302

Pagetti, Franco, 355, 358, 360-1
palácios, 12-4, 291
    de Saddam, 11-3, 167, 262-3
    proteção dos, 13-4
    ver também palácios específicos
Palestina, 53, 88
Palestine Méridien, 60
Palestine, Hotel, 81, 83, 131, 139, 141, 147-8, 156-8, 160-2, 170, 174, 196, 198-9, 224, 233, 245, 254, 259, 309-11, 349, 351-2, 357, 362, 368
    ataque de míssil no, 345-6
    bombardeio do, 240-2, 244

chegada da equipe de televisão francesa no, 181
como centro da imprensa oficial, 204-5
jihadis hospedados no, 199
preço da diária de quarto no, 139
quarto do autor no, 175-6
Paquistão, 341
Partido Comunista iraquiano, 303-4, 337
Partido Verde (Turquia), 73
Pascuale, Paul, 241, 245, 258-9, 268
patrulhas da paz, 200
Pavilhão das Mãos da Vitória, 10
peaceniks (pacifistas), 158-60, 199
pessoas iraquianas:
opinião sobre a política dos EUA, 117
orgulho de, 6-7
passividade no período anterior à guerra, 120
reação à ocupação, 91-2
Philby, H. St. John, 167-8
Philby, Kim, 107
Pollack, Kenneth, 29-30
pomares de tamareiras, 196
Powell, Colin, 93, 136, 289, 362
prédio do Conselho de Ministros, 167
Première Urgence, 260
Primakov, Yevgeny, 73
Primeira Divisão de Fuzileiros Navais, 250-1
Primeira Guerra Mundial, 92, 108-9
invasão britânica do Iraque na, 93-5, 163-4
propaganda, 22-4, 60
protestos, 5-6, 68
Protsyuk, Taras, 241
Pyramids, loja de comida, 188, 197

Qaddafi, Muammar, 11
Qassem, Abdul Karim, 10, 166
Qatar, 55, 318-20, 328, 345
Qom, 51
Queen's Gate Mews, 165
quzi sham, 58

Rádio Monte Carlo, 142
Raed, xeque, 356-7, 362
RAI 3, televisão, 5
Ramadan, Taha Yassin, 205-6, 215
coletiva de imprensa de, 177-8, 180-1
Ramadi, 146, 149-50, 177, 214, 317-8, 334, 336
Raposa do Deserto, 128, 148
Rather, Dan, 73, 189, 309
razaq, 100
Razaq, Abdul, 111-4
Razuki, Haq Ismael, 201
Reagan, Ronald, 11
rede de túneis secretos subterrâneos, 81
Reed, Oliver, 114
refugiados, 29, 44, 46-7
Regan, Pete, 250
Remnick, David, 144, 149
Resalat, 34
Return to the Marshes (Volta aos Pântanos), 132
Reuters, 240, 259
Revolta Árabe de 1920, 87, 91-2
Rodovia da Morte, 27
Romênia, 9
Roy, Ruth Lee, 11
Ruanda, 73
Rumsfeld, Donald, 93, 103, 195
Rússia, 80, 98
Ruzicka, Marla, 309

Saad (guia oficial de Burns), 151, 220
Sabri, Naji, 98, 131, 146, 177, 328
execução do irmão de, 132-3
primeiro encontro do autor com, 131-2
transformação de, 131, 133
Sachet, Kamal, 193
Saddam, Aeroporto Internacional, 14-5, 313, 321, 369
batalha do, 225-7, 273
captura pelos EUA do, 227
Saddam, Centro de Artes, 15, 294
Saddam, Centro de Belas-artes, 96
Saddam, Centro de Cirurgia Reconstrutiva, 65, 289
Saddam, cidade de, 245-9, 265-9, 286, 325, 340
saque em, 245-9
Saddam, *fedaim* de, 190, 334, 336, 358
Saddam, Hospital Universitário, 25
Saddam, Torre de Telecomunicações, 148, 158, 196
Sadoun, Abdul Mohsen al-, 7
Sadoun, Ajaimi al-, 107
Sadoun, Nasra al-, 22, 60
Sadoun, Nasser al-, 1-3, 6, 28, 75, 92, 106, 347
Sadoun, paxá Ibn, 107
Sadoun, rua, 57, 147, 186, 201, 216, 234, 252, 261, 264, 357
Sadoun, Tamara al-, 1-3, 349
Sadr, cidade de, 325, 340, 361
Sadr, imã Mohammed Bakr al-, 47, 52, 268, 286, 337
Sadr, Moqtada al-, 340, 354-61, 366, 369
Safwan, 26
Sahaf, Muhammad Said al-, 64, 204, 224, 226, 228, 235
comunicados à imprensa de, 194, 224, 233-4
Salaah, 310-1
Saladino o Conquistador, 17, 94
Salam (amigo do autor), 350-1, 356, 359, 363, 366-7
Saleh, Osama, 207-11, 242
Salih (tradutor), 341-2, 344
Salloum, Farouk, 98-105, 131,195, 323-4
Salman (gerente da recepção do hotel), 148, 162, 173
Salman, Behlul, 27
Salman, Um, 238
Saman, Moises, 84, 166, 219
desaparecimento de, 188, 200
Samarra, 271
Samarrai, Muhammad, 251-2
Samawa, 184
Sami (guia oficial do autor), 212, 215
diabete de, 218-9
San Francisco Chronicle, 149
saques, 245-9, 251-2, 257, 260-1, 270-1, 284, 294-5, 314, 325

sassânida, império, 93
sauditas, 106
Sayaff, Abu, 193
Seaforth Highlanders de, 96
Seis Dias, Sete Noites, 130
Sengupta, Kim, 146, 149-50
Serviço de Notícias Cox, 149, 200
Serwan, restaurante, 223
Sete Pilares da Sabedoria, Os (*Seven Pillars of Wisdom*, Lawrence), 95
Shadid, Anthony, 149
Shah, Saira, 84
Shahbander, Samira, 280
Shakir, Behiet, 18
Shamzedin, professor, 23-4
Shatt al Arab, canal de, 41
Sheraton, Hotel, 196, 204, 206-7, 217, 224, 228, 238, 254, 265, 275, 310
Simon, Joel, 150, 200
Sinak, ponte de, 217, 234, 239, 252
sindicato dos médicos do Iraque, 288
Síria, 323
Sistani, grande aiatolá Ali al-, 51, 286, 339, 360
    vigilância policial de, 52
Sistemas de Posicionamento Global (GPS), 146, 297
Sky, TV, 171
Sloan, Gordon, 74
sociedade secreta universitária Skull and Bones, 75
Soheila (irmã de Bashir), 273, 277, 283, 295-6, 298, 304, 318, 318, 321
St. Andrews, Universidade de, 90
Stark, Freya, 92
Steele, Jonathan, 150
Steffa (americana), 338
Straw, Jack, 115
suborno, 59-60, 62-3
Suméria, dinastia, 17
Sunduz, 163, 187, 257-8, 260, 289
sunitas, muçulmanos, 33, 36, 49, 102, 315, 319, 324, 341, 363
Supremo Conselho para a Revolução Islâmica no Iraque (SCIRI), 47, 49, 337
    conversas do governo Bush com o, 49
Swain, Jon, 72, 150
Sydney Morning Herald, 82

Taiee, Ala al-, 353
Taiee, Diyah al-, 85, 157, 183, 217
Taiee, Sabah al-, 56-9, 82-3, 85-6, 95-6, 98, 105, 109, 126, 136-8, 141, 146, 152, 154, 160-1, 173-4, 197, 216-8, 222, 228, 246, 252-4, 260-1, 264, 270, 272, 277, 285, 311, 313, 315, 320, 345-6
    aborto espontâneo da filha e, 182
    bombardeio de Al-Saah e, 235-6, 238-9
    e o pára-quedista americano, 180
    família de, 157
    gosto por cores berrantes de, 175
    morte do irmão e, 304-5, 308
    na Cidade de Saddam, 265-6
    orgulho do Iraque de, 206
    seqüestro do filho e, 352-3
    sobre o bombardeio americano, 170
    sobre prisioneiros de guerra da coalizão, 177
Taiee, Safaar al-, 157, 183, 217
Taiee, Taher al-, 126, 304-308
Taiee, Uday al-, 63-4, 151, 170, 173, 178, 181, 194, 220-1, 228-9, 236, 241, 326-7
    e restrições a jornalistas, 137-8, 160, 176, 182, 205, 212
    fuga de, 310
    sobre jornalistas desaparecidos, 220
Talabani, Jalal, 368
Talibã, 34, 309
Tanzânia, embaixada, bombardeio na, 73
Taras, 259
Tawfik, Samir Khairi, 69
Taylor, Charles, 73
Teerã, 37, 39-40, 44
Telecinco, 241
telefones, 198
telefones por satélite, 62, 82, 145, 176, 182
    Thuraya, 146, 160, 174, 285, 197, 321
telepatia, 133
televisão por satélite, 61
terrorismo, 29
    ver também Guerra ao Terror
Thawra, 325
Thesiger, Wilfred, 92, 132
Thomas, Lowell, 106
Threatening Storm, The: The Case for Invading Iraq, (A Tempestade Ameaçadora: Em Defesa da Invasão do Iraque, Pollack), 29
Thuraya, telefones por satélite, 146, 160, 274, 285, 297, 321
    ver também telefones por satélite
Tigre, rio, 9, 60, 81, 94, 217, 234, 262, 307, 313, 339
Tikrit, 94, 99-100, 127, 135, 271, 273, 275, 299, 305, 308, 324, 346
Tikriti, Barzan al-, 72, 274, 278, 295, 301-2, 305, 323
tintura de amêndoa amarga, 31
tráfego, policiais do, 152, 313
"Treinamento de Consciência da Guerra Química e Biológica", 30-2
Triângulo Sunita, 315, 317
tribalismo, 102
Trudeau, Pierre, 150
Trudeau, Sasha, 150
Túmulo do Soldado Desconhecido (Bagdá), 10, 225
turab, 95, 98, 116, 147, 182, 185, 188, 192, 195, 233
turcomanos, 49
turcos otomanos, 8, 87, 93-4, 105-6
Turquia, 95
TV da Juventude, 61

Um al-Marik (Mãe de Todas as Batalhas) galeria, 11
Um Asil, 45-6
Um Qasr, 164, 184, 187, 190, 195, 372
Undheim, Stein, 29
União Entre o Líder e Seu Povo, A (Bashir), 71, 123, 285

União Soviética, 164
Ur,17, 59
urânio, esgotado, armas de pontas revestidas de, 25

Veículos Blindados Leves, 248, 250
Viena, 328
Vietnã, Guerra do, 7, 76, 78
"violações às leis monetárias", 146
Virgínia, 327
vistos de "pacifista", 151
vistos, extensões do prazo de, 63-4
Vodjanikova, Alexandra, 73
Vozes no Deserto, 76, 200

Wahhabite, muçulmanos, 102
Waleed, Dr. *ver* Abdulmajid, Waleed
Walid, 218
Walken, Christopher, 80
Washington Post, 144, 149
Washington, capital, 320, 327
Wazaty, Hassan al-, 117
Wesley, Eric, 328-9, 334
Wilayat-al-Faquih, 52
Wild, Richard, 314
Wilhelm, Travis, 330, 333-5

xiitas muçulmanos, 21, 33, 36, 40-1, 47, 51-2, 102, 135, 282, 286, 300, 319, 324, 338-40, 342-3, 352, 354-5, 359, 361, 364, 373
papel da liderança religiosa entre os, 52-3

Yarmuk, Hospital, 225
yas, 116
Yassin, xeque Ahmed, 366
Young, Gavin, 132

Zawra, parque, 308
Zoba, tribo, 108
Zona Verde, 325, 349, 352, 373
zonas interditadas a vôo, 22, 24, 98

Este livro foi impresso na
LIS GRÁFICA E EDITORA LTDA.
Rua Felício Antonio Alves, 370 – Jd. Triunfo – Bonsucesso
CEP 07175-450 – Guarulhos – SP – Fone: (011) 6436-1000
Fax.: (011) 6436-1538 – E-Mail: lisgraf@uninet.com.br